U0668291

编委会

（以姓氏拼音为序）

主 任：何勤华　王立民

委 员：陈　迪　陈灵海　陈　颐　丁凌华　董春华　龚汝富

韩　毅　洪佳期　胡　骏　冷　霞　李　婧　李　倩

李秀清　茆　巍　邱　唐　屈文生　史志强　苏彦新

孙晓鸣　王海军　王　捷　王　婧　王　静　王　沛

魏　敏　邬　勖　肖崇俊　徐永康　徐震宇　姚　远

于　明　于　霄　张长绵　赵智勇　周伟文

华东政法大学法律史研究中心　编

何勤华　主编

法律史研究

（第8辑）

本辑执行主编　邱　唐
执行副主编　徐琨捷

人民出版社

目录

史 料

儒学与法律文化专题

"体用"范式下的现代权利观念塑造

——基于对社群主义与儒家思想的整合

曹晟旻*

摘要：为更好地结合社群主义与儒家思想塑造现代权利观念，首先便要为儒家权利观念的存在辩护。儒家权利观念有其独特之处，主要体现在等级性与伦理性两个方面。虽然有别于社群主义权利观所具有的平等性、普遍性和政治性，却不能就此对儒家权利观念加以否定。鉴于社群主义与儒家思想之间既有契合之处，也有内在分歧，而且对当前社会遇到的现代性危机而言，儒家学说有助于从本质上对其进行剖析和反思，所以权利观念的现代化构造不妨采取"儒家思想为体、社群主义为用"的基本模式，从而实现对社群主义与儒家思想的有效整合。

关键词：儒家；社群主义；权利观念；伦理性；等级性；系统整合

在中国语境下，若要塑造科学而合理的现代权利观念，则必然离不开对社群主义与儒家思想的系统整合，因为前者对后者有某种亲和

---

* 曹晟旻，中国海洋大学马克思主义学院副教授、硕士生导师。本文系国家社会科学基金项目"社群主义正义观的批判性研究"（项目编号：17BZX112）和中国博士后科学基金资助项目"权利与善何者优先争论的理论反思研究"（2019M662450）的阶段性成果，原刊于《道德与文明》2020 年第 2 期。

性，而后者本身就是中国传统文化的集中体现。当然，对该问题的分析和阐释必须以证明儒家权利观念的现实存在为前提。表面上看，倘若将儒学传统理解为某种基于德性的社群道德，那么就必定无法容纳任何权利观念，更不可能认同西方社会中的权利概念。其实不然，因为从社群道德不能必然推出缺乏对权利观念的有效接引。至少，"那些把儒家看作当今一种可行的生活方式的评论家都普遍同意儒家与自由的契合性"。① 甚至可以说，儒学本身就能够代表某种自由传统，而不需要借助其他文化的支持或维系。在此基础上，儒家权利观念的存在就可以得到有力支持，而下文将对相关理由作出系统的说明和阐释。

一、前提与基础：为儒家权利观念的存在辩护

通常而言，儒家不仅试图为"欲"正名，而且其政治哲学本身就带有社群主义的浓厚意蕴，因此有必要将这两者加以对照并全面审视，以此探求其各自对"欲"所持有的理解与认知。大致来讲，儒家思想与社群主义均承认"欲"的正当性与合理性。然而，有所不同的是，儒家仅提倡"养欲"和"导欲"，其旨在成就个体人格，而社群主义则直接将个人权利作为"欲"的典型表现形式。很显然，儒家思想的发展轨迹表明，从"欲"的正当性与合理性并不必然推导出个人权利。相比于西方社会对权利的维护和推崇，儒家由此生发出的是对义务的关注和强调，以致使杨朱的"为我"最终湮灭在历史的尘埃之中。对此，梁漱溟曾经说过："在中国弥天漫地是义务观念者，在西洋世界上却活跃着权利观念了。"② 由此可见，儒家思想不仅缺乏权利概念，而且自始为义务所淹没。相比之下，社群主义者并不排斥或否

---

① Sor-hoon Tan, *Confucian Democracy: A Deweyan Reconstuction*, Albany: State University of New York, 2004, p. 168.

② 梁漱溟：《中国文化要义》，上海人民出版社 2005 年版，第 82 页。

认权利,只是没有将其置于最为重要的突出位置而已。

正如韦森所指出的,"整个西方近现代文化的深层意识,都强调在'权利空间'中来界定人与人之间的关系……而在我们这个社会,在传统中国文化背景中,历来就没有个人的'权利意识',或者说,传统中国文化的主流精神,都是压抑而不是张扬个人'权利'的"。[1]虽然,儒家有"君子和而不同"(《论语·子路》)、"己所不欲,勿施于人"(《论语·颜渊》)以及"君使臣以礼,臣事君以忠"(《论语·八佾》)等内容表述,这说明其从不缺乏自由、平等和民主的精神。但是,儒家思想终归还是以义务为本位的,其间并没有出现由权利生发出责任和义务所形成的某种"自我坎陷",而是针对儒家的道德伦理提出其所指向的责任和义务,然后对这些责任和义务所对应的权利进行规定,由此形成"特定的、与权利主体相关的、受背景影响且以社会角色为基础的"[2]权利。但即便如此,儒家仍没有能够从中发展出严格意义上的权利概念,反倒在强调义务的同时对个人权利有所忽视。

正因为如此,很多西方学者认为儒家思想中缺少权利观念。[3] 在国内学界,陈独秀认为东洋民族"个人无权利"[4],唐君毅专门指出孔子思想中没有类似于近代社会中的权利观念[5],而黎汉基则质疑权利

---

[1] 汪丁丁、韦森、姚洋:《制度经济学三人谈》,北京大学出版社 2005 年版,第9 页。

[2] Ruiping Fan, *Reconstructionist Confucianism: Rethinking Morality after the West*, New York: Springer, 2010, p. 58.

[3] See Chad Hansen, "Punishment and Dignity in China," in Donald Munro, ed., *Individualism and Holism*, Ann Arbor: University of Michigan Center for Chinese Studies, 1985, p. 360; Roger Ames, "Rites as Rights: The Confucian Alternative," in Leroy Rouner, ed., *Human Rights and the World's Religions*, Notre Dame Ind: University of Notre Dame Press, 1988, pp. 199–216.

[4] 陈独秀:《东西民族根本思想之差异》,《新青年》1915 年 12 月 15 日,第 1 卷第4 号。

[5] 参见唐君毅:《人文精神之重建》,广西师范大学出版社 2005 年版,第 301 页。

观念在儒家思想中并非古已有之①。之所以得出这类观点，有学者给出的解释理由是中国古代语言中没有可以表述为"权利"的术语。② 然而，在中世纪结束之前，在西方古代社会所使用的语言中同样找不到可以被译为"权利"的语词。③ 但是，人们却不能想当然地认为其缺乏权利观念。毕竟，这种直接将某种观念等同于特定词汇的做法显然是缺乏科学性与合理性的，其没有意识到其他措辞亦可以蕴含权利观念。出于这种考虑，有些学者拒绝将西方权利概念引入儒家话语之中，因为他们认为其所发挥的功能和作用可以借助其他概念加以实现，从而避免给西方权利概念造成多余的麻烦和不便。④ 但不管怎样，在此至少需要从概念语词和思想文化两个层面对权利进行区分，以此说明儒家是否形成自己的权利观念。

有些学者认为，儒家传统是以社群道德为基础的，其既不可能认同这些权利概念，也无法接受类似于西方的权利观念。⑤ 然而，事实并非完全如此。其中，可以肯定的是，中国传统社会中的权利和自由在概念层面是根本不存在的，其充其量仅可能出现于人们的潜意识当

---

① 参见黎汉基：《儒家的权利观念？——疑难与反思》，《天府新论》2015 年第 5 期。

② See Henry Rosemont, "Why Take Rights Seriously? A Confucian Critique," in Leroy Rouner, ed., *Human Rights and the World's Religions*, Notre Dame Ind: University of Notre Dame Press, 1988, p. 173.

③ See Alasdair Macintyre, *After Virtue: A Study In Moral Theory*, Notre Dame Ind: University of Notre Dame Press, 1984, p. 69.

④ See Henry Rosemont, "Rights-Bearing Individuals and Rol-Bearing Persons," in Mary Bockover, ed., *Rules, Rituals, and Responsibility*, La Salle: Open Court Press, 1989, pp. 71–101; Henry Rosemont, "Human Rights: A Bill of Worries," in De Bary and Tu Weiming, eds., *Confucianism and Human Rights*, New York: Columbia University Press, 1998, pp. 54–66.

⑤ See Joker Roseven, "Why Take Rights Seriously? A Confucian Critique," in Leroy Rouner, ed., *Human Rights and the World's Religions*, Notre Dame Ind: University of Notre Dame Press, 1988, pp. 175–176; Roger Ames, "Rites as Rights: The Confucian Alternative," in Leroy Rouner, ed., *Human Rights and the World's Religions*, Notre Dame Ind: University of Notre Dame Press, 1988, pp. 199–216.

中。毕竟，权利的第一要素便是"利益"。① 但是，儒家强调"重义轻利"，其对个人利益通常是压制和贬抑的。相比之下，包括社群主义在内的西方社会思潮则对个人利益持有肯定和褒扬的积极态度。从这种意义上说，儒家始终从社会整体的角度审视个人的权益诉求，而远不及社群主义对个体自身的关注充分，由此便容易理解为何儒家从个人利益出发却没有导出相应的权利概念。

即使如此，这并非意味着儒家思想缺少相应的权利观念。譬如，从儒家关于君臣关系的论述中就能够发现个人对人格权利的维护。正如孔子所言，"所谓大臣者，以道事君，不可则止"（《论语·先进》）。再如，儒家关于臣民关系的论述亦体现出对个人权利的追求。正如孟子所言，"贼仁者谓之'贼'，贼义者谓之'残'。残贼之人谓之'一夫'。闻诛一夫纣矣，未闻弑君也"（《孟子·梁惠王上》）。又如，儒家主张"自天子以至于庶人，壹是皆以修身为本"（《礼记·大学》），同时提出"尊贤使能，俊杰在位"（《孟子·公孙丑上》）。这说明儒家认为个人享有德性修养之权利，而且有资格取得相应的身份和地位。虽然，杰克·唐纳利（Jack Donnelly）曾经指出，"大部分非西方文化和政治传统，不仅缺乏人权实践，而且缺乏人权观念"。② 但是，即便权利制度与人权实践确实存在缺位，甚或如黑格尔所认为的，生活于中国传统社会中的人们从来都不可能实现真正自由，③ 也不能就此认为儒家学说没有形成属于自己的权利观念，因为这根本不可能妨碍人们从内心追求权利和自由。对此，主要可以从下述四个方面进行说明和阐释。

其一，与社群主义传统较为类似，儒家传统不会因自身具备善和美德而难以同权利观念相接引。对此，范瑞平明确指出："建立儒家

---

① 参见夏勇：《中国民权哲学》，生活·读书·新知三联书店2004年版，第311页。
② ［美］杰克·唐纳利：《普遍人权的理论与实践》，王浦劬等译，中国社会科学出版社2001年版，第52页。
③ 参见［德］黑格尔：《历史哲学》，王造时译，上海书店出版社2001年版，第18页。

的权利体系，将等同于在儒家体系丰富的、关心他人和富有德性的语言中加入了最小限度的自我断言的权利语言。"① 较之于善和美德而言，权利同样可以发挥维系社群和共同体的重要作用，从而为其成员提供最低福利并保障人格尊严。就此而言，权利与善均能够满足社群和共同体所表现出的某种特定依赖，只不过儒家权利观念在社群和共同体中扮演的角色是背景性和补救性的。② 尽管如此，在规范意义层面，这种权利观念对道德价值和伦理学说来讲显然具有必要性。甚至可以说，儒家权利观念自有其高明之处。因为按照社群主义的理解，其仅能说明权利本身是善和美德的外在体现。相比之下，儒家则更进一步指出，通过善和美德的教化之功亦能够强化权利观念。

其二，儒家思想与权利观念之间并非存在天然鸿沟。虽然，儒家传统缺少权利概念，但却具备为权利提供论证的丰富资源。对此，李明辉曾经指出："儒家传统中包含若干思想资源，它们可以与现代人权概念相接榫，并且在儒家文化的脉络中为它提出另一种证成。"③ 再如，沈美华认为"儒学的人权进路有着理论和实践的重要意义"。④ 此外，还有很多学者致力于促成儒家思想与权利理论之间的沟通和对话。⑤ 总之，不管是普遍人性学说，还是义利之分，抑或是对人格尊严的重视和强调，这些均能够指向对权利观念的认可与接受。尽管如此，这并非意在说明儒学本身内含霍布斯提出的"自然权利"观念，而仅能够表明儒家传统能够为权利提供某种独特的理论预设，由此推动自身朝着权利方向发展，从而形成属于自己的权利观念。

---

① Ruiping Fan, *Reconstructionist Confucianism: Rethinking Morality after the West*, New York: Springer, 2010, p. 58.

② 参见 [美] 田史丹：《作为"备用机制"的儒家权利》，梁涛、匡钊译，《学术月刊》2013 年第 11 期。

③ 李明辉：《儒家视野下的政治思想》，北京大学出版社 2005 年版，第 53 页。

④ [美] 沈美华：《人权的儒学进路》，韩锐、刘晓英译，《现代哲学》2013 年第 3 期。

⑤ 大致而言，持有这种观点的学者主要有狄百瑞、安乐哲、成中英、李存山、陈祖为和夏勇等。

　　其三，儒家思想能够对权利本身保持开放和协调。进言之，"宪法、法律和权利不仅与儒家思想兼容；而且，如果儒家思想希望实现自身目标，就需要这些客观的政治结构"。① 尤其是儒家非但没有反对或歧视西方社会中的权利观念，其反倒会采取不卑不亢的态度，对包括社群主义权利观在内的西方权利观念给予理解和同情。客观地讲，儒家始终保持着对国际人权共识的认同与分享。譬如，霍伦巴克曾经指出，作为某种原生性的本土文化传统，儒家思想带有十足的社群主义韵味。即便这样，其却能够接纳和包容所有三代人权，② 特别是能够同强调集体发展权的第三代人权观念保持一致。毫无疑问，相比于社群主义权利观而言，这点是难能可贵的。

　　其四，在世界范围内，儒家能够对推动权利共识发展做出自己的重要贡献。正如有学者所指出的，"中国传统的和谐观念不仅与人权相容，而且可以统摄，改进传统的西方人权"。③ 在此过程中，儒家必将发挥不可替代的关键性作用。更进一步讲，"儒家从来都是一种普遍主义世界观，是世界的'解释者'而不是'被解释者'，当把儒家置于'被解释者'的地位上，把儒家由普遍主义变成地方知识，就已经是'反儒家'了"。④ 从这种意义上说，既然权利本身业已在世界范围内获得普遍承认，因此就更没有理由抹杀儒家对权利观念发展所起到的积极作用。实际上，儒家学说不仅对权利本身保持着开放姿态，而且自始就为人权理念的演进和完善尽心竭力，这些均是社群主义权利观所不可替代的。

---

① ［美］安靖如：《当代儒家政治哲学：进步儒学发凡》，韩华译，江西人民出版社2015年版，第141页。

② See David Hollenbach, "A Communitarian Reconstruction of Human Rights," in R. Bruce Douglass and David Hollenbach, eds., *Catholicism and Liberalism: Contributions to American Public Philosophy*, Cambridge: Cambridge University Press, 2010, p. 32.

③ 夏勇：《人权概念起源：权利的历史哲学》，中国政法大学出版社2001年版，第187页。

④ 赵汀阳：《身与身外：儒家的一个未决问题》，《中国人民大学学报》2007年第1期。

尽管，儒家权利观念有时会被戏谑为"犬儒主义权利观"，但却不能就此抹杀儒家权利观念的优势与长处。毕竟，儒家有其独特的东方思维，特别是相较于普遍主义视角而言，从儒家的角度为权利提供论证有其可圈可点之处。其中，儒家不仅会对自然权利、道德权利和政治权利作出选择与区分，而且对权利本身有着独到的认识和定位，就像陈祖为所指出的："儒家角度可以将权利视为一种备用的辅助工具，当德性缺失或人际关系明显崩溃时起到保护基本人权的作用。"[1]尽管如此，他却没有意识到诉诸法律的社会治理不仅后知后觉，而且效果并非总是理想，甚至在某些情况下，其反倒会成为社会治理失灵的诱因和源头。相比之下，基于人性所生发的尊重、关爱和忠诚等却没有得到应有重视。[2] 事实上，既不能过分淡化道德伦理在事态严重到权利难以运作时所发挥的补救功能，也不能仅仅因为儒家没有给予权利充分重视而忽视其客观存在。

二、等级性与伦理性：儒家权利观念的独特之处

与西方权利观念具有的平等性、普遍性和政治性有所不同，儒家权利观念有其特殊性，所以不能单纯从西方社会视角审视儒家权利观念，更不能轻易对其加以否定，尤其是对权利的理解和界定不能概以西方的社会历史和文化传统而论。否则，儒家思想很容易被人为异化。因此，对儒家权利观念的分析和阐释必须从其自身的历史传统和民族文化出发，辩证地审视已有成果，既不妄自菲薄，又要批判地借鉴西方权利观念（尤其是社群主义权利观）的可取之处。况且，儒家

---

[1] Joseph Chan, "A Confucian Perspective on Human Rights for Contemporary China," in Joanne Bauer and Daniel Bell, eds., *The East Asian Challenge for Human Rights*, Oxford: Oxford University Press, 1999, p. 258.

[2] 关于法治社会与礼治社会之间的差异，费孝通有精辟而独到的论述，参见费孝通：《乡土中国　生育制度》，北京大学出版社 2004 年版，第 48—53 页。

的自由传统原本就具备同西方权利观念相互沟通的资格和条件。这样，对儒家权利观念与社群主义权利观的比较研究就会产生重要价值和积极意义。当然，为更好地阐明儒家思想与社群主义在权利观念上的关联和分歧，在此有必要对儒家权利观念的特殊性作出概括和论述，而这主要体现在等级性与伦理性两个方面。

（一）"差等之爱"：基于纵向差序结构的等级性权利观念

在价值层面，社群主义权利观是基于平等观念提出的，而以"君为臣纲，父为子纲，夫为妻纲"为代表的等级观念却贯穿儒家思想之中。有学者曾经指出，"向古代儒家追讯以个人权利为基础的现代平等观念，似乎是一种时代误置"。① 正因为如此，儒家所理解的权利是区分阶级或阶层的，这点可见于"劳心者治人，劳力者治于人；治于人者食人，治人者食于人"（《孟子·滕文公上》）、"君君、臣臣、父父、子子"（《论语·颜渊》）等具体表述。从根本上讲，等级性权利观念的提出源于儒家独特的价值论。实际上，社群主义为西方社会提供的是方法论，而在价值论层面，个人主义仍为其自身所遵循。反观中国传统社会，其采取的方法论无异于西方社会，而真正区别在于各自有着不同的价值论。针对现有的权利问题，社群主义者无非是在重申自由主义的方法论，但其在价值论方面却少有建树。与其不同，儒家没有为个人权利设定明确边界，因为其根本不支持个人权利，而这恰好就是其价值观的独特之处。

在规范层面，中国传统社会强调礼治。"中国古代的礼具有国家权力的象征，违反了礼，不但要受到舆论、道德等的谴责，还会受到国家强制力的制裁。"② 总体而言，儒家权利观念呈现出纵向结构，而

---

① 高瑞泉：《平等观念在儒家系统中的四个解释向度》，《江苏社会科学》2010 年第 6 期。
② 刘丰：《先秦礼学思想与社会的整合》，中国人民大学出版社 2003 年版，第 177 页。

社群主义权利观则是横向结构的。如果将儒家社群主义称为"国家社群主义",那么西方社群主义就可以被冠以"共同体社群主义"之名,因为其是基于平等关系建立起来的。在此,儒家权利观念遵循着人际关系的差序结构,这种差序结构还体现在族产的差等继承关系之中。① 具体而言,不同直系家庭享有不同的继承权利,这取决于其所处的辈分和支系,所以各成员相互间的关系呈现出"分枝"形态。不难发现,无论是继承式宗族,还是依附式宗族,其成员之间的权利和义务都是不均等的。与此相对,社群主义权利观则将调节社会关系的职能和责任赋予正义,其以平等为原则,以法律为依托,赋予个人以其所应得。很显然,现代西方社会与中国传统社会之间不仅是法治与礼治的差别,在更深层次上反映出平等原则与等级制度相互间的天壤之别,而这在某种程度上源于巩固统治的现实需要。

总而言之,社群主义权利观所指向的不同个体之间基本处于平等地位,而儒家权利观念并非如西方国家那样推崇平等的价值理念,而形成所谓"等差之爱",这上升到国家层面则成为维护社会稳定的手段和方式。其中,儒家会对社群或共同体的成员有所区别,对君子与小人的划分就是典型例证,其可见于"君子喻于义,小人喻于利"(《论语·里仁》)等具体表述之中,这种区分甚至会上升为"仁"与"富"之间的矛盾和对立。概言之,正如社群主义权利观依靠对"自我"的界定得以确立,儒家思想中道义观念的提出和发展则离不开"君子"。② 但是,儒家对个体的尊重并非遍及社群或共同体的所有成员,而仅仅针对"士人"或"君子"。正因为如此,儒家文化造就并植根

① 参见郑振满:《明清福建家族组织与社会变迁》,中国人民大学出版社 2009 年版,第 50—51、65 页。

② 尽管如此,同时作为儒家代表的荀子和孟子却有所不同,他们各自采取不同的言说路径。其中,孟子提出的人性观是先验的,他所说的"君子"是作为"本我"而呈现的。与其相对,荀子认为"君子"有赖于"化性"或后天培养,这类似于自由主义所谓"自我重生",其蕴含着理性的道德人格,同时体现出经验主义色彩。

于人们心中的是臣民观念，而并非从西方舶来的公民观念。在这种情况下，从概念和思想的双重层面对权利分别作出表述就会存在显著差别。由此便不难理解，儒家难以推导出现代意义上的"个人权利"。

（二）伦理性权利观念的被动性与局限性：兼及德治传统与精英政治的形成

众所周知，儒家曾经提出"博施于民而能济众"（《论语·雍也》）、"亲亲而仁民，仁民而爱物"（《孟子·尽心上》）等具体表述。可以说，"爱民""济民""利民"始终贯穿于其思想文化之中。因此，儒家权利观念必然要从道德伦理层面提出，而并非源于制度规范本身，其被视为某种人性要求，而根本目的就在于维护统治秩序。譬如，孟子用"处士横议"（《孟子·滕文公下》）反映春秋战国时期的"百花齐放、百家争鸣"。虽然，这里所说的"士"基本能够涵盖所有男性平民，但孟子既没有将"横议"直接表述为"言论自由"，也没有将其上升至权利本身应有的高度与层次。再如，孟子有言："禹思天下有溺者，由己溺之也；稷思天下有饥者，由己饥之也，是以如是其急也。"（《孟子·离娄下》）很显然，他在这里没有专门提及生命健康权或免于贫困的权利，而是从道德伦理的角度对其加以表述。

由此可见，儒家的权利观念是带有伦理性质的，其主要借助于道德力量或源自统治阶级恩赐。例如，"民为贵，社稷次之，君为轻"的说法，就足以表明儒家的权利观念是民本主义的，其依赖于民众的被动接受和统治者的主动施予。与其不同，包括社群主义权利观在内的西方权利观念却是带有功利倾向的，其含有积极的实践成分。换言之，儒家文化中的权利观念仍旧拘泥于道德哲学和伦理义务，而没有像西方社会那样制定出相匹配的权利制度，由此显得较为抽象。正因为如此，中国社会始终在不断推崇德治，其既缺少明确的权利概念，也没有鲜明的权利口号，而这显然有别于西方社会逐渐形成强调法治的基本传统。实际上，儒家思想本身包含丰富的权利观念，只是被长期忽视而已。相比之下，西方社会中的权利观念却在演化为相应的法律制度后，广为传播并影响深远。

从这种意义上说，儒家的德性权利实为纯粹的道德义务，而不同于西方的道德权利。对此，理查德·贝拉米曾经说过："一个人如果没有意识到自己对其同胞公民的义务，他就不可能明确自己行为的界限；如果不知道是什么赋予了个人和全体的生活以价值，他也不可能理解这种界限……因此，'权利的一般结构'来自对共同善内在价值的共同尊重——它既是个人发展的源泉，又是我们对他人所负义务的源泉。"① 这种道德义务并非单纯是指他者对自己的对等义务，同时还包括相应的"慈善性义务"。就此而言，德性权利根本称不上是"权利"。况且，权利意味着平等，而个人对德性权利的享有是以具备善和美德为基本前提的，但不同个体的德性有高低之分，所以德性权利不能普遍及于所有个体。既然如此，那么具备权利资格的人只能是少数群体，在此基础上只能形成精英政治，而非民主政治。

三、"和而不同"：社群主义与儒家之间的关系定位

一般而言，儒家传统和社群主义均是站在自由主义对立面的社会思潮，只是其分别出现在中西方社会之中。其中，从儒家的"群己之辨"可以延伸出对"个体"的概念分析，这种"群己观"提倡群体价值，将个人视为社群动物。由是观之，"儒家与社群主义之间显然有其不谋而合之处"。② 另外，有学者明确指出："儒家人权思想一般不谈个人的人权，而是谈集体的人权。"③ 仅从这点来讲，就足以说明儒

---

① [英] 理查德·贝拉米：《自由主义与现代社会：一项历史论证》，毛兴贵等译，江苏人民出版社 2012 年版，第 55 页。
② 李明辉：《儒家视野下的政治思想》，北京大学出版社 2005 年版，第 156 页。
③ 李世安：《从中西比较的角度看儒家文化中的人权思想》，《史学理论研究》2004年第 3 期。

家与社群主义在权利观念上有某种内在默契。社群主义者认为，社群或共同体完全可以要求其成员遵从相应的善和美德。因此，个人不仅要履行法定义务，还要承担道德义务。由此可见，社群主义与儒家传统均有重视义务之传统。只不过社群主义有所不同的是，其顺应的是"在当代社会，标示个人自我之规定性的一个重要方面已不是传统社会中的'身份—义务'规定，而是'权利—义务'的特殊平衡关系，亦即有一份权利便尽一份义务"。① 但从根本上讲，作为现代西方社会的重要思潮，社群主义与儒家思想在权利观念方面之所以能够产生共鸣，其在某种程度上就是因为这两者都倾向于往后看，他们均试图从文化传统中探寻解决问题的有效出路。不仅如此，这还能够说明中西方均有某种以社会为本位的潜在倾向，可谓是殊途同归且有百虑而一致之旨。正因为如此，社群主义与儒家思想之间具有亲和性就是不争自明的客观事实。

相对于自由主义者采取的个人主义的基本立场，而儒家所理解的个人则带有沉重负荷，其宣扬自我克制、自我压制、自我牺牲和自我舍弃的精神价值，甚至意图达到"无我"的理想境地。② 所以这两者相互间很难实现接榫。比较而言，中国传统社会中的儒家文化对社群主义具有很高的可接受度。或者说，儒家思想与社群主义之间存在相当程度的亲缘关系，正如萨姆纳·突维斯所指出的："儒学的道德、政治思想更接近一种社群主义立场，这体现在：（1）强调个人在本质上是一种社会化存在；（2）将个体对社群共同善的责任，以及履行此种责任所必需的美德置于优先地位；（3）以一种双向性、互惠的社会

---

① 东方朔：《德性论与儒家伦理》，《天津社会科学》2004 年第 5 期。

② 对此，孟旦曾经指出："无我……是中国最古老的价值之一，以各种形式存在于道家和佛学尤其是儒学之中。无我的人总是愿意把他们自身的利益，或他所属的某个小群体（如一个村庄）的利益服从于更大的社会群体的利益。"See Donald Munro, *Concept of Man in Conyemporary China*, Ann Arbor: University of Michigan Press, 1979, p. 40。

关系与社会角色（尤其是'五伦'）来塑造共同繁荣的基础以及共同善的愿景。"①总而言之，儒家传统与社群主义大有东西呼应之势，而且在思想碰撞中会表现出极大热度。

实际上，儒家政治思想与现代政治思想的融合过程是一个相互阐发与各自不断重新诠释的过程，首先就要找出儒家思想中能够被重新诠释的因子，这是一个对儒家思想进行批判吸收或辩证解构的过程；其次要找出公认的现代政治思想，以使其与儒家政治思想具有可比性。就目前情况而言，社群主义业已被公认为现代政治思想，而关键问题在于探寻儒家思想中能够被重新诠释的相关因子。进言之，任何外来观念想要在中国社会中生根发芽，就必须寻找到同中国传统文化的契合点，而社群主义无疑能够满足这方面的现实要求。也就是说，儒家思想与社群主义的内在契合足以使社群主义权利观在中国的转化与适用变为可能。反过来讲，中国传统文化包含诸多社群主义基因，而儒家思想就是其集中体现。甚至可以说，儒家思想是社群主义的中国模式，以致会有"儒家社群主义"的概念被催生出来并反复提及，而这均要归功于儒家与社群主义的相互支持。大致而言，将儒家与社群主义结合起来探讨权利问题主要出于两方面考虑。其一，通过对比不同地域的话语体系有助于加强文化沟通，促使其发现各自的缺陷和不足；其二，借此可以找到中西方在权利观念方面共同关注的焦点问题，从而以更广阔的视角审视全球性的社群主义思潮。有鉴于此，当儒学再度作为某种不可或缺的研究对象出现在中国社会之中，人们就有机会设想中西方就权利观念问题展开激烈的思想对话。

随着中国社会的现代化进程不断推进，关于西方政治哲学思想与中国儒家传统文化之间关系的分析和探讨已经成为学界无法回避的重要课题。概括而言，相关讨论大致包括两种主要观点：其一是结合当

---

① [美] 萨姆纳·突维斯：《儒学与人权：一个建设性的架构》，顾家宁、梁涛译，《江汉论坛》2014 年第 12 期。

前社会意识形态对儒家传统文化进行重新阐发；其二是从西方自由主义的角度对儒家政治哲学进行解读，以便对儒学的内在精神与核心价值作出现代阐释。尽管，这两种思路各有侧重，但却均会表现出不同程度的狭隘与偏颇。实际上，与其对中国儒家传统文化作出以上表述，倒不如指出其带有鲜明的社群主义色彩，至少这样更有助于儒学传统立足于世界的思想之林当中。更何况，儒家权利观念与社群主义权利观之间本来就有诸多共通之处。

虽然，自由主义权利理论会受到社群主义的强势冲击，而儒家思想与社群主义会在具有相同对立方的基础上产生共鸣。但是，这却并非意味着两者之间具有同构性，反倒会呈现出亨廷顿所说的"文明的冲突"。毕竟，儒家思想与社群主义在文化语境和理论根源方面并没有任何牵连。或者说，社群主义与儒家传统及其当代处境全无瓜葛，其相互间甚至还存在文化差异与时空之别。儒家思想与社群主义之所以会殊途同归，这充其量只能说明二者相互间有着某种天然的亲近关系与内在默契，所以将儒家思想与社群主义相提并论的论证路径并不是有利无弊的，其风险之处在于社群主义权利观产生于二元对立的思维模式之中，其所表现出的辩证倾向很容易放大社群主义与自由主义之间的矛盾和冲突。更为严重的是，儒家本身很难同这种二元论思维方式相契合，为确保对儒家思想与社群主义的比较研究能够取得良好效果，就需要准确找到切入点，从而对这两者作出准确的关系定位。

当然，关于儒家思想与社群主义的关系仍需要甄定和辨析，而不可简单地一语断定。余英时曾经指出，儒家处于集体主义与个人主义之间，其"兼顾群体与个体，以获致一种平衡"。[1] 与其稍有不同，李明辉则认为儒家介于社群主义与自由主义之间。[2] 类似地，还有学者主张"儒家实质上跨越了自由主义与社群主义的分水岭"。[3] 此外，

---

[1]　余英时：《现代儒学论》，上海人民出版社 1998 年版，第 240 页。

[2]　参见李明辉：《儒家视野下的政治思想》，北京大学出版社 2005 年版，第 19 页。

[3]　孙长虹、徐朝旭：《现代新儒家的集体主义思想研究》，《兰州学刊》2016 年第 3 期。

徐复观则强调儒家对个人主义的陷阱始终有所拒斥，因此"要比西方的文化精神高出一等"。① 就此而言，儒家在本质上更像是自由主义式的社群主义，因为他们认为个人的权利和自由都是与他者和社群密切相关的。从这种意义上说，儒家似乎有近于社群主义之势，但细思则并非完全如此。毕竟，社群主义的提出建立在以个人主义与集体主义为基础构建的坐标系上，而该坐标系的形成是以明确"个体"概念为前提的，"个人权利"构成个人主义与集体主义之间不可通约的分水岭。按照这种理解，将儒家传统所包含的前现代思想定位于个体主义与集体主义之间就是难以成立的，因为儒家本身从来没有提到"个人权利"的概念，更没有将这种现代性的坐标系作为参照。因此，通过社群主义对儒家思想进行定位是缺乏科学性与严谨性的，更不用说是直接将社群主义的标签赋予儒家，这种做法既非恰当也不贴切。② 事实上，儒家试图恰当而合理地游走于权利与德性之间，以此进行理性重建，其不仅自始就有别于自由主义和社群主义，而且其彼此间互不依赖。

四、"儒家思想为体、社群主义为用"：权利观念的现代化构造

早在近代初期，儒家思想中的"仁政""德治""仁君"等就被引入西方社会，对法国的启蒙运动产生过广泛而深远的影响。对此，有学者曾经指出，"吾人皆知彼启蒙时期之哲学家，为法国大革命及后诸种进步运动导其先河者，固皆深有感于孔子之学说"。③ 正因为如

---

① 李维武编：《徐复观文集》第一卷，湖北人民出版社 2002 年版，第 120 页。
② 参见郭齐勇：《先秦儒家论公私与正义》，载郭齐勇主编：《儒家文化研究》第二辑(儒家政法思想与现代经学研究专号)，生活·读书·新知三联书店 2008 年版，第 4 页。
③ 朱谦之：《中国哲学对欧洲的影响》，河北人民出版社 1999 年版，第 195 页。

此，孔子在 18 世纪被置于"世纪守护之尊神"的崇高地位，而该思想本身就带有强烈的人权色彩。不仅如此，儒家权利观念还在德国产生过显著影响，以至于黑格尔反复强调，"他国每以中国为一种理想的标准，便是我们也可以拿来做模范的"。① 儒家思想对西方社会的影响之深刻可见一斑。在此，需要特别说明的是，就儒家思想所包含的某些普世性价值观念而言，其非但不会落后于整个时代，反而能够为西方社会开创的现代制度填补漏洞，同时还有助于人们反思当前遇到的现代性问题，帮助其重新回归人性关怀之中。

客观地讲，即使社群主义权利观在西方社会中被正式提出，也并非意味着这方面的所有问题均可以得到有效解决。虽然，借助社群主义能够很好地发现自由主义权利理论所隐含的现代性问题。但是，对该问题的反思和解决还需要依赖于儒家思想本身。其中，强调个人对社会的责任和义务固然重要，同时还必须重视儒家所谓道德自主和群体批判的自我意识。尤其值得注意的是，社群主义权利观"在摆脱个体原子态存在的同时，却陷入了过分强调社会秩序的另外一端，从而使个体极容易陷入社会极权的不良状态，因而仍然无法走出生命二元分化的误区"。② 对此，儒家学说不仅包含类似于西方社会的自由观念，而且具有更高层次的自由精神，特别是"为仁由己"被视为自由观念在中国社会中的起源，而儒家的德性学说更是被认为带有意志自由论的鲜明色彩，或者说是唯意志主义的自由论，其主要建立在"学""知""习"的基础上。因此，儒家学说通过转化完全可以孕育出相应的权利观念。更何况，这种更高层次的自由精神能够有针对性地弥补社群主义权利观的缺陷和不足。

不难理解，儒家对德性伦理的重视在统治者身上体现得尤为明晰，正所谓"政者正也，子帅以正，孰敢不正"（《论语·颜渊》）。但

---

① ［德］黑格尔：《历史哲学》，王造时等译，商务印书馆 1936 年版，第 202 页。
② 刘恩允：《"和而不同"与"天下"观——儒家对话自由主义的生命社会观》，《山东社会科学》2011 年第 2 期。

是，这种重视仅限于话语本身，其会因合法性缺失而难以转化为切实有效的政治运作机制，为此就需要将德治与法治有效结合，以此对权力构成限制和约束，而法治的关键就是权利之治。在此，通过法治尤其是权利之治取得合法性并非依赖于外在权威，而是建立在理性之上。有鉴于建立在儒家文化基础上的东亚资本主义通常被称为"关系资本主义"，而不是所谓"经济资本主义"，所以当前中国的权利制度设计只有立足于"社群本位"才能够适应其自身特有的社会环境和历史传统。或许，人们没有必要过分憧憬孔子所描绘的"大道之行也，天下为公"的大同格局，也根本不需要无限向往孟子所表述的"王道理想"，其所要做的无非是借助社群主义完成对儒家权利观念的体系化构造，通过对其进行现代化阐释促使其实现思想进步和理论升级。

尽管如此，但社群主义权利观自始就有其缺陷和不足，这主要体现在以下三个方面。其一，社群和共同体在权利问题方面着眼于整体，但这并非意味着不同社群或共同体之间不会发生利益冲突。相反，这类冲突的发生甚或会使社群主义倡导的善和美德荡然无存。况且，较之于个人权利而言，集体权利更为抽象，其在某些情况下很难落实到具体层面。就此而言，社群或共同体并非总是有助于国家、社会和民族的利益实现。其二，社群主义者认为善优先于权利，这里暂且不论对善的不同理解可能导致专制独裁或极权主义，同时还不能排除会发生对言论自由、少数人权利等的破坏或践踏。其三，社群主义者对权利的阐释都是以特定的社会条件和历史背景为前提的，但他们极力淡化权利和正义的普适性却会引发相对主义的诡辩。这时，在国际领域内进行对话与合作则更是无从谈起。总之，这些既是儒家思想在借鉴社群主义权利观时理应保持警觉并有所防备的，亦是传统权利观念在其现代化转型过程中需要着力调整和全面改进的。

此外，彭国翔明确指出："西方一些从社群主义角度批评自由主义的学者之所以对儒家传统情有独钟，大体都在于感到了儒家传统与社群主义的彼此共鸣。只不过这些社群主义的西方学者有时不免顾此失彼，没有看到儒家传统中也同时兼有丰富的自由主义的精神资源而已。"① 按照这种说法，围绕权利问题对社群主义与儒家思想进行整合就变得更加必要。毕竟，社群主义对中国社会的权利观构建只能起到外因作用，其必须被中国传统文化所接纳和吸收，否则很可能起到负面效果，而儒家学说作为中国社会的本源性思想，纵使其会成为制约中国社会发展的内在因素，却具有天然的适应性与保守性。可以说，接受或拒斥西方权利观念均不是目的本身，关键在于要立足中国社会去理解包括社群主义权利观在内的西方权利观念。当然，以宣扬儒家思想为契机推动社群主义权利观中国化，对其涉及的相关概念、原则和观念进行改造并加以诠释，这些做法本身固然无可厚非。但是，就权利问题而言，其根本不可能寄希望于通过阐发某种观点或学说加以解决，多元性本身要求避免将某种权利观念作为安身立命的独占性哲学思想，而是要努力寻求某种"重叠共识"，以期为中国权利制度及其实践提供原动力。

在谈及儒家思想与社群主义时，胡希伟曾经说过："作为一种与自由主义相反对的社会思想与政治理论，除了有西方式的社群主义之外，还有一种东方式的或者儒家式的社群主义。"② 当然，这两种社群主义的差别不仅表现在地域上，还会表现在其他方面。为促成权利观念的体系化建构，赵汀阳在结合社群主义与儒家思想方面进行过有益尝试，他在论证和阐释人权时不仅从儒家的"群己之辨"中汲取经验，还对社群主义关于权利与义务之间关系的论述有所借鉴。类似地，狄百瑞也在试图"寻求一种真正的儒家社群主义，作为促进人权的基础"。③ 虽然，这种严格意义上的儒家社群主义是否能够成立尚且不得而知，尤其是在使用"权利""善""社群主义"等词汇阐述某种其

---

① 彭国翔：《如何理解"尊孔读经"：与杨继绳先生商榷》，《炎黄春秋》2011 年第 5 期。

② 胡伟希：《儒家社群主义略论》，《文史哲》2006 年第 4 期。

③ ［美］狄百瑞：《亚洲价值与人权：儒家社群主义的视角》，尹钛译，社会科学文献出版社 2012 年版，第 143 页。

他传统的思想学说时，其间多少都会遇到风险或遭受质疑。但是，这却不会妨碍将社群主义与儒家思想进行有效整合，以此形成科学合理的权利观念为中国社会所用。

总之，就权利观念而言，对社群主义与儒家思想的系统整合既非"执一之举"，亦非"执两用中"，而是要借助"体用关系"对这两者进行巧妙融合，以达到"去粗取精"的理想效果。为此，既要以社群主义为体系架构，还要以儒家思想为价值指引。换言之，一方面要借用西方社会中权利制度的体系框架和基本概念，另一方面还要为其注入儒家的价值内涵。"对于非西方社会来说，真正的挑战在于，既要确立起'个体权利'的现代思想，又要找到超越'个体本位'消极后果的价值依托。明确而坦然地接受'个体'的双重性是现代性成熟的基本标志。"① 可以说，这点在中国社会中体现得尤为显著和明晰。在这种情况下，儒家必然要担负起艰巨的使命和任务，他们既要坚守社群主义权利观的道德伦理基础，还要保障作为权利主体的个人具有独立性和自主性。这样，在应对现代性与后现代性的双重挑战时，中国社会所形成的权利观念就能够表现得更加从容不迫。

---

① 孙向晨：《现代个体权利与儒家传统中的"个体"》，《文史哲》2017 年第 3 期。

去官不原：
中国传统法律行政终身问责制的宋代表达

潘　萍[*]

摘要：官员特权与限制之间的张力构成了中国传统法律行政终身问责制发生、演变的内在线索。在沿袭和发展唐代去官原免规制的基础上，宋代通过诏敕等重点发展完善了以去官不原为核心的行政终身问责制。去官不原制度定型于熙宁变法时期，元祐更化时期关于其存废虽有所争论，但因其符合提高行政效率和国家治理集权化的需要，整体呈持续发展趋势。去官不原制度适用于国家治理、社会治理的各个领域，发挥了加强了专制主义中央集权、维护国家统一和安全、保障国家经济利益、维护百姓切身利益、促进司法公正等作用。去官不原制度的发展是宋朝君权不断强化和专制主义中央集权日益加深的一个缩影，并深刻影响着中国传统法律行政终身问责制和国家治理体制集权化的发展方向。

关键词：行政终身问责制；去官不原；专制主义中央集权

---

* 潘萍，河海大学法学院副教授，南京师范大学博士后。本文系江苏省社会科学基金青年项目"家事诉讼法律适用的宋代实践与当代价值研究"（项目号：21FXC003）的阶段性成果，原刊于《江海学刊》2023年第1期。

引 言

政绩观是公职人员特别是领导干部对如何履行职责、实现何种政绩的基本观念、基本认识。政绩观与公权行为密切关联，正确的政绩观是公权行为合法合理的思想基础。习近平总书记在 2021 年中央经济工作会议上强调："坚持正确政绩观，敬畏历史、敬畏文化、敬畏生态，慎重决策、慎重用权"。① 促使"慎重用权"的重要途径是法律制度的建构，而"法律制度是治国理政的基础和重要依据"。② 行政终身问责制是敦促官员慎重用权的一种有效法律制度，《中国共产党问责条例》第 16 条和《中华人民共和国公职人员政务处分法》第 27 条分别从党规、国法两个层面，规定领导干部、公职人员调离转岗、提拔、退休等，也要对其失职违法行为终身问责。传统中国亦有类似当代终身问责制的制度建构，在"明主治吏不治民"③ 思想的指导下，传统中国在赋予官员行政权和司法权时，同样重视对官员的监督和追责。"在刑法典——每个王朝的主要法典——中以官吏渎职罪为核心内容"，如传统律典的集大成者《唐律疏议》，"502 条中有近 400 条属于官吏渎职罪的范畴"。④ 然而，政务活动的展开和国家治理的推进必须仰赖于各级官吏，避免因规制过严致其束手束脚、不敢作为，中国传统法律赋予了官员在职务履行过程中一定的豁免权，较为典型的是形成了公罪流以下的犯罪在去官时可以免除其行政责任和刑事责任，即"去官原免"。这一制度至迟在唐代时已形成了独立的规范，"在任时犯罪，去任后事发。或事发去官者，谓

---

① 《中央经济工作会议在北京举行》，《人民日报》2021 年 12 月 11 日。
② 夏锦文：《习近平新时代法治与发展思想论要》，《江海学刊》2018 年第 2 期。
③ （清）王先慎：《韩非子集解》卷十四《外储说右下》，钟哲点校，中华书局 1998 年版，第 332 页。
④ 胡世凯：《"明主治吏不治民"：中国传统法律中的官吏渎职罪研究》，中国政法大学出版社 2002 年版，第 2—3 页。

事发勾问未断，便即去职。此等三事，犯公罪流以下，各勿论。迁官者，但改官者即是，非独进品始名迁官。余罪论如律"，"检校、摄判之处即是监临，若有愆违，罪无减降。其有敕符差遣及比司摄判，摄时即同正职，停摄即是去官，公坐流罪亦从免法。"① 该规范为宋代所承袭，② 并且得到切实的贯彻和实行，这在时人的笔记中可窥一斑，"国朝以来，凡州县官吏，无问大小，其受代也，必展刺交相庆谢。盖在任日除私过外，皆得以去官原免，其行庆谢之礼，为此故也。"③

但是随着国家治理能力的提升和专制主义中央集权的加强，中国传统法律逐步加强对官员的监督和追责，也就是对于部分公务犯罪行为，官员需要终身负责，即去官不原，以期在最大程度上规避懒政、滥政等现象。但惑于宋代"与士大夫治天下"④ 的浓厚政治氛围和"不杀士大夫"⑤ 的祖宗家法，学界的研究多聚焦于士大夫"致君尧舜""以行道为己任"意识的复兴以及对士大夫政治生态的探究

---

① （唐）长孙无忌等：《唐律疏议》卷二《名例律》"无官犯罪"，刘俊文点校，法律出版社 1999 年版，第 47—48 页。

② 参见（宋）窦仪等：《宋刑统》卷二《名例律》"犯罪事发"，薛梅卿点校，法律出版社 1999 年版，第 27—28 页。

③ （宋）朱弁：《曲洧旧闻》卷二《新政不以赦降去官过失原减》，孔凡礼点校，中华书局 2002 年版，第 107 页。

④ （宋）李焘：《续资治通鉴长编》卷二百二十一《神宗》，"熙宁四年三月戊子"条，中华书局 2004 年版，第 5370 页。

⑤ 关于宋太祖立誓约"不杀士大夫"的记载不胜枚举，如《建炎以来系年要录》中记载："艺祖有誓约，藏之太庙，誓不杀大臣及言事官，违者不祥"。参见（宋）李心传：《建炎以来系年要录》卷四"建炎元年四月末"条，胡坤点校，中华书局 2013 年版，第 128 页。

与检讨。① 关于官员的法律规制，学界或聚焦于犯罪后的惩治研究，②
或聚焦于法律特权的变化层面，③ 缺乏对行政终身负责，即去官不原
这一规制的深入探讨。鉴于此，本文立足于"去官不原"制度的立
法规制和司法适用，具体探析中国传统法律行政终身问责制的发生
及发展。

---

① 相关研究可参见张其凡：《北宋"皇帝与士大夫共治天下"略说》，载《宋初政治
探研》卷 1，暨南大学出版社 1995 年版，第 62—67 页；郭学信：《宋代士大夫文
化品格与心态》，天津人民出版社 1997 年版；沈松勤：《北宋文人与党争：中国士
大夫群体研究之一》，人民出版社 1998 年版；程民生：《论宋代士大夫政治对皇
权的限制》，《河南大学学报（社会科学版）》1999 年第 3 期；冯小琴：《试析北宋
士人"治世"才能缺乏的原因》，《兰州铁道学院学报》2001 年第 5 期；张其凡：《"皇
帝与士大夫共治天下"试析》，《暨南学报（社会科学版）》2001 年第 6 期；张学玲：
《北宋士大夫及士大夫政治》，《太原师范学院学报（社会科学版）》2004 年第 1 期；
余英时：《朱熹的历史世界：宋代士大夫政治文化的研究》，生活·读书·新知三
联书店 2004 年版；郭学信：《士与官僚的合流——宋代士大夫文官政治的确立》，
《安徽师范大学学报（人文社会科学版）》2005 年第 5 期；李峰：《论北宋"不杀
士大夫"》，《史学月刊》2005 年第 12 期；邓小南：《祖宗之法：北宋前期政治述略》，
生活·读书·新知三联书店 2006 年版；陈峰：《宋代的治国方略与文臣士大夫地
位的提升》，《史学集刊》2006 年第 1 期；何忠礼：《宋代政治史》，浙江大学出版
社 2007 年版；徐红：《北宋初期进士研究》，人民出版社 2009 年版；李同乐：《北
宋士大夫的政治理想和实践——以北宋前中期为中心的探究》，浙江大学出版社
2015 年版；等等。
② 相关研究可参见陈骏程：《宋代官员惩治研究》，暨南大学中国古代史博士学位
论文，2006 年；刘双：《宋代惩治官吏贪赃对策述论》，《中州学刊》2007 年第 2
期；余小满：《宋代职务犯罪研究》，河南大学中国古代史博士学位论文，2010 年；
王瑞蕾：《宋代官吏渎职犯罪与惩治研究》，河北大学中国古代史博士学位论文，
2011 年；等等。
③ 相关研究可参见赵旭：《法律制度与唐宋社会秩序》，东北师范大学中国古代史
博士学位论文，2006 年，其中第六章论述了官僚、贵族的法律特权的发展变化；
潘萍：《〈天圣·狱官令〉与唐宋司法理念之变——以官员、奴婢的司法待遇为视
点》，《法制与社会发展》2017 年第 6 期；等等。

一、皇权与制度：行政终身问责制的宋代发生学考察

任何一项制度的发生、变迁，都与当时的经济社会环境、政治文化背景息息相关。从中华法文化的历史发展来看，"形成了一个纵向传承、代有兴革的法文化发展轨迹"。① 中国传统法律行政终身负责制的发生与发展也与当时的经济社会发展变化密切相关，正如论者所言："任何一次社会和经济的变迁都会引起法律的变迁"。② 关于唐宋两朝的经济社会情势变迁，"唐宋变革"一词不可避免地被论及。关于"唐宋变革"成立与否，学界虽尚未达成一致性认识，③ 但已有了一些基本的、共同的认识，主张"就风气同异而立论，则唐宋有殊别"。④ 反映在国家治理层面，代表性观点认为：唐代的"政治属贵族全体专有"，君主"最终不免成为贵族政治机制的一环"，"这种贵族政治在唐末至五代的过渡期式微，代替的是君主独裁政治……任何人要担任高职，亦不能靠世家的特权，而是由天子的权力来决定和任命"，进而"君主不是臣民全体的代表，本身反成为绝对权力的主体"。⑤ 唐宋的这一变化反映在法律层面的

---

① 张晋藩：《弘扬中华法文化，构建新时代的中华法系》，《当代法学》2020 年第 3 期。

② ［奥］欧根·埃利希：《法社会学原理》，舒国滢译，中国大百科全书出版社 2009 年版，第 56 页。

③ 国内外学者对是否存在"唐宋变革"莫衷一是，聚讼纷纭，大致可分为赞同、存疑、抱持不同意见三种面相。具体可参见张其凡：《关于"唐宋变革期"学说的介绍与思考》，《暨南学报（哲学社会科学版）》2001 年第 1 期；李华瑞：《20 世纪中日"唐宋变革"观研究述评》，《史学理论研究》2003 年第 4 期；牟发松：《"唐宋变革"说三题——值此说创立一百周年而作》，《华东师范大学学报（哲学社会科学版）》2010 年第 1 期；李华瑞：《"唐宋变革"论的由来与发展》，天津古籍出版社 2010 年版；等等。

④ 傅斯年：《中国历史分期之研究》，载《傅斯年史学论著》，上海书店出版社 2014 年版，第 45 页。

⑤ ［日］内藤湖南：《概括的唐宋时代观》，载刘俊文主编：《日本学者研究中国史论著·第一卷　通论》，黄约瑟译，中华书局 1992 年版，第 11—12 页。

一个典型表现是官员的司法待遇大幅度萎缩，尤其是在行政终身问责制层面，宋代逐步丰富和发展了"去官不原"的制度内涵，在具体实施过程中常表述为"去官不原免""去官不原减""不理去官""去官不免"等。

（一）行政终身问责制的认定

早在秦朝时期，针对"犯令""废令"等类似行为，官员需要终身负责，"法（废）令、犯令，迁免、徙不迁？迁之"。[1] 唐代亦将严重侵害皇帝人身安全的宿卫之事纳入在官员终身负责的范畴，"若事关宿卫，情状重者，录奏听敕"。[2] 北宋立朝之初，就在唐武宗会昌五年（845）正月三日制书的基础上，在《刑统》中规定情理难容的公罪须终身问责，不应原免，"据律，已去任者，公罪流以下，勿论。公罪之条，情有轻重，苟涉欺诈，岂得勿论。向后，公罪有情状难恕，并不在勿论之限"。[3] 这一规范为中国传统法律行政终身问责的产生和发展奠定了基础。此处首先需要明晰何种职务犯罪行为须终身问责，具体在宋代层面，则要解读清楚"去官"和"原"的内涵。

在宋代，除升迁、左降、致仕、丁忧等常见去官事由外，官员本身尚未收到断敕或批罚指挥，但接替的官员已经到任或因故被罢免官职永不叙用的也构成去官，"诸公罪，因所犯替移或权摄职任非得正官承替者，不理去官。即未受断敕或批罚指挥而正官已到，及在官再任若主典解役者，听从去官法。（解役，谓出职而已离本司及勒停永

---

① 睡虎地秦墓竹简整理小组编：《睡虎地秦墓竹简·法律答问》，文物出版社 1990 年版，第 126 页。

② （唐）长孙无忌等：《唐律疏议》卷二《名例律》"无官犯罪"，刘俊文点校，法律出版社 1999 年版，第 48 页。

③ （宋）窦仪等：《宋刑统》卷二《名例律》"犯罪事发"，薛梅卿点校，法律出版社 1999 年版，第 29 页。

不叙者。）"① 又加上宋代实行官职分离制度，当官名更改而职事官并未变更的也属于迁官，"诸称'去官'者，迁官同。（谓官名虽迁而职事不改，加转运判官迁副使，都监迁钤辖之类转官者非。）"②

需要注意的是，"公罪流以下，勿论"并不意味着直接原免官员的行政责任与刑事责任，还需要履行相关的司法程序，其中重要一环即皇帝断敕指挥的批准。但是皇帝一人精力毕竟有限，为了避免淹延，在大理寺的奏请下，真宗于天禧元年（1017）四月庚午下诏，要求适用去官原免的案子不必等候皇帝断敕指挥，直接由大理寺报审官院、三班、吏部铨曹审批即可，"诏诸处所奏公案，收坐得替离任京朝官、使臣，幕职、州县官在任公罪，合该去官原免，须候断敕，颇成淹滞，自今许大理寺即时移报审官、三班、吏部铨曹"。③ 不过，为保障官员廉洁奉公，所犯系赃罪的官员在适用去官原免之后尚需录案上奏，并根据所属申所在衙门，"诸命官、将校，犯罪自首、遇恩全原去官勿论者，唯赃罪结案奏，余限三十日结绝，已结绝后限五十日具事因及应用条制申尚书省。事属枢密院者，申枢密院"。④ 同时考虑到掌典解役者适用去官免罪容易滋生弊病，在中书省建言的基础上，徽宗于政和七年（1117）八月九日下诏将之排除在外，"掌典解役谓出职归农，已离本司，及勒停永不收叙。亦同去官免罪。如此，若犯罪之后，则生奸弊，解役归农，侥免重罪，兼与命官犯罪

---

① 杨一凡、田涛主编：《中国珍稀法律典籍续编（第一册）》，《庆元条法事类》卷九《职制门六·去官解役·敕·名例敕》，戴建国点校，黑龙江人民出版社 2002 年版，第 158 页。

② 杨一凡、田涛主编：《中国珍稀法律典籍续编（第一册）》，《庆元条法事类》卷九《职制门六·去官解役·敕·名例敕》，戴建国点校，黑龙江人民出版社 2002 年版，第 158 页。

③ （宋）李焘：《续资治通鉴长编》卷八十九《真宗》，"天禧元年四月庚午"条，中华书局 2004 年版，第 2052 页。

④ 杨一凡、田涛主编：《中国珍稀法律典籍续编（第一册）》，《庆元条法事类》卷九《职制门六·去官解役·令·断狱令》，戴建国点校，黑龙江人民出版社 2002 年版，第 158—159 页。

去官不同"。①

（二）专制主义中央集权促进行政终身问责制的发展

处于君权急剧加强的宋代，职务行为是否需要终身问责的最终权力依然是掌握在皇帝手中。官员所犯之罪即使依法应当原免、原减，但是皇帝要求推鞫审断，则破法审理，追究其行政责任和刑事责任，"诸犯罪会恩或去官应原免勿论而特旨犹推，（谓如降指挥虽该恩或去官，犹令取勘者。）虽再会恩或去官，推奏如旨""诸命官在任犯公罪，已奏断而去官，若断敕后至而有特旨者，具事因奏"。②而对于那些依法不当原免、原减的犯罪官员，也不是绝对不能原免、原减，其最终决定权依然在君主手中。如在尚书省建言的基础上，高宗于绍兴六年（1136）九月二十三日，下诏规定遇非次赦或再遇大礼赦时可免于追究犯官的行政责任和刑事责任，"遇非次赦，或再遇大礼赦，既不以赦降原减罪许行原免，所有犯不以去官之罪，亦合原免。本所看详上件指挥，在法不以赦降原减者，遇非次赦或再遇大礼赦，许行原免，所有犯不以去官之罪，亦合原免"。③而对于那些应当去官原免而取勘的，宁宗专门下诏要求释放，"应命官本犯系公罪，在任不曾经取勘及已去官，监司、州军不检照去官条法，辄差人追捕拘系，赦到日并与释放"。④

中国传统法律行政终身问责制设计之初主要是为了提高行政效

---

① （清）徐松辑：《宋会要辑稿》，《刑法一之三〇》，刘琳、刁忠民、舒大刚、尹波
等校点，上海古籍出版社 2014 年版，第 8243 页。

② 杨一凡、田涛主编：《中国珍稀法律典籍续编（第一册）》，《庆元条法事类》卷九
《职制门六·去官解役·令·断狱令》，戴建国点校，黑龙江人民出版社 2002 年
版，第 159 页。

③ （清）徐松辑：《宋会要辑稿》，《食货四五之一三》，刘琳、刁忠民、舒大刚、尹
波等校点，上海古籍出版社 2014 年版，第 7022 页。

④ （清）徐松辑：《宋会要辑稿》，《刑法六之四〇》，刘琳、刁忠民、舒大刚、尹波
等校点，上海古籍出版社 2014 年版，第 8553 页。

率，去官不原类诏敕在宋代不同时期出现的频率即明证。熙宁变法之前，关于行政终身问责的诏敕多是界定何种情况构成去官不原，即使有相关规制也是零星的。熙宁变法时期，为了在全国推行变法举措，神宗制定、颁布了大量涉及行政终身问责的诏敕，涵盖国家治理的各个领域，宋人也认识到这一点，"自新政初颁，大臣恐人情不附，乃有不以赦降去官原减指挥，自是成例，而命官有过犯，虽经赦宥及去官，必取旨特断"。[①] 哲宗元祐更化和徽宗绍圣时期，关于废除熙宁变法时期颁布的大量涉及行政终身问责的诏敕的讨论屡有发生，如元祐元年（1086）正月丁未，御史中丞黄履"乞修正不用去官赦降原减条"；[②] 元祐元年七月庚辰，门下省建议"刑部所修不以去官、赦降原减条，请更删改"；[③] 元祐六年（1091）八月己丑，"河东路都转运司奏请，一路条敕有不以去官赦降原减条……如此太重，并乞擅去该赦降去官不原免之文"，[④] 等等。但是在律法层面大量删除去官不原的规制后，宋代统治者却发现行政效率明显降低，有碍国家治理，后历任统治者又在一定范围内予以恢复，并根据现实需要，再次颁行了大量的有关行政行为需要终身问责的诏敕。就有效地控制官僚、确保皇权而言，行政终身问责显然更有利于强化皇权和专制主义中央集权。需要对其行政行为终身负责的犯官多以违制罪论处，而违制罪本身的设置就是皇权和专制主义中央集权的表现。并且，适用"去官不原"的官员也多是不以赦降原减的，这也是有效控制官僚的表现。总之，中国传统法律行政终身问责制的发展和成熟是宋代君权强化和专制主义中央集权加强的

---

① （宋）朱弁：《曲洧旧闻》卷二《新政不以赦降去官过失原减》，孙凡礼点校，中华书局 2002 年版，第 107 页。

② （宋）李焘：《续资治通鉴长编》卷三百六十四《哲宗》，"元祐元年春正月丁未"条，中华书局 2004 年版，第 8713 页。

③ （元）脱脱等：《宋史》卷二百一十《刑法三》，中华书局 1985 年版，第 5028 页。

④ （宋）李焘：《续资治通鉴长编》卷四百六十三《哲宗》，"元祐六年八月己丑"条，中华书局 2004 年版，第 11052—11053 页。

缩影。

在对宋代法律关于行政终身问责制有一个基本了解之后,需要根据创设具体诏敕时所考量的法益,来充分把握其适用范围与适用情境。需要注意的是,行政终身问责制着眼于官员士大夫这一阶层,而该群体是传统中国国家治理的重要力量。并且,帝制中国的国家治理,首先考量的是皇权统治、中央集权、国家统一和安全、国家经济利益等根本性利益,与此同时百姓切身合法权益、司法公正也是国家治理的重要内容。是以,拙文从加强专制主义中央集权、维护国家统一和安全、保障国家经济利益、维护基层百姓利益、保障司法公正等五个层面来把握宋代行政终身问责制。

二、通过行政终身问责加强专制主义中央集权

自宋代建立以来,专制主义中央集权日趋加强,这在参知政事、三司、枢密府、经略安抚司、转运司、提点刑狱司、提举常平司、通判等行政机构的设置和权力分配制衡中可窥一斑,具体在行政终身问责即去官不原的规制上,表现为维护皇室的特权与利益、加强对监司的管理和保障官员的考课三个层面。

(一)维护皇室特权与利益

传统中国,皇帝则天立法,但也须遵守一定的程序。"按照宋朝的惯例,凡诏令都必须经中书门下讨论而后由学士院起草颁发。"①宋代大臣甚至皇帝都在不同情况下表达过反对不依照程序发布诏令的行

---

① 杨世利:《论北宋诏令中的内降、手诏、御笔手诏》,《中州学刊》2007 年第 6 期。

为①，但是随着专制主义中央集权和皇权的加强，内降、中旨、内批等由皇宫直接发出的违反固有颁发程序的诏令屡见不鲜，及至徽宗时期以"御笔"的形式发展至顶峰，凡是违御笔者"以违制罪之"②"中外官司辄敢申明冲改御笔处分者，以大不恭论"③。不过，在具体的国家政务处理过程中，统治阶层内部已然意识到不按照程序发布的御笔在一定程度上有碍国家治理，所以要求内降、御笔等诏令的内容凡是关涉到其他衙门的必须覆奏，再次接到诏令，申奏中书省、枢密院后方可执行。"诸受御笔传宣（外）[内]降及内中须索，事干他司者同。随处覆奏，得旨奉行。即本司官亲承处分，仍录旨具奏，请宝行下。其非有司所可行，或事干他司，并官司奏请得旨者，并申中书省、枢密院奏审，御笔行迄具奏"。在上述规定的基础上，徽宗于政和五年（1115）十二月十五日下诏要求传宣使臣应覆奏而不覆奏的，科处徒刑两年，需要终身负责，不以去官原减，"传宣内降应覆奏，应附传宣使臣而不附奏者徒二年，不以赦降、去官失减"。④

"德礼为政教之本"，⑤关注礼制、统一礼制是传统中国国家治理

---

① 如明道二年（1033 年）宋仁宗下诏禁止内降："内外毋得进献以祈恩泽，及缘亲戚通章表，若传宣有司，实封覆奏，内降除官，辅臣审取处分。"枢密使曹利用"凡内降恩，力持不予，左右多怨，太后亦严惮利用，称曰'侍中'而不名。"参见（宋）李焘：《续资治通鉴长编》卷一百一十二《仁宗》，"明道二年四月壬子"，中华书局 2004 年版，第 2611 页；（宋）杨仲良：《皇宋通鉴长编纪事本末》卷三十六《仁宗皇帝·曹利用罢枢密使》，李之亮校点，黑龙江人民出版社 2006 年版，第 616 页。

② "至熙宁间，有内降手诏作御书手诏，违御笔以违制坐之，事无巨细，皆托而行焉。"（清）黄以周等辑注：《续资治通鉴长编拾补》卷二十八《徽宗》，"大观三年三月"，顾吉辰点校，中华书局 2004 年版，第 955 页。

③ （宋）陈均编：《皇朝编年纲目备要》卷二十七《徽宗皇帝》，"大观三年五月"，许沛藻、金圆、顾吉辰、孙菊园点校，中华书局 2006 年版，第 696 页。

④ （清）徐松辑：《宋会要辑稿》，《职官四之一七》，刘琳、刁忠民、舒大刚、尹波等校点，上海古籍出版社 2014 年版，第 3103 页。

⑤ （唐）长孙无忌等：《唐律疏议》卷一《名例》，刘俊文点校，法律出版社 1999 年版，第 3 页。

的应有之义，也是加强专制主义中央集权的重要表现。徽宗即位后曾多次下诏讨论礼制，颁布《新书》《新仪》。然而民间百姓举行冠礼、婚礼多习惯沿用旧俗，"用之人多是悝儒、媒妁及阴阳卜祝之人"。因此为了推行《新书》《新仪》，重和元年（1118）十二月十五日开封府盛章建议："令四厢并籍定姓名，逐旋勾追赴府，令本府礼生指教。候其通晓，即给文帖，遇民庶之家有冠婚丧葬之礼，即令指（受）[授]《新仪》。如尚敢沿循旧例，致使民庶有所违戾，及被呼不赴，因缘骚扰，邀阻贿赂，并许本色人递相觉察陈告，勒出本行"。徽宗应其奏请，"立到条法：'违仪不奉行者，以违制论，不以去官、赦降原减。'"① 众所周知，传统中国极为重视祭祀天地鬼神之礼，尤其是关涉社稷和国祚的祭祀，在宋代被称为大礼，擅自挪用大礼金银钱帛构成严重犯罪，及至高宗建炎二年（1128）三月十九日，明确下诏规定相关官员终身负责，不以去官原减，"诸路划刷今年大礼合用金银钱帛等，或擅行支用，依擅支朝廷封桩钱物法加一等，不以去官、赦降原减"。②

　　传统中国"视死如生"，皇帝陵寝的建设尤其被重视，这不仅体现在陵寝规制上，还彰显在陵寝建设维护上。元祐四年（1089）十一月，鉴于"京西路财用支费不足"，哲宗曾下诏要求转运司、提刑司统筹商议将二十万贯场务钱拨给该路使用，但直至元祐六年这笔钱粮都未到位，而此时又需"陵寝之费会计约二十万贯"。于是，哲宗在采用三省建言的基础上，下诏要求将朝廷封桩钱物拨与河南府用于陵寝的建设和维护，不得挪作他用，否则以违制论处，相应官员终身问责，不以去官原减，"诏陵寝支费钱粮物帛等，令京西两路提刑司将朝廷封桩钱物逐旋支拨与河南府支用，不得将不缘陵寝别作名目

---

① （清）徐松辑：《宋会要辑稿》，《刑法二之七三、七四》，刘琳、刁忠民、舒大刚、尹波等校点，上海古籍出版社 2014 年版，第 8323 页。

② 曾枣庄、刘琳主编：《全宋文》卷四四四五《宋高宗七》，"禁擅行支用大礼合用金银钱帛诏"，上海辞书出版社、安徽教育出版社 2006 年版，第 201 册，第 208 页。

支使。如违，科违制之罪，不理去官赦降原减"。① 不限于此，建造、维护陵寝的工料必须遵守一定的规格，相应官员不遵照祖制，需要终身问责，即使去官也不原减。如元符三年（1100）正月，应户部、工部奏请，哲宗下诏规定建造、维护陵寝的工料不符合元丰八年或治平、嘉祐时期的旧制，擅自隐匿所犯事迹或增减工料的官员以违制论处，不因去官原减罪责，"应奉山陵工料，京西转运司及西京河阳等处，各有元丰八年例，自当遵用。如案籍不存，许用治平、嘉祐故事，辄敢隐匿增减不实，并以违制论，不以去官赦降原减"。②

（二）加强对监司的管理

监察是传统中国政制的重要组成部分，以"事为之防，曲为之制"③ 为基本国策的宋代尤其重视，监察体系由上至下特别严密。恰如南宋吕中所言："祖宗纲纪之所寄，大略有四：大臣总之，给舍正之，台谏察内，监司察外。"④ 监司的职责主要包括"监察州郡事务、选任州郡官员，贯彻法制与治理不法"。⑤ 南宋时期叶适就作了较为允当的总结："州郡众而监司寡，谓州郡之事难尽察也，故置监司以察之。谓州郡之官难尽择也，故止于择监司亦足以寄之……奉行法度者，州郡也；治其不奉行法度者，监司也。故监司者，操制州郡者也；使之操制州郡，则必无又从而操制之，此则今世所以置监司之体

---

① （宋）李焘：《续资治通鉴长编》卷四百六十四《哲宗》，"元祐六年八月癸巳"条，中华书局 2004 年版，第 11072 页。

② （宋）李焘：《续资治通鉴长编》卷五百二十《哲宗》，"元符三年春正月甲申"条，中华书局 2004 年版，第 12376 页。

③ （宋）李焘：《续资治通鉴长编》卷十七《太祖》，"开宝九年十一月乙卯"条，中华书局 2004 年版，第 382 页。

④ （宋）吕中：《类编皇朝大事记讲义》卷二十二《徽宗皇帝》"小人创御笔之令"，张其凡、白晓霞整理，上海人民出版社 2014 年版，第 372 页。

⑤ 胡云、任锋：《监察集权：从宋代监司政治透视强郡县国家的治理逻辑》，《学海》2020 年第 4 期。

统当如是矣。"①

　　监司作为地方政务活动开展的重要一环，是否有效履行监察职责，关涉到朝廷稳固、官场秩序和底层百姓权益，因此当其越权行事或逾制监察时，部分犯罪行为要终身问责。如徽宗于崇宁五年（1106）八月十九日，专门下诏要求学事司属官不得越权行事，更不得在巡察过程中接受馈送，否则处徒刑三年，终身问责，不以去官原减，"访闻诸路监司属官擅行文书，付下州县，及出按所部，犯分骚扰。可令今后学事司属官许出诸处点检学事外，余并不得离司出诣所部，及不得擅移文书付下州县。即有公事差委勾当者，径诣所差处，沿路不许见州县官即受馈送。违者徒三年，仍不（许）[以]赦降、去官原减"。②不限于此，为了避免监司滥行职权，徇私舞弊，徽宗于崇宁五年（1106）十月十六日再次下诏规制，相关官员科处流刑二千里，终身问责，不以去官原减，"监司分按诸路。为耳目之任。近降指挥。体量公事。而观望顾避。附上罔下。荫庇灭裂。变乱事实……使朝廷刑罚失误。其罪莫大。除已究正。量行黜责外。自今敢有怀奸挟情。不实不尽者。流二千里。斥之远方。永不收叙。仍不以去官赦降原减"，并且通告各路，"咸使闻知"。③

　　当地方官员存在如下情况，监司未善尽监察职责时，不仅追究其行政责任和刑事责任，还须终身负责。其一，鉴于淮南、江南、两浙、荆湖四路天灾不断，百姓"向春艰食"，危及农业生产，容易滋生盗贼等境况，神宗于熙宁八年（1075）十二月下诏要求监司体

---

① （宋）叶适：《叶适集》（《水心别集》）卷十四《监司》，刘公纯、王孝鱼、李哲夫点校，中华书局2010年版，第809页。

② （清）徐松辑：《宋会要辑稿》，《职官四五之四》，刘琳、刁忠民、舒大刚、尹波等校点，上海古籍出版社2014年版，第4235页。

③ 司义祖整理：《宋大诏令集》卷一百九十六《政事四十九·诫饬七》，"诫约监司体量公事怀奸御笔手诏"，中华书局1962年版，第722页。

察州县官员不能胜任本职工作的，应上奏皇帝或直接对移，而不能履行此职责的监司官员终身问责，"宜下逐路转运、提点刑狱、钤辖司体量，巡检、县尉怯懦不职者以名闻。虽职事未见旷缺，而资性疲软不任斗捕者，亦与对移监当差遣，如违，原体量监司官重黜，不以赦降去官原免"。① 其二，当州县官吏犯赃罪，而监司不能有效检举劾奏的，高宗于建炎二年（1128）二月辛未下诏依违制罪论处，终身问责，不以去官原免，"自今犯枉法自盗赃抵死者，籍其资。时议者以为赃吏之盛，所在填溢，愿明诏有司，应缘赃得罪，及曾经案发迹状明白，并毋得与堂除，及亲民自今有犯者，仍急籍其资，即监司守卒失案郡县，及监司失案守卒，与失与互察者，并科违制之罪，不以去官原免"。② 其三，为了加强对边疆地区官员的管控和监督，宋代还建立了走马承受公事制度。③ 当走马承受未尽监察职责时，哲宗于元符元年（1098）十月八日下诏要求处其徒刑二年，终身问责，不以去官原减，并且类推适用于各路监司，"自今吏部看详，如遇出入回日，许观借详照。若敢隐匿，并徒二年，不以赦降、去官原减。诸路安（府）[抚]、钤辖司依此施行"。④ 需要注意的是，随着立法技术的发展和国家治理能力的提升，在上述零散诏敕规定的基础上，逐步形成一个较具概括性的规定，并将之纳入令的范畴。绍兴五年（1135）又规定，监司未能履行监察职责，尤其是针对县、府州、路层层案举机制，均被终身问责，并不以去官原免，"诸县违法知通失案举，而被案于监司，诸州违法监司失案举，而被案于台谏，各察治得实者，并减犯人罪五等，犯人系公罪，又减二等，并

---

① （宋）李焘：《续资治通鉴长编》卷二百七十一《神宗》，"熙宁八年十二月"条，中华书局 2004 年版，第 6648 页。

② （宋）李心传：《建炎以来系年要录》卷十三，中华书局 1988 年版，第 287 页。

③ 关于"走马承受公事"制度，可参见申忠玲：《宋代的走马承受公事探究》，《青海社会科学》2011 年第 5 期。

④ （清）徐松辑：《宋会要辑稿》，《职官四一之一二四》，刘琳、刁忠民、舒大刚、尹波等校点，上海古籍出版社 2014 年版，第 4063 页。

不以去官原免。著为令"。①

此外，为了敦促监司有效公正履行监察职责，宋代敕令明确规定其不得参与妓乐宴会、接受地方迎送、差借兵马或携带公人兵丁逾制，从日常行为层面规制监司的行为，否则处徒刑二年，终身问责，不以去官原减，"诸发运、监司预妓乐宴会，（自用或作名目'邂逅使令及过茶汤'之类同。）或受迎送般担人船，及带公人兵级过数，若为系公之人差借人马者，各徒二年。即赴所部及寄居官用家妓宴会者，加二等。（知州、县令准此。）以上不以失及去官原减"。② 同时，为了有效敦促监司履行监察职责，高宗于建炎三年（1129）九月十七日，下诏要求监司不得差遣待阙官出外公干，否则监司自身及被差遣之人均处徒刑二年，终身问责，不以去官原减，"诸路监司今后差官属出干事，不得差待阙官。如辄差，其元差官司及被差官各徒二年，不以去官、敕降原减"。③

（三）监督和保障官员考课

宋代极为重视官员的考课，形成了"两级考""满任考"的考核方式和"四善三最"④"四善四最"⑤的考核内容。而为了保障官员考课的顺利进行，当存在如下行为时，须终身问责，适用去官不原。

---

① （宋）李心传：《建炎以来系年要录》卷八十八，中华书局 1988 年版，第 1465—1466 页。

② 杨一凡、田涛主编：《中国珍稀法律典籍续编（第一册）》，《庆元条法事类》卷九《职制门六·去官迎送宴会·敕·职制敕》，戴建国点校，黑龙江人民出版社 2002 年版，第 161 页。

③ 曾枣庄、刘琳主编：《全宋文》卷四四五三《宋高宗一五》，"诸路监司不得差待阙官出干事诏"，上海辞书出版社、安徽教育出版社 2006 年版，第 201 册，第 308 页。

④ （元）脱脱等：《宋史》卷一百六十三《志第一百一十六·职官三》，中华书局 1985 年版，第 3839 页。

⑤ （元）脱脱等：《宋史》卷一百六十《志第一百一十三·选举六·考课》，中华书局 1985 年版，第 3763 页。

其一，在印纸、历子上虚写考任的官员及知情官吏。在宋代官员考课中，印纸、历子的书写是考核的重要依据，"知州、通判、知军监、知县、京官及进士及第幕知州县官曾给御前印纸者，携往任所批书事迹，纳差遣司磨勘功过，定升降等第及堪何任使"。① 而虚写印纸、历子，"妄书功劳、辄隐违犯，致磨勘彰露……长吏重罚，曹司决配"。② 南宋时期进一步明确罪责为徒刑二年，终身问责，不以去官原减，"诸批书考任、印纸若给公凭及保明阙报功过，而增减不实致误赏罚、磨勘、差注者，本官（殿侍、下班祗应同。）并知情官吏徒二年，不以去官赦降原减；未施行者，减二等；不知情及不误赏罚、磨勘、差注者，又减一等"。③ 同时，少数民族聚居地区的溪洞缘边寨铺因民族杂居，习惯不同，相处时易滋生矛盾，所以宋代极为重视对寨主、都监的考课。根据枢密院的建言，哲宗于元符元年（1098）三月戊寅下诏要求溪洞缘边寨铺寨主、都监务必定时定点巡逻，以维护当地安全，若未履行职责，而虚写历子，则直接构成违制，终身问责，不以去官原减罪责，"溪洞缘边寨铺，寨主、都监两员处，每半月一次，轮那一员逐日量带兵甲在外，夤夜于地分巡逻把截，仍本州给印历，付所管地分官司。寨铺候逐官巡历到彼，即时批上官位姓名月日，季终缴申本州点检，申都钤辖司。如巡历不到，虚上文历，以违制论，不以去官赦降原减"。④

其二，州县盐酒课利最少的两处的官员。早在太平兴国时期，朝

---

① （清）徐松辑：《宋会要辑稿》，《职官五九之三》，刘琳、刁忠民、舒大刚、尹波等校点，上海古籍出版社 2014 年版，第 4635 页。

② （清）徐松辑：《宋会要辑稿》，《职官五九之二》，刘琳、刁忠民、舒大刚、尹波等校点，上海古籍出版社 2014 年版，第 4635 页。

③ 杨一凡、田涛主编：《中国珍稀法律典籍续编（第一册）》，《庆元条法事类》卷六《职制门三·批书·敕·职制敕》，戴建国点校，黑龙江人民出版社 2002 年版，第 80 页。

④ （宋）李焘：《续资治通鉴长编》卷四百九十六《哲宗》，"元符元年三月戊寅"条，中华书局 2004 年版，第 11813 页。

廷律法就规定根据各地赋税收入的多少来认定官员考课的评级，但在实践中往往成为具文，并未实行，"太平兴国以后，虽有比较岁入增亏酬奖之法，而累朝多不果行"。直至熙宁五年（1072）才明确根据各州县盐酒课利的多少来论定殿最，收入最少的两处官员不仅依法当罚，还被终身问责，不以去官原减，"令逐年转运司每岁比较州县盐酒课利最多最少者两处，开坐增亏及知、通、令、尉名衔闻奏，当行赏罚，合黜者不以去官赦降原减"。①

三、通过行政终身问责维护国家统一和安全

宋代长期与辽、西夏、金等少数民族政权处于对峙状态，边疆局势稳固与否，严重影响朝廷的安危。因此，统治者极为重视边疆安全，致力于维护国家统一。是以，当存在威胁国家安全特别是边疆稳定的犯罪行为时，宋代的惩治力度大大加强。进而，对所涉官员的治理能力也提出了更高的要求，当存在下述情况时，不仅追究他们的行政责任和刑事责任，还终身问责，适用"去官不原"，以敦促其积极履行维护国家统一和安全、守边戍边的职责。

（一）规制戍边官员的行为

进筑城寨部役使臣称职与否直接关系到城池楼橹的修建，影响边境地区的稳定与安全，因此宋代对被差遣人的资质、差遣的人数、起离时间、能否出界等都作了极为详审的规制，"请进筑城寨部役使臣，先于准备将领、准备差使及部队将、使臣内差。如不足，许于本路州军见任官内差。又不足，方许差得替待阙使臣。据所筑城围大小差拨，每百步，部役使臣不得过十分。其防托及般运官员使臣，乃据实用人数差，不得过有冗占。都副壕寨队部役、防托使臣，并候城池楼

---

① （元）马端临：《文献通考》卷十五《征榷考二》，中华书局 2011 年版，第 439 页。

橹毕工，方得起离，不得先回。违者，委统制官、随军走马承受觉察以闻。诸路出寨讨荡、进筑，除经略司所差随军使臣外，许统制、同统制官将带使臣出界，内统制官不得过五员，同统制官不得过三员，仍并指名申经略司差拨。应文臣，非应副调发钱谷材植及诸县令佐部押人夫脚乘外，并不得将带随军出入。其照管医药、饭食之类，并选差指使，仍依近降指挥，奏使臣充。即停替、负犯之人，虽系大小使臣，须曾有战功，才勇为众所知者，方得差使"。但是当所差遣的进筑城寨部役使臣不符合上述规定，差遣官司与负有监察职责的经略安抚司、转运司、提刑司、走马承受等不能觉察并施行的，以违制罪论处，终身问责，不以去官原减，"内有伪滥妄冒及不合随军之人，令密具以闻。如敢隐庇，或失点检，其走马使臣，当议量事理轻重，特行停替贬黜。应于法不合随军之人，虽立功劳，并不得保明闻奏。应兵将官及城寨使臣，非职事相干，及本路见任官因勾当公事经过，并不得接见。即因而有所请求，并犯人，并取勘奏裁。仍仰经略安抚司、转运提刑司，互相觉察闻奏。走马承受亦依此觉察施行。已上违者，并以违制论，不以去官赦降原减"。①

政和八年（1118）五月二十三日，徽宗根据鄜延路经略使贾炎的上奏，规定城寨官、公使库官员、使臣、汉蕃弓箭手、厢军及禁军马递铺等违反朝廷规制的，不仅追究其所犯之罪，还要求终身追责，不以去官原减，"今后城寨官、公使库官员、使臣、收买汉蕃弓箭手、厢禁军马递铺之类，请受文旁，与贩转放，违犯之人，仍乞朝廷不以入己各依本罪外，不论有无战功，并不以去官、赦降原减，一例重行废斥"。但若所收买之人确实是勇武过人于边关安稳有益的，可以在本路帅司的奏请下留任，以期戴罪立功，"内实有胆勇战功、御边得力之人，乞委帅司相度奏留，充本路准备使唤或充效用，候立到奇功

---

① （宋）李焘：《续资治通鉴长编》卷四百九十九《哲宗》，"元符元年六月戊子"条，中华书局 2004 年版，第 11878—11879 页。

与甄叙"。① 寨铺使臣若有导致朝廷边界萎缩、故意纵容他人出入国界等行为，须终身问责，不以去官原减。如熙宁八年（1075）六月戊申，神宗"诏缘北边寨铺使臣所管界至退缩，并故纵人出入者劾罪，不以去官赦降原减；界至退缩者，并统辖官以闻"。②

走马承受公事作为皇帝特派，负责监察各路将帅、人情、物情及其他不法之事，是天子之耳目，经略司、安抚司应当将所探查到的影响边疆安全的情报及本路相关事宜送交御览。若各路安抚司、经略司不履行此职责，则以违制罪论处，终身问责，不以去官原减，如崇宁四年（1105）九月八日，徽宗专门下诏，要求"边界探报事宜，依条令实封送走马承受看详，如在外，即更不送。近日经略司或隐漏不送看详，亦无缘见得子细。令经略司及沿边安抚司将探到事宜书号印缝封送承受，如供报不实不尽，并以违制论，不以去官赦降原减"。③ 后来，又根据高阳关等路走马承受公事的建议，徽宗将上奏的周期确定为每季一奏，"每季取索本路封桩见在钱物数开具闻奏，诸被受走马承受公事所取索封桩见在钱物数供报不实不尽者，以违制论，不以去官、赦降原减"。④

（二）维护士兵合法权益

为了维护边疆区域的稳定，必然要增强军队的战斗力，而加强战斗力的关键性要素之一就是维护士兵的合法权益，使其能全身心投入

① 曾枣庄、刘琳主编：《全宋文》卷二七〇四《童贯》，"乞留张安以自效奏"，上海辞书出版社、安徽教育出版社 2006 年版，第 125 册，第 163 页。

② （宋）李焘：《续资治通鉴长编》卷二百六十五《神宗》，"熙宁八年六月戊申"条，中华书局 2004 年版，第 6491 页。

③ 曾枣庄、刘琳主编：《全宋文》卷三五七六《宋徽宗三四》，"边界探报事宜宜实封送走马承受看详诏"，上海辞书出版社、安徽教育出版社 2006 年版，第 164 册，第 268 页。

④ （清）徐松辑：《宋会要辑稿》，《职官四一之一二四》，刘琳、刁忠民、舒大刚、尹波等校点，上海古籍出版社 2014 年版，第 4064 页。

保家卫国的状态中。为了充分保障士兵权益，当存在下述行为时，宋代不仅追究相应官员的行政责任和刑事责任，还终身问责。其一，差配弓箭手及雇佣人力不符合法定程序的。如熙宁六年（1073）十一月五日，基于麟府路招添弓箭手事宜，神宗专程下诏要求差配弓箭手、雇佣牛驴及人力等，均应申奏经略使，否则以违制罪论处，终身问责，不以去官原减，"麟府路弓箭手近行招添，全藉安集。本州即城寨除合差配及和雇马牛驴、夫力等，皆申经略使。若有贼马入界，许差发讫申。如违，并以违制论，不以赦降、去官原减。仍许人告，官给赏钱二百千"。① 其二，违法使用抚养士卒钱、枉顾士兵意愿收买其剩余粮食的。如元丰六年（1083）五月，针对枉顾士兵意愿强买其剩余口粮的行为，神宗下诏按照违制罪论处，终身问责，不以去官原减，"坐仓收籴请军粮斛不取军人情愿，以违制论，不以赦降去官原减"。② 其三，违法役使士兵的。上级官司私自役使士兵，在宋代一般按违制处理，终身问责，不以去官原免。但是元祐六年（1091）八月己丑，宁河桥寨私自差遣、役使士兵依法被认定为违制，而河东路都转运司认为科刑太重，奏请废止不以去官原免之条，并且得到哲宗的认可，"宁和桥寨坐兵士裹私差占役使，并科违制私罪，赦降去官不免。如此太重，并乞删去该赦降去官不原免之文"。③ 其四，关系边境安全的路、府所属的兵士不允许改换、改刺别路别军。如熙宁八年（1075），在枢密院的奏请下，神宗于九月下诏要求凤翔路保宁兵士不得改换别军，否则相应官员要依擅行差遣法论处，终身问责，不以去官原减，"凤翔府拣中保宁兵士不许投换及改刺别军，如违法，

---

① （清）徐松辑：《宋会要辑稿》，《兵四之六》，刘琳、刁忠民、舒大刚、尹波等校点，上海古籍出版社 2014 年版，第 8680 页。
② （宋）李焘：《续资治通鉴长编》卷四百五十八《哲宗》，"元祐六年五月庚午"条，中华书局 2004 年版，第 10961 页。
③ （宋）李焘：《续资治通鉴长编》卷四百六十三《哲宗》，"元祐六年八月己丑"条，中华书局 2004 年版，第 11053 页。

依擅行差遣例，不以去官赦降原减"。①

（三）保障军需用度

充足的军需不仅是军事实力的彰显，还能够有效地调动将士的积极性。在边患重重之下，宋代极为注重保障军需用度，并将部分涉军需行政行为纳入终身问责的范畴。

禁军和封桩钱物从军事和物质上全面维护朝廷的安稳，因此，宋代绝不允许擅自借用禁军阙额和挪用封桩钱物，否则以违制罪论处，终身问责，不以去官原减。宣和元年（1119）三月十三日，徽宗下诏"内外官司敢有奏请借用者，以违制论，不以去官赦降原减；虽奉特旨冲改，仰枢密院执奏"。②专门征收用作军费开支的经制钱更是专款专用，地方州县官擅自挪用侵占的，不仅追究行政责任和刑事责任，还终身问责，不以去官原减。绍兴十一年（1141）十二月十日，高宗下诏规制"州县辄将经制钱擅行应副兑借拘截取拨，辄有侵支互用者，内所委官所当职及取拨官，并先降两官放罢，人吏徒二年，各不以去官赦降原减"。③该敕令也被收录在《庆元条法事类·财用门》中。④有时为了保障军需用度，朝廷还会卖度牒充作军费，用于修葺缘边州县城墙、添设军用物资等。元符二年（1099），哲宗就曾赐河北路度牒以充作军费，并强调不能挪用，否则以违制罪论处，终身问责，不以去官原减，"以度僧牒千道赐河北安抚司，瀛、定各三百，

---

① （宋）李焘：《续资治通鉴长编》卷四百五十八《哲宗》，"元祐六年五月庚午"条，中华书局 2004 年版，第 10961 页。

② 曾枣庄、刘琳主编：《全宋文》卷三六〇三《宋徽宗六一》，"诫约内外官司不得借用禁军阙额封桩匹帛钱物诏"，上海辞书出版社、安徽教育出版社 2006 年版，第 165 册，第 333 页。

③ （元）马端临：《文献通考》卷十九《征榷考六》，中华书局 2011 年版，第 550 页。

④ 参见杨一凡、田涛主编：《中国珍稀法律典籍续编（第一册）》，《庆元条法事类》卷三十一《财用门二·封桩·敕·厩牧敕》，戴建国点校，黑龙江人民出版社 2002 年版，第 476 页。

魏、镇各二百，令岁岁回易收息，添助修葺城壁楼橹军器等，他用者以违制论，不以去官赦降原减"。①

军费得以保障之后，如何使用则是重中之重。总地来说，军费用在军事上是应有之义，否则需要承担相应的行政责任和刑事责任。元丰三年（1080）八月癸巳，神宗在蒋之奇勘察赵济等事的基础上发现环庆经略安抚司挪用养兵的钱财，而专门下诏根究，要求所犯官员不以去官原免罪责，终身负责，"又诏之奇点检到环庆经略安抚司违法支用抚养士卒钱，官吏不以赦降去官原免，根究以闻"。②元丰四年（1081），神宗在中书省奏言的基础上，再次强调熙和兰岷路蕃部司公使钱只能用作边事，否则处二年徒刑，终身问责，不以去官原减，"熙河兰岷路蕃部司公使钱，依额定每年转运司分作两科支拨，除干边事应副支费外，辄支用者并徒二年，不以去官赦降原减"。③不限于此，军费的使用是否得当也在宋代律法的规制之中。若购买或地方官府上供的军需物资不符合规制的，各州军官员被终身问责，不以去官原减。宣和七年（1125）七月二日，"应诸路州军今后买合纳上供或应副他处及本处军衣物帛，买纳毕，委官定验，有粉药、纰薄、短狭者，计所亏官准盗论赃，轻者徒二年；即专库合干人及管押人、纲梢等，以私物贸易计赃，轻者徒三年。仍仰廉访使者觉察闻奏，余依见行条法，各不以失及去官、自首原减。"④军需物资之中粮草是重中之重，所以当职官员不认真检察备边粮草，不仅重罚，还终身问责，不以去官原减，如淳熙三年（1176）九月二十六日，孝宗要求利州路

---

① （宋）李焘：《续资治通鉴长编》卷五百六十《哲宗》，"元符二年二月丁酉"条，中华书局 2004 年版，第 12068 页。

② （宋）李焘：《续资治通鉴长编》卷三百七十《神宗》，"元丰三年八月癸巳"条，中华书局 2004 年版，第 7452 页。

③ （宋）李焘：《续资治通鉴长编》卷四百五十八《哲宗》，"元祐六年五月庚午"条，中华书局 2004 年版，第 10961 页。

④ （清）徐松辑：《宋会要辑稿》，《食货三八之一一》，刘琳、刁忠民、舒大刚、尹波等校点，上海古籍出版社 2014 年版，第 6833 页。

转运使王敦诗、知兴元府李蘩差遣官员检察备边粮草,"点检分明闻奏。或有不实,其当职官吏取旨重罚,不以去官赦降原减"。① 而当所买粮草质量低劣、潮湿时,负责买卖的当职官员及负有监察责任的官员均要承担相应的行政责任和刑事责任,即使按律当去官原减罪责,也不直接适用,而需上奏皇帝,由其裁断,"诸中卖粮草巧伪湿恶。计赃轻者,杖一百,监官干系人知情与同罪。虽该去官赦降原减,仍奏裁,许人告"。②

如果官吏将军需之物贩卖出境,更是罪大恶极,基础刑是徒二年,随物价高低而增减,至十贯则入绞刑,而参与其中的州县官吏在犯人刑等的基础上减一等论处,终身问责,不以去官原减,如隆兴元年(1163)五月九日,孝宗明诏:"今后兴贩军须之物泛海,不以是何州县捉获,及其余水陆路往次边州军捉获者,徒二年,以物估价,及二贯加一等,过徒三年三贯加一等,徒罪皆配千里,流罪皆配远恶州。若于极边州军捉获者,徒三年,以物估价,及二贯加一等,徒罪皆配三千里,流罪皆配海外,十贯绞。已过界捉获者,不以多寡,并依军法定断,仍并奏裁。许诸色人告捕。其知情引领、停藏、负担、乘载之人,并减犯人罪一等,各依犯人配法。经由透漏州县官吏、公人、兵级减犯人罪一等。以上并不以去官赦降原减"。③ 该条亦为《庆元条法事类》所采纳。④

---

① 曾枣庄、刘琳主编:《全宋文》卷五二五五《宋孝宗五○》,"令王敦诗李蘩委官点检四川备边桩积粮诏",上海辞书出版社、安徽教育出版社 2006 年版,第 235 册,第 302 页。

② 杨一凡、田涛主编:《中国珍稀法律典籍续编(第一册)》,《庆元条法事类》卷三十七《库务门·雜买粮草·敕·厩库敕》,戴建国点校,黑龙江人民出版社 2002 年版,第 569 页。

③ 曾枣庄、刘琳主编:《全宋文》卷五二一一《宋孝宗六》,"立定军须之物并兴贩条约诏",上海辞书出版社、安徽教育出版社 2006 年版,第 234 册,第 85 页。

④ 参见杨一凡、田涛主编:《中国珍稀法律典籍续编(第一册)》,《庆元条法事类》卷二十九《禁榷门·兴贩军须·申明·随敕申明·卫禁》,戴建国点校,黑龙江人民出版社 2002 年版,第 432 页。

四、通过行政终身问责保障国家经济利益

面对内忧外患等治理困局，宋代统治者一直重视保障国家经济利益，增强经济实力，保障各国家机器的正常运转。又加上当时商品经济繁荣发展，宋代进入了传统中国经济"第二个发展的高峰"，[1] 并在此基础上建立了比较完备的财政经济制度。但是在具体运行过程中，对部分官员破坏经济法律制度、损害国家经济利益的行为，宋代制定相应的律法敕令，要求终身问责，加大惩处力度。

（一）规范国家赋税收支

赋税是宋代财政收入的主要组成部分，种类繁多，大体有五：公田之赋、民田之赋、城郭之赋、丁口之赋、杂变之赋。[2] 负责征收的官司若不能如额征收赋税，则须终身问责。元祐二年（1087），宋代再次强调"复课利场务亏额科罚不以去官赦降原减法"。[3] 负责征收人员的素质高低直接影响朝廷的财政收入，因此宋代在都保内选任专门人员负责征收，官府不得随意更换，否则按违制罪论处，终身问责，不以去官原减，"保正、副系于都保内通选有行止、材长，即管干乡村盗贼、斗殴、烟火、桥道公事。大保长愿兼户长催纳税租，若不愿而辄差顾者，徒二年。非本耆保而辄差委干当者，杖一百。官司于役人有所圆融及科买配卖者，以违制论，不以去官、赦降原减。即令陪备夫力者，徒二年"。[4] 其中关涉赋税收入主要来源和基层秩序

---

[1] 林文勋、杨华星：《也谈中国封建社会商品经济发展的特点》，《思想战线》2000年第 6 期。

[2] 参见（元）脱脱等：《宋史》卷一百七十四《食货上二·赋税》，中华书局 1985年版，第 4202 页。

[3] （宋）李焘：《续资治通鉴长编》卷四百三十《哲宗》，"元祐二年秋七月辛亥"条，中华书局 2004 年版，第 9801 页。

[4] （清）徐松辑：《宋会要辑稿》，《食货六六之八二》，刘琳、刁忠民、舒大刚、尹波等校点，上海古籍出版社 2014 年版，第 7932 页。

稳定的民田之赋，即夏秋二税的征收，更是宋代律法规范的重点。当官员在夏秋二税征收上存在滥权、渎职行为时，宋代注重适用终身问责制，敦促其尽忠职守。如天圣三年（1025）七月，京西路劝农使在履职过程中发现夏秋税簿多不规范，向朝廷进言，仁宗因此规范了赋税征收程序，对不依照程序履职以致少征赋税的官员终身问责，去官不原，"点检夏秋税簿，多头尾不全，亦无典押、书手姓名，其有揩改之处。深虑欺隐，失陷赋税……今乞候每年写造夏秋税簿之时，置木条印一，雕年分、典押、书写姓名，令佐押字、候写毕，勒典押将版簿及归逃簿、典卖析居、割移税簿逐一勘同，即令佐亲写押字，用印记讫，当面毁弃木印。其版簿以青布或油纸衬背，津般上州请印。本州岛干系官吏更切勘会，委判句官点检，每十户一计处，亲书勘同押字讫，封付本县勾销，仍于令佐厅置柜收锁。如违，依法施行。书写虽经赦，仍勒兖州县重役。令佐不亲勘读，以至失陷赋税，虽去官不原"[①]。

酒课"在北宋初期到中期迅速递增，到真宗天禧年间已成为国家财政现钱收入中的重要项目"。[②] 为了最大限度获得垄断性利益，宋代实行榷酒制度，极为重视酒的生产，尤其是专用于官方的法酒、供御酒、公使酒。其中，公使酒的酿造值得注意。在宋代，地方州府军一级可以根据朝廷允许的酿造额度酿造公使酒，用于地方官府的宴请、犒赏、离任差旅费等。"不过，在宋初还不是所有州军都可以造公使酒"，直至神宗时期，允许之前不能酿造公使酒的州府军也可使用公使钱造酒，公使酒方"遍及全国"。[③] 与此同时，神宗于熙宁七年（1074 年）正月一日下诏，严格规范公使酒的酿造额度，逾额

---

① （清）徐松辑：《宋会要辑稿》，《食货一一·版籍》，刘琳、刁忠民、舒大刚、尹波等校点，上海古籍出版社 2014 年版，第 6216—6217 页。
② 杨师群：《宋代的酒课》，《中国经济史研究》1991 年第 3 期。
③ 李华瑞：《宋代非商品酒的生产和管理》，《河北大学学报（哲学社会科学版）》1991 年第 3 期。

官员以违制罪论处，终身问责，不以去官原减，"诸路自来不造酒州，及外处有公使钱不造酒官司，听以公使钱顾召人工，置备器用，收买物料造酒，据额定公使钱每百贯许造米十石，额外酝造，于系官以违制论，不以去官赦降原减"。①

为改变积贫积弱，实现富国强兵，熙宁时期，神宗任用王安石进行了变法，封桩钱作为"理财以其道而通其变"②的产物，涵盖范围极广，包括"摘山、煮海、坑冶、榷货、户绝、没纳之财，悉归朝廷，其立法与常平、免役、坊场、河渡、禁军阙额、地利之资"，③构成国家战略储备物资。因此，关于封桩钱的征收、管理和使用，宋代极为重视。当存在应征收而不征收、征收少于之前、应封桩而未封桩或未按期限封桩、封桩后擅自支用等，对相关官员处徒刑二年，影响继任官员的，终身问责，不以去官原减，"诸上供钱物应收而不收，或旧收多而新收少，若应封桩起发而全不封桩起发，或已封桩而辄支兑若虚作限内装收，及虚申纲解并应支还入使请库务钱过三日不支还者，官吏各徒二年。（内应封桩起发而拖欠致取勘后政官者，不以去官赦降失减，人吏不在并计之限。）"④嘉祐年间更是明确规定擅自动用封桩入库的茶本钱、茶租、茶税钱的，相应官员依法论处，终身问责，不以去官原减，"以六路茶本钱、茶租、茶税钱封桩入便，若辄有支动，即当职黜降，不以自首、迁官、去官、赦降原减之限。至是，遂

---

① 曾枣庄、刘琳主编：《全宋文》卷二四五五《宋神宗一九》，"不造酒州及官司许以公使钱造酒诏"，上海辞书出版社、安徽教育出版社 2006 年版，第 114 册，第 11 页。

② 曾枣庄、刘琳主编：《全宋文》卷一三八〇《王安石一八》，"上仁宗皇帝言事书"，上海辞书出版社、安徽教育出版社 2006 年版，第 63 册，第 336 页。

③ （宋）徐自明：《宋宰辅编年录校补》卷七《神宗皇帝上》，"熙宁三年"，王瑞来校补，中华书局 1986 年版，第 427 页。

④ 杨一凡、田涛主编：《中国珍稀法律典籍续编（第一册）》，《庆元条法事类》卷三十《财用门一·上供·敕·厩库敕》，戴建国点校，黑龙江人民出版社 2002 年版，第 439 页。

以七路诸色钱并依通商茶法矣"。① 而与之有类似功能的经总制钱的使用，朝廷也予以明确规制。绍兴五年（1135）十一月，尚书省得高宗旨意，规定凡是州县擅自使用、截取拨发经总制钱的，相应官员处徒刑二年，终身问责，不以去官原减罪责，"州县辄将经制钱擅行应副兑借拘截取拨，辄有侵支互用者，内所委官所当职及取拨官，并先降两官放罢，人吏徒二年，各不以去官赦降原减"。②

常平钱物主要用于赈济、平定物价、官府提前储备以供借贷等，遍及"学校、养士、居养、安济、漏泽园"，③ 常与封桩钱物并举。官员擅自支用的，多处以徒刑二年，终身问责，不以去官原减。如元祐六年（1091）八月丙申，在户部建言的基础上，要求"朝廷及户部封桩并常平等钱物擅支借，及他司借常平等钱籴买物斛，应对行支拨。未桩拨价钱而辄支用者徒二年，其常平等钱仍不以去官赦降原减。内封桩钱物应副军须急速不可待报者，方许支借，仍具数申所属给限拨还。若兑充沿边要切支用，而已于定州桩定钱物，或召人入便，省还送之费而无妨阙者，申禀尚书省及本部"。④ 后来鉴于缘边官府多以应副军须急用为名，侵占封桩钱物，在三省的建议下，宋代于元祐七年（1092）再一次完善立法，"擅支借朝廷及户部封桩钱物并常平等钱物及他司借常平钱籴买物料，应副对行交拨，未桩拟价钱而辄支用者，徒二年。内封桩钱物若系应副军兴，小可那调者，并所须急阙，委实不可待报者，方许支借。仍具数并急阙因依，申所属点检给限拨还。若缘边要切支用，而已于别州桩定钱物，或召人入便，省得运送之费而无妨阙者，申禀尚书省及本部。以上如违，并不以觉举、去

---

① （元）马端临：《文献通考》卷二十三《国用考一·历代国用》，中华书局 2011 年版，第 694 页。

② （元）马端临：《文献通考》卷十六《征榷考六》，中华书局 2011 年版，第 550 页。

③ 曾枣庄、刘琳主编：《全宋文》卷三四二五《孙覿八》，"给事中上殿乞复常平札子"，上海辞书出版社、安徽教育出版社 2006 年版，第 158 册，第 474 页。

④ （宋）李焘：《续资治通鉴长编》卷四百六十四《哲宗》，"元祐六年八月丙申"条，中华书局 2004 年版，第 11077 页。

官、赦降原减，未断而还足者，奏裁"。①

（二）规范经济活动中官府的行为

官府作为经济法律关系的重要主体，具有特殊性，既有调控、规制之权，又可参与民事经济活动。宋代时已注意到这一点。当其处于调控、规制的地位时，对重要领域经济行为管控不到位时，官员需要承担相应的责任，多被终身问责。其一，规制市舶司发船的地点。宋代市舶司不仅管理海外贸易往来，还有发扬文治教化招徕东亚、东南亚蕃部归附的意蕴，"蕃货海舶征榷贸易，以来远人，通远物"。② 因此，宋代极为重视对市舶司的管理，主要在密州、澉浦、江阴军、秀州、杭州、明州、温州、泉州、广州等地设立市舶。③ 元丰三年（1080）八月十三日，宋代更是直接规定各市舶司必须按照固定线路发送船舶，否则以违制罪论处，终身问责，不以去官原减，"诸非广州市船司，辄发过南蕃纲舶船，非明州市舶司，而发过日本、高丽者，以违制论，不以赦降去官原减。（其发高丽船，仍依别条。）"④ 其二，贯彻茶盐法。禁榷制度由来已久，宋代也不例外，对事关国计民生的茶、盐也实行专卖制度。官府没有履行职责，贯彻茶盐法时，多被终身问责，如大观元年（1107）闰十月二十四日，徽宗明确下诏，"州县及当职官奉行茶盐法稽慢违戾，戾不以去官赦降原减"。⑤ 后至政和三年（1113）九月十九日，在中书省建议的基础上，徽宗再次重

---

① （宋）李焘：《续资治通鉴长编》卷四百七十九《哲宗》，"元祐七年十二月癸酉"条，中华书局 2004 年版，第 11409 页。

② （元）脱脱等：《宋史》卷一百六十七《职官七》，中华书局 1985 年版，第 3971 页。

③ 关于市舶司的设立及其变化可参见杨文新：《宋代市舶司研究》，陕西师范大学中国古代史博士学位论文，2004 年，第 5—26 页。

④ （宋）苏轼：《苏轼文集编年笺注》卷三十一《奏状十三首》，"乞禁商旅过外国状"，巴蜀书社 2011 年版，第 206 页。

⑤ 曾枣庄、刘琳主编：《全宋文》卷三五六六《宋徽宗二四》，"奉行茶盐法稽慢违戾不以去官赦降原减诏"，上海辞书出版社、安徽教育出版社 2006 年版，第 119、164 页。

申官员必须奉行茶法，否则处以徒刑二年，不以去官原减罪责，"诸茶法，州县及当职官奉行稽慢违戾，或有沮抑者，各徒二年，并不以去官、赦降原减"。① 不限于此，元丰七年（1084）三月辛酉，在京东路转运司建言的基础上，神宗针对挪用、索取盐场杂收钱的行为，规定以违制罪论处，终身问责，不以去官原减，"盐场收杂钱不系本息数，乞岁支三百千，为本司公使。若别费用及数外取索，并以违制论，不以去官赦降原减"。② 元祐六年（1091）九月辛丑，在户部建议的基础上，规定在押送过程中丢失或减少的，终身问责，不以去官原免，"使臣人员押盐、粮纲，沈失少欠该冲替者，赦降去官不免"。③ 其三，规范抵当交易。为了避免官府与保人勾结，过高评估产业价值而侵害国家利益，元丰二年（1079）正月乙卯，在市易司建言的基础上，神宗在罢行立保赊钱法的同时，诏令"其自今用产业抵当者，并拘留契书，岁收息一分半。检估官吏如容增直冒请，以违制论，不以去官赦降原减"。④ 其四，规范纲米运输。纲米的运输事关国家粮食安全，宋代规定沿途州县应供应纲运舟船牵挽浮驾之兵丁的粮食，但执行过程中，多次发生沿途州县并不供给以致兵丁盗窃纲米的现象发生，于是在发运副使吴泽仁的建言下，徽宗于大观元年（1107）八月二十八日再次下诏要求沿途州县必须供给，否则以违制罪论处，终身问责，不以去官原减，"纲运舟船牵挽浮驾之人既出本界，仰给沿流粮食，而州县以非本道人兵，抑而不支，致侵盗纲米，饿殍失所……纲运管押人经过州县合该请受，不即时勘支赶发，以违

---

① （清）徐松辑：《宋会要辑稿》，《食货三二·茶法司·茶盐杂录三》，刘琳、刁忠民、舒大刚、尹波等校点，上海古籍出版社 2014 年版，第 6700 页。

② （宋）李焘：《续资治通鉴长编》卷三百四十四《神宗》，"元丰七年三月辛酉"条，中华书局 2004 年版，第 8265 页。

③ （宋）李焘：《续资治通鉴长编》卷四百六十六《哲宗》，"元祐六年九月辛丑"条，中华书局 2004 年版，第 11133 页。

④ （宋）李焘：《续资治通鉴长编》卷二百九十六《神宗》，"元丰二年春正月己卯"条，中华书局 2004 年版，第 7196 页。

制论，不以去官、赦降原减；发运司不按，与同罪"。①

同时，为了避免官府利用手中的调控、规制之权强买强卖，侵害其他经济主体的权益，宋代亦出台相应规制以规范其参与民事经济活动的行为。元符二年（1099）闰九月辛巳，哲宗下诏要求官府在购买供官之物时，不仅要遵循特定程序，还必须比照市价购买，否则以违制罪论处，终身问责，不以去官原减，"诸供官之物，转运司豫先相度计置钱，令本州选官于出产要便处置场作料，次请比市价量添钱和买。并许先一年召保请钱，认数中卖。如辄抛降下县收买，及制造物色者，并以违制论，不以去官赦降原减"。②至南宋时期，直接在律法中明确规定公使库不依照市价强买强卖，三十日后仍不补足差价的，以违制罪论处，终身问责，不以去官原减，"诸公使库买物不依实直，若过三十日不还价及部内科买、配卖，各以违制论，不以去官赦降原减"。③

（三）维护国家货币制度

宋代货币种类繁多，按材质分有铜钱、铁钱、纸币、金、银等，是商品流通、市场交易的重要媒介，朝廷予以严格管控。当官员在铜钱出界、私铸铁钱等方面存在履职不当时，往往在追究其刑事责任和行政责任的同时，还终身问责。

"宋代对铜钱出界事宜是非常关注的，经常以诏令的形式要求严禁铜钱出界。"④早在太宗太平兴国三年（978）二月，朝廷就下诏规

---

① （清）徐松辑：《宋会要辑稿》，《食货四三之五》，刘琳、刁忠民、舒大刚、尹波等校点，上海古籍出版社2014年版，第6966页。

② （宋）李焘：《续资治通鉴长编》卷五百一十六《哲宗》，"元符二年闰九月辛巳"条，中华书局2004年版，第12277页。

③ 杨一凡、田涛主编：《中国珍稀法律典籍续编（第一册）》，《庆元条法事类》卷四十八《赋役门二·科敷·敕·厩库敕》，戴建国点校，黑龙江人民出版社2002年版，第664页。

④ 杨文新：《宋代市舶司研究》，厦门大学出版社2013年版，第48页。

制，根据出界铜钱数额厘定相应责任，"沿边诸郡关防守吏谨视蕃商，
无许阑出铜钱。敢故纵者，自五百至五千，令有司差定其罪，着于
令甲，有能告者，第赏之"。① 及至南宋时期，在户部奏请的基础上，
高宗于绍兴二十八年（1158）九月下诏规定故纵铜钱出界的官司与犯
人同罪，终身问责，并不以去官原减，"户部奏铜钱出界罪赏。诸以
铜钱与蕃商博易者。徒二年。千里编管。二贯流二千里。二十贯配广
南。出中国界者。递加一等。三千贯配远恶州。许人捕。知通县令丞
镇寨官市舶司官吏帅臣监司之在置司州者。并减犯人一等。故纵者与
同罪。不以去官赦降原减"。②

"宋代铁钱的大量铸造和广泛流通，可以说是中国古钱币的一
大特色"。③ 而其盛行的原因可以归结为两个方面：一是历史原因，
五代十国时期政权林立，币制没有办法统一，有行铁钱的习惯；二
是现实原因，宋代铜产量虽较唐代大幅增加，但仍难以满足市场需
求，同时也为了"解决军费开支、民间支用以及防止铜钱外流"等
问题。④ 铁钱在两宋时期流通范围较广，主要有秦凤、永兴军、利
州、梓州、成都府、夔州、河东、福建及两淮地区，又加上制作较
之铜钱更为简单，民间不法之人为牟取暴利，常常私铸铁钱，两淮
地区尤甚。鉴于此种情况，尚书省于绍熙三年（1192）五月一日上
书光宗，严禁私铸，并追责负有监督管理之责的官司，终身问责，
不以去官原减，"两淮私铁钱多是江南州县深山穷谷间所铸，虽与
两淮一例督责官吏禁止，而江南以非行用铁钱地分奉行不严。如日
后两淮败获，鞫勘得是江南所铸，即将界分官吏、邻保重行责罚，

① 曾枣庄、刘琳主编：《全宋文》卷六十四《宋太宗二》，"禁沿边阑出铜钱诏"，上
海辞书出版社、安徽教育出版社 2006 年版，第 4 册，第 49 页。
② （宋）李心传：《建炎以来系年要录》卷一百八十，中华书局 1988 年版，第 2984 页。
③ 黄启善：《广西宋代铸铁钱试析》，《广西金融研究》2003 年增刊第 2 期。
④ 黄启善：《广西宋代铸铁钱试析》，《广西金融研究》2003 年增刊第 2 期。

并不以去官原免"。①

五、通过行政终身问责维护基层百姓权益

在传统中国，各王朝为了使国祚绵延，在治理过程中注重依法规范官员行政权力的行使，从而维护百姓的切身利益，尤其是在生产、生活领域。为了最大限度避免官员恣意侵犯百姓生产生活，维护他们的合法权益，宋代在户等管理、民事活动、农业生产等领域颁布了大量关涉终身问责的诏敕，加大对渎职官员的惩治力度。

（一）规范户等管理

"宋代将全国的居民分为乡村户和坊郭户，即农村民户和城市民户，分别定等列籍——乡村主户五等，坊郭主户十等"，②并据此等第征收赋税徭役，"上四等量轻重给役，余五等免之"。③但在政务履行过程中，部分地区、官府为了摊派差役、征收赋税，擅自改变治下百姓户等，严重侵害百姓的合法权益。为了避免此类滥政，朝廷下令予以规制，要求终身追责。如面对酸枣县官员擅自将下等户升入上等户，使免役钱徒为虚名这一情况，连神宗皇帝都慨叹"是有免第四等役钱之名，而无其实"。④是以，司农寺上书建言将下等人户升为上等人户的，相应官司以违制罪论处，终身问责，不以去官原减，"约束升降，并须约见今等第物力，如或敢将物力不及今下等第之人升

---

① 杨一凡、田涛主编：《中国珍稀法律典籍续编（第一册）》，《庆元条法事类》卷二十九《禁榷门二·私铸钱·申明·随敕申明·杂敕》，戴建国点校，黑龙江人民出版社 2002 年版，第 423 页。

② 王云海、张德宗：《宋代坊郭户等的划分》，《史学月刊》1985 年第 6 期。

③ （元）脱脱等：《宋史》卷一百七十七《食货上五》，中华书局 1985 年版，第 4296 页。

④ 曾枣庄、刘琳主编：《全宋文》，《神宗日录辨》卷二六八八《杨时一四》，上海辞书出版社、安徽教育出版社 2006 年版，第 124 册，第 318 页。

作上等，务要足约定之数，则官吏并科违制，不在去官赦降原减之限"。① 同时为了充分维护各等第人户的权益，避免下等人户"承带借下夫役支移科买等，以至破产"的现象发生，向来"不许上三等人户"充任弓手。及至政和六年（1116）六月四日，更是直接鼓励告发此种现象，所在官吏终身问责，"自今上三等人户辄敢计会投充者，每名立赏钱三百贯文，许人告，以凡人家财充赏。行官吏、本保正副依条科罪，不以去官赦降原减"。②

（二）规制官府与民众之间的民事行为

衙门作为民事主体参与买卖、借贷等民事活动时，理论上与其他民事主体处于平等地位，但在现实生活中其政治身份不可避免地具有优势，"以政治生活中的信念为价值取向的政治社会的观念被带入到经济社会之中，民事与行政交织在一起"。③ 宋代立法者已然认识到这一点，为了充分维护市场交易秩序，保障百姓合法权益，官府作为民事主体参与民事活动，出现下述行为时，终身问责。

为避免侵扰百姓，朝廷规定官府在购买相关物品时，要严格遵守所定份额、质量等，否则以违制罪论处，终身问责，不以去官原减。如因西川、峡西等路官府和买绢布过多，以致侵扰百姓日常生活，徽宗于崇宁五年（1106）二月二十七日，专门下诏，"令川峡逐路转运司严切指挥诸州县，各将元丰年终支俵州县，乃是不产丝麻瘠薄地分，即不得加额。委提刑、提举司长行点检，如有不实及违法过额抑勒俵散，并具闻奏，其违法官司当以违制科罪，不以去

---

① （宋）王安石：《王安石全集》第4册，复旦大学出版社2017年版，第4册，第44页。

② 曾枣庄、刘琳主编：《全宋文》卷三五九四《宋徽宗五二》，"禁上三等人户役充弓手诏"，上海辞书出版社、安徽教育出版社2006年版，第165册，第169页。

③ 石泰峰等：《走出沼泽地　关于法治的思考》，中共中央党校出版社1998年版，第134页。

官赦降原减。如于应副他路却有妨阙，即具析闻奏"。① 重和元年（1118）十二月十四日，应延康殿学士、充醴泉观使、兼侍读学士徐处仁奏请，徽宗下诏要求裕民局折变、支移、和买物品时应根据本路产出的多少、物价的贵贱来决定，否则要追究刑事责任，终身问责，不以去官原减，"诸折变、支移、和买者，前一月计本路丰歉、物价贵贱、所出多寡。各随贵贱多寡之实，贵则量减纳钱或物，贱则纳本物。若先贱后贵、先贵后贱，听改。诸折变、支移、和买，不计丰歉贵贱多寡者杖一百，官吏勒停，永不叙为。以贵为贱、以贱为贵及多寡丰歉不实者加一等，官吏编管千里，并不以去官、罢役、赦降原减"。②

与此同时，宋代严禁官府从治下百姓借贷、拖欠民间钱粮，否则终身问责，不以去官原减。如在大理寺的建议下，哲宗于元符元年（1098）八月下诏不允许各州公使什物器用陈设向人户借贷，否则相应官员不论觉察与否，均终身问责，不以去官原减，"诸州公使什物器用陈设，并州县安设所须之物，并不得于人户处借贷，及管认装束妓乐之类。违者，徒二年；长吏知而听行，与同罪；不觉察，杖一百。并不以去官赦降原减"。③ 针对官府有拖欠百姓钱粮的行为，徽宗于大观三年（1109）十月二十六日下诏要求在指定期限内归返，否则终身问责，不以去官原减，"官司近年甚有拖欠民间欲买，及拖买物色价（直）[值] 去处，互相蒙庇，致朝廷莫得而知。抑诸路提刑、提举官取索应今日已前未还民间钱粮多寡，立为上下半年或作季限催督，责令旋次给还，仍各注籍拘管勾销。或有规避隐匿官司，并科违

---

① 曾枣庄、刘琳主编：《全宋文》卷三五六一《宋徽宗一九》，"立定川峡诸州县和买绢布数目诏"，上海辞书出版社、安徽教育出版社 2006 年版，第 164 册，第 42 页。

② （清）徐松辑：《宋会要辑稿》，《职官三之四九》，刘琳、刁忠民、舒大刚、尹波等校点，上海古籍出版社 2014 年版，第 3066—3067 页。

③ （宋）李焘：《续资治通鉴长编》卷五百一十《哲宗》，"元符元年八月己丑"条，中华书局 2004 年版，第 11937 页。

制罪；如限满，更敢违欠，即具当职官吏姓名申尚书省取旨。提刑、提举司承今来指挥，不为究心取索，若人户别有陈诉，并重行黜责，仍不理去官"。①

（三）官府不得侵扰百姓生产生活秩序

"北宋开始允许土地自由买卖，地主租佃制土地经济开始占主导地位。地主阶层逐渐取代皇权、官僚对基层的直接管理，在经济上，'国'很难触及个体农民的'家'了。"②官府很少直接参与对乡村的事务管理，即使是关涉国家财政收入的赋税征收层面，也规制了较为严格的征收程序，不得无故侵扰百姓的生活。如为了避免衙役下乡为祸乡里，神宗于熙宁七年（1074）下诏要求衙役等下乡只能催缴赋税、苗役钱，不得牵连勾追人户，否则以违制罪论处，终身问责，不以去官原减，"司农寺乞废户长、坊正，其州县坊郭赋税、苗役钱，以邻近主户三二十家排成甲次，输置甲头催纳，一税一替，逐甲置牌籍姓名，于替日自相交割，县毋得勾呼；衙集役使，除许催科外，毋得别承文字，违者许人告，以违制论，不以去官赦降原减。从之"。③

传统中国社会以农为本，这从远古时期的社稷崇拜可窥一斑，而影响农业生产的一个比较重要的因素就是水利灌溉。随着生产技术的提高，人们会运用各种工具提升农田灌溉的效率。而如何安置这些灌溉工具，以最大程度便利于百姓灌溉农田，则是官府所当留心的。为了保障农业生产，对于安置水碓、碾等水利设施不得当而

---

① （清）徐松辑：《宋会要辑稿》，《食货三八之七、八》，刘琳、刁忠民、舒大刚、尹波等校点，上海古籍出版社 2014 年版，第 6830—6831 页。

② 丁冬汉：《现代国家政治能力建构的逻辑（下）》，上海人民出版社 2020 年版，第112 页。

③ （宋）李焘：《续资治通鉴长编》卷二百五十七《神宗》，"熙宁七年十月辛巳"条，中华书局 2004 年版，第 6277—6278 页。

影响百姓农田灌溉的，徽宗于熙宁六年（1073）五月戊申下诏要求相应官司以违制罪论处，终身问责，不以去官原减，"诏创水碓、碾，确有妨灌溉民田者，以违制论，不以去官赦降原减，官司容纵亦如之"。①

（四）维护弱势群体的权益

为了保护孤幼的财产权益，避免他人侵吞，宋代专设了官府检校之法，"所谓检校者，盖身亡男孤幼，官为检校财物，度所须，给之孤幼，责付亲戚可寄者抚养，候年及格，官尽给还"。②官府检校之法一方面保障孤幼的财产权益，另一方面也是彰显朝廷以民为本，"检校孤幼财物，月给钱，岁给衣，逮及成长……推广朝廷爱民之本意"。③也就是说，官府检校之法"针对的是'亲邻监护'行为"，④而行使检校之权的官府又该如何规制呢？早期，宋代并未注意到此点，但在实践中常常出现州县侵吞检校财物的行为。为了充分保护孤幼财产权益，景定元年（1260）九月，理宗专门下诏予以规制，涉案官司以违制罪论处，终身问责，不以去官原减，"州县检校孤幼财产，往往便行侵用，洎至年及陈乞，多称前官用过，不即给还。自今如尚违戾，以吏业估偿，官论以违制，不以去官、赦、降原减"。⑤

宋代的社会福利体系较之前朝有了长足的发展，代表性机构有居

---

① （宋）李焘：《续资治通鉴长编》卷二百四十五《神宗》，"熙宁六年五月戊申"条，中华书局 2004 年版，第 5950 页。

② 《名公书判清明集》卷七《户婚门·检校》，"不当检校而求检校"，中华书局 1987 年版，第 228 页。

③ （宋）李焘：《续资治通鉴长编》卷二百二十三《神宗》，"熙宁四年五月戊子"条，中华书局 2004 年版，第 5418 页。

④ 柴荣：《宋代未成年人"国家监护制度"——以"叔父谋吞幼侄财产"判词为引子》，《法律适用》2017 年第 4 期。

⑤ （元）脱脱等：《宋史》卷一百七十三《食货上一》，中华书局 1985 年版，第 4180—4181 页。

养院、安济坊、漏泽园等，涉及穷苦百姓的生老死葬和就医等层面，"鳏寡孤独，既有居养之法，以厚穷民。若疾而无医，则为之指安济坊，贫而不葬，则为之置漏泽园"。① 而为了充分维护居养人、安济人的合法人身权益，应臣僚奏请，徽宗于政和四年（1114）二月下诏要求，官府为推卸责任，虚立文书档案，将本将居养、安济的穷苦百姓以亲戚识认为名遣逐出居养院、安济坊的行为构成犯罪，终身问责，不以去官原免，"访闻诸路民之实老而正当居养，实病而真欲安济者，往往以亲戚识认为名，虚立案牍，随时遣逐，使法当收恤者复被其害。官吏相蒙，无以检察。欲令今后州县居养、安济人遇有亲戚识认处，委不干碍官一员验实。若诈冒及保明不实，与同罪，仍不以赦降去官原免"。② 而为了充分保障救灾物资，孝宗于淳熙元年（1174）四月五日专门下诏要求官府不得侵占费用赈济粮，否则终身问责，不以去官原减，"近于嘉州、雅州、永康军籴米寄廒，以备赈济。缘近年诸司与州郡例多侵用，不以去官赦降原减"。③

六、通过行政终身问责促进司法公正

加强专制主义中央集权的宋代，在司法领域的具体表现是"皇帝对司法权的控制日趋加强"。④ 具体到去官不原，则表现在失入死罪和狱囚瘐死两个方面对官员行政行为终身责任的追究上，而其落脚点是促进司法公正。

---

① 曾枣庄、刘琳主编：《全宋文》卷三五五八《宋徽宗一六》，"奉行居养等诏令诏"，上海辞书出版社、安徽教育出版社 2006 年版，第 163 册，第 404 页。
② （清）徐松辑：《宋会要辑稿》，《食货六八之一三五》，刘琳、刁忠民、舒大刚、尹波等校点，上海古籍出版社 2014 年版，第 8035—8036 页。
③ 曾枣庄、刘琳主编：《全宋文》卷五八〇〇《薛亮明》，"侵用籴米乞不予原减状"，上海辞书出版社、安徽教育出版社 2006 年版，第 258 册，第 135 页。
④ 潘萍：《〈天圣·狱官令〉与唐宋司法理念之变——以官员、奴婢的司法待遇为视点》，《法制与社会发展》2017 年第 6 期。

（一）根据失入死罪的人数适用行政终身问责

本着"狱者，民命之所系也"①的理念，宋代极为重视"出入人罪"的适用和法官责任追究机制的发展完善，②特别是关涉百姓生命安全的失入死罪层面，"对于失入死罪的官员惩处甚严"③。神宗即位之初，在熙宁二年（1069）十二月二十一日就颁下诏令根据失入死罪人数的不同科处相应官司不同的刑罚，并且规定失入死罪一人以上，不分首犯、从犯，一律终身问责，"今后失入死罪，已决三名，为首者手分刺配千里外牢城，命官除名编管，第二从除名，第四从追官勒停。二名，为首者手分远恶处编管，命官除名，第二从追官勒停，第三、第四从勒停。一名，为首者手分千里外编管，命官追官勒停，第二从勒停，第三、第四从冲替。以上赦降、去官不免，后合磨勘酬奖转官，取旨。未决者，比数递减一等，赦降、去官又递减一等。内使相、宣徽使、前两府取旨，大卿监、阁门使以上以类上条降官降官落职分司，或移差遣。其武臣知州军自来不习刑名者，取旨施行"。④

及至南宋，官员失入死罪的罪责较之神宗时期有所减轻，但仍终身问责，不得以去官原免，"诸官司失入死罪一名，为首者，当职官勒停，吏人千里编管，第二从，当职官冲替，事理重，吏人五百里编管，第三从，当职官冲替，事理稍重，吏人邻州编管，第四从，当职官差替，吏人勒停；二人，各递加一等，（谓如第四从依第三从之类。）为首者，当职官追一官勒停，吏人二千里编管；三人，又递加一等，为首者，当职官追两官勒停，吏人配千里，（以上虽非一案

---

① （元）脱脱等：《宋史》卷二百一十《刑法三》，中华书局1985年版，第5021页。
② 参见刘永加：《宋代"出入人罪"与法官责任追究制》，《人民法院报》2019年1月4日。
③ （宋）苏轼：《苏轼文集编年笺注》卷二十六《奏状六首·徐州上皇帝书·笺注》，李之亮笺注，巴蜀书社2011年版，第700页。
④ 曾枣庄、刘琳主编：《全宋文》卷二四四一《宋神宗五》，"赦官吏失入死罪诏"，上海辞书出版社、安徽教育出版社2006年版，第113册，第101—102页。

皆通计。) 并不以去官赦降原减。未决者，各递减一等。(谓第三从
依第四从，第四从三人依二人之类。) 会赦恩及去官者，又递减一等。
(以上本罪仍依律。其去官会恩者，本罪自依原减法。) 即事涉疑
虑，若系强盗及杀人正犯，各应配，或中散大夫以上及武官犯者，并
奏裁。"①

(二) 根据狱囚瘐死数目适用行政终身问责

宋代不仅重视案件审理，还极为重视狱政管理，尤其是在狱囚瘐
死层面。早在神宗时期，就将狱犯瘐死与狱吏不妥当履行职责相挂
钩，并根据瘐死数目追究狱吏及典狱官的责任，"比闻有司岁考天下
之奏，而多瘐死。深惟狱吏并缘为奸，检视不明，使吾元元横罹其
害……其具为令：应诸州军巡司院所禁罪人，一岁在狱病死及二人，
五县以上州岁死三人，开封府司、军巡岁死七人，推吏、狱卒皆杖
六十，增一人则加一等，罪止杖一百。典狱官如推狱，经两犯即坐从
违制。提点刑狱岁终会死者之数上之，中书检察。死者过多，官吏虽
已行罚，当更黜责"。② 淳熙元年 (1174) 正月初八，孝宗下诏将之
纳入行政终身问责的范畴，"诸路禁囚有不得其死或人数稍多，狱官、
令佐、守倅悉坐其罪，不以去官赦原"。③ 不过这一规定较为笼统，
"人数稍多"在司法上很难界定，直至宁宗时期编纂法典时，才将"人
数稍多"界定为狱犯的三分之一，"诸囚在禁病死，(因捶考过伤及疾
病不治，责出十日内死而事理轻者同。) 岁终通计所禁人数，死及一
分，狱子杖一百，吏人减一等，当职官又减一等，每一分递加一等，

---

① 杨一凡、田涛主编：《中国珍稀法律典籍续编 (第一册)》，《庆元条法事类》卷十
《职制门七·同职犯罪·赦·断狱赦》，戴建国点校，黑龙江人民出版社 2002 年
版，第 174 页。

② (元) 脱脱等：《宋史》卷二百一十《刑法三》，中华书局 1985 年版，第 5021 页。

③ (清) 徐松辑：《宋会要辑稿》，《刑法六·禁囚》，刘琳、刁忠民、舒大刚、尹波
等校点，上海古籍出版社 2014 年版，第 8568 页。

罪止徒一年半，仍不以去官赦降原减"。①

七、结语

　　传统中国法律文化尽管从理念和实践层面均崇尚"刑不上大夫"，但是基于国家治理和社会现实考量，重法治吏是基本选择。"官吏渎职罪性法律在中国传统法律中地位的重要性随着中国官僚体系的成长成熟和重要性的提高而不断增长，以至成为法律中最重要的一部分。"② 特别是到了专制主义中央集权急剧加强的宋代，尽管《刑统》一仍唐旧，赋予官员诸多司法特权，但在具体的诏敕中却对此予以多方面的限制，行政终身负责制的发生与发展，也就是去官不原规制的大量适用即此方面的明证。去官不原制度适用于国家治理、社会治理的各个领域，发挥了加强皇权和专制主义中央集权、维护国家统一和安全、保障国家经济利益、维护基层百姓切身利益、促进司法公正等多重作用。正如习近平总书记指出："中国特色社会主义制度和国家治理体系具有深厚的历史底蕴。在几千年的历史演进中，中华民族创造了灿烂的古代文明，形成了关于国家制度和国家治理的丰富思想"。③ 去官不原制度虽然是宋代君权强化和专制主义中央集权加深的缩影和应激性措施，但是也大致契合传统中国国家治理集权化的发展方向。以"去官不原减""去官不原免""不理去官""去官不免"等不同表述体现的中国传统法律行政终身问责制也有一些积极的

---

① 杨一凡、田涛主编：《中国珍稀法律典籍续编（第一册）》，《庆元条法事类》卷七十四《刑狱门四·病囚·敕·断狱敕》，戴建国点校，黑龙江人民出版社2002年版，第765页。

② 胡世凯：《"明主治吏不治民"：中国传统法律中的官吏渎职罪研究》，中国政法大学出版社2002年版，第162页。

③ 习近平：《坚持和完善中国特色社会主义制度、推进国家治理体系和治理能力现代化》（2019年10月31日），载《习近平谈治国理政》第三卷，外文出版社2020年版，第119页。

元素，能够为推进法治中国、法治政府建设提供有益借鉴。因此，我们应当全面学习贯彻习近平法治思想，认真对待中华优秀传统法律文化，汲取其有益因素，坚持在法治轨道上推进国家治理体系和治理能力现代化。

孔子制宪：
康有为儒学普遍主义下的立宪观

栾兆星 *

摘要：面对西方文明的冲击，康有为重构中国文明的自主性，力图保持儒学在政教中的普适地位。在处理儒学与立宪的关系时，康有为认为孔子作《春秋》立宪法，且与西方宪法相较，作为宪法的《春秋》在时空上具备普遍性。进而，康有为通过诠释儒学经典，以《春秋》公羊三世为普遍规范，将立宪政体融入儒学之中，以此为变法改制的步骤和方略提供理论依据。他还通过阐发儒学经典中的微言大义，寻求人人自主、自立、平等的立宪原理，对传统儒学中的君民关系、君臣关系做了创造性的现代转化。康有为贯通古今、融合中西而形成的"孔子制宪说"虽无法凝聚世人的立宪共识，但展现了传统、现代与未来之间的连续性，诠释了工具理性与价值理性的统一性，并提供了儒家立宪的一种可能性。

关键词：康有为；儒学普遍主义；《春秋》；立宪政体；立宪原理

---

* 栾兆星，苏州大学王健法学院讲师，研究方向：晚清民国的法律思想与法制建构研究。本文系国家社科基金青年项目"中国传统法理的创造性转化与创新性发展研究"（22CFX052）的阶段性成果。曾于 2022 年 11 月先后在"第十六届全国法律文化博士论坛"和"中国儒学与法律文化研究会年会"上报告，分别得到四川大学法学院王有粮副教授、中国人民大学法学院尤陈俊教授的学术点评与指正；复旦大学赖骏楠副教授、两位匿名评审专家亦曾提出详细中肯的修改建议。在此特别致谢，然文责笔者自负。本文已发表于《南大法学》2023 年第 3 期。

一、导言：儒学与立宪

在古代中国，儒学是一个生生不息的思想体系，儒学士大夫通过诠释儒学经典，保持儒学的生命力，以应对不断变化的政治与社会形势。儒学作为经世之学，同时倡导"天下"观念，带有普遍主义的特性，是士大夫乃至统治者处理内外事务的普遍标准。在近代中国，随着清朝在历次对外战争中的失败，西方文明的传入强烈冲击着儒学在政教中的普适地位。在此转型时代，开明儒学士大夫开始汲取西学，创造性诠释儒学，试图重新焕发儒学的生命力，为变法改制奠定意识形态基础。在近代西方，立宪可谓国家建构的最重要方式。然而，在古代中国，儒学与帝制相互依赖，道统与政统紧密结合，儒学士大夫从未设想过经由立宪的方式设计国家制度的架构来限制统治者的权力；尤其是未通过立宪的方式规定人民参政议政的权利，使人民参与并影响国家层面的政治决策。由此，对近代中国而言，立宪是一种全新的政治形式，既涉及国家性质的重新定位，又涉及政治秩序的重新调整，还在很大程度上意味着文化秩序的重新整合。① 如何处理儒学与立宪间的关系，成为近代中国儒学士大夫不得不考虑的问题。

在晚清，康有为具有强烈的经世情怀，深刻感受到西方文明给中国既有政教所带来的冲击。他从小熟读儒学经典，自认识到"泰西治术有法度"后，通过阅读介绍西学的报刊书籍、游历欧美各国等途径认识、了解西方文明。在处理中西文明之间的关系时，康有为的思维具有鲜明的一元化特质，认为儒学义理仍有时代意义，并且可与西方价值交融会通，"今泰西之法，实得列国并立之公理，亦暗合吾圣经

---

① 参见罗志田：《革命的形成：清季十年的转折》，商务印书馆 2021 年版，第 105 页。

之精义，不得谓之西法也"，① 由此他提倡"泯中西之界限，化新旧之门户"。② 在融会中西文明时，康有为坚守儒学在文明中的主体地位，"学者不知西学，则愚暗而不达时变；稍知西学，则尊奉太过，而化为西人。故仆以为必有宋学义理之体，而讲西学政艺之用"，而且，康有为还具有世界主义倾向，认为儒学义理在时空上均具有普遍性，"若夫义理之公，因乎人心之自然，推之四海而皆准"，他转向今文经学后，便"专以发明孔子之学，俾传之四洲，行之万世为事"。③ 为此，康有为依托孔子，通过辟伪经、明改制、发微言大义等方式，融中西之学，通古今之变，创造性地诠释儒学，使儒学近代化并保持普遍主义的特征。

为发扬孔子之学，重构儒学普遍主义④，在戊戌变法之前，康有为写就《新学伪经考》《孔子改制考》等经学论著。他写《新学伪经考》是为了攻击西汉官员刘歆所伪造的古文经，确立今文经的地位，以此阐发孔学之真。此书认为刘歆伪造古文经、篡乱孔子之道造成了极其恶劣的后果："夺孔子之经以与周公，而抑孔子为传"，"扫孔子改制之圣法，而且为断烂朝报"，如此，"刘歆之伪不黜，孔子之道不著"。⑤ 进而在《孔子改制考》中，康有为揭示了孔子创法立制的神圣地位：儒家经典中的六经，均由孔子所创；儒教的礼制义理，皆由孔子所制；中国早期尧舜禹等圣人的文教之盛，皆为孔子

---

① 康有为：《进呈〈日本变政考〉等书乞采鉴变法以御侮图存折》，载《康有为全集》第 4 集，姜义华、张荣华编校，中国人民大学出版社 2007 年版，第 48 页。

② 康有为：《请将经济岁举归并正科并饬各省生童岁科试迅即遵旨改试策论折》，载《康有为全集》第 4 集，姜义华、张荣华编校，中国人民大学出版社 2007 年版，第 306 页。

③ 几处引文，均参见康有为：《与朱一新论学书牍》，载《康有为全集》第 1 集，姜义华、张荣华编校，中国人民大学出版社 2007 年版，第 324—325 页。

④ 关于晚清士人包括康有为用今文经学重构的"儒学普遍主义"，参见汪晖：《现代中国思想的兴起》上册，生活·读书·新知三联书店 2008 年版，第 737—744 页。

⑤ 康有为：《新学伪经考》，载《康有为全集》第 1 集，姜义华、张荣华编校，中国人民大学出版社 2007 年版，第 355 页。

"托古"的创造,其目的是以素王的身份改制创教。康有为之所以论证六经由孔子所作,是因为"学者知六经为孔子所作,然后孔子之为大圣,为教主,范围万世而独尊者,乃可明也"。① 这种孔子为世界、为万世创法立制的主张,成为戊戌时期康氏门徒的共识,也影响了梁启超为湖南时务学堂制定的教学方案。学堂《学约》"行教"条指出:"今设学制意,以宗法孔子为主义……今宜取六经义理制度,微言大义,一一证以近事新理以发明之,然后孔子垂法万世、范围六合之真乃见……盖孔子之教,非徒治一国,乃以治天下。"②

在重焕儒学生机之时,康有为特别重视西方的宪法及立宪政体。在戊戌时期,康有为就接触到西方的宪法观念。戊戌政变后,他逃亡海外,在游历欧美时深刻观察了各国的立宪政体。立宪本身就是创法立制的过程,又是欧美最为显著的"近事新理"之一。如果立宪与六经的义理制度、孔子的微言大义相违背,那么孔子之教就无法是"垂法万世、范围六合"的真理,儒学也就无法保持普遍主义的特征。如此,康有为及其门徒势必需要发掘孔子著述和微言中的立宪要素,以便在儒学与立宪之间做系统性关联。

那么,康有为如何融立宪于儒学之中?他融入儒学的立宪具有何种内涵和特质?另外,康有为的儒学重话并不单纯指向学术,其最终目的在于经世致用,他的儒学普遍主义又是如何影响他的立宪方案的?此外,这种儒学普遍主义下的立宪观具有何种弊端,又具有何种价值?

---

① 康有为:《孔子改制考》,载《康有为全集》第 3 集,姜义华、张荣华编校,中国人民大学出版社 2007 年版,第 128 页。

② 梁启超:《湖南时务学堂学约十章》,载汤志钧、汤仁泽编:《梁启超全集》第 1 集,中国人民大学出版社 2018 年版,第 298 页。皮锡瑞云:"《春秋》有大义,有微言。所谓大义者,诛讨乱贼以戒后世是也;所谓微言者,改立法制以致太平是也。"皮锡瑞:《经学通论》,吴仰湘点校,中华书局 2017 年版,第 366 页。

　　至今，鲜有学者对上述问题进行系统和深入的探究。[①] 在戊戌时期建议设置立法院的奏折中，康有为将"酌定宪法"比作中国古代的悬象魏、修会典。对此，茅海建认为康氏所用的宪法"与近代国家的宪法（constitution）无涉"。[②] 与此类似，陈新宇从宪法一词的语境进行分析，认为"康有为在戊戌时期更多的是从中国古典的含义而非近代意义去理解宪法，从这个角度讲，当时并无君主立宪的动议，而是即将登场"。[③] 以上观点将中国古典与近代宪法做了二元划分，并未意识到康有为以今文经学创造性诠释儒学以容纳近代宪法的企图。周威详细考察了康有为戊戌前的宪法观，意识到康氏将舶来的宪法融入中国传统文化，以今文经学的方法视《春秋》为中国古代的宪法。他认为康有为从近代意义上理解宪法，而并非从中国古典语义上理解宪法。[④] 赵小波认识到康有为"没有放弃传统，而是选择性地汲取了西学成分重塑儒家理论体系"，其将《春秋》比附宪法的做法就体现了这种特色。[⑤] 然而，周、赵二人均未详细分析康有为如何利用今文经学将立宪融入儒学之中，以及这种融入儒学中的立宪具有何种内涵。邢曙光探究了"三世"宪法理论的建构逻辑，认为"康有为将宪法演进置于《春秋》公羊学'大一统'理

---

① 国内新儒家对儒学与立宪的关系讨论颇多，但并未注意和聚焦到康有为儒学普遍主义下的立宪观这一议题。章永乐近年虽对康有为立宪思想做出了新颖之探讨，但他是从近代大国协调和空间政治的视角来解释康有为立宪思想的世界之维的，由此注重的是康有为海外游记中的立宪思想，并未探讨其今文经学下的立宪观。参见章永乐：《万国竞争：康有为与维也纳体系的衰变》，商务印书馆2017年版。

② 茅海建：《戊戌时期康有为、梁启超的思想》，生活·读书·新知三联书店2021年版，第125页。茅海建：《从甲午到戊戌：康有为〈我史〉鉴注》，生活·读书·新知三联书店2009年版，第579页。

③ 陈新宇：《戊戌时期康有为法政思想的嬗变》，《法学家》2016年第4期。

④ 参见周威：《论康有为于戊戌变法前的宪法观及其宪法史地位》，《法学家》2018年第6期。

⑤ 赵小波：《从"边角料"到"救国良方"——"宪法"诞生及其实用主义倾向》，《法制与社会发展》2014年第1期。

论框架中，依'元—天—君—民'关系而建构"。他认识到了康有为的宪法观"以君民关系为核心内容"，并依据人性发展的不同阶段采用合宜的宪法制度。① 此研究着重展现康有为"三世"宪法理论的哲学基础，并未探究康有为的儒学与立宪观之间的具体关联，比如，康有为为何将《春秋》比附宪法，为何将立宪政体纳入三世说的框架？他又在儒学所注重的君民关系上做了哪些契合近代立宪原理的创造性转化？

二、孔子作《春秋》立宪法

在儒学经典之中，康有为非常看重《春秋》在六经中的地位，认为"粲然深美，浩然繁博"的六经"统一于《春秋》"，"孔子之作'六经'，其书虽殊，其道则未尝不同条共贯也。其折衷则在《春秋》。故曰：志在《春秋》"。② 从形式上看，《春秋》一书是鲁国的编年史，以鲁十二公为中心记载了 242 年间各国的重大事件。然而，在今文学家看来，《春秋》并不纯然是历史的记载，而是体现孔子创法立制的经籍。例如，西汉士大夫壶遂有言："孔子之时，上无明君，下不得任用，故作《春秋》，垂空文以断礼义，当一王之法。"③ 康有为则认为，"孔子所以为圣人，以其改制，而曲成万物、范围万世也……《春秋》所以宜尊者，为孔子改制之迹在也"，④"《春秋》一书，皆孔子明改制

---

① 参见邢曙光：《康有为"三世"宪法理论的建构逻辑》，载陈明、朱汉民主编：《原道》第 41 辑，湖南大学出版社 2021 年版，第 201、202—212 页。

② 康有为：《春秋董氏学》，载《康有为全集》第 2 集，姜义华、张荣华编校，中国人民大学出版社 2007 年版，第 307、330 页。

③ （汉）司马迁：《太史公自序》，载《史记》第 10 册，中华书局 1959 年版，第 3299 页。

④ 康有为：《桂学答问》，载《康有为全集》第 2 集，姜义华、张荣华编校，中国人民大学出版社 2007 年版，第 18 页。张伯桢整理：《南海师承记》，载《康有为全集》第 2 集，姜义华、张荣华编校，中国人民大学出版社 2007 年版，第 212 页。

之事"。① 《春秋》有三传，在康有为看来，唯有《公羊》最详《春秋》素王改制之义："孔子之大道在《春秋》，两汉之治以《春秋》，自君臣大夫政事、法律、言议，皆以《公羊》为法，至今律犹从之。"② 在公羊学传统中，《春秋》作为圣人之作，不仅具有道德权威，是道德评判的准则，而且还发挥着监督的功能，蕴含着变革的力量，同时是一种有效的预言工具。③ 对此，钱穆曾分析，西汉公羊家认为"《春秋》褒贬，乃是孔子心中一个理想的新王朝出现以后所应有的褒贬。所以他们说，孔子以《春秋》作新王……孔子《春秋》也等于是为新王创法了"。④ 秉承公羊学的理念，康有为认为孔子作《春秋》具有非同寻常的意义："孔子作《春秋》，以立一王之制，非特治一世，将以治万世也。"⑤

按今文经学，《春秋》的主旨不在经文而在于口说，不在记事而在于义理，"义理者，又非言心言性，乃在古人创法立制之精意"。⑥ 康有为认为，通过董仲舒的公羊学可以理解《春秋》及孔子之学的根本，乃写就《春秋董氏学》，试图"因董子以推《公羊》，因《公羊》以通《春秋》，因《春秋》以通六经，而窥孔子道本"。⑦ 但《春秋》中的许多义理，董仲舒也未有相关注解。孔子有言："书不尽言，

---

① 康有为：《春秋董氏学》，载《康有为全集》第 2 集，姜义华、张荣华编校，中国人民大学出版社 2007 年版，第 369 页。
② 康有为：《春秋董氏学》，载《康有为全集》第 2 集，姜义华、张荣华编校，中国人民大学出版社 2007 年版，第 416 页。
③ 参见［美］桂思卓：《从编年史到经典：董仲舒的春秋诠释学》，朱腾译，中国政法大学出版社 2010 年版，第 136—145 页。
④ 钱穆：《两汉经学今古文平议》，商务印书馆 2010 年版，第 271—272 页。
⑤ 张伯桢整理：《康南海先生讲学记》，载《康有为全集》第 2 集，姜义华、张荣华编校，中国人民大学出版社 2007 年版，第 121 页。
⑥ 梁启超：《清代学术概论》，载朱维铮校注：《梁启超论清学史二种》，复旦大学出版社 1985 年版，第 65 页。
⑦ 康有为：《春秋董氏学》，载《康有为全集》第 2 集，姜义华、张荣华编校，中国人民大学出版社 2007 年版，第 307 页。

言不尽意。"这表明,孔子付诸文字的言说即"六经"是有限的,不可能具体规定各方面的改制内容。孔子除有明确的著述和言说之外,还有向弟子传授的微言大义。那么如何发现孔圣人的真意?康有为解释:"书者,六经也;言者,口说也;意者,圣人所未著之经,未传诸口说者也。然则,圣人之意一层,犹待今日学者推补之。"① 显然,康有为自期是其中的今日学者。此外,他还认为:"地球数千年来,凡二大变,一为春秋时,一为今时,皆人才蔚起,创制立教。"② 以此,类似于孔子托古改制,康有为依托孔子,通过创造性诠释儒学经典,来为近代中国乃至未来世界"创法立制"。尤其是,通过发掘微言大义,可找到儒学与西学的契合之处,以便汲取西学中有益于改造中国的成分。在戊戌时期,康有为忙于变法改制的实践,还未系统地推补《春秋》中的义理,于是孔子改制的具体内容便隐而不彰。直到庚子勤王失败后的 1900 年秋至 1903 年初夏,康有为居住在英属槟榔屿和印度大吉岭,完成了第二次大规模释经的工作。在此期间,他还补写了《春秋笔削大义微言考》,系统发掘了孔子于《春秋》中的微言大义。

既然《春秋》是孔子最为重要的改制之作,也蕴含着微言大义。那么依据儒学普遍主义的逻辑,《春秋》在儒学经典中就最为符合西方宪法,孔子作《春秋》即为世人制定宪法。在 1898 年春的《日本书目志》中,康有为在罗列法规杂书后的按语中写道:"《春秋》者,万身之法,万国之法也……所谓宪法权利,即《春秋》所谓名分也,盖治也,而几于道矣。"在此,他认识到《春秋》具有"法"的地位,但此时康有为的法观念与西方法律有些许不同,"所谓法也,合人人而成家,合家家而成国,家与家交,国与国交,则法益

---

① 康有为:《万木草堂口说》,载《长兴学记·桂学问答·万木草堂口说》,楼宇烈整理,中华书局 1988 年版,第 71 页。
② 张伯桢整理:《康南海先生讲学记》,载《康有为全集》第 2 集,姜义华、张荣华编校,中国人民大学出版社 2007 年版,第 109 页。

生矣"。① 不过，既然他将宪法权利等同于《春秋》所说的名分，《春秋》也就拥有宪法的地位。直到流亡海外再次诠释儒学经典时，康有为才明确把孔子作《春秋》等同于立宪或立宪法。② 如，此时康有为言道："孔子窃取其义，托《春秋》改制而立法，故不在史文而在义。制《春秋》之义，如各国之立宪，法制定而为后世所率由也。"③ 在《大同书》手稿中，他又说道："自孔子创平等之义，明一统以去封建，讥世卿以去世官，授田制产以去奴隶，**作《春秋》立宪法**以限君权，不自尊其徒属而去大僧。"④

值得注意的是，康有为把宪法或宪法权利比作《春秋》中所谓的名分。在《日本书目志》一书中，他未详细解释此比附的合理性。而康有为弟子欧榘甲首先解释了宪法与名分间的关联："宪法者，《春秋》所谓正名分也。明其名分，则人人知权限，尽其所当为，不敢陷于不可为。"⑤ 可见，名分与权限有关，规定了人人的权利和义务。直到 1908 年 7 月，康有为首次系统阐明了《春秋》的名分与宪法之间

---

① 康有为：《日本书目志》，载《康有为全集》第 3 集，姜义华、张荣华编校，中国人民大学出版社 2007 年版，第 357 页。

② 邢曙光等认为，在戊戌变法前夜，康有为已熔铸"宪法"思想和"孔子改制"思想形成了"孔子制宪说"。他从法学视角所做的探讨是为证明康有为在戊戌时期存在君主立宪的主张，以此建立起"君民共主制"与"君主立宪制"间的逻辑联系。参见邢曙光、汪太贤：《从"君民共主"到"君主立宪"——以戊戌变法前夜康有为"孔子制宪说"为中心的考察》，《广东社会科学》2022 年第 1 期。然而从文本看，康有为在戊戌时期并未明确提出孔子制宪的主张。

③ 康有为：《春秋笔削大义微言考》，载《康有为全集》第 6 集，姜义华、张荣华编校，中国人民大学出版社 2007 年版，第 310 页。

④ 康有为：《大同书》，载《康有为全集》第 7 集，姜义华、张荣华编校，中国人民大学出版社 2007 年版，第 40 页。此句中的标点符号本文有所修改，原来的断句是"作《春秋》、立宪法以限君权"。编校者在页下注中标明上海中华书局于 1935 年梓行的《大同书》之表述是"作《春秋》之宪法以限君权"。以此而看，编校者断句时，在"作《春秋》"和"立宪法"之间所加的顿号切割了《春秋》与宪法之间的关联。

⑤ 欧榘甲：《泰晤士报论德据胶州事书后》，《知新报》光绪二十四年三月十一日，澳门基金会、上海社会科学院出版社 1996 年影印本，第 48 册，第 607 页。

的关联:"中国政教之原,皆出孔子之经义,孔子作《春秋》以定名分,君不曰全权,而民不为无权,但称其名而限其分,人人皆以名分所应得者而行之保之;君不夺民分,民不失身家之分,则自上而下,身安而国家治矣。宪法之义,即《春秋》名分之义也。"① 以此,作为宪法的《春秋》通过正定名分来平衡君民之间的权限。与此类似,康有为在为中华民国作的宪法草案中亦言:"孔子乃作为《春秋》,定天子、诸侯、大夫、士、民之名分,各尽其职,小大有分,无相侵虞,而中国数千年以治安焉。所谓拨乱世反之正,尽出专制以立宪法。令天下人人皆在宪法之下,故曰:《春秋》以定名分。"② 由此,孔子作《春秋》不仅规定了君民之间的名分,还为不同阶层的人规定了相应的名分,而且孔子制宪是为了拨乱反正,祛除君主的专制状态。1913 年 3 月,康有为进一步指出:"《春秋》之作为何也?《中庸》经纶天下之大经,郑玄谓大经春秋。古名大经,犹大宪章也。《纬》称孔制法,所谓宪法也。《春秋》有临**一家**之言焉,有临**一国**之言焉,有临**天下**之言焉,自臣民身家之权利义务,与国家君相之权利义务,天下万国之权利义务,皆规定焉。权利义务者,《春秋》、庄生谓之道名分也,令人人皆守名分,则各得其所矣。"③ 由此,作为宪法的《春秋》之效力范围更加扩大,不仅为家、国规定权利和义务,还为天下万国规定权利和义务,这淋漓尽致地展现了康有为的儒学普遍主义观念。

康有为并未仅仅把《春秋》诠释为近代西方宪法,而且洞察了作为宪法的《春秋》与近代西方宪法的不同之处。**首先**,"今各国之宪法,

---

① 康有为:《海外亚美欧非澳五洲二百埠中华宪政会侨民公上请愿书》,载《康有为全集》第 8 集,姜义华、张荣华编校,中国人民大学出版社 2007 年版,第 411 页。
② 康有为:《拟中华民国宪法草案》,载《康有为全集》第 10 集,姜义华、张荣华编校,中国人民大学出版社 2007 年版,第 38 页。
③ 康有为:《刊布春秋笔削大义微言考题词》,载汤志钧编:《康有为政论集》,中华书局 1981 年版,第 807 页。黑体字为笔者所标。

众人修之；《春秋》之宪法，一圣修之"。他已然明了各国宪法需经过民主程序才能得以修改。而作为宪法的《春秋》依然由孔子这一圣人加以修改，这是因为"孔子者，圣之时者也，知气运之变，而与时推迁，以周世用，故为当时据乱世而作宪法，既备矣，更预制将来，为修正宪法之用，则通三统焉。"**其次**，"今各国之为宪法，限于其一国，及其一时；《春秋》之为宪法，则及于天下后世"。由此，《春秋》作为宪法在时空方面均具有普遍性，其效力范围不限于一国之内，而且涵括天下万国。**再次**，"今各国之言宪法，以为国计，故仅及土地人民政事；《春秋》之为宪法为教计，则偏于人伦道德鬼神动植物，此教主所以为大也"。由此，《春秋》之为宪法不仅具有普遍性，还与孔子的教化密切相关，一切事物均可适用于孔子之教。**最后**，"今国人之言宪法，则祖述欧洲，宪章美日；孔子之作《春秋》，则祖述尧舜，宪章文武"。[①] 此时，康有为已注意到国人揄美追欧、摒弃传统的倾向，民国仿效欧美、日本移植而来的宪法与中国文化割裂开来。孔子作《春秋》则追溯三代圣人，进行托古改制；孔子制宪便展现了中国历史和文化的连续性。

康有为的孔子制宪说与近代西方立宪的**另一不同之处**在于：他以《春秋》名分之义诠释宪法，其宪法观侧重于规范君民、君臣之间权限，而不单纯趋向限制君主的权力或保障臣民个人的权利。而在西方，宪法的核心政治目标在于"保护身为政治人的政治社会中的每个成员，保护他们享有的真正的自治"。由于作为人类个体的自我被视为首要的价值，"宪法旨在维护具有尊严和价值的自我（self）"，使之免受统治者的干预。[②] 不过，康有为孔子改制说的最终目的是实现一个没有君主、人人平等自立的大同社会。相对于君权，人的自主之

---

① 上述不同之处，参见康有为：《刊布春秋笔削大义微言考题词》，载汤志钧编：《康有为政论集》，中华书局 1981 年版，第 807 页。

② ［美］卡尔·J.弗里德里希：《超验正义——宪政的宗教之维》，周勇、王丽芝译，梁治平校，生活·读书·新知三联书店 1997 年版，第 14—15 页。

权具有更高的价值。正是在此意义上，梁启超评论道："改制之义立，则以为《春秋》者，绌君威而申人权，夷贵族而尚平等，去内竞而归统一，革习惯而遵法治。"①

立宪最重要的维度是对政治权力施加限制，使政治权力在宪法和法律的轨道内行使。在古代中国，虽然君主具有绝对权威，但儒家并不是没有限制政治权力肆意膨胀的观念。汉儒经常将《春秋》与天道所施加的灾异相连，以天人感应说限制君主的权力。董仲舒在向汉武帝建言的"天人三策"中说道：②

> 臣谨案《春秋》之中，视前世已行之事，以观天人相与之际，甚可畏也。国家将有失道之败，而天乃先出灾害以谴告之，不知自省，又出怪异以警惧之，尚不知变，而伤败乃至。
>
> ……
>
> 孔子作《春秋》，上揆之天道，下质诸人情，参之于古，考之于今。故《春秋》之所讥，灾害之所加也；《春秋》之所恶，怪异之所施也。书邦家之过，兼灾异之变，以此见人之所为，其美恶之极，乃与天地流通而往来相应，此亦言天之一端也。

董仲舒认为天与人是相互影响的，天意与民意相通，所以天降灾异时，君主应听从儒生集团对灾异的解释或听从人臣的谏净来洞察民意。日本学者重泽俊郎对此评论道："虽有强大的君权之存在，但在关于君权完全没有法律规定的当时，除了从来由贤人的道德谏净之外，更诉之于这种神秘手段，以防止君权无限之强化，实有其必要。所以灾异说在其系直接以君权为对象而被设定的这一点上，可谓发挥

---

① 梁启超：《论中国学术思想变迁之大势》，载汤志钧、汤仁泽编：《梁启超全集》第 3 集，中国人民大学出版社 2018 年版，第 100 页。
② （汉）班固：《汉书·董仲舒传》，中华书局 1964 年版，第 2498、2515 页。

着类似后世宪法的机能。"① 康有为清楚认识到中国古代以灾异限制君权的做法："古者君权太重，故孔子以天临之，以灾警之，所以制君权，令人君不敢纵肆。故五行灾异，犹佛氏之地狱，皆圣人不得已之苦心，所谓权也。"但是这种以灾异限制君权的设想，落实到实践中往往无效，儒家从未曾构想过设计一套法律制度对君权施加限制。与传统儒学不同，康有为认为到平世之时，立宪可完全取代灾异，对君权施加有效之限制，"若天下为公、选贤与能之世，及宪法已立、人君不得独专之时，亦不必言灾异矣"。②

康有为还认为《春秋》不仅是一部成文宪法，而且是一部不成文宪法。 他诠释《春秋》作为成文宪法的理由在于："二千年来，帝王卿士，动作典礼，皆行《春秋》法，汉世廷臣，引《春秋》之义，若大居正，大一统，立子以贵不以长，立嫡以长不以贤，母以子贵，子以母贵，大夫无遂事之类，奉为宪法实行之。至卫太子疑狱，右将军勒兵二万于阙下，以备非常，隽不疑亦以《春秋》断狱，沿为成例，法师奉行，足证《春秋》为实行之宪法至明，凡此皆成文宪法。"不过，在他看来，这些成文宪法皆由《公羊传》《谷梁传》所规定，并且是据乱世的宪法，"在孔门名为大义，皆治据乱世之宪法也"。除明确的成文宪法外，孔子还有为升平世、太平世而制定的，以微言形式展现的不成文宪法："孔子以匹夫制宪法，贬天子，刺诸侯，故不能著之书而口授弟子。师师相传，以待后世，故藉口说以传。今董仲舒、何休之传口说，所谓不成文宪法焉。"③ 对此，萧公权评判道："此康氏不知西政实况，牵强附会之一例。不成文宪法，学者以称英国宪法。

---

① 重泽俊郎：《周汉思想研究》，转引自徐复观：《儒家对中国历史命运挣扎之一例——西汉政治与董仲舒》，载《学术与政治之间》，华东师范大学出版社 2009 年版，第 172 页。

② 康有为：《春秋笔削大义微言考》，载《康有为全集》第 6 集，姜义华、张荣华编校，中国人民大学出版社 2007 年版，第 184 页。

③ 上述《春秋》中成文宪法与不成文宪法的内涵，参见康有为：《刊布春秋笔削大义微言考题词》，载汤志钧编：《康有为政论集》，中华书局 1981 年版，第 808 页。

其体用与《春秋》微言分毫无涉。"①《题词》作于 1913 年，在此之前，康有为早已游历欧美，对各国的历史、政治、文化做了系统观察和深入了解。萧公权说康有为"不知西政实况，牵强附会"，则有失公允。此时，他对康有为的思想缺乏同情之理解，因此未深入探究康有为将《春秋》微言诠释为不成文宪法的缘由。康有为以推补孔子的微言大义的方式来诠释儒学经典的做法，一方面，可将西方宪法原理和立宪政体融入儒学之中，保持儒学在宪法生成中的主体地位；另一方面，可使宪法根植于中国文化的脉络之中，为宪法在中国扎根提供适宜的文化土壤。

三、"大同三世说"中的立宪政体

康有为以春秋公羊学中的三世说来重建儒学的普遍主义。《春秋》三世说贯穿于戊戌前后康有为的释经活动中，是他重建儒学普遍主义所依托的最重要的学说。在戊戌之前，康有为认为孔子作《春秋》，"托新王以明改制"，而"《春秋》托始乱世，中进为升平世，而终为太平世……制《春秋》之义，盖为后王法也"。② 在《孔子改制考》中，康有为认为孔子"生于乱世，乃据乱而立三世之法，而垂精太平，乃因其所生之国，而立三界之义，而注意于大地远近大小若一之大一统"。③ 不过，戊戌政变之前，康有为的三世说作为孔子改制说的重要内容，基本上仍停留在传统春秋公羊学的范围之内。戊戌政变后，康有为逃亡国外，系统接触了西方进化论，便以"进化"言三世更替，从而清晰描绘出一幅进化的蓝图，即人类社会和一国政制

---

① 萧公权：《中国政治思想史（三）》，辽宁教育出版社 1998 年版，第 638 页。

② 康有为：《如有王者必世而后仁》，载《康有为全集》第 2 集，姜义华、张荣华编校，中国人民大学出版社 2007 年版，第 4 页。

③ 康有为：《孔子改制考》，载《康有为全集》第 3 集，姜义华、张荣华编校，中国人民大学出版社 2007 年版，第 3 页。

的发展应遵循从据乱世到升平世再到太平世的进化过程。在第二次释经中，康有为认为："《春秋》要旨分三科：据乱世、升平世、太平世，以为进化，《公羊》最明。"① 他还提到："三世之大义，该括《春秋》全经，发扬孔子非常异议、通变宜民之道，以持世运于无穷在此矣"。② 由此，《春秋》三世说在时段上不限于一时，而且涵盖万世；在空间上不仅针对中国，也是对世界上人类社会发展进程的一种普世性解说。

然而，作为历史哲学的《春秋》三世说只是一个真理性的框架或公式。③ 在戊戌之前，康有为还未清晰描绘出三世中的政治和社会发展的具体样态。比如在《孔子改制考》中，他只简单地将拨乱升平对应"君主之仁政"，将太平世对应民主，还未将西方的立宪政体纳入儒学之中。④ 为展现三世中政治和社会发展的具体样态，康有为在流亡期间，除补写《春秋笔削大义微言考》外，还注释了明清以来作为科举考试和官方意识形态标准的"四书"。四书蕴含着孔子的微言大义；通过注解四书，发掘微言大义，可使儒学涵括西方的现代性价值和制度，从而进一步消解守旧人士反对变革的口实，为变法改制奠定儒学意识形态的牢固基础。

此时，经由对儒学经典的诠释，康有为以三世进化的学说为框架，将西方的立宪政体融入儒学之中，由此，以立宪为代表的西法则不出儒学的范围。这就在儒学内部为民众的政治参与提供了制度架

---

① 康有为：《孟子微》，载《康有为全集》第 5 集，姜义华、张荣华编校，中国人民大学出版社 2007 年版，第 421 页。
② 康有为：《春秋笔削大义微言考》，载《康有为全集》第 6 集，姜义华、张荣华编校，中国人民大学出版社 2007 年版，第 16 页。
③ 参见汪荣祖：《康章合论》，中华书局 2008 年版，第 37 页。
④ "尧、舜为**民主**，为太平世，为**人道**之至，儒者举以为极者也……孔子拨乱升平，托文王以行**君主之仁政**，尤注意太平，托尧、舜以行**民主之太平**。"康有为：《孔子改制考》，载《康有为全集》第 3 集，姜义华、张荣华编校，中国人民大学出版社 2007 年版，第 149—150 页。黑体字为笔者所标。

构。经此，康有为依托孔子，通过发扬孔子之道，使儒学与专制渐趋分离。在《春秋笔削大义微言考》中，康有为认为："《春秋》始于据乱立君主，中于升平为立宪君民共主，终于太平为民主。"① 在《论语注》中，康有为认为："升平世则行立宪之政，太平世则行共和之政。"② 尽管《孟子》一书不是孔子所作，但康有为非常看重孟子在传承"孔子性道之原，平世大同之义"中的作用，认为孟子"深得孔子《春秋》之学而神明之"，"真得孔子大道之本者"，是孔门的"龙树""保罗"，③ 以至于"学者欲通孔子之大道，必于《春秋》求之；欲通《春秋》，必于《公羊》求之；欲通《公羊》，必于《孟子》求之。孟子、公羊同师说，无二道"。④ 为此，康有为写就《孟子微》一书，系统窥探孔子的微言大义。孟子见齐宣王曾说道，"所谓故国者，非谓有乔木之谓也，有世臣之谓也"，认为国君进贤、用贤、去贤都应依次听取左右、诸大夫和国人的意见，并且以国人的意见为最终的评判标准。对此，康有为诠释道："此孟子特明升平授民权、开议院之制，盖今之立宪政体，君民共主法也……左右者，行政官及元老顾问官也。诸大夫，上议院也。一切政法，以下议院为与民共之，以国者，国人公共之物，当与民公任之也。"康有为进而把立宪政体的发源追溯到孔子，并在孔子所托的三代之治中寻找立宪政体的明征："孔子之为《洪范》曰'谋及卿士，谋及庶人'是也，尧之师锡众曰，盘庚之命众至庭，皆是民权共政之体，孔子创立，而孟子述之。"⑤ 孟子不仅阐述了

---

① 康有为：《春秋笔削大义微言考》，载《康有为全集》第 6 集，姜义华、张荣华编校，中国人民大学出版社 2007 年版，第 310 页。

② 康有为：《论语注》，载《康有为全集》第 6 集，姜义华、张荣华编校，中国人民大学出版社 2007 年版，第 387 页。

③ 康有为：《孟子微·序》，载《康有为全集》第 5 集，姜义华、张荣华编校，中国人民大学出版社 2007 年版，第 411、412 页。

④ 康有为：《孟子公羊同义证传序》，载《康有为全集》第 2 集，姜义华、张荣华编校，中国人民大学出版社 2007 年版，第 129 页。

⑤ 康有为：《孟子微》，载《康有为全集》第 5 集，姜义华、张荣华编校，中国人民大学出版社 2007 年版，第 421 页。

孔子的升平之善制，而且阐发了孔子太平大同之世的民主之制。在诠释孟子所谓的"民为贵，社稷次之，君为轻"这段话时，康有为系统地说道：①

　　此孟子立民主之制，太平法也。盖国之为国，聚民而成之，天生民而利乐之。民聚则谋公共安全之事，故一切礼乐政法皆以为民也。但民事众多，不能人人自为公共之事，必公举人任之。所谓君者，代众民任此公共保全安乐之事。为众民之所公举，即为众民之所公用。民者如店肆之东人，君者乃聘雇之司理人耳。民为主而君为客，民为主而君为仆，故民贵而君贱易明也。众民所归，乃举为民主，如美、法之总统。

　　为使儒学可涵括并规范世界各国多样复杂的情形，康有为还将三世与三统结合起来，三世明制度应因时进化，以三重为内涵的三世之统则明制度因革当继往开来。于此形成的三世说不仅是一简单的时间组合，而且是结合时空的复杂组合系统，每一组合可以无限细分。据此，据乱之中有升平太平，升平之中有据乱太平，而太平中有升平据乱，且每小三世、大三世中又有三世，以此展转三重，可为无量世的进化之法。②由此，《春秋》三世说成为一种深密、博大、悠久的思想体系。孔子除了制宪之外，还为各世修订宪法，依据春秋公羊学通三统和三世进化的观念，康有为认为孔子"知气运之变，而与时推迁，以周世用"，是"圣之时者"，不但为各世制定宪法，而且为三世更替而修正宪法。且一世之中又有三世，三重而为八十一世，孔子为无量

①　康有为：《孟子微》，载《康有为全集》第5集，姜义华、张荣华编校，中国人民大学出版社2007年版，第421页。
②　参见康有为：《中庸注》，载《康有为全集》第5集，姜义华、张荣华编校，中国人民大学出版社2007年版，第387页。康有为：《论语注》，载《康有为全集》第6集，姜义华、张荣华编校，中国人民大学出版社2007年版，第393页。

世的宪法修正而作预备。①

在康有为的儒学普遍主义中,《春秋》三世说既是主张变革、反对泥守古制的理论,又是主张因时进化、反对激进越级的理论。由此,三世进化的过程得因时制宜,既不可守旧,又不可躐等。他讲道:"孔子之法,务在因时。当草昧乱世,教化未至,而行太平之制,必生大害。当升平世,而仍守据乱,亦生大害也。"②依此,针对反对变革的守旧人士,康有为主张君主立宪,以从据乱世进入升平世。针对革命派施行民主共和的激进主张,康有为认为不能躐等地进入太平大同之世。在革命思潮兴盛之后,三世说成为对抗革命理论的有力武器。

1902 年 5 月,在回应南北美洲诸华商因对君主立宪的失望而萌生的革命倾向时,康有为依托三世说,系统阐释了当时中国只可行立宪不能行革命的缘由:

> 夫孔子删《书》,称尧、舜以立民主;删《诗》,首文王以立君主;系《易》,称见群龙无首,天下治也,则平等无主。其为《春秋》,分据乱、升平、太平三世。据乱则内其国,君主专制世也;升平则立宪法,定君民之权之世也;太平则民主,平等大同之世也。孔子岂不欲直至太平大同哉? 时未可则乱反甚也。今日为据乱之世,内其国则不能一超直至世界之大同也;为君主专制之旧风,亦不能一超至民主之世也。
>
> 盖今日由小康而大同,由君主而至民主,正当过渡之世,孔子所谓升平之世也,万无一跃超飞之理。凡君主专制、立宪、民主三法,必当一一循序行之;若紊其序,则必大乱,法国其已然

---

① 康有为:《刊布春秋笔削大义微言考题词》,载汤志钧编:《康有为政论集》,中华书局 1981 年版,第 807 页。

② 康有为:《中庸注》,载《康有为全集》第 5 集,姜义华、张荣华编校,中国人民大学出版社 2007 年版,第 387 页。

者矣。既当过渡之时，只得行过渡之事，虽有仁人志士欲速之而徒生祸乱，必无成功，则亦可不必矣。①

在康有为观念中，君主立宪和民主政体的差异在于，前者保留了君主，后者则有一位经由人民选举而产生的总统。不过，通过考察欧洲实行君主立宪制的国家，他还发现君主立宪与民主政体的共同之处，即欧洲的一些国家"虽别称君主之国"，但人民依然享有"立宪民权"，"得自由自主之乐"，并且立宪国的君主和人民选举出的民主都是"虚位"，"无关要事，则可听之"，重要的是"民之实权不可失，故必求之"。② 民主国家并非不实行立宪政体，康有为有时用"立宪民主"来描述实行总统制的国家，而从君主专制进化到立宪民主，依然需要立宪君主的过渡："欧洲须由立宪君主，乃可渐致立宪民主；中国则由君主专制，必须历立宪君主，乃可至革命民主也。"③

此外，为进一步展现三世中政治和社会发展的具体样态，康有为还将《春秋》三世说与《礼运》所详细描述的小康、大同之道作了系统性勾连。他结合二者所形成的学说即为"大同三世说"，他的儒学普遍主义亦体现在从小康到大同的进化过程之中。为此，康有为注释了《礼运》这一儒学经典。在他看来，《礼运》蕴含着孔子的"三世之变、大道之真"等微言大义，发明并辨别了小康、大同之道。他认为，中国先儒所言"总总皆小康之道也"，甚至"注于大同""默想太平"的孔子鉴于"生当乱世，道难躐等"而"多发小康之论，而寡发大同之道"，而"今者已小康矣，而不求进化，泥守旧方，是失孔子

---

① 康有为：《答南北美洲诸华商论中国只可行立宪不能行革命书》，载《康有为全集》第6集，姜义华、张荣华编校，中国人民大学出版社2007年版，第313、314页。

② 康有为：《答南北美洲诸华商论中国只可行立宪不能行革命书》，载《康有为全集》第6集，姜义华、张荣华编校，中国人民大学出版社2007年版，第314页。

③ 康有为：《答南北美洲诸华商论中国只可行立宪不能行革命书》，载《康有为全集》第6集，姜义华、张荣华编校，中国人民大学出版社2007年版，第325页。

之意，而大悖其道也，甚非所以安天下乐群生也，甚非所以崇孔子同大地也"。① 小康之道行礼运，而礼以防制为主；大同之道行仁运，是孔子最终要实现的愿景。②

在实行礼运的小康之道中，康有为勾连起宪法与礼之间的关系。《春秋》一书关于礼的规定十分精密和详细，以致司马迁认为"《春秋》者，礼义之大宗也"。③ 康有为则认为："《春秋》为改制之书，包括天人，而礼尤其改制之著者。"④ 宪法之义即为《春秋》名分之义，儒学中礼的作用是"定上下，别名分"，"一有所失，则名分乱矣"。⑤ 所以康有为又将宪法诠释为儒学的"礼"，"拨乱世以礼为治，故可以礼括之。礼者，犹希腊之言宪法，特兼该神道，较广大耳"。⑥ 在为中华民国而作的宪法草案中，他进而讲道："《春秋》以定名分。名分者，小之则今文谓之权限，大之即希腊文所谓宪法（Constitution），译为刊士条顺是也。希腊之义，与中国之礼略同焉。"他同时还详细解释了礼与宪法的不同之处，即孔子所作的礼具有普遍的适用性，而宪法只适用于政治领域，"孔子礼之为义，天地鬼神，无不赅统，而宪法则仅为政治名分之大法，少不同也"。⑦ 康有为以礼涵括宪法，也就

---

① 康有为：《礼运注》，载《康有为全集》第 5 集，姜义华、张荣华编校，中国人民大学出版社 2007 年版，第 553—554 页。

② "孔子之道有三世，有三统，有五德之运，仁智义信，各应时而行运。仁运者，大同之道。礼运者，小康之道"。康有为：《礼运注》，载《康有为全集》第 5 集，姜义华、张荣华编校，中国人民大学出版社 2007 年版，第 554 页。

③ 《太史公自序》，载《史记》，中华书局 1959 年版，第 10 册，第 3298 页。

④ 康有为：《春秋董氏学》，载《康有为全集》第 2 集，姜义华、张荣华编校，中国人民大学出版社 2007 年版，第 330 页。

⑤ 康有为：《春秋笔削大义微言考》，载《康有为全集》第 6 集，姜义华、张荣华编校，中国人民大学出版社 2007 年版，第 162 页。

⑥ 康有为：《礼运注》，载《康有为全集》第 5 集，姜义华、张荣华编校，中国人民大学出版社 2007 年版，第 554 页。

⑦ 康有为：《拟中华民国宪法草案》，载《康有为全集》第 10 集，姜义华、张荣华编校，中国人民大学出版社 2007 年版，第 38 页。

凸显了儒学的普遍主义特色。①

　　康有为将三世说与小康、大同相勾连，那么，小康之道处于三世中的何世，实行的是何种政体？在戊戌之前，康有为将升平世等同于小康，将太平世等同于大同："乱世者，文教未明也。升平者，渐有文教，小康也。太平者，大同之世，远近大小如一，文教全备也。大义多属小康，微言多属太平。"②如此，小康之道中的政体形式不再是君主制，《礼运》中的宪法就导向君主立宪政体。而当时中国处于升平世，应该通过实行君主立宪向太平世的民主进化。然而，在第二次释经中，康有为作了较大的更改，开始将小康与据乱等同："《春秋》三世执法，与《礼运》小康、大同之义同，真孔子学之骨髓也。孔子升当乱世之时，故为据乱、小康之制多，于大同太平则曰：丘未之逮也，而有志焉。可见孔子之志，实在大同太平，其据乱、小康之制不得已耳。"③或许是为平息康门弟子的革命倾向，以及对抗日益兴盛的革命思潮，康有为还将戊戌前处于升平世的中国降级到处于据乱世之中，中国二千年来"惟笃守据乱之法以治天下"，这是因为后人皆不知孔子改制的三世之义，"中国之治教，遂以据乱终，绝流断港，无由入于升平、太平之域"。④由此，升平世作为一种过渡阶段，中国应从据乱世进化到升平世，而不是通过革命骤然进入施行民主的太平

---

①　宪法学家张千帆也认为，"礼"虽然是一个可规范不同事物的庞大、复杂的规则体系，但在本质上具有宪法的超越性、规范性和稳定性等基本特征。参见张千帆：《在一般法与自然法之间——关于"礼"的宪法学分析》，载《为了人的尊严——中国古典政治哲学批判与重构》，中国民主法制出版社 2012 年版，第151—167 页。

②　康有为：《春秋董氏学》，载《康有为全集》第 2 集，姜义华、张荣华编校，中国人民大学出版社 2007 年版，第 324 页。

③　康有为：《春秋笔削大义微言考》，载《康有为全集》第 6 集，姜义华、张荣华编校，中国人民大学出版社 2007 年版，第 18 页。

④　康有为：《春秋笔削大义微言考》，载《康有为全集》第 6 集，姜义华、张荣华编校，中国人民大学出版社 2007 年版，第 4、7 页。

世。进而，康有为还将春秋三世"分而为二"，① 称为"平世"与"乱世"，并将小康与乱世相连。② 他认为，"《礼》者防检于外，行于当时，故仅有小康、据乱世之制，而大同以时未可，盖难言之"，因为礼以防制为主，传承"礼"的荀子"传小康、据乱之道，盖得孔子之粗末者也"，而"传平世大同之仁道，得孔子之本"的孟子"视礼制之末，防检之严，盖于大道稍轻，故寡言之。"③

既然康有为将处于据乱世的小康之道中的"礼"与宪法等同，那么《春秋》中关于礼的规定即孔子为据乱世而制定的宪法。孔子也为乱世制定宪法，《春秋》的名分和中国古代的礼发挥着宪法的作用。宪法既然在中国早已存在，那么为何在古代中国未能一直发挥并维持法律效力？他解释道："宪法之义，即《春秋》名分之义也。中国数千年之能长治久安，实赖奉行经义，早有宪法之存。惜经义之名分，以教宗话言奉之，而未尝立国会，以誓盟守之、渝盟则殛之。故汉、唐、宋、明，二千年来，宪法若有而若无；以是政治逊于泰西，而大势沦于危弱。"④ 这说明有宪法不等于实施了立宪政体，而成立作为宪法守护者的国会是立宪的重要标志。1910 年，康有为在代美国宪政会所作的奏折中，详细辨析了立宪和专制政体之间的差别，同时也讲明了宪政与国政、新政之间的差别，并认为开国会是实施宪政的显著标志："立宪、专制，政体相反。专制主之君，立宪公之民；专制家天下，立宪公天下，此其大别也。以吾国向无立宪政体，先帝有公天下之心，故今乃斤斤求之也……虽吾国无宪政，而古者乡老、亭长、保

① "《春秋》三世，亦可分而为二"。康有为：《孟子微》，载《康有为全集》第 5 集，姜义华、张荣华编校，中国人民大学出版社 2007 年版，第 422 页。
② 参见许冠三：《康南海的三世进化史观》，载周阳山、杨肃献编：《近代中国思想人物论——晚清思想》，联经出版事业公司 1980 年版，第 560 页。
③ 康有为：《孟子微》，载《康有为全集》第 5 集，姜义华、张荣华编校，中国人民大学出版社 2007 年版，第 411 页。
④ 康有为：《海外亚美欧非澳五洲二百埠中华宪政会侨民公上请愿书》，载《康有为全集》第 8 集，姜义华、张荣华编校，中国人民大学出版社 2007 年版，第 411 页。

甲、审讯、学校何尝无之。虽然，是国政也，非宪政也，即谓之新政可也，谓之宪政不可也。盖自国会立法外，实无他政可冒充宪政也。"①1911 年 4 月，康有为在民政部准帝国统一党注册时，再次强调国会作为宪法守护者的重要性，"夫宪法者，不过空文之一纸耳。中国先圣之经义，数千年所据以为治法者，人主岂不甚尊之？然卒无大效者，以无国会以维持之也。"他进而讲道，"立宪者，犹世爵之封号门第也；国会者，犹府第之堂室园庭也；主持无人，则封号革而门第微，堂室虚而园庭芜矣"。② 于此，宪法不仅需要国会维持之、守护之，而且需要作为国会主持人的政党才可生发效力。在 1913 年的《戊戌奏稿》中，康有为认为，"春秋改制，即立宪法，后王奉之，以至于今。盖吾国君民，久皆在法治之中，惜无国会以维持之耳。今各国所行，实得吾先圣之经义，故以致强；吾有经义，存空文而不行，故以致弱。然此实治国之大经，为政之公理，不可易矣"，由此，于今已经开设国会、施行立宪政体的近代西方国家因暗合孔圣的经义而实现了富强，而中国则没有将自有的经义落实到立宪、国会等法政制度上，从而变得衰弱。鉴于"东西各国之强，皆以立宪法开国会之故。国会者，君与民共议一国之政法也"，康有为进而建议："《春秋》之议，据乱之后，进以升平。上有尧、舜之君，下有尧、舜之民。伏惟皇上圣明神武，拨乱反正，真尧、舜之君也。伏乞上师尧、舜三代，外采东西强国，立行宪法，大开国会，以庶政与国民共之，行三权鼎立之制，则中国之治强，可计日待也。"③ 由此，在康有为的观念中，国会是君主和国民共同审议一国之政法的制度，以开国会为标志的立

---

① 康有为：《请立开国会以救亡局折》，载《康有为全集》第 9 集，姜义华、张荣华编校，中国人民大学出版社 2007 年版，第 171 页。

② 康有为：《民政部准帝国统一党注册论》，载《康有为全集》第 9 集，姜义华、张荣华编校，中国人民大学出版社 2007 年版，第 193 页。

③ 康有为：《请定立宪开国会折》，载麦仲华编：《戊戌奏稿》，辛亥五月印行。又载《康有为全集》第 4 集，姜义华、张荣华编校，中国人民大学出版社 2007 年版，第 424 页。

宪政治可实现君民一体，提升国家整体的调控力和凝聚力，进而实现中国之治强。

四、立宪原理的儒学诠释

康有为不仅将立宪政体纳入儒学三世进化的体系之中，而且对立宪原理做了儒学诠释。为此，他交融会通了儒学的义理和西方的立宪原理。儒学义理具有相当的开放性和包容性，康有为以儒学诠释立宪原理的过程也是以立宪原理赋予儒学义理新意的过程。康有为贯通古今、融合中西，在儒学义理的基础上，将西方的立宪原理融入儒学之中，在创造性转化儒学义理的同时，也将立宪原理做了儒学诠释。他以《春秋》比附宪法，认为孔子作《春秋》立宪法在于厘定君民、君臣间的权限。康有为儒学普遍主义下的立宪观，尤其体现在其对君民、君臣关系的儒学诠释之中。

康有为将宪法比作《春秋》的名分，他的立宪观最重要的内涵在于厘定君民之间的权限。然而，君民之间权限的划分必须以厘清君民之间的关系为前提。这意味着，宪法的制定须有立宪原理作为支撑。在君民之间的关系上，先秦儒学在义理上提倡"天生民而立之君"，"民贵君轻"的观念，展现了重民的民本主义。虽然儒学有民本观念，然而，"儒家所祖述的思想，站在政治这一方面来看，总居于统治者的地位来为被统治者想办法，总是居于统治者的地位以求解决政治问题，而很少以被统治者的地位去规定统治者的政治行动，很少站在被统治者的地位来谋解决政治问题，这便与近代民主政治由下向上去争的发生发展的情形，成一极显明的对照"。① 比如，董仲舒系统阐述了君、民、天三者之间的关系："《春秋》之法，以人随君，以君随天。

---

① 徐复观：《儒家政治思想的构造及其转进》，载《学术与政治之间》，华东师范大学出版社 2009 年版，第 12 页。

曰：缘民臣之心，不可一日无君。一日不可无君，而犹三年称子者，为君心之未当立也。此非以人随君耶？孝子之心，三年不当。三年不当而逾年即位者，与天数俱终始也。此非以君随天邪？故屈民而伸君，屈君而伸天，《春秋》之大义也。"① 这种看法不仅脱离了先秦儒学所持的民本观念，而且为君主在政治上的主导地位提供了意识形态的支撑，以致君主主导政治权力的观念一直贯穿于汉代以后中国历代的政治生活之中。即使到清末，对董仲舒上述所言，儒学士大夫苏舆依然以尊君的观念解释道："屈民以防下之衅，屈君以警上之肆。夫天生民而立之君，此万古不敝之法也。"② 可见，在传统儒学中，人民在政治上总是处于消极被动的地位，无法成为政治参与的主体；政治的主导权始终掌握在君主而不是人民的手中；儒家的五伦观念更是缺少有关人民与政府关系的规定，缺少人民参与政权的架构。

康有为非常推崇董仲舒，认为他在传承孔子微言大义中发挥了举足轻重的作用，"孔子之文，传于仲舒。故所发言，轶孟超荀，实为儒学群书之所无。若微董生，安从复窥孔子之大道哉"，"孔子立教宗旨在此，虽孟、荀未能发之，赖有董子，而孔子之道始著"。③ 尽管如此，康有为在诠释儒学君民间的关系时并未采纳董仲舒的学说。与传统儒学士大夫不同，**康有为通过对儒学义理的诠释展现了一种更加契合立宪所需的君民关系。**他认为："民者，君之本也……国之所立，以为民也。国事不能无人理之，乃立君焉，故民为本而君为末。此孔子第一大义，一部《春秋》皆从此发。"④《春秋》中有"莒弑其君庶其"的语句，对此，康有为先是引用了《公羊传》"称国以弑何？称国以

---

① 苏舆：《春秋繁露义证》，钟哲点校，中华书局 1992 年版，第 31—32 页。

② 苏舆：《春秋繁露义证》，钟哲点校，中华书局 1992 年版，第 32 页。

③ 康有为：《春秋董氏学》，载《康有为全集》第 2 集，姜义华、张荣华编校，中国人民大学出版社 2007 年版，第 307、375 页。

④ 康有为：《春秋笔削大义微言考》，载《康有为全集》第 6 集，姜义华、张荣华编校，中国人民大学出版社 2007 年版，第 50—51 页。

弑者，众弑君之辞"的解释，又引用了何休所述"一人弑君，国中人人尽喜，故举国以明失众当坐绝也"的口说。在两者基础上，他进一步发掘了《春秋》此句中的微言大义："国者国民合众为之，非君所得私有也；君者代民司理，视民所举废也。一肆之司理失职，则当去；一国之司理失职，亦当去。"此诠释带有西方民约论（社会契约论）的色彩，而国为公有、非君私有的理念仍处于儒学内在发展脉络之中。康有为还举出中国先秦时期以及近代西方的事例印证上述微言大义是"公理"，也是"升平世之义"，"孟子曰：闻诛一夫纣，未闻弑君。周之逐厉王于彘，英国民之弑揸理第一，法国民之杀路易十六，于是欧洲大革命逐其王，国民大倡立宪，开国会行之，所谓国人尽喜，坐以失众应绝之罪也"。① 康有为还对孟子所说的"闻诛一夫纣，未闻弑君"做了类似的阐释："民者，天所生也。国者，民共立也。民各营其私业，必当有人代执其公事。如一公司之有千万分，不能不举一司理人以代理焉。君者，国民之代理人也。代理人以仁养民，以义护民，众人归心，乃谓之君。所谓天下归往，谓之王则可⋯⋯若平世，则民权既兴，宪法大定，不贤则放逐，乃公理也。"② 总而言之，康有为通过诠释儒学经典重新界定了君、民之间的关系，打破了君、民之间绝对从属的等级关系，展现了民在政治生活中的主体性地位。

康有为对立宪原理的儒学诠释还体现在他对世卿世禄制的否定以及对君臣关系的调整之中。春秋三世进化的最终蓝图是实现人人自主、自立、平等的大同状态。"《春秋》托始文王，以为人道之始。故一部《春秋》，皆言人道，发人道平等、自立、自主之理"。③ 这种人

---

① 康有为：《春秋笔削大义微言考》，载《康有为全集》第 6 集，姜义华、张荣华编校，中国人民大学出版社 2007 年版，第 164 页。

② 康有为：《孟子微》，载《康有为全集》第 5 集，姜义华、张荣华编校，中国人民大学出版社 2007 年版，第 464 页。

③ 康有为：《春秋笔削大义微言考》，载《康有为全集》第 6 集，姜义华、张荣华编校，中国人民大学出版社 2007 年版，第 309 页。

人自主、自立、平等的人道观根源于儒学的"天"理念："盖天之生物，人为最贵，有物有则，天赋定理，人人得之，人人皆可平等自立，故可以全世界皆善。"① 在中国古代哲学中，天作为政治和社会秩序"根据性和原理性"的外在框架，具备"存立原理"的权威性。② 对康有为而言，"'天'不是一种非人格的秩序，而是一个具有意志、目的、情感和创生能力的巨大有机体。因而，它是包括人类在内的宇宙万物的基础"。③ 人人皆由天生，人人皆可平等，而"孔子之言治，取诸平均，平者无一不平之义……盖欲胥天子、诸侯、大夫一切而平之，均其权势"。④ 以此，中国古代大夫、诸侯、天子为等级的世爵制在根本上有违人人平等的理念，"天之公理，以贤治不肖，以智治愚；大同之世，天下为公，选贤与能，凡在民上者皆然，凡世爵皆非也"。于是，孔子随着三世进化依次讥大夫、刺诸侯、贬天子，以使人民得以选贤与能，"孔子生当据乱，故先发大夫不世，而内诸侯则待以世禄不世官之义；推之升平世，则诸侯不世，太平世则天子不世，皆当选贤为之"。⑤

---

① 康有为：《孟子微》，载《康有为全集》第5集，姜义华、张荣华编校，中国人民大学出版社2007年版，第413页。

② 参见［日］沟口雄三：《中国的思维世界》，刁榴、牟坚等译，生活·读书·新知三联书店2014年版，第4—5页。

③ 张灏：《危机中的知识分子：寻求秩序与意义》，高力克、王跃译，新星出版社2006年版，第43页。

④ 康有为：《春秋笔削大义微言考》，载《康有为全集》第6集，姜义华、张荣华编校，中国人民大学出版社2007年版，第290页。

⑤ 康有为：《春秋笔削大义微言考》，载《康有为全集》第6集，姜义华、张荣华编校，中国人民大学出版社2007年版，第57页。"据乱世，先讥大夫之世；及升平世，刺诸侯之世；至太平之世，贬天子之世"。康有为：《春秋笔削大义微言考》，载《康有为全集》第6集，姜义华、张荣华编校，中国人民大学出版社2007年版，第21页。《史记·太史公自序》载有司马迁转述董仲舒的话："余闻董生曰：'周道衰废，孔子为鲁司寇，诸侯害之，大夫雍。孔子知言之不用，道之不行也，是非二百四十二年之中，以为天下仪表，贬天子，退诸侯，讨大夫，以达王事而已矣'。"（汉）司马迁：《太史公自序》，载《史记》第10册，中华书局1959年版，第3297页。

由此，在升平世中，君主不能骤然而废，康有为将欧洲的君主立宪政体看作"用内诸侯世禄不世官之义以待其君"，并以立宪的方式规范君臣间的权限，"今欧国立宪之法，盖用内诸侯世禄不世官之义以待其君，亦以生当升平，一时不能去世帝，而委曲以致之，别举贤为相，以执国政。所谓通贤共治，示不独尊，重民之至，此真升平之法也。升平者不能极平，而少得其平，故其政体委曲如此也"。① 可见，除了以立宪的方式规定君民之间的权限外，康有为还特别重视君臣之间的名分，试图用立宪的方式对儒学传统的君臣关系作出新的调整。他还讲道："近者各国行立宪法，以大夫专政，而反为升平之美政者，以立宪之大夫出自公举，得选贤与能之义，非世袭而命之君者也。据乱世同为世爵，则贬大夫而从君。既在升平，则舍世袭君而从公举。各有其义也。"② 在升平世的君主立宪政体中，"大夫者，与君共治民者也"。③ 由而，大夫、诸侯由人民公举，同世袭君主一道，共同治理国家。

在古代中国，君主是治国理政的主体，对于天下事有无限的责任感，《尚书》有载："万方有罪，罪在朕躬"（《汤诰》）；"百姓有过，在予一人"（《泰誓》）。有责必有权，这种无限的责任感很容易带来权力上的无限支配。在汉代，董仲舒倡导君权神授，确立君主在政治上绝对权威性的地位。④ 与先儒不同，康有为认识到在君主立宪政体中，君主只是虚君，无政治责任。他讲道："《春秋》以定名分，各有权限，名为王室，以示与民无关也……若周时之王者，隐如今日立宪国之君

① 康有为：《春秋笔削大义微言考》，载《康有为全集》第 6 集，姜义华、张荣华编校，中国人民大学出版社 2007 年版，第 57 页。
② 康有为：《春秋笔削大义微言考》，载《康有为全集》第 6 集，姜义华、张荣华编校，中国人民大学出版社 2007 年版，第 225 页。
③ 康有为：《春秋笔削大义微言考》，载《康有为全集》第 6 集，姜义华、张荣华编校，中国人民大学出版社 2007 年版，第 209 页。
④ 参见徐复观：《学术与政治之间》，华东师范大学出版社 2009 年版，第 14 页。徐复观：《两汉思想史》第 2 卷，华东师范大学出版社 2004 年版，第 255 页。

主，守府而已，故虽乱而不及外。立宪王者，一切无国民责任，则一切以王室称之，最宜也。"① 在君主立宪政体中，君主起到象征性作用，多在王室内活动，因无政治责任，即使作乱，对王室之外的政治活动也难以产生重大影响。而立宪国的政治责任则由总理大臣承担，"立宪之国，政在总理大臣；得乎总理大臣，则可行政也"。② 在之后的海外游记中，康有为详细解释了在古代专制之国和近代宪政之国中君主地位和权限的不同："古者君权无限，君视其国如私产，又种系相传，非其胤嗣不得为君，若是者，国以君为主。若在今日宪政之国，立法行政皆由民举之议员政府为之，无论民主君主皆如作官，不能取土地人民而有之，国王不过画诺，以空名领袖，如一群之代表人云尔。"③ 在辛亥革命期间，为论证施行责任内阁制的必要性，康有为系统阐释了立宪的内涵，并从儒学中找出君主无责任的立宪因素：④

> 立宪之大义有三：一曰君主为神圣不可侵犯，至尊矣；二曰君主不能作恶，至贤矣；三曰君主无责任，至宽矣。虽然，天下事必有责任。君主无责任，必有人代其负责任者，则以总理大臣代之。孔子尊王为天王，升王为帝。又曰：舜何为哉？恭己正南面而已矣。夫为天之上帝，四时行矣，百物生焉，天何言哉。故百官总己以听于冢宰，南面无为足矣。

与同时代亦持中国自古就有宪法的士人相较，康有为更能深刻认

---

① 康有为：《春秋笔削大义微言考》，载《康有为全集》第 6 集，姜义华、张荣华编校，中国人民大学出版社 2007 年版，第 265 页。

② 康有为：《春秋笔削大义微言考》，载《康有为全集》第 6 集，姜义华、张荣华编校，中国人民大学出版社 2007 年版，第 288 页。

③ 康有为：《补奥游记》，载《康有为全集》第 8 集，姜义华、张荣华编校，中国人民大学出版社 2007 年版，第 393 页。

④ 康有为：《于晦若李柳溪两侍郎谈责任内阁例语书后》，载《康有为全集》第 9 集，姜义华、张荣华编校，中国人民大学出版社 2007 年版，第 220 页。

识到近代欧洲国家君主立宪的本质特征。于 1901 年撰的《宪法古义序》中，汤寿潜也认识到中国古代亦有宪法，"庚子乱后，救亡无术，立宪之说，腾于朝野。然只知宪法为东西所已行，不知宪法为中国所固有"。① 他虽认识到宪法"为一国君民所共遵，而非压服臣民之苛法"，在沟通君民和保护民权中发挥了重要作用，但又认为宪法是君权的有力支撑，"宪法者，民权之护符，亦君权之后盾。或疑立宪之有损于君权，非真知宪法者也"。尽管他认识到君主与国家间的不同，君主不能代表国家"以人君操国家之主权，而非以人君为国家主体"，然而受日本宪法的影响，他的立宪观总体上表现为制定一部君权神圣至上的宪法：君主"神圣不可侵犯"，"犯者如犯其国"。虽然汤寿潜认识到在立宪政体中君主无责任，但这种无责任是建立在君主权力甚大的基础上。"无责任之责，是谓法律"，在他看来，立宪国家的政治责任，由法律所担负，之所以不由君主担负是因为"君主为国家代表，故法律皆所自出。不在法律之中，亦不在法律之外。然出一政、布一令，必使有关系之大臣副署于下，代君主任其责任"。② 对君主无责任的看法，汤寿潜的君权无限的观点与康有为君权虚有的观点迥异。1902 年，清末官员赵炳麟认为："古者自王朝以至乡遂，君臣士庶民皆有互相保护、互相限制之公约，如今日泰西之宪法是也。"③ 这种将王朝和乡遂的公约比作西方宪法的观点，只是在功能上看到公约和宪法的一致之处，并未像康有为那样意识到宪法在国家建构特别是使君权虚位中的作用。

在清末预备立宪的进程中，德国考察宪政大臣于式枚认为立宪

---

① 汪林茂编：《中国近代思想家文库·汤寿潜卷》，中国人民大学出版社 2015 年版，第 97 页。

② 参见汪林茂编：《中国近代思想家文库·汤寿潜卷》，中国人民大学出版社 2015 年版，第 101 页。

③ 赵炳麟：《防乱论》，载《赵柏岩集·柏岩文存》，广西人民出版社 2001 年版，下册，第 26 页。

"必以本国所有者为根据，而采取他国所有以辅益之，在求其实而不徒震其名"，并认为立宪为中国所固有，"中国旧章，本来立宪，皇朝制度，尤极修明。周官言宪法，言宪令，言宪禁，言宪邦。传称监于先王成宪，仲尼损益四代之制，以垂万世之宪。宪法为中国之名古矣。殷人作誓，汉代约法，尤与欧美所云立宪者相似，唐宋迄明，规模具在，其能贻数百年之基业，成数十年之太平者，无不以顺民情申清议为致治之本原"。[1] 他进而上奏，表示"宪法自在中国，不须求之外洋"，不过，他依然秉持传统儒学的三纲观念，认为"当使知上下之分，须先明宪法之名。日皇所谓组织权限由朕亲裁，德相所谓法定于君，非民可解。故必正名定分，然后措施施行"。[2] 于式枚虽认识到中国古代政制所具备的立宪之维，但未能对相应的儒学政治伦理作出转化，是故他所倡导的立宪观仅仅带有工具主义的色彩，他所支持的宪法难免沦为维护君权的工具。

与于式枚工具主义的立宪观不同，康有为对君民、君臣关系的儒学诠释，以及限制君主权力的观点，展现了人人自主、自立、平等的价值理性。此种对立宪原理的儒学诠释涉及儒学中改制与易道的区别。董仲舒曾详细阐述了改制的方式以及改制与易道的区别："今所谓新王必改制者，非改其道，非变其理，受命于天，易姓更王，非继前王而王也……故必徙居处、更称号、改正朔、易服色者，无他焉，不敢不顺天志而明自显也。若夫大纲、人伦、道理、政治、教化、习俗、文义尽如故，亦可改哉？故王者有改制之名，无易道之实。"[3] 对改制与易道的区别，熟读儒学经典的康有为也曾讲道："孔子屡言'从周'，又曰：非天子不议礼，不制度，不考文。皆是尊君，安有改制

---

[1] 于式枚：《立宪不可躁进不必预定年限折》，载故宫博物院明清档案部编：《清末筹备立宪档案史料》上，中华书局 1979 年版，第 305 页。

[2] 于式枚：《奏立宪必先正名不须求之国外折》，载故宫博物院明清档案部编：《清末筹备立宪档案史料》上，中华书局 1979 年版，第 336、337—338 页。

[3] 苏舆：《春秋繁露义证》，钟哲点校，中华书局 1992 年版，第 17—19 页。

之理？岂知孔子托王于鲁，有改制之文，无易道之实也。"① 如此，按照董仲舒的上述提法，康有为"大同三世说"中的立宪政体涉及改制的层面，其对立宪原理的儒学诠释则是易道的表现。正因此，朱一新早就警诫康有为："法可改，而立法之意不可改。"② 然而，儒者有时不仅改制，而且易道。毕竟，董仲舒又曾言："继治世者其道同，继乱世者其道变。"③ 尤其是在大转型时代的近代中国，"道出于二"④，拨乱升平，易道则是不得不然之事。不过，儒学中亦有"圣王之治世，不离仁义。故有改制之名，无变道之实"⑤ 的观念。仁是孔子所宣扬的最高道德原则，后世儒家通过对仁的新解来发展儒学。⑥ 康有为的三世进化依然以儒学的仁为依归，其对立宪原理的儒学诠释依然本于仁，"每变一世，则愈进于仁；仁必去其抑压之力，令人人自立而平等，故曰升平。至太平，则人人平等，人人自立，远近大小若一，仁之至也"。⑦ 由此，康有为所诠释的立宪原理仍具有儒学的底色，仍在儒学的内在发展脉络之中。可以说，在"道出于二"的近代中国，康有为的"孔子改制说"、其所描绘的三世进化中的立宪政体及其对立宪原理的儒学诠释，乃是使"道出于一"即回归儒学仁道的努力。

① 张伯桢整理：《康南海先生讲学记》，载《康有为全集》第 2 集，姜义华、张荣华编校，中国人民大学出版社 2007 年版，第 121 页。

② 朱一新：《朱侍御复康长孺第四书》，载《康有为全集》第 1 集，姜义华、张荣华编校，中国人民大学出版社 2007 年版，第 327 页。

③ （汉）班固：《汉书·董仲舒传》，中华书局 1964 年版，第 2519 页。

④ 王国维于 1924 年有言："自三代至于近世，道出于一而已。泰西通商之后，西学西政之输入中国，于是修齐治平天下之道乃出于二"。王国维：《论政学疏稿》，载《王国维全集》第 14 卷，浙江教育出版社、广东教育出版社 2009 年版，第212 页。

⑤ （汉）桓宽：《盐铁论·尊道篇》，王利器校注，天津古籍出版社 1983 年版，第291 页。

⑥ 参见张岱年：《中国古典哲学概念范畴要论》，中国社会科学出版社 1989 年版，第 159、160—170 页。

⑦ 康有为：《春秋笔削大义微言考》，载《康有为全集》第 6 集，姜义华、张荣华编校，中国人民大学出版社 2007 年版，第 17 页。

五、康有为的"孔子制宪说"之评判

为应对中西交汇的局面，康有为从春秋公羊学者那获得线索或灵感，树立起孔子改制创教的形象，并通过重新诠释儒学经典，寻求儒学中适合现代性的价值理念，来为中国的变法改制奠定理论基础。在此过程中，康有为重构中国文明的自主性，用西学等资源赋予儒学以普遍意义，由此扩大了儒学的政治与伦理学说。① 经由释经，康有为发现了立宪与儒学的契合之处。通过发扬孔子之学，康有为将西方的宪法观念以及立宪政体融入儒学之中。他以《春秋》比附宪法，以三世进化涵括立宪政体，并通过阐发儒学经典中的微言大义，寻求人人平等、自主、自立的立宪原理。他的立宪观带有鲜明的儒学之维，并在传统、现代与未来之间建立有机的关联，为文化重建和文明走向提供了新路径。

在晚清，鉴于儒学仍是统治者和士大夫治国理政的意识形态，康有为用儒学诠释宪法和立宪，以此建构一个向儒学士大夫阐发变革思想的学理平台。立宪可谓各种不同的政治势力展开较量并经由妥协达成共识的过程。然而，康有为儒学普遍主义下的立宪观，难以凝聚各方的共识，尤其是未能得到守旧者和趋新者二方面的认同。康有为曾感慨："自戊戌以来，旧则攻吾太新，新则攻吾太旧，革党又攻吾保皇。"② 冯友兰指出："在民初人的心目中，康有为是一个国粹论者，是一个'老顽固'；在清末人的心目中，康有为是一个维新论者，是一个叛徒。"③ 在戊戌时期，张之洞非常警惕素王改制说，批评公羊学家廖平和康有为，"其说过奇，甚骇人听"，"廖、康之说，乃竟谓六经皆孔子所自造，唐虞夏商周一切制度事实，皆孔子所定治世之法，

---

① 参见萧公权：《康有为思想研究》，汪荣祖译，新星出版社 2005 年版，第 83 页。

② 康有为：《告国人书》，载《康有为全集》第 11 集，姜义华、张荣华编校，中国人民大学出版社 2007 年版，第 405 页。

③ 冯友兰：《贞元六书·新事论》，华东师范大学出版社 1996 年版，第 222 页。

托名于二帝三王，此所谓素王改制也。是圣人僭妄而又作伪，似不近理"。① 张之洞特别指责康有为，"自谓尊孔，适足诬圣。平等、平权，一万年做不到，一味呓语"。② 此时，张之洞在儒学义理上依然秉持传统儒学的三纲观念，反对康有为的孔子改制说，尤其是反对其中所透露的平等、民权观念。在清廷下诏预备立宪后，虽然张之洞觐见慈禧时主张清廷需要"速行立宪"，但他对立宪持一种工具主义的态度，即为平息留日学生的排满风潮和化解革命派的革命行动，并鉴于"各国视中国之能否实行立宪，以为定策"，认为"立宪实行，越速越妙；预备两字，实在误国"。③ 此时，张之洞依然秉持传统儒学中三纲的政治伦理，未意识到立宪需要对儒学政治伦理作出合宜的转化。进入民国后，新文化运动打倒孔家店，反对旧道德，提倡新道德。李大钊认为，"孔子与宪法，渺不相涉"，这是因为："孔子者，数千年前之残骸枯骨也。宪法者，现代国民之血气精神也"；"孔子者，历代帝王专制之护符也。宪法者，现代国民自由之证券也"。④ 新文化运动的健将举起打倒孔家店的旗帜，并未意识到儒学义理的开放性，也未意识到儒学经由创造性诠释可容纳立宪政体和立宪原理。

在清末民初，虽然康有为的"孔子制宪说"未能凝聚士人间的共识，但相较清廷大臣的维护君民尊卑等级的立宪观，其对儒学的义理做了创造性诠释，其立宪观契合立宪所需的人人自主、自立、平等的现代性价值。相较新文化运动领袖西方中心主义的立宪观，康有为儒学普遍主义下的立宪观展现了立宪的中国文化基础。康有为的"孔子制宪说"依托的是今文经学，相较于古文经学，今文经学更加富有革

① 张之洞：《致长沙学台》，载赵德馨主编：《张之洞全集（9）》，武汉出版社 2008 年版，第 244 页。

② 陈庆年：《横山乡人日记（选摘）》，载中国社会科学院近代史研究所近代史资料编辑部编：《近代史资料》，知识产权出版社 2006 年版，第 201 页。

③ 孔祥吉：《张之洞与清末立宪别论》，《历史研究》1993 年第 1 期。

④ 李大钊：《孔子与宪法》，载《李大钊选集》，人民出版社 1959 年版，第 77 页。

新的精神，"今文学家所说的孔子，究竟是否孔子底真相，原也还待证明。不过他们所说的孔子却是有生气的，有热情的，有创造革新的精神的；较之古文家所说的孔子，仅为一史学家，仅为一保存古代一部分史料的史学家，却胜一筹"。①

然而，康有为融合儒学与立宪的尝试以及此尝试所具有的意义，一直没有得到研究者和当今新儒家的注意和重视。此中的缘由在于，随着知识体系的转型特别是科学主义在近代中国的普及，康有为以今文经学重构儒学普遍主义的方法被现代人认为是"非科学"的。在后人看来，他利用今文经学神化孔子显得十分虚妄。被誉为"最后一个儒家"的梁漱溟则认为康有为"假借孔经，将孔子精神丧失干净，欢迎了反乎孔子的人生态度思想进来"。② 除此之外，当康有为将立宪政体、立宪原理等西学融入儒学之后，经此而重构的儒学普遍主义已经漫无边际。牟宗三认为"康有为的思想怪诞为经，大而无当"。③

尽管如此，若持一种同情理解的态度，不以"客观"为标准来估量，而是从历史环境的逻辑来衡量康有为的儒学诠释④，他融合儒学与立宪的做法仍具有一定的理论价值和现实意义。因为，受工具主义立宪观的影响，近代中国的立宪事业失去了现代性的价值基础；受西方中心主义立宪观的影响，近代中国的立宪事业失去了中国文化的固有根基。而康有为儒学普遍主义下的立宪观则展现了传统、现代与未来之间的连续性，诠释了工具理性与价值理性的统一性，并提供了儒家立宪的一种可能性。

---

① 蒋伯潜：《经学纂要》，正中书局 1944 年版，第 190 页。

② 梁漱溟：《东西文化及其哲学》，载《梁漱溟全集》第 1 卷，山东人民出版社 2005 年版，第 477 页。

③ 牟宗三：《生命的学问》，三民书局 1997 年版，第 109 页。

④ 参见萧公权：《康有为思想研究》，汪荣祖译，新星出版社 2005 年版，第 63 页。

从"身份"到"契约"：
宋代人身权利的变革与现代价值

宋宇宁[*]

摘要：在商品经济高度发达的宋代，市场交易的不断完善使得广大社会的中下层劳动者开始逐渐获得法律上的民事主体地位。商人、佃农及奴婢阶层的人身权利开始成为宋代法制及司法的保障对象。诚然，作为传统中华法系的重要组成部分，宋代法制中并无近现代意义上的民法典，更没有所谓"私有权利"的法律概念，但宋代法制却依然能够通过律典、敕令等法律规范对于这些处于社会中下层人士的人身权利予以确认，并通过司法手段予以保障，使得长期处于人身依附关系中的人群在一定程度上实现了从"身份"到"契约"的转变，彰显了宋代法制特有的精神，对新时代建设中国特色社会主义法治体系亦有借鉴意义。

关键词：宋代法制；人身权利；身份；契约

就中国法制史上的发展历程而言，宋代在整个中华文明的演进过程中始终占据重要的地位，被誉为"划时代"的开端。从民国时期开始，就有不少史学大家对宋代给予了很高的评价。例如著名历史学家

---

* 宋宇宁，中共上海市金山区委党校讲师。本文系国家社科基金重大项目"中华法系与中华法律文化问题研究"（项目编号：20 @ ZH038）的阶段性成果。

陈寅恪就认为："华夏民族之文化，历数千载之演进，造极于赵宋之世。"① 著名思想家严复则认为当今中国社会诸多现象的成因皆归于宋朝，他指出："若研究人心政俗之变，则赵宋一代历史最宜究心。中国所以成为今日现象者，为善为恶，姑不具论，而为宋人之所造成，什八九可断言也。"② 由此可见，宋代对于整个中国历史发展影响力之巨大。立足当前新时代，研究和解决中国问题也需要我们从历史中探寻属于本土特色的"文化瑰宝"。

在法制领域，宋代同样呈现出鲜明的时代特征。梁启超在《论中国成文法编制之沿革得失》中就提到："终宋之世，殆无岁不从事于编纂法典之业，此又其与前代异者也。就此事论之，则亦得失参半。其所得者，则能使法律常与社会现象相应，不至成为纸上僵石；其所失者，则根本法屡动摇，民无所适从，而吏且得因缘为奸也。"③ 近代法律思想家杨鸿烈在《中国法律发达史》中也提炼出了关于宋代法制的诸多特点，例如"司法成为专门事业、法典之多"④等。以上这些学者的研究，都为我们了解宋代法制发展提供了良好的视野。

纵观宋代法制的诸多特点，对于普通民众权利的保障是其中不可忽视的重要内容。伴随着商品经济的高度发展，普通百姓在社会生活中所存在的人身依附关系也不断减弱，取而代之的是民事交易活动的逐步完善。正如马克思在谈到经济发展对法律制度的影响时所强调的："权利永远不能超出社会的经济结构以及由经济结构所制约的社会文化发展。"⑤

---

① 陈寅恪：《金明馆丛稿二编》（陈寅恪文集），上海古籍出版社 2020 年版，第 245 页。
② 严复：《严复论学集》，商务印书馆 2019 年版，第 301 页。
③ 梁启超：《梁启超论中国法制史》，商务印书馆 2012 年版，第 109 页。
④ 杨鸿烈：《中国法律发达史》，商务印书馆 2009 年版，第 554 页。
⑤ ［德］马克思：《哥达纲领批判》，载《马克思恩格斯选集》第三卷，人民出版社 2017 年版，第 154 页。

从当前的研究成果来看，有关宋代权利保障的内容较多集中在私有财产保护领域；从立法和司法两个层面阐述了宋代法制对于私有财产尤其是土地的交易等方面持有相当开放的态度。陈景良从儒家语境分析了宋代法律如何保护私有财产权，并且对用西方法学理论来解释传统中国社会的财产所有权制度的特点和局限作出了比较研究。① 陈秋云以宋代"自由地权法制"为视角，分析了宋代不动产交易制度的发达，并且进一步指出："为维护土地私有和规范土地流转，宋代创立了请射、理认、典卖、税契等一系列维护自由地权的制度。这些制度不仅对当时的经济与社会产生了积极的作用，而且对后世具有深远影响。"② 周名峰从法律冲突入手，以宋代"亲邻法"为切入点，论证了"宋代'亲邻法'规范的变迁既推进了田宅交易自由和效率，又维系了传统社会的家族伦理秩序，表现出中华传统文化强大的聚合力"。③ 由此可见，宋代对于私有财产的保护已经达到了一个历史高度。

在有关人身权利保障方面，学界则鲜有较为深入和系统的研究，现有研究主要是针对两宋时期某些社会阶层被赋予了独立的民事主体地位而展开。例如郭尚武对于宋代法制赋予商人、佃客、奴婢权利进行了相关的论证，并指出"民事立法新增了对个体权利保护的内容，引起了阶级结构的重新组合，为唐宋变革最后完成的标志之一"。④ 本文也将着重对人身权利进行分析和探讨。需要指出的是，人身权利的保障在现代法治语境下意味着在法律原则中贯彻"法律面前人人平等"以及拥有完善的民事权利能力，而这两项均非中国法制之传统，

---

① 参见陈景良：《何种之私：宋代法律及司法对私有财产权的保护》，《华东政法大学学报》2017 年第 3 期。
② 陈秋云：《宋代自由地权法制的历史意义与当代启示》，《法商研究》2011 年第 2 期。
③ 周名峰：《宋代法律价值冲突的整合——以"亲邻法"为例》，《北京社会科学》2019 年第 9 期。
④ 郭尚武：《论宋代民事立法的划时代贡献》，《山西大学学报（哲学社会科学版）》2005 年第 3 期。

如何得出宋代法制保障人身权利的结论呢？对此笔者认为：任何社会，只要其法律制度能够保障社会成员尤其是社会弱势群体的相关人身权利，使其免于相应的不法侵害，那么便可以认定，这部法律在人身权利保障方面具有研究价值，而非拘泥于用西方法学理论是否能够解释中国问题的理论困境。

一、从"人身依附"到"契约自由"：
宋代人身权利的历史演进

在谈到人类社会的进步尤其是法制文明的进步时，英国法学家亨利·梅因在其名著《古代法》中的一句格言总能用来解释其中的发展路径："因此，如果我们依照最优秀著者的用法，把'身份'这个名词用来仅仅表示这一些人格状态，并避免把这个名词适用于作为合意的直接或间接结果的那种状态，则我们可以说，所有进步社会的运动，到此处为止，是一个'从身份到契约'的运动。"① 事实上，回顾中国传统法制中的基本精神和具体规范，"人身依附"是一个极为显著的特征。在法律地位上处于不同等级的人群之间存在着根深蒂固的人身依附关系，例如社会阶层中的主要劳动力，包括普通的自耕农、奴婢以及商人等，在过去的法律关系中始终处于客体地位并受到等级制度的剥削，不享有法律意义上的人身及财产权利，到了宋代，这一情况开始逐步发生改变。中国传统法制变迁中也存在着梅因所描述的"从身份到契约"的某些因素。正如有学者所指出的："就中国契约传统的发展而言，结合近代以后的情况，如果以下描述大致不错，即中国的契约活动从近代以来虽然不是自发的，但确实在曲折地和暗暗地经历着一场向'自由契约'时代的进发。那么，我想，梅因的'从身份到契约'的命题，在中国的语境中，至少应该修正为'从身份契约

---

① ［英］梅因：《古代法》，沈景一译，商务印书馆 1959 年版，第 97 页。

到自由契约'的一场运动才更为精确。"①

宋代法制对于人身权利的保障，从其产生至发展并非一蹴而就。这方面既涉及宋代法制与之前各朝代的纵向比较，同样也有宋代各个时期、各个领域的法制发展。梳理宋代对于人身权利保障的历史演进，对于正确认知宋代法制、挖掘中国传统法制中的精髓具有重大意义。

（一）"取士不问家世，婚姻不问阀阅"——宋代商人民事主体地位的历史发展

"取士不问家世，婚姻不问阀阅"是南宋文人郑樵对于宋代社会风气的概括，体现出社会各阶层成员之间从过去的等级森严开始逐渐走向开放和包容。社会风气的变化也集中体现在宋代商人阶层的地位变迁上。从纵向的历史比较来看，自商鞅变法确立秦制继而完成大一统之后，"重农抑商"成为了基本国策。这也直接导致了商人在整个社会阶层中处于极为低下的位置。秦朝统治者把商人与罪犯并列。西汉商人不得穿丝绸衣服，不得骑马，不许佩戴武器，不许占有土地，不许仕宦。魏晋南北朝时期则禁止商人经商。至唐朝时期，商人地位才逐渐有所提升。到赵宋王朝，商人的人格尊严、政治地位均空前提升。例如，北宋太宗太平兴国七年诏令："今后富商大贾乘马，漆素鞍者勿禁。"②北宋李觏也说：宋代"商贾大者，衣必文采，食必粱肉……千里游敖，冠盖相望。乘坚策肥，履丝曳缟"。③同时，宋代还一改过往朝代为示商人地位低贱而专门为商人设立市籍的做法，而是将商人编入城市坊廓户，旨在使商人和其他编户齐民一样，成为民事权利的主体。唐朝时明确规定"工商之子不当仕"，但宋代商人及

---

① 俞江：《是"身份到契约"还是"身份契约"》，《读书》2002 年第 5 期。
② （元）脱脱等：《宋史》卷一百五十三《舆服五》，中华书局 1985 年版，第 3573—3574 页。
③ （宋）李觏：《直讲李先生文集》卷十八，商务印书馆 1929 年版，第 28 页。

其子嗣则完全可通过科举而成为仕宦之家，或者通过与权贵联姻的方式取得政治地位，正所谓"自五季以来，取士不问家世，婚姻不问阀阅"。①

宋人婚姻论财风气十分普遍，宋代商人与宗室的联姻成为财产与政治权力交易的一道耐人寻味的历史图景。北宋哲宗时期，"县主"居然商品化了。开封商人"帽子田家"依靠雄厚的钱财，竟然用 5000 贯就买到一个"县主"，并一买再买，"家凡十县主"。② 致使身为太皇太后的英宗高后气愤地说："国家宁要汝钱也？是何门当户敌？"③ 北宋朱彧谈及皇族女子嫁给富商时云："近宗室女既多，宗正立官媒数十人掌议婚，初不限阀阅。富室多赂宗室求婚，苟求一官，以庇门户，后相引为亲。京师富人如大桶张家，至有三十余县主。"④ 南宋江西南城巨室富商石叔献"娶濮王宫诸孙女，得官"。⑤ 商人与宗室通婚，虽难逃权钱交易的嫌疑，但从历史发展的眼光来看，与魏晋隋唐时期的门阀婚姻相较，则无疑是一种巨大的历史进步。

此外，宋代一些富商大贾凭借雄厚的财力，结交权贵而取得了较高的政治地位，如，"侍御史汤鹏举论云：平江大侩，以卖卜为业。交结士大夫，遂得一官。"⑥ 甚至还可以直接通过经济方式获取政治地位，比如："今西北三路，许纳三千二百缗买斋郎，四千六百缗买供奉职，并免试注官……其富民猾商，捐钱千万，则可任三子。"⑦ 南宋

---

① 张本顺：《宋代商业法制近世化及其意义》，《社会科学辑刊》2019 年第 3 期。

② 张本顺：《宋代商业法制近世化及其意义》，《社会科学辑刊》2019 年第 3 期。

③ （宋）李焘：《续资治通鉴长编》卷四百七十二，中华书局 2004 年版，第 11264 页。

④ （宋）朱彧：《萍洲可谈》卷一《富家赂宗室求婚》，李伟国点校，中华书局 2007 年版，第 112 页。

⑤ （宋）洪迈：《夷坚志·夷坚支志甲》卷五《石叔献》，何卓点校，中华书局 1981 年版，第 752 页。

⑥ （宋）李心传：《建炎以来系年要录》卷一百七十二，中华书局 1988 年版，第 2832 页。

⑦ （元）脱脱等：《宋史》卷三百一十四《范纯粹传》，中华书局 1985 年版，第 10281 页。

史学家李心传也说："比年以来，为奉使者不问贤否，惟金多者备员而往，多是市廛豪富巨商之子。"① 呈现出一种四民不分、士商不清、官商不分的历史大变动现象。

现代宋史学者叶坦说："（宋代）传统的轻商贱商状况得到相当大的改观，官经商，商买地，地主入仕形成了官、商、地主的三位一体，商人的身份地位与唐代大为不同，有些商人已与官僚平起平坐而无所顾忌了，传统的'重本抑末'观念，自宋有了彻底的变革。"② 众所周知，商业经济中契约自由的前提是商业主体自身即商人必须在政治法律上取得较为平等的社会地位。因此，宋代商人空前高涨的社会地位，无疑对其人身权利的保障具有积极作用。

（二）佃农人身依附关系的历史变革

两宋时期，伴随着商品经济的蓬勃发展，各类市场交易规范也逐渐完善，促成了宋代契约制度的发达。作为整个市场交易中的重要成员，佃农也开始成为独立的民事主体，其地位得到了明显的提升。正如有学者所指出的："宋代极力加强契约租佃制下田宅产权交易环节的法制化建设，这推动了生产关系领域以佃农为主体的客户地位的提升。"③

《宋刑统》沿袭了《唐律疏议》中均田制的法律内容。均田制将佃农世世代代束缚在土地上，无迁徙自由。其实早在公元 780 年唐德宗时，宰相杨炎行两税法，均田制就被租佃制取代了。贱民身份的部曲由私家所有转化为地主的佃户编入国家户籍，开始有了人身自由。五代时，租佃制普遍施行，社会阶级结构的变化必然反映到封建国家

---

① （宋）李心传：《建炎以来系年要录》卷一百七十一，中华书局 1988 年版，第 2814 页。
② 叶坦：《儒学与经济》，广西人民出版社 2005 年版，第 108 页。
③ 吴业国、葛金芳：《宋代对田宅产权的维护与贱民制度的消亡》，《中州学刊》 2021 年第 1 期。

的立法中。从废除均田制开始，历经 190 多年，直至宋仁宗景祐元年（1034），法律赋予佃客民事权利主体地位，佃农的人身权利才真正得以制度化。

宋仁宗年间所制定的一系列政策，确实在很大程度上促进了佃农人身自由权的发展。例如天圣五年（1027）十一月，宋仁宗诏令江淮、荆湖、闽浙、广南等诸路州军：依旧条，客户不可以随时起移，只有主人发遣，"给与凭由，方许别住"，往往被主人抑勒，不放起移；从今而后，客户起移，"须每田收田毕日，商量去住，各取稳便"，不再要求获得主人给予的凭由，如遇"主人非理拦占，许经县论详"。① 这就是著名的"天圣五年诏书"。在法律上赋予以佃农为主体的客户的迁移自由，对其跨地域流动具有积极的促进作用。从此，占据民户中下层主体的佃农，获得了凭借自己的意志随时"起移"的自由和权利，很大程度上推动了两宋时期社会经济的发展。②

至南宋高宗时期，对于佃农基本权益的维护也有了新的发展。对于被官府所占用的田地，高宗要求其"优支所费"③，即优先保障佃农的产权，使其能够真正安居乐业，促进农业生产。从北宋仁宗时期至南宋高宗时期，出台了一系列措施维护佃农的基本权益，这在法制发展史上无疑是一个历史性的进步。

（三）奴婢法律地位的时代变革

在中国传统法律体系中，奴婢、部曲等人群长期以来都游走在法律的边缘，其人身、财产不但得不到法律上的承认和保障，更不具有

① 《宋会要辑稿·食货六三》，上海古籍出版社 2014 年版，第 7706 页。
② 吴业国、葛金芳：《宋代对田宅产权的维护与贱民制度的消亡》，《中州学刊》2021 年第 1 期。
③ （宋）熊克：《皇朝中兴纪事本末》卷五十五，绍兴十一年三月戊午，北京图书馆出版社 2005 年版，第 1057 页。

法律上的主体地位。严格的尊卑等级制度使得奴婢成为家庭中主人可以任意处置的"财产"。即便主人任意刑杀自己的"财产",法律上也仅仅给予较轻的处罚。例如,作为中华法系最高成就的《唐律》中关于主人处置奴婢就有这样的规定:"奴婢有罪,其主不请官司而杀者杖一百。无罪而杀者,徒一年。"①过于轻缓的处罚使得在实践中主人敢于对奴婢动用私刑。这成为了唐代主仆关系的一种常态。但是自唐朝中期至宋朝,这种情况逐渐发生了改变。正如有学者所指出的:"唐宋之际,中国社会阶级结构发生了重要变化,门阀士族退出了历史舞台,取而代之的是官僚地主阶级,成为统治阶级的主体。与之呈互动态势的是,社会下层劳动者的身份有所提高,原先有着很强人身依附关系的贱民阶层向自由民转变。"②

从历史发展的角度来看,奴婢阶层从强烈的人身依附关系直至不断获得自由的进程,是伴随着唐代中后期门阀士族对社会的垄断不断被打破而进行的。关于这一点,学界也有相应的研究成果。例如,戴建国就指出:"唐宋之际,中国传统社会发生变革的一个重要标志便是阶级结构的调整,门阀士族退出了历史舞台,代之而起的是官僚地主阶级。奴婢、部曲、佃客,这些社会最广泛的下层劳动者的身份发生了变化,法律地位有了明显提高。"③

中唐之后,雇佣关系向奴婢制度渗透。奴婢获得了有限的人格权,不再是主人的资财,可以有自己的财产,经主人主婚与"当色"婚配,但其子女仍被视作主人的孳息,贱人地位不变。官奴婢逢朝廷大赦、私奴婢经主人同意放免均可为良人,还可"自赎免贱"。但对于大多数奴婢来讲,并不具备摆脱礼治枷锁束缚的条件。五代时期表面上是乱,实质是变。从政治上看,唐末门阀士族被消灭,

---

① 《唐律疏议》卷二十二,刘俊文点校,中华书局 1983 年版,第 406 页。

② 戴建国、刘宇:《宋代奴婢问题再探讨》,《中国史研究》2011 年第 1 期。

③ 戴建国:《"主仆名分"与宋代奴婢的法律地位——唐宋变革时期阶级结构研究之一》,《历史研究》2004 年第 4 期。

各朝天子除后唐庄宗外均出身于社会下层，经济上依附关系极强的士族地主经济消失。地主失去永久占有奴婢从事农业生产的条件，奴婢与田宅无法相提并论。商品经济导致封建等级秩序的混乱，礼乐崩坏、三纲五常之道绝，帝王将相娶奴婢为正妻并非个别现象。主人擅杀奴婢可处死刑。如后唐功臣李嗣昭之子继能坐笞杀其母主藏婢被处死。奴婢也不因主人犯罪受株连。除此之外，奴婢一词被人力、女使所取代。人力、女使是被人雇佣的良人，与雇主是平等的契约雇佣关系，其生命权、身体权、人身自由权依法受到保护。

二、从"身份法"到"契约法"：宋代立法 对人身权利的规范和支撑

在法律原则中严格贯彻等级不平等，突出特定人群的特权制度是中国传统法律文化的重要特征之一，因此中国传统法制也是典型的特权法制。这种典型特征体现在立法、司法以及法律适用的各个方面，是中国传统法律文化的核心要义，传统法制也成为了"身份法制"的象征。

而作为中华法系的重要组成部分，宋代法制在"身份"领域进行了一系列的改变，身份对于人的束缚开始被打破。对于人身权利的保障主要呈现出两大主要特征：一方面伴随着商品经济的蓬勃发展，出于对社会劳动力的高度需求，相关人群的法律地位相比过去得到了很大程度的提升和改善；另一方面，宋朝由于"重文轻武"的政治导向，社会环境相对前朝后世都显得较为宽松，这也使得制度对于人的束缚较少，人身权利的保护有了更多的空间，涉及的范围也更广。

在现代法治国家的制度体系中，对于人身权利的保护，主要是以宪法为框架，以民事法律规范为主体，并通过刑法、行政法等部门法

制约公权力滥用为最终底线的法治模式。① 无论是对人身权利的保障还是对财产权利的保障都遵循着相应的现代法治原则。正如有学者指出的："一般而言，首先，往往会通过宪法或其原则宣告私有财产的不可侵犯。其次，民法典及其民事关系法规，会在民事权利主体平等，意思自治的原则上，把民事主体对物支配、占有的财产关系，人与人之间的身份关系纳入到权利、义务的框架中，通过授权性规范与任意性规范，规制各类私有权能，如物权、债权、知识产权等。也会把人与人之间形成的身份关系、财产继承关系、抚养关系，通过权利义务关系的理论而创制成为婚姻家庭制度，使亲属、继承独立成篇而编纂于法典之中。民法典编纂及其关系法规的制定，是现代法律体系支撑私有财产权保护的强大支柱。最后以刑事制裁的严厉手段，通过对犯罪人的惩处而保护所有人的私有财产权利。"②

诚然，宋代法制不存在现代意义上的宪法以及民事法律体系，更没有一部完善的民法典。但必须指出的是，宋代法制存在着保障人身权利的诸多因素，这集中体现在其立法层面。对其挖掘和整理有助于全面认识宋代法制的基本特征。自宋太祖赵匡胤建立宋王朝起，朝廷出台了各项政策、法令来推进人身权利的保障，尤其是针对社会的中下层劳动力。本文将从不同领域的权利保障予以论证，以资说明。

（一）商人获得平等身份权利的法律规范

两宋时期，商人身份在法律上遭受歧视和打压的情况有了明显的改善。这一点可以从商人阶层所享有的政治权利中得到印证。首先，自宋太宗时期起，商人阶层具备了参政议政的权利。例如在《宋史·陈恕传》中就有记载："恕将立茶法，召茶商数十人，俾各条利

① 当然，这种法治模式主要存在于大陆法系国家，普通法系相对特殊，这里不做赘述。
② 陈景良：《何种之私：宋代法律及司法对私有财产权的保护》，《华东政法大学学报》2017 年第 3 期。

害，恕阅之第为三等，语副使宋大初曰：'吾观下等固灭裂无取。上等取利太深，此可行于商贾，不可行于朝廷。惟中等公私皆济，吾裁损之，可以经久。'于是始为三法行之，货财流通。"① 这说明商人已经开始在政治生活中发挥一定的作用，取得参政议政的相关权利。

其次，在科举考试方面，神宗熙宁四年（1071）七月，顽固派刘挚攻击王安石"其议财也，则商贾市井屠贩之人，皆召而登政事堂"。② 说明商人有了参政的权利。宋代科举名额扩大，应试者不论门第身份。北宋末年僧道百家均可，商人也然。甚至商人有钱可买官。例如，"但人有数百千轻货以转易三路，则千缗之入为有余，人人可以滥纡命服，以齿仕路……一州一县无处无之。"③南宋卖官鬻爵成为国家财政的重要来源，其负面效应为人所鄙视。但从商人政治权利看，与主户是平等的。

（二）佃农人身自由保障的立法成果

佃农获得法定人身自由权来源于仁宗天圣五年（1027）十一月的诏令："自今后客户起移，更不取主人凭由，须每田收田毕日，商量去住，各取稳便。即不得非时衷私起移，如是主人非理拦占，许经县论详。"佃农将与地主的债务关系清理后，就享有法定的人身自由权。若被地主无理阻拦，可依法控告。佃农摆脱了地主私属地位。苏轼道出获得人身自由权的佃客与地主的契约关系："民庶之家，置庄田招佃客，本望租课，非行仁义，然犹至，水旱之岁，必须放免欠负，借贷种粮者，其心诚恐客散而田荒，后日之失必倍于今故也。"南宋江南发达地区的佃农，在契约存续期间遇农暇，做小商贩或佣雇于他人。如高宗绍兴年间，"乐平新进乡农民陈五，为瞿氏之仆。每以暇时，受他人佣雇，负担远适"。孝宗淳熙年间，台州仙居客户郑四客

---

① （元）脱脱等：《宋史》卷二百六十七《陈恕传》，中华书局 1985 年版，第 1035 页。
② （宋）刘擎：《忠肃集》，中华书局 2010 年版，第 57 页。
③ 《宋会要辑稿·职官五五》，上海古籍出版社 2014 年版，第 4518 页。

为林通判家佃户，后稍有积蓄，便做起贩卖纱帛海物的生意。这都充分反映了佃客开始以自己意志参与民事交往。

佃农在商品经济发展的特定形势下获得了人身自由权，社会流动性增大。神宗熙宁时，只要在新地区居作一年便可编入当地户口。这一政策是对唐代宗宝应二年（763）制敕的继承与发展，是对佃农契约自由、以己意志迁移他乡、安居乐业的合法性保护。哲宗时，雇主若对佃农苛刻"一失抚存明年必去之而他"。即佃农第二年便可退佃而往他处立约租佃，或流入城市出卖劳动力。佃农的社会流动是社会结构变动的真实反映。对城乡商品经济的发展繁荣又是一种推动力量，是社会结构开放的标志。然而官吏扰民差役制度是直接诱因。为了社会安定，使佃农安居乐业，神宗时司农寺议立免役法规，并规定："今立役条：所宽优者皆村乡朴蠢不能自达之穷氓。所裁取者，乃仕宦兼并能致人言之豪右。"该条规定使佃农遭受官吏骚扰现象大大减少。差役是贯穿两宋的痼疾，其演变呈复杂化趋势，到了南宋成为民户诉讼的主要内容之一，多集中于江南东路、江南西路、淮南西路与福建路。诉讼的司法行为演变为社会风尚。叶适说："今天下之诉讼，其大而难决者，无甚于差役。"不少地方官吏能秉公办事，明察秋毫，使差役病民的程度减轻。南宋孝宗即位，规定州、县吏人捕盗贼，除有证据外，不得泛滥追呼，如违，许被扰人越诉及反坐吏人以藏匿之罪。"有不应禁而收禁者，提刑按劾，守令以闻。仍许不应禁人或家属经提刑司越诉。如提刑不为受理，仰经刑部、御史台越诉。"宁宗时巡、尉非法催税，车取差弓手土军下乡，差头为爪牙，席卷百姓家产，为法不容。处以差头杖一百押下着役。"巡、尉下乡，率吏卒三、五十人，所过之处，鸡犬皆空，无异于盗贼。责罚两尉对移邻州指使或监当闲慢职事。"

（三）宋代奴婢人身权利的立法规制

在奴婢、部曲等人群的法律地位方面，宋代法制给予了这些人群相比过去更大的权利保障。其身份也从原先难以得到保障的"财产"成为了法律意义上的"民事主体"。为探究奴婢阶层在法律上的地位和身份，本文将基于宋代的各项立法，包含律、令、格式等，对整个奴婢阶层人身权利的规范进行梳理和分析。

宋代法律提升奴婢地位作用显著的在于：从过去完全的人身依附关系向雇佣关系的转变。正如有学者所指出的："在宋代，雇佣奴婢以契约形式与雇主结成主仆关系，成为雇主家族中的卑幼之辈。在日常生活中，雇主以家长身份对奴婢进行监管。"①围绕雇佣的奴婢，自北宋起出台了一系列的规范用以限制主人对于奴婢人身权利，包含生命权、健康权等的处置权力。例如《文献通考》卷十一《户口考·奴婢》载："（天禧三年）大理寺言：'按律，诸奴婢有罪，其主不请官司而杀者，杖一百；无罪而杀者，徒一年。又条，诸主殴部曲至死者，徒一年；故杀者，加一等。其有愆犯决罚至死及过失杀者，勿论。自今人家佣赁，当明设要契，及五年，主因过殴决至死者，欲望加部曲一等，但不以愆犯而杀者，减常人一等，如过失杀者，勿论。'"②

三、从"专权"到"限权"：宋代人身权利的司法保障

如果说宋代法制的主要形式，包含以《宋刑统》为代表的律典及其敕令、令典等形式的法律规范对于普通社会劳动阶层，尤其是对商人、佃农、奴婢的人身权利进行了有效的规范和保障的话，那么作为整个社会重要的纠纷解决机制，宋代司法又如何保障普通民众，尤其是底层民众的人身权利呢？我们可以通过具体的案例加以剖析。

宋代文献《续资治通鉴长编》中，在太宗淳化元年十月乙巳条记

---

① 戴建国：《"主仆名分"与宋代奴婢的法律地位——唐宋变革时期阶级结构研究之一》，《历史研究》2004年第4期。

② 《文献通考》卷十一《户口考·奴婢》，中华书局2011年版，第319页。

载了钱若水所断的一件著名案例：有富民家小女奴逃亡，不知所之，女奴父母讼于州，命录事参军鞫之。录事尝贷钱于富民不获，乃劾富民父子数人共杀女奴，弃尸水中，遂失其尸，或为首谋，或从而加害，罪皆应死。富民不胜拷掠，自诬服。具狱上州官审覆，无反异，皆以为得实。若水独疑之。留其狱，数日不决。录事诣若水厅事，诟之曰："若受富民钱，欲出其死罪耶？"若水笑谢曰："今数人当死，岂不可少留，熟观其狱词耶？"……若水因密送女奴于知州，乃垂廉引女奴父母问曰："汝今见女，识之乎？"对曰："安有不识也！"即从廉中推出示之，父母泣曰："是也。"乃引富民父子悉破械纵之，其人号泣不肯去，曰："微使君赐，则某族灭矣。"① 从这个案例中不难看出，即使作为奴婢的小女奴，遭到主人的杀害依然适用普通刑罚，而不享有任何减免的特权。这就与《唐律》中的良贱制度形成了鲜明的对比。《唐律·斗讼律》中关于主人杀死奴婢就规定："诸奴婢有罪，其主不请官司而杀者，杖一百。无罪而杀者，徒一年。"② 从《唐律》中的规定就不难看出，奴婢无罪而遭到主人的任意杀害，仅仅处以"徒一年"的刑罚，在保障奴婢人身权益的司法实践中，可见到宋代有较为明显的进步。

《宋会要辑稿·刑法》所载南宋绍熙二年八月的一件司法案例，同样具有重要的参考意义："臣僚言：'处州何强因骂人力何念四，别无殴击实状，忽逃而之他。有何闰胜者于溪污内寻得一不识名尸首，遂诬告何强，以为殴杀其仆，检验委有致命痕伤。而仆之父亦妄行识认。官司禁勘，逼勒虚招。何强竟死于狱。后何念四生存复还。使何强不死于狱，必死于法。治狱之官可非其人，推鞫谳议之际可不致其审哉！"③ 这个案例同样反映出宋代奴婢地位的提升和改善。作为主人，如果任意殴打奴婢致其死亡，那么同样要被处以死刑。以上两则

---

① （宋）李焘：《续资治通鉴长编》卷三十一，中华书局 2004 年版，第 705—706 页。
② 《唐律疏议·斗讼律》卷二十二，刘俊文点校，中华书局 1983 年版，第 406 页。
③ 《宋会要辑稿·刑法一》，上海古籍出版社 2014 年版，第 8269 页。

案例具有相当的参考价值，反映了当时奴婢地位的提高，其生命权得到了一定程度的保障。

除了奴婢的人身权益在司法实践中获得保障外，作为底层劳动力的佃农同样得到了诉权上的扩充。例如两浙转运司于高宗绍兴二年（1132）奏明朝廷，高宗下诏："应人户典过田产，如于入务限内年限已满……如有词诉，亦许官司受理。"①佃客土地财产权依法得到保护。数年后，针对佃农应募承佃官田被官吏违法榨取租课的案例，殿中御史周秘为此上奏并建议：许百姓越诉，官吏重置于法。高宗采纳。佃农的财产权受到侵害时求告无门，或应当获得的民事利益由于地方官府的原因而得不到补偿与恢复，有越诉父母官的权利（贪赃枉法之官不许堂除、亲民差遣，罪至徒刑则永不叙用），也是宋代民事诉讼法独有的。孝宗朝则进一步完善了"务限法"，例如隆兴元年诏："州县应婚田之讼，有下户为豪强侵夺者，不以务限为拘，如违，许人户越诉。"此后又规定："诸典卖田产，年限已满，业主于务限前收赎，而典主故作迁延占据者，杖一百。"②自唐至北宋，针对普通民众的诉讼权利，在法律上始终存在着"务限"的制度，即为了更好地从事农业生产，只在每年的十月一日至正月三十日受理民间诉讼，这也导致了作为主要劳动力的佃农在遭到侵害尤其是地主的剥削时，难以主张权利。而南宋时期所赋予的"越级"诉讼对于佃农诉权的保障无疑是一个重大的历史进步。

当我们在研究和考察宋代司法对于人身权利的保障时，从宏观角度去分析宋代法制或是司法实践中保障人身权利的先进性和正当性，其实已无太大的必要。而是应当深入社会阶层中，关注广大的劳动阶层，尤其是奴婢、佃农这样的弱势群体，探究宋代司法如何运用法律

---

① 《宋会要辑稿·刑法三》，上海古籍出版社 2014 年版，第 8417 页。
② 《名公书判清明集·典主迁延入务》卷九，中华书局 2002 年版，第 318 页。

来保障这些人的人身权利。倘若以佃农、奴婢为代表的社会最底层民众的人身权利已经得到来自司法权力的重视和关注，那么广大普通民众的人身权利的保障程度则不言自明。

无论是佃农还是奴婢，在长期的历史发展中都存在着与地主、主人之间强烈的人身依附关系，在法律上未被当作真正的民事主体，因而其人身权利也在很大程度上无法得到有效保障，尤其是奴婢惨遭主人的毒打甚至任意刑杀在中国历史上可谓屡见不鲜。而作为农业生产主要劳动力的佃农，长期以来始终被旧有的均田制所束缚，其人身自由、民事交易都受到极大限制，更要遭受来自地主乃至官府层面的剥削和压迫。以上这些情况至两宋时期开始得到逐步改善。从总体上来说，宋代法制无论在立法还是司法实践中是承认并保护这些底层劳动者应有的人身权利的。在一些具有代表性的案例中，无论是作为君主还是司法裁判者，都从保护佃农、奴婢基本权益的角度出发，作出了较为合理的裁决，有效维护了奴婢、佃农的基本人身权益，也在很大程度上限制了主人、地主等强势者的恣意行为，可以说是宋代法制的一大历史进步。诚然，宋代司法并不存在现代法治中"审判权独立行使"的理念和制度，但宋代司法对于弱势群体权利的维护却是那个时代给后世留下的宝贵财富。

四、从"全盘西化"到"古为今用"：
宋代人身权利保障的现代价值

宋代法制作为中华法系的重要组成部分，不但为中国法制发展贡献了宝贵的历史经验，留下了传统法律文化中的精髓，同时也是人类法制文明的瑰宝之一，为世界贡献了中华传统法制的智慧。中华法系在不同的发展时期呈现出了各自的特点。正如张晋藩所指出的："在中国五千余年从未中断的法制历史中，形成了一个纵向传承、代有兴革的法文化发展轨迹，这个过程不仅具有内在的联系性和关联性，也凸显了不同时期的时代性、特殊性和创新性。历代新兴王朝的统治者，为了建立新的统治秩序，总要认真地考察前朝法制的利弊得失，从中吸取经验教训，进行必要的革故鼎新，形成一代新的立法体系及司法制度，这几乎成为通例。历代法典尽管在基本性质上保持一致，但在内容上于大同中有小异，在制度上既承袭又创新，反映了时代加给它的新的烙印。"①

古老的中华法系虽然在清末新政后宣告退出历史的舞台，但不可否认的是，中华传统法律文化中依然有着不少能够历经时代考验的精髓，即使在今天都具有不可替代的价值。在新时代我们依然有必要注重中华传统法律文化的传承与创新。王立民就强调："中国传统法律文化中有不少优秀的成分，其中包括：重视道德教化的作用，敬老爱幼，慎重用刑，注重用调解化解社会矛盾，等等。这些优秀成分在传统中华法系中都有所体现。在复兴中华法系时，可加以吸收、借鉴，赋予新的内涵，成为复兴的中华法系中的内容。也就是说，复兴中华法系十分有利于传承中国优秀的传统法律文化。同时，这对于全面提升人们的文化素养，增强国家文化的软实力，推进国家治理体系和治理能力的现代化，亦具有十分重要的意义。"②

宋代法制在中华法系发展的历史长河中留下了浓墨重彩的一笔。正如在文章开头所提到的，对普通民众尤其是社会中下层民众的权利保障，可谓空前绝后，闪耀着时代的光辉。这其中既有商品经济高度发达的背景对人身依附关系的巨大冲击，也有对社会强势阶层在权力滥用上进行的一定程度制约，对于社会弱势群体人身权利的保障成为了整个两宋时代法制发展的显著特征。宋代法制对于人身权利的保障同样也给现代人留下了诸多思考，从中我们也可以挖掘出它的现代价值。

① 张晋藩：《弘扬中华法文化，构建新时代的中华法系》，《当代法学》2020 年第 3 期。
② 王立民：《复兴中华法系的再思考》，《法制与社会发展》2018 年第 3 期。

（一）现代法治始终具有"民族精神"的基因

法律本身是否存在文化上的传承？历史法学派著名代表人物萨维尼就给出过明确的答案："法律的存在，同民族的存在和民族特征是有机联系在一起的。在人类历史的早期阶段，法律已经有了该民族独存的固有的特征。就如同他们的语言、风俗和建筑有自己的特征一样。不仅如此，而且这些现象并不是孤立存在的。它们不过是自然地不可分割地联系在一起的，具有个性的个别民族的独特的才能和意向。把他们连结为一体的是民族的共同信念和具有内在必然性的共同意识。"①

纵观自新中国成立以来的法治建设历程，尤其是改革开放以来不断引进、吸收来自西方发达国家的法律制度及法律思想用以构建现代化的法律体系，但中华传统法律文化却依然植根于我们的立法、执法与司法实践中，在现代社会中依旧在传承着中华民族的传统"基因"。这些"基因"中既有能够促进法治建设的积极因素，也存在着与现代法治存在对立冲突的负面影响。如何取其精华、去其糟粕成为了新时代法治建设者们需要思考的问题。正如有学者所指出的："由于文化演进是漫长和渐进的，在法治中国建设中不可能完全摒弃中华法系文化要素对本土的影响，其中的一些负面因素在与市场经济相适应的社会主义法律体系形成后，仍然产生着影响，导致法治实施状况不尽如人意，尊法、执法、司法、守法方面的问题仍很突出，严重阻碍了法治中国建设的进程。传统中华法系文化要素的顽强性，促使我们进一步清除不利于当代法治实现的因素，并注重发掘和汲取传统法治文化中的精华，以改善法治在中国得以生存和发展的土壤。"②因此，对于新时代建设中国特色社会主义法治体系而言，我们依然不能抛弃中华

---

① 程琥：《历史法学》，法律出版社 2005 年版，第 98—99 页。
② 沈国明：《中华法系文化要素的发掘与发展》，《东方法学》2022 年第 1 期。

传统法律文化，尤其要挖掘其中的积极因素为我所用，在立足自身国情的基础上不断推进法治建设，使得中国特色社会主义法治体系既契合新时代社会的高速发展需要，又能够传承中华传统法律文化之精髓，使得中华法治文明得以在新时代继续屹立于世界法治之林。

（二）成文法典与判例制度并行

以上所列举的宋代司法对佃农、奴婢等弱势群体人身权益的保障中，很多时候不仅仅依赖于成文法，同时也有司法裁判者通过分析具体案情对其作出的有利判决。这也显示出宋代法制有着相对成熟的"判例法"制度，可以通过对法律原则的解释弥补实践中成文法的不足。中国传统法制中的判例法成果也应当为现代法治所借鉴。武树臣就指出："2010 年，我国宣布社会主义法律体系形成，但这只是成文法法律体系。同年，最高人民法院和检察院相继推出案例指导制度，这标志着中国式的判例制度开始启航。法律制定之后，关键在实施。由于成文法的笼统、宽泛、不具体，使法官拥有很大的自由裁量权，从而造成司法不一。因此，要提升司法权威，必须引进判例机制，重新塑造中国古已有之的混合法。法官在审判案件时，既要适用国家法律、最高人民法院的司法解释，还要受到人民法院以往对同类案件作出的生效判决的制约，这就是裁判自律。司法是民众直接参与其中的活动。因此，民众自然通过司法来感受、观察和评判法治。司法公信力的提升程度，与民众对法治的信赖程度成正比。"①

由此观之，在新时代应当汲取历史经验，构建与成文法相辅相成的、具有中国特色的判例法制度，为司法机关解决实践中成文法所难以触及的空缺，为切实解决社会矛盾提供良好的制度保障。

---

① 武树臣：《论中华法系的多元性格与时代意义》，《人民论坛·学术前沿》2013 年第 2 期。

（三）法律之内，应当体现保护弱势群体的"天理人情"

西方有一句著名的法律谚语：法律之内，应有天理人情在。其意为，即使是严肃的法律条文，也应当尊重并体现社会主流的道德观念，尤其是对社会弱势群体的保护。而中国传统法律文化最为重视"引礼入法"，将道德准则融合于法律规则中，这其中就包含着丰富的人文关怀。具体到宋代法制及其司法，对于商人、佃农以及奴婢等社会底层在人身权利上的保障，很大程度上就体现出对于弱势群体的人文关怀，彰显了宋代法制的基本精神，给后世留下了珍贵的法制文明遗产。

在新时代建设中国特色社会主义法治体系的系统工程中，中华传统法律文化依然能够带给我们更多的启示：在法律制度的设计、法律原则的贯彻实施中，也应当从社会主张的"天理人情"角度出发，充分尊重并保障社会弱势群体的基本精神和原则。这也将有助于发挥中国特色社会主义法治体系的独特优势，使现代中国法学能够重新在世界法治的舞台中独树一帜。正如有学者所总结的："由此可见，中华法系的文化精神，准确说是它的道德原理，为我们创新中国法文化，建设有中国特色的现代法制，促进大中国法的形成和融合，提供了丰富的思想资源与精神动力，将有助于我们塑造中国新法律文化特质，为中国和人类创造一个新的法律世界。"[1]

---

[1] 张中秋：《中华法系道德文化精神及对未来大中国法的意义》，《法学》2011 年第 5 期。

正：宋元义理律学的构建理念与内涵阐释

王　鹤*

摘要：宋朝随着义理经学形成并发展，让律学发展拥有了新的理论支持。宋元时期的《刑统赋》及相关疏解对《唐律》《宋刑统》《泰和律》等律典中的相关术语进行了理论化的总结。在诸多术语中，"正"字作为一个核心的律学术语，在释义和学理中都形成了丰富的内涵。宋元律学文献中的"正"字实现了裁判依据的规范化、法律表达的类型化，是法律核心价值的指代，也是宋元时期将儒家"常经"思想借用到法律领域尤其是律学领域的集中体现。宋元时期"正"字在义理律学中相关阐释的成熟，对当时的立法、司法等领域都产生了重要影响，构成中华传统法律文明的重要内容。

关键词：正；义理律学；宋元；常经

古代律学家对"八字例"等传统律学术语的研究十分丰富。宋代傅霖、元代王元亮与徐元瑞、明代王明德、清代王肯堂等律学家对此都有深入总结。在这"八字例"之外，仍然有许多术语在律文中起着承接转合、一以统之的作用，如元代徐元瑞除对"八字例"进行论

---

* 　王鹤，云南大学法学院博士研究生。本文系云南省教育厅科学研究基金项目"'守经'与'行权'：宋元司法实践的两面"（项目号：2022Y065）之阶段性成果。

述外，还总结了需要明确用法字义的"较名"①20个、"字类"②12个，这些都是律学中的重要术语，在构建和阐释法律规范体系中起到基础性作用。除此之外，还有许多字在传统律典和律学中起到核心作用，反映中国古代刑事法律中的关键思想，如"正"字就是其中最有代表性的字之一。中国古代法条构建和律学阐释中常见"正"字，其内涵丰富、所指复杂，是立法和法律解释内容简约化和类型化的代表，统合着古代法律中价值和规范两方面的内容，是法律体系中的"常经"思想的重要展现。

"正"字在《刑统赋》的疏解中多有涉及，并展开较多讨论，但在现代学者的传统律学研究中并未得到足够的重视。对"正"字进行概念的确定及其在法律体系中具体功能的梳理，弄清"正"字的内涵、作用对于某些概念或者制度进行正本清源具有重要作用。同时有助于正确理解宋元时期的立法技术和秉持的法律价值，对更为清晰地认识律学术语和律学技艺，明确宋元律学的义理化的特征以及法律体系中的"常经"思想具有积极作用。长久以来，法律史学界并未对"正"字在古代法律制度和律学体系中的地位展开细致的分析，本文拟对此进行系统考察，以补学术界在这方面存在的研究不足。

一、"正"字含义及在律学著作中的使用

"正"字看似是一个简单的修辞用语，但却起到了极其重要的总领性作用。《说文解字》中有着如下解释："正，是也。从止，一以

---

① 较名：故、非、谩、诈、不敬、斗、戏、贼、过失、不道、恶逆、戕、谋、率、强、略、群、盗、赃。参见（元）徐元瑞：《吏学指南》卷三《较名》，杨讷点校，浙江古籍出版社1988年版，第55页。

② 字类：依、同、加、减、如、止、听、从、仍、并、论、坐。参见（元）徐元瑞：《吏学指南》卷三《字类》，杨讷点校，浙江古籍出版社1988年版，第57页。

止。"① 正有"无偏斜"之义，同时也是万物的统一化准则和本体化表达，还带有了中正的价值取向。宋元经学著作中，对"正"字的使用也颇多，多取"中正"之义。"正"字的使用往往伴随是非取舍与轻重有分的安排，内含了书写者的价值追求和处世态度。以后文涉及的与"正"字相关的"正理"概念为例，其使用场域很多，每一个场域都有所谓"正理"存在。孔子之言君子要畏天命，朱子便将天命解释为"天所赋之正理也""不知天命，故不识义理"②，即"天命""正理""义理"有着同样的意旨。朱熹所认为的"正理"还体现在伦理方面，其认为"仁者天下之正理，失正理则无序而不和"。③ 元代朱祖义则将三纲五常定为正理，王恽亦将正理与人伦贯通。各学者、各学派都以各自秉持的核心价值为"正"，以谋求其思想学说的正统性，为各自的观点思想寻求通世、统世地位。这样的"正理"表述带有了强烈的儒家或是经学内涵，具有了常经大法的功能。

律典中也早已存在"正"字频繁且相对固定化的表达。秦汉之时，具有概括性功能的"正"字在刑律中的使用并不多见，故而也难见其在刑律中的固定内涵。中国古代法典的成熟使传统律学有了稳定的发展基础。"正"字在刑律中的频繁使用与法典化的成熟有着紧密的联系，律典的成熟必然伴随法律术语的标准化和简约化，使得律学对"正"字的阐释成为可能。统计可得，《唐律疏议》中"正"字使用共计319处，带有法律技术和价值倾向等修饰性内涵的共有96处，《宋刑统》中对"正"字的使用共394处，带有法律技术和价值倾向等修饰性内涵的有113处，可知"正"字是法典体系构建的重要术语。宋元经学实现了义理化转向，这也使得"正"这样一个具有充足解释空间的术语在

① （汉）许慎：《说文解字》卷四《正部》，中华书局2018年版，第351页。
② （宋）朱熹：《论语集注》卷八《季氏》，郭万金编校，商务印书馆2015年版，第256页。
③ （宋）朱熹、吕祖谦：《近思录》卷一《道体》，光明日报出版社2014年版，第9页。

义理律学著作中得到关注。"正"字是宋元律学中的重要术语，是对不变的强调，是"常经"的指称。"正"衍生出"权变"，同样也作为"权变"发生的判断基础。《刑统赋》的疏解——《刑统赋解》《粗解刑统赋》《别本刑统赋》《刑统赋疏》这四部律学文献中"正"字的使用共计 65 条 131 处，带有法律技术和法律价值含义的共 95 处。在这 95 处中，"正"字多与"权""变""余""庶""杂""从"等概念对应使用，蕴含"不变"之义，这些"正"字背后所体现的是儒家"常经"思想在法律中的应用。其中，"正"字的单独使用在《刑统赋》四部疏解中计 8 条 20 处，其中与"权"对应使用 16 处，与"变"对应使用 4 处。可见这 20 处都是"常经"思想最为直接的体现和表达，同时这也是"正"字在法律体系中各使用类型的基础。"先王造律，有正有权。正者，常也，常行之正法。权者，变也，权宜之变法"。①有"正"有"权"方能"尽万殊之人情"，实现法律的轻重有序。所谓"事有不同，法亦有异"②。因而律之创制，也必有"正"有"权"。"正"与"权"当是相辅相成，以"正"来指导"权"、衍生"权"，以满足情之万种对法律的需求，为法律体系的构建提供成熟的立法技术基础。

二、"正"字的具体使用类型

"正"字在《刑统赋》四部疏解中常作修饰之用，在内容上后接人、事、物等概念，引出其后相关的事实、犯罪行为、罪名和价值观念等，成为这些具体内容、制度核心地位的指代。在法律条文构建与律学解释中，"正"字成为以不变衍化万变、规制万变的存在，具体承担规范化、类型化和价值总领的功用，为等差科罪量刑提供了基准

---

① （元）沈仲纬：《刑统赋疏》，载沈家本编：《枕碧楼丛书》，知识产权出版社 2006 年版，第 184 页。

② （宋）傅霖撰，（元）郄氏韵释，（元）王亮增注：《刑统赋解》，载沈家本编：《枕碧楼丛书》，知识产权出版社 2006 年版，第 117 页。

和参照。虽"正"字所涉概念不同，但同样都是"常经"思想在具体制度中的体现。

（一）裁判依据规范化——"正条""正文"的分析

"条不必正，举类可明"这是诸疏解中对于"断罪无正条"与比类援引之间关系的说明。《刑统赋疏》所言，"条"即条法，"条法，《刑统》有七百一十一条是也"。①"断罪无正条者，一部律内，犯无罪名。"②故"正条"之"正"乃合规范性和明文化之意，指向的是罪与罚的直接适用，其核心是具有拘束力的法律规范，而不强调条的表现形式，故敕、格、律都属于正条的表现形式。《宋刑统》中有一准敕：

> 准：唐长兴二年八月十一日敕节文：今后，凡有刑狱，宜据所犯罪名，须具引律、令、格、式，逐色有无正文，然后检详后敕，须是名目、条件同，即以后敕定罪。后敕内无正条，即以格文定罪。格内又无正条，即以律文定罪。律、格及后敕内并无正条，即比附定刑，亦先自后敕为比，事实无疑，方得定罪。虑恐不中，录奏取裁。③

可见"正条"的使用并未局限于律文，敕令格式都属于正条的表现形式。但在宋代要注意例这一特殊形式，例并非正条所涵盖的范围。庆历四年（1044）秋七月丙戌有臣言及审刑、大理寺弊病："只

① （元）沈仲纬：《刑统赋疏》，载沈家本编：《枕碧楼丛书》，知识产权出版社2006年版，第198页。
② （宋）窦仪：《宋刑统校证》卷六《断罪无正条》，岳纯之校，北京大学出版社2016年版，第91页。
③ 此段中的唐长兴二年，应是五代十国时期的后唐长兴二年，参见（宋）窦仪：《宋刑统校证》卷三十《制敕断罪》，岳纯之校，北京大学出版社2016年版，第405—406页。

据案文，不察情实，惟务尽法，岂恤非辜，或无正条，则引缪例，一断之后，虽冤莫伸，或能理雪，百无一二。"①"元丰三年（1080）正月五日，御史舒亶言：'铨院事无正条，止凭吏人检到例，因缘或致奸弊。'"② 崇宁元年（1102）六月十六日，尚书省言："检会吏部尚书赵挺之等言：'准条，引例破法及择用优例者徒三年。盖为有司当守法，法所不载，然后用例。今有正条不用而用例，例有轻重，而止从优者，此胥吏欲废法而为奸也。'朝廷已立法禁。欲自今决事实无正条者，将前后众例列上，一听朝廷裁决。"从之。③"政和八年（1118）二月十二日，诏除无正条引例外，不得引例破条。"④ 可见"正条"乃与"例"对立之概念。

正条乃类举之基础，比附之法源。法律不可能将事事都明文规定，因"人之情无穷而法之意有限"⑤，故遵循《名例律》中"诸断罪而无正条，其应出罪者，则举重以明轻，其应入罪者，则举轻以明重"⑥ 的裁断方式。例如《贼盗律》："夜无故入人家，主人登时杀者，勿论"登时杀都属勿论范围，故若有折伤之事，虽法无明文规定，但我们依旧可以依据"主人登时杀者，勿论"来推定伤人者"灼然不坐"⑦。元朝律学家对事无正条下的比罪也十分重视，王亮称"律无例

---

① （宋）李焘：《续资治通鉴长编》卷一百五十一，仁宗庆历四年秋七月丙戌，中华书局 1985 年版，第 3671—3672 页。

② （清）徐松：《宋会要辑稿》，选举 23 铨选一，刘琳等校点，上海古籍出版 2014 年版，第 5674 页。

③ （清）徐松：《宋会要辑稿》刑法一格令二，刘琳等校点，上海古籍出版 2014 年版，第 8234 页。

④ （清）徐松：《宋会要辑稿》刑法二禁约二，刘琳等校点，上海古籍出版 2014 年版，第 8321 页。

⑤ （宋）傅霖撰，佚名解：《别本刑统赋解》，载沈家本编：《枕碧楼丛书》，知识产权出版社 2006 年版，第 158 页。

⑥ （宋）窦仪：《宋刑统校证》卷六《断罪无正条》，岳纯之校，北京大学出版社 2016 年版，第 91 页。

⑦ （宋）窦仪：《宋刑统校证》卷六《断罪无正条》，岳纯之校，北京大学出版社 2016 年版，第 91 页。

总之，疏议不至者，以类举之，法无废矣"。①《刑统赋》各疏解中对此也多有列举：

1. 事无正条举重以明轻者：

子盗改嫁亲母之尸身置于亲父坟内埋葬，则比附"盗佛像天尊像"科罪量刑。② 诈欺亲属财物则比附盗亲属财物减等科刑。③

2. 事无正条举轻以明重者：

奴婢放火烧主之事亦罪无正条，故比附"奴婢詈主绞"加重科刑。④ 部曲奴婢戏杀、过失杀主，则比附子孙戏杀、过失杀尊长加重科刑。⑤ 子孙于祖父母、父母厌魅，则比附厌咒祖父母父母，为不孝论。⑥

以上所谓"举轻明重，举重明轻"即为直接适用正条之外的第二个分类：事无正条，依他条比附⑦。正条既是比附援引判定标准，同时也是援引的对象。另外，正条的使用除却引出了比附援引，其在立法上同样引出了一个兜底性的条款，即在无法比附且违理行事之时还规定了"诸不应得为而为之者，笞四十。谓律令无条，理不可为者，

① （宋）傅霖撰，（元）郄氏韵释，（元）王亮增注：《形统赋解》，载沈家本编：《枕碧楼丛书》，知识产权出版社 2006 年版，第 125 页。
② （元）沈仲纬：《刑统赋疏》，载沈家本编：《枕碧楼丛书》，知识产权出版社 2006 年版，第 198 页。
③ （元）沈仲纬：《刑统赋疏》，载沈家本编：《枕碧楼丛书》，知识产权出版社 2006 年版，第 182 页。
④ （元）沈仲纬：《刑统赋疏》，载沈家本编：《枕碧楼丛书》，知识产权出版社 2006 年版，第 198 页。
⑤ （元）沈仲纬：《刑统赋疏》，载沈家本编：《枕碧楼丛书》，知识产权出版社 2006 年版，第 214 页。
⑥ （元）沈仲纬：《刑统赋疏》，载沈家本编：《枕碧楼丛书》，知识产权出版社 2006 年版，第 183 页。
⑦ 第一大分类就是依本事正条本身，有正条可适用；第二大分类为无正条，比附他条；第三大分类为"不应得为"兜底。

事理重者，杖八十"。① 疏议对此解释为："杂犯轻罪，触类尤犯宣祖上一字庙讳改为尤。多，金科玉条，包罗难尽。其有在律在令，无有正条，若不轻重相明，无文可以比附。临时处断，量情为罪，庶补遗阙，故立此条。情轻者，笞四十；事理重者，杖八十。"② 这就形成了正条之下的第三个分类：正条不至，有比附；无他条可比附，则以"不应得为"作为兜底条款。

《刑统赋》及疏解中还有多处"正文"的表述，这其中的"正"字同样具有规范化、明文化的含义。在"文有未备，既设于问答"，"意有未显，又详于《疏议》"③ 两条的释义中多见"正文"的表述，"正文未有详备处，又设问答之辞以补其文之缺"，"每一条正文之下，各有疏曰、议曰"。从各条之下的解释来看，此处正文是排除了用来补律文之缺的问答和说明律意的疏议两种形式的，单纯指代独立的律文本身。并且元代律学家将中央司法机关案件中对具体法律适用、量刑的具体讨论以及对地方所呈的疑难问题的批复也视作问答以补律文之阙，将刑部对律文未明处所议得的立法阐释亦视为疏议④ 以明律意之微，在对"正文"这一概念的释意中，这两者也都自然地被排除在正文之外。

所以《刑统赋》疏解中的"正文"的实质是排除了疏议、问答的形式，专指律文本身。以《宋刑统》为例，"正文"在其中的表述有"律令正文""本条正文""律正文""律令格式正文"，都是在《宋刑统》法律体系下对"正文"进行使用。对比来看，《刑统赋》疏解中"正文"

---

① （宋）窦仪：《宋刑统校证》卷二十七《不应得为而为》，岳纯之校，北京大学出版社 2016 年版，第 376 页。
② （宋）窦仪：《宋刑统校证》卷二十七《不应得为而为》，岳纯之校，北京大学出版社 2016 年版，第 376 页。
③ （宋）傅霖撰，（元）郄氏韵释，（元）王亮增注：《刑统赋解》，载沈家本编：《枕碧楼丛书》，知识产权出版社 2006 年版，第 112 页。
④ （元）沈仲纬：《刑统赋疏》，载沈家本编：《枕碧楼丛书》，知识产权出版社 2006 年版，第 183 页。

与《宋刑统》所见"正文"涵盖范畴并不一致，可见宋元对于法律规范体系下的"正文"涵盖有着较大不同。元代"正文"的使用发生在"律"之下，使得正文不至，有疏议、问答。其适用范围更为单一，是作为法律适用的核心而存在的。

"正条""正文"中"正"字使用功能相同，这两处"正"之含意都未跳脱出"裁判依据之规范化、明文化"的范畴。有时"正法"表述中的"正"字亦有相同的功能。例如，《诈伪律》中"父母云亡，在身罔极，忽有妄告，欲令举哀，若论告者之情，为过不浅。律令虽无正法，宜从不应为重科"① 等处的"正"字使用当与"正条"中的"正"为同一含义，都是对法律成文化、规范化的概括。一方面，"正"字的使用让无论在立法中还是在律学著作中确定性的规范有了一而统之的概念表述，明确了法律适用的标准，强调了法律规范及形式的地位；另一方面，"正"字也使得具有不确定性的类比的前提和基础得以确立，确定了"权"的发生范围，使得正文不至有疏议、问答及正条不至有比附、不应得为的法律适用原则。这正是"常经"思想在立法语言和司法适用中的具体体现。

（二）法律表达类型化

类型化表达是立法和法律解释中的重要技术，它综合了精准性和包容性两个特征，是定罪量刑的重要参照因素。疏解中"正"字所体现的"常经"思想很大程度上是通过类型化实现的，即通过"正"字实现对具体制度、具体内容的分类，这其中涉及对服制亲属、犯罪客体、罪名与犯罪主体等的规定。通过类型化后对身份的强调，对本体的强调，对量刑的基准的确定，明确以何为"正"，明确自身的"常经"地位，从而最终指向等差定罪量刑。

---

① （宋）窦仪：《宋刑统校证》卷二十五《诈言父母及夫死》，岳纯之校，北京大学出版社 2016 年版，第 342 页。

1. 正统身份之强化——"正服""正亲"的分析

服制关系中存在着"正"字对服制亲等类型的强化。五服丧制名义之下分"正服""义服""加服""降服"等名目，这些名目多与丧服服饰的差异性密切相关。车垓在《内外服制通释》中认为"正服"为先祖之体、本族之正，而"义服"则"原非本族，以义相聚而为之服。如夫为妻舅，姑为子妇之类"①。元人徐元瑞也解释道："正服，谓正先祖之体，本族之服也；义服，谓元非本族，因义共处者。如婿服妻之父母，缌麻之类。"②王元亮重编《唐律释文》言："正服，谓五服内之亲也。义服，谓若服外之亲也，若妾为妻党服之类也，此等并是以义制服也。"③龚端礼所撰《五服图解》也指出正服乃正先祖之体，本族之正。如子为父服斩衰三年，为母服齐衰三年。正礼当服之服故曰正服。《刑统赋疏》中载："本宗九族，祖父之内谓之正服，母党、妻党、四父、八母谓之义服。"④可见，刑统疏解中的义服、正服是依据亲缘是否以恩义为联结而划分的。正服或可称之本服，是指为其本族所服最一般之本服，未有加减服制之事。它强调的是最直接的血缘亲属关系和最为紧密的非血缘姻亲关系，即以"本宗为重"，乃各类服制的本体，强调"承统""继体"的观念，强调自身的不变性。而加服、降服、义服都要在此基础上产生和变化，依据正服的亲疏关系衍生其他。故而也有学者将"正服"定义为本宗亲属所制定的标准的正规丧服。⑤斩衰三年下的"子为父"；齐衰三年下的"子为母"；齐衰杖期

---

① （宋）车垓：《内外服制通释》，载沈家本编：《枕碧楼丛书》，知识产权出版社2006年版，第65页。

② （元）徐元瑞：《吏学指南》卷五《服制》，杨讷点校，浙江古籍出版社1988年版，第89页。

③ （元）王元亮：《唐律释文》，载长孙无忌等：《唐律疏议》卷二十二，刘俊文点校，中华书局1983年版，第643页。

④ （元）沈仲纬：《刑统赋疏》，载沈家本编：《枕碧楼丛书》，知识产权出版社2006年版，第201页。

⑤ 马建兴：《丧服制度与传统法律文化》，知识产权出版社2005年版，第184页。

下的"嫡孙父卒祖在为祖母";齐衰五月下的"为曾祖父母";齐衰三月下的"为高祖父母";大功九月下的"为从父兄弟姊妹""为众孙男女";小功五月下的"为从祖祖父从祖祖姑""为兄弟之孙""为从祖父从祖姑""为从父兄弟之子""为从祖兄弟姊妹""为外祖父母及舅从""为甥""女为姊妹之子""为同母异父之兄弟姐妹";缌麻三月之下的"为族曾祖父族曾祖姑""为族祖父族祖姑"等都属于正服范围。

"正服"的使用是在服制制度中确立最根本的亲疏准绳,而准五服定罪是法律传统与准则,因此"正服"亦有着影响定罪量刑的功用。《刑统赋疏》中有言:"以正服言之,正则有常,常则无变;以义服言之,恩义相同,皆是外姓。恩有轻重,义有厚薄,圣人制理以分尊卑,制服以别亲疏,因服之亲疏以定刑之轻重,此立法之大意也。"[1]例如,《名例律》"称周亲及祖父母"条:"称袒免以上亲者,各依本服论,不以尊压及出降。义服同正服"[2];"亲属被杀私和"条:"其应相隐者,疏杀亲,义服杀正服,卑幼杀尊长,亦得论告"[3]。《斗讼律》"部曲、奴婢殴詈主并过失杀"条:"议曰:部曲、奴婢殴主之缌麻亲者,无问正服、义服,并徒一年"[4];"殴妻前夫之子"条:"(继父、子)同居者,虽著周服,终非本亲,犯者不同正服,止加缌麻尊一等"[5]。由上可见,"正服"常与"同""不同""无问"连用,这恰恰强调了"正服"与其他服制种类的差异,同时也确立了某些特殊情形下其他服制亲犯罪的定罪量刑依据,即以"正服"为标准定罪量刑或在正服之下

---

① （元）沈仲纬:《刑统赋疏》,载沈家本编:《枕碧楼丛书》,知识产权出版社2006年版,第201页。

② （宋）窦仪:《宋刑统校证》卷六《称周亲及祖父母》,岳纯之校,北京大学出版社2016年版,第93页。

③ （宋）窦仪:《宋刑统校证》卷十七《亲属被杀私和》,岳纯之校,北京大学出版社2016年版,第240页

④ （宋）窦仪:《宋刑统校证》卷二十二《部曲奴婢殴詈主并过失杀》,岳纯之校,北京大学出版社2016年版,第296页。

⑤ （宋）窦仪:《宋刑统校证》卷二十三《殴妻前夫之子》,岳纯之校,北京大学出版社2016年版,第304页。

加减量刑。在服制亲属方面，除却"正服"还有"正亲"的概念。"正"字的使用必然会带来两方面对应的内容，即服制亲者为正，而服制渐疏者为余。它以"正亲""余亲"的概念对依据亲疏进行亲属分类，亲属的类型化同样对等差量刑有着极为重要的参照作用。以"嫁娶违律"条为例："诸嫁娶违律，祖父母、父母主婚者，独坐主婚。若期亲尊长主婚者，主婚为首，男女为从。余亲主婚者，事由主婚，主婚为首，男女为从；事由男女，男女为首，主婚为从。"①祖父母、父母违律主婚者，一律只坐主婚，不坐男女。期亲尊长违律主婚一律不问事由，一律断定期亲尊长为首，体现出期亲服制虽次于父母，但这种人身的密切性也就赋予了期亲尊长一家之长的身份，一律由其对违律婚娶负主要责任；男女为从，则体现出期亲尊长与父母之间的区别。而"余亲"由于人身性相对来说并没有"正亲"紧密，因而要依据事由确定主从关系再来量刑，而不再统一化首从的认定。虽然此条仅出现了"余亲"的概念，但与"余亲"相对应的概念是确定的，故而我们可以依"余亲"反推"期亲及以上尊长"即为正亲，这也与《刑统赋》中所谓的"正余亲"分类相吻合。从此条可见，"正亲"在"嫁娶违律"条中所担责任更大，量刑更重，"余亲"则次之，这恰恰就是正余亲分类对量刑影响的直接体现。另外，"正余亲"的概念使用并不固定。分析律义即可知，此条中的"期亲"包括了期年以上服的所有亲属，而其后的"尊长"一词则是通过"期亲"的限定，框定在相应的服制范围内，实现亲属种类确定化——仅期服以上尊长。而"余亲"即为大功及以下尊长卑幼，也就是说"余亲"的概念的性质已经随着律文前半部分的表述发生了变化，"正亲"指的是服制大类，而"余亲"一词的使用则相对灵活，就已经变成了服制和具体尊卑亲属类别的结合。

---

① （宋）窦仪：《宋刑统校证》卷十四《嫁娶违律》，岳纯之校，北京大学出版社2016 年版，第 192 页。

在元代，这样的"正亲""余亲"认定基本上是和宋代一脉相承的，但又出现了"余亲"扩张化趋势。《刑统赋解》载："按《服制令》云：斩衰期年为一党正亲，大功至缌麻为余亲。"① 即将五服依轻重分为二类，也就是"期亲"或者说"周亲"以上为正亲，而大功小功缌麻亲也即"周亲之外"则为余亲。"正亲""余亲"本在有服亲范围内进行了分类。但"余亲"在具体的司法适用中也会包含无服亲，这与元代司法实践中出现亲属范围的扩张趋势相契合。例如在《粗解刑统赋》中，将"余亲"的解释扩展到了无服亲，出现了"余亲无服"② 的表述。《刑统赋疏》中也将"无服余亲"并附一通例以作解释：

> 通例：延祐四年五月部议：奉元路贼人樊猪儿偷盗表叔高贵钱物，与事主虽是无服，终是姑表之亲，合同亲属相犯，即将本贼断放，拟合免刺，不追倍赃。③

此案核心为将偷盗表叔无服亲财物视为偷盗有服亲财物，也就是在此通例之下将无服亲纳入了"余亲"范畴内。无论"余亲"在文中的具体概念为何以及所指代的服等为何，都并不固定，故各疏解言"余亲"概念随文见义。

在亲属关系方面，我们同时也应当注意"正嫡"一词，"正"字的使用也是正统身份强化的体现。《刑统赋》各疏解中时常出现"嫡长""嫡继""嫡母""嫡子""嫡孙"的概念，而在宋元法律条文和

---

① （宋）傅霖撰，（元）郄氏韵释，（元）王亮增注：《刑统赋解》，载沈家本编：《枕碧楼丛书》，知识产权出版社 2006 年版，第 114 页。

② （宋）傅霖撰，（元）孟奎解：《粗解刑统赋》，载沈家本编：《枕碧楼丛书》，知识产权出版社 2006 年版，第 142 页。

③ （元）沈仲纬：《刑统赋疏》，载沈家本编：《枕碧楼丛书》，知识产权出版社 2006 年版，第 179 页。

司法实践中"嫡子""嫡母""嫡孙""嫡妻""嫡弟"等表达也很多，这是最直接最紧密的血缘亲属关系和夫妻关系的表达，体现自身的正统性。值得注意的是《宋刑统》还出现了两处"正嫡"的使用，这样的使用频次并不高，可见律文中"正嫡"的概念并非属于常用概念。《诈伪律》"非正嫡诈承袭"条云："诸非正嫡，不应袭爵而诈承袭者，徒二年。"① 此处正嫡当指"同宗中之嫡长或无嫡长情况下按立嫡顺序确立之承嫡者。"② 在律其用法概念单一，但是正嫡的使用并未限制在"子"的范围内，在实际的使用中是可以根据语境来涵盖"嫡妻"等概念的，"夫后者，正嫡也。其余皆婢妾尔。贵贱有等，用物不宜过僭"③。此处代指的就是"嫡妻"的概念。另外，"正嫡"一词的使用实则省略了之后为具体身份如"妻""子"的介绍，而"嫡"已经明确地亮出了身份的正统性，那此处的"正"为何，应为合法性的确认以及对于这种正统性的再次强化。从这一点来说，"庶"便可作为"正嫡""正""嫡"三者的反义概念而存在。"正妻"的表述亦同。中国古代严格的一夫一妻制，故妻本无二，何须正与非正，此处的"正"无非是对妻这一身份正统的确认，或许我们可以说是对妻这一身份的强调，"妻正"或可更容易理解这一概念。

无论是"正服""正亲"还是"正嫡"，"正"字都体现了与己身最为密切的亲属关系，成为亲服本宗性的确认，划分出了相对固定的亲疏标准，实现了亲属间的亲疏分类，也正因为如此，"正"字也成为依据服制亲等定罪量刑的准则。

2. 本体之强调——"正赃"的分析

"正"字作为"本体"的含义使用，是四部疏解中较为常见的用

---

① （宋）窦仪：《宋刑统校证》卷二十五《非正嫡诈承袭》，岳纯之校，北京大学出版社 2016 年版，第 335 页。

② 钱大群：《唐律疏义新注》，南京师范大学出版社 2007 年版，第 805 页。

③ （元）脱脱等：《宋史》卷二百九十五《孙甫传》，中华书局 1977 年版，第 9839 页。

法。一般认为，"体"是最根本的、内在的、本质的表达。"正"字作本体化概念使用时也会伴随衍生概念的产生。"正赃"概念的创制是本体化的典型代表，同时也是立法技术的重要展现，它的使用得以引出"余赃""倍赃"等概念，与"重赃""元赃""正物"对应，让诸多庞杂的法律内容表述得以简化和总括进而实现了类型化，并且这种简化并非简单化的概括，而具有很强烈的立法价值取向，即"以正为本"，使得定罪和量刑有了本体参照。

目前学界对"正赃"概念的使用探讨不多，许多学者在使用此概念时并未进行严格区分，导致存在"由法律所确定的作为计赃标准的几种赃罪即为正赃"①的固化认识，但这样一观点尚可商榷。关于"正赃"认识较为全面的是钱大群，其在《唐律疏义新注》中已经认识到"正赃"含义的多样性，认为一是性质源出于"六赃"以及比照"六赃"定罪的其他罪之赃；二是属于犯罪标的之财物及这些财物自然衍生的增值之物，或其转换形态的财物；三是盗罪不包括倍赃在内。该观点较为准确，但仍存在商讨和补充空间。

"正赃"并非《刑统赋》疏解中独创之概念，《唐律疏议》中始用"正赃"概念，《宋刑统》袭之。"正赃"的使用范围并不固定，需要结合其所在的法条做出判断，《刑统赋》的四部疏解中已经开始认识到"正赃"概念的复杂性而进行了简要论述。梳理四部疏解中"正赃"条内容及释义，并通过其与相关律文的比对，总结其用法大致有二。

其一，"正赃"指代相关赃罪罪名。"取非其物谓之盗，货财之利谓之赃。"② 这是《晋律注》中对赃的定义。赃罪在《名例律》《诈伪律》《厩库律》《职制律》《杂律》中都有诸多条文规定。《宋刑统》规定："在律，'正赃'唯有六色：强盗、窃盗、枉法、不枉法、受

---

① 黄明儒：《浅析〈唐律〉中赃罪的处罚原则》，《法学评论》2002 年第 1 期。
② （唐）房玄龄：《晋书》卷三十《刑法志》，中华书局 1974 年版，第 928 页。

所监临及坐赃。自外诸条，皆约此六赃为罪。"①"赃罪正名，其数有六，谓受财枉法、不枉法、受所监临、强盗、窃盗并坐赃。"② 与此不同的是，《刑统赋解》中"正赃"被限缩使用在盗诈枉法赃罪之下，成特定赃罪罪名的指称。其"解曰'盗诈枉法为正赃，不枉法至坐赃为余赃，例也。'歌曰：'盗诈枉法，重赃之罪。不枉法赃除赃之例。'"解言"盗诈枉法为正赃"又而歌言"盗诈枉法，重赃之罪"，故而由"正赃"统领盗诈枉法罪名。如此分类的背后有着更为深刻的立法意义，更多强调的是正赃与余赃情节轻重与量刑上的差异化。即通过正赃罪名的强调，实现对赃罪的罪名轻重的类型化，进而进行差异化量刑。

其二，"正赃"意指原赃本体即犯罪获得的实际赃物。"赃物"概念的指代是宋元时期"正赃"最常见的用法。对于"正赃"的赃物意义的用法，律文与实践中已经有大规模固定化体现。律文中有"犹征正赃""应征正赃""唯征正赃""正赃见在""并追正赃"等表达。所以当"正赃"位于"征""追"等字之后必为赃物之意，另外当出现"正赃见在"或与"倍赃"相对以及"正赃"之后为具体财物时也必为赃物之意。"诸以赃入罪，正赃见在者，还官、主；已费用者，死及配流勿征，余皆征之。"③"称正赃者，谓盗者自首，不征倍赃。"④《粗解刑统赋》中认定："止赃之外曰余赃，今之所谓倍赃也。若未盗之前，有寄顿自己财物者，方准其文，故曰随文见义。"⑤综上可见，此处的

① （宋）窦仪：《宋刑统校证》卷四《以赃入罪》，岳纯之校，北京大学出版社 2016 年版，第 62 页。
② （宋）窦仪：《宋刑统校证》卷二十六《坐赃》，岳纯之校，北京大学出版社 2016 年版，第 346 页。
③ （宋）窦仪：《宋刑统校证》卷四《以赃入罪》，岳纯之校，北京大学出版社 2016 年版，第 61 页。
④ （宋）窦仪：《宋刑统校证》卷五《犯罪未发自首》，岳纯之校，北京大学出版社 2016 年版，第 69 页。
⑤ （宋）傅霖撰，（元）孟奎解：《粗解刑统赋》，载沈家本编：《枕碧楼丛书》，知识产权出版社 2006 年版，第 142 页。

"正赃"在立法意义上乃指向犯罪所得本身即赃物本身而非相关罪名。"正赃"在做赃物本体之义时，还可以与"元赃"①"真赃"② 互用，在"庸赁"条中还出现了"正物"③ 的替代表述，更加凸显了本体性特征。而与之对应的"倍赃"则带有惩罚性的意味，元人徐元瑞将"倍赃"解释为"盗一而取二也"④。即两倍于赃物本身的惩罚。明人雷梦麟的解释或可让我们更好理解何为赃物本体，即"谓之正赃者，原所得真正赃物，若已费用而以他物赔补者，非正赃矣"⑤，原赃物不在而以他物折偿，不属于"正赃"的概念涵摄，而是"正赃"的替代形式，"正赃"以"见在"为其概念根基，见在之赃方可称之"正赃"。因而在"正赃"之外，衍生出倍赃、平赃⑥ 等概念，并与之相对。关于原赃物转易、所生藩息是否属于"正赃"，律云："转易得他物，及生产蓄息，皆属见在。"所以这两类也属于"正赃"的范畴。可见不论是赔偿性或是惩罚性的财产刑罚的做出，都是建立在"正赃"赃物的基础之上进行加减。

另外，在"赃物"含义下还有一点需要注意，"正赃""余赃"的范围具有"随文见义"的特征。对其概念范围不可妄下定论，需结合上下语境来判定。宋元两代律学家已经意识到"正赃""余赃"在律文表达中不确定的特点，故而《刑统赋》及疏解中都特别强调"正

---

① （元）沈仲纬：《刑统赋疏》，载沈家本编：《枕碧楼丛书》，知识产权出版社 2006年版，第 188 页。

② （宋）窦仪：《宋刑统校证》卷二十九《讯囚》，岳纯之校，北京大学出版社 2016年版，第 397 页。

③ （宋）窦仪：《宋刑统校证》卷四《以赃入罪》，岳纯之校，北京大学出版社 2016年版，第 61 页。

④ （元）徐元瑞：《吏学指南》卷四《赃私》，杨讷点校，浙江古籍出版社 1988 年版，第 63 页。

⑤ （明）雷梦麟：《读律琐言》卷一《名例》，怀效锋、李俊点校，法律出版社 2000年版，第 41 页。

⑥ 倍赃为双倍赔赃，平赃则为估价计算。

赃"无一定之论的特点，即"在律，各随文见义"①，但《刑统赋解》
《粗解刑统赋》以及《别本刑统赋》中并未对其余含义做出周全而明
确的解释。而在《刑统赋疏》中，作者对不同律文下的"正赃""余
赃"的含义做了分别列举，指明了这个问题，称"各当随其所犯之律
文，以见用法之义可也"②。"正赃""余赃"在具体条文涵盖范围中并
不固定，对它的使用并未达到精确化的程度，其至其使用似乎有矛盾
之嫌。"正赃"的含义不固定导致与之对应的"余赃"概念也不固定，
反之亦然。像是在自首、买卖赃物、告赦前事与赦降制度之下就出现
了两种不同的解释，这是简化立法语言的产物，也正是"随文见义"
特点的体现。实际上无论"正赃""余赃"范围如何变化，在此处并
不需要进行特别考释，因为无论范围扩大或者缩小，都属于特定罪名
之下的赃物之义，这类含义实则不必单独列明，因为无论是六赃之下
的赃物还是盗、诈、赃物抑或是盗、诈、枉法之下的赃物，其含义都
是赃物本体而已，刑罚都基于此产生、加减。

在宋元两代司法实践中，"正赃"赃罪、赃物概念的使用逐渐固
化。宋代赃罪、赃物的指代皆有，而到元代多与"追征""追缴""合
追""止追""到官""捉获"共同使用，或与"盗""买卖"以及与具
体财物相联系，基于这些固定的表达多以赃物本体为其基本内涵，赃
罪客体的指代在元代有了固定化的趋势。但不论"正赃"意指"赃
罪"还是"赃物"，"正赃"都是其余衍生或者对立概念的标准，是对
法律规制对象的强调。从这一角度来看，"正"字在此表述中的意义
都带有元体、本体的意味，从而完成对所概括对象的分类。作赃罪之
义时，六赃为本，进而实现在此基础上的赃罪的基本分类；而作赃物
之义时，正字的本体化含义则更加突出，意指赃罪之下的犯罪客体本

---

① （宋）傅霖撰，（元）郯氏韵释，（元）王亮增注：《刑统赋解》，载沈家本编：《枕
碧楼丛书》，知识产权出版社 2006 年版，第 114 页。
② （元）沈仲纬：《刑统赋疏》，载沈家本编：《枕碧楼丛书》，知识产权出版社 2006
年版，第 179 页。

身，而排除了其他替代形式，实现本赃与倍赃等的差异化。而在某些特殊情形之下，其解释路径更具复杂化，即盗诈赃（枉法）等重赃为本，其余赃物以此为基础定性，也就是以赃物的轻重分类代替赃罪归类，在此基础上实现正余之分。

3. 轻重权衡之准绳——"正犯"的分析

"常经"思想是罪名轻重权衡的标准，是等差量刑的理论基石，例如"正犯"概念的使用就是建立在"常经"思想观念之上，通过确定主体与罪名的轻重实现了最终的差异化定罪量刑。

总结"正犯"在《刑统赋》各疏解中的使用有二。其一指代犯罪人，也就是犯罪实际行为人，是对犯罪核心主体的归类统括。此种含义单一明确，并由此可引出其余犯罪人或者诉讼参与人，多与"干系人""干连人""缘坐""同保人"等概念相对。另外，从"从强盗以下，皆以正犯科之，故云亦无首从"[1] 中来看，"正犯"的使用与其余主体相区分，实行差异化的量刑，而在"正犯"犯罪人属类下则强调统一化科刑，而不分首从。《别本刑统赋解》中有"同罪者，谓非正犯，即干连人也。然职官犯赃污之罪，虽不至重，亦除名降等。若被人干连，罪至绞者，方许依例除名也"[2]，可见正犯的量刑较其余人更重。宋代亦有"干系人非正犯者，具报转运使详酌情理免锢送"[3] 的记载，同样也将正犯与干系人进行了差异化的刑罚处置。宋元两代"正犯"还常与"正犯人"互用来指代犯罪人，例如"汉户、熟户与西人私相交易者，正犯人处斩，妻子送江淮编管。粉壁晓示，许人陈告"[4]。到

---

① （宋）窦仪：《宋刑统校证》卷六《共犯罪而本罪别》，岳纯之校，北京大学出版社 2016 年版，第 79 页。

② （宋）傅霖撰，佚名解：《别本刑统赋解》，载沈家本编：《枕碧楼丛书》，知识产权出版社 2006 年版，第 160 页。

③ （宋）李焘：《续资治通鉴长编》卷二十二，太宗太平兴国六年十二月壬辰，中华书局 1979 年版，第 507 页。

④ （宋）李焘：《续资治通鉴长编》卷三百六十四，哲宗元祐元年春正月丁巳，中华书局 1990 年版，第 8735 页。

元代，以"正犯人"对犯罪人的指称较多见。元代检验法式 ① 中也将正犯人与干犯人、干证人等诉讼相关人一同列出，作为诉讼过程中的重要主体。

其二指代罪名，且多指法律明文之罪、重罪。"正犯"作为罪名指代具有相对性，需要通过各条文的语境来明确，例如可指明文之罪、本犯真罪、非死除名重罪、不可矜恤的重罪等，多与"杂犯"概念相区别，实现罪名轻重的分类。"正犯"不论在具体条文、语境下指代何种罪名，其概念的使用都可免于对罪名的赘述与无限列举，并与刑罚处断相关联，体现出两方对比之下以己为科刑基准的功能，强调从重、加重的后果。

首先，《刑统赋》疏解对"同罪之刑至绞，即依例除名"条下对"正犯"都作了较为详细的释义："法有正犯有杂犯。正犯谓强窃盗、枉法、不枉法，虽不至死，亦除名。杂犯谓准盗论、准枉法论，并反坐罪同罪之类，至绞方除名"②，"甲与乙同罪犯刑，甲正犯而不至死，亦合除名。乙杂犯而法当至死，方依例除名"③，"盖法有正犯有杂犯，正犯谓准盗论、准枉法论、反坐论之、坐之同罪之类，至绞方除名。由是推之，正犯与杂犯不同矣"④。这三处的"正犯"都属于法律明文规定的罪名，与"杂犯"概念也就是"准罪"相区别。相较而言，"正犯"是准罪的基础，强调虽不至死罪，小要除名，较之"杂犯""至绞方除名"处刑更重。在这里还要注意，《刑统赋》

① 佚名：《元典章》刑部卷五《诸杀二》，陈高华等点校，中华书局 2011 年版，第1481 页。
② （宋）傅霖撰，（元）郄氏韵释，（元）王亮增注：《刑统赋解》，载沈家本编：《枕碧楼丛书》，知识产权出版社 2006 年版，第 129 页。
③ （宋）傅霖撰，（元）孟奎解：《粗解刑统赋》，载沈家本编：《枕碧楼丛书》，知识产权出版社 2006 年版，第 148 页。
④ （元）沈仲纬：《刑统赋疏》，载沈家本编：《枕碧楼丛书》，知识产权出版社 2006年版，第 205 页。讹误，此处当为"正犯谓强窃盗、枉法、不枉法。杂犯谓准盗论、准枉法论，反坐论之、坐之同罪之类。"含义应同上。

疏解中存在"正犯"和"真犯"概念的混用。所谓"以者，谓以盗论，同真犯，当除名，有倍赃。准者，止准其罪，当复职，无倍赃。"[1]"以者，与真犯同；准者，与真犯有间矣。"[2]"所犯并与真枉法、真盗同，其除、免、倍赃，悉依正犯。"[3] 此处的"真犯"我们其实可知为所"以"之罪即枉法、盗罪之类。也就是强调"以"之标准的法定化罪名本身。即法律明定罪名的本犯是真犯，无专条罪名比照某罪处刑的是准犯。这恰与上述所言"正犯"相对应。张光辉就指出，"从唐律开始，有时候还将'真犯'称为'正犯'，两者意义相同"。[4] 此时存在"正"字同于"真"的情形。[5]"正犯"的这类含义也可从"依"字例中探寻。"照其正犯谓之依。凡称依者，谓所犯照其正犯科断也。假如诸客贩盐，引数外夹带，及引不随行者，依私盐法科罪是也。"[6] 即私盐罪下即使引外夹带或者未随行盐引也依旧是按法律规定的一般私盐犯罪行为科处。"正犯"与"真犯"的混用在宋元时期还牵涉真犯杂犯死罪的分类。"称'劫谋故斗杀'者，谓正犯。即以邪法药物与人服食及为人合药题疏、针刺误不如本方故不如本方，造厌魅符书咒诅，并谓以疾苦人，或故令畜产及猛兽

---

① （宋）傅霖撰，（元）郄氏韵释，（元）王亮增注：《刑统赋解》，载沈家本编：《枕碧楼丛书》，知识产权出版社 2006 年版，第 113 页。

② （宋）傅霖撰，（元）郄氏韵释，（元）王亮增注：《刑统赋解》，载沈家本编：《枕碧楼丛书》，知识产权出版社 2006 年版，第 113 页。

③ （宋）窦仪：《宋刑统校证》卷六《称反坐、罪之、坐之、与同罪》，岳纯之校，北京大学出版社 2016 年版，第 94 页。

④ 张光辉：《中国古代"杂犯死罪"与"真犯死罪"考略》，《商丘师范学院学报》2009 年第 2 期。

⑤ "天禧四年，乃诏：天下犯十恶、劫杀、谋杀、故杀、斗杀、放火、强劫、正枉法赃、伪造符印、厌魅咒诅、造妖书妖言、传授妖术、合造毒药、禁军诸军逃亡为盗罪至死者，每遇十二月，权住区断，过天庆节即决之。余犯至死者，十二月及春夏未得区遣，禁锢奏裁。"此处的"正"字的运用恰能佐证本罪之含意，而排除了反坐、准、以等情形，与张光辉所言真同。

⑥ （元）徐元瑞：《吏学指南》卷五《字类》，杨讷点校，浙江古籍出版社 1988 年版，第 57 页。

杀伤人，或故屏去人服用饮食之物，或脯肉有毒，故与人食，或有所规避……皆同正犯。"① 此处又以劫谋故斗杀罪为正，意指真犯死罪的分类。此处"正"就与"真犯"之"真"有着相同含义即法律明文规定之义。

其次，"正犯"还可指代真正本犯之罪。这从"买赃非盗诈者"条中最能够体现，"故虽赃重者，其不应为之，罪亦不过正犯人之罪也"②。明确将买赃行为与犯赃相区别，强调即使有轻重之科，罪情也较"正犯"更轻，为真正所犯本犯之罪之意。又如《宋刑统》载："律有赦后之文，不言降前之犯。死罪会降，止免极刑，流、徒之科，本法仍在。然其所犯本坐，重于正犯徒、流，准律而论，总当三犯之例。"③ 此处"正犯"就意指所犯为真正所犯徒流之罪，而非转化过来的徒流之罪。

另外，"正犯"具有不可矜恤赦宥的重罪的含义。"官罪曰听赎，民罪曰收赎。七十以上，十五以下及废疾者，除正犯以下并依例赎之。"④ 即"正犯"指犯流罪以上，以及加役流、反逆缘坐流、会赦犹流等重罪。最后"正犯"还有状内之罪的含义，与状外之罪形成分类。"凡人之招，有正招，有又招。正招者，招其状之正犯。又招者，因其搜检而得，此即状外之罪，非状外之余事也。"⑤

由上可见，《刑统赋》疏解中的释义虽细微有别，但其功能都未逃脱对于犯罪人和罪名的强调与分类。"正犯"既可指向犯罪主体大类，

① 杨一凡、田涛主编：《中国珍稀法律典籍续编（第一册）》，《庆元条法事类》卷十六《文书门一》，戴建国点校，黑龙江人民出版社 2002 年版，第 337—338 页。
② （宋）傅霖撰，佚名解：《别本刑统赋解》，载沈家本编：《枕碧楼丛书》，知识产权出版社 2006 年版，第 158 页。
③ （宋）窦仪：《宋刑统校证》卷二十《盗经断三犯》，岳纯之校，北京大学出版社 2016 年版，第 277 页。
④ （宋）傅霖撰，（元）孟奎解：《粗解刑统赋》，载沈家本编：《枕碧楼丛书》，知识产权出版社 2006 年版，第 151 页。
⑤ （宋）傅霖撰，（元）孟奎解：《粗解刑统赋》，载沈家本编：《枕碧楼丛书》，知识产权出版社 2006 年版，第 143 页。

强调犯罪的核心实行者且不分首从，也就是倾向于钱大群所言"共犯中处全罪的首犯，及不分首从之罪犯，都在正犯之列，但不包括从犯及缘坐犯在内"①，与"论""依""科"的表述相伴随，使"正犯"最终指向同一类型下犯罪行为的统一科刑。同时还可指代罪名大类，具体指向法律明文规定的犯罪、罪情严重的犯罪，亦可指向实际真正的犯罪。但不论"正犯"指代人抑或罪，归根结底"正"字的使用都实现了与对应概念的区分，并在此基础上完成主体、罪名的类型化，从而进一步强调了科刑的核心要素，即确立了"正犯"在科刑中的基础性地位，成为定罪量刑的参照标准。

（三）法律价值之根本——"正理""正道""正节"的分析

"正"字除却用于法律规范体系的技术性构建，还担当着法律价值导向的职能，成为法律规范的根本内核，是体现伦常公义的常经大法。像是在"正道"与"正理"的表达中，"正"字不再侧重于类型化表达和法条的构建，而内含是非的判断，侧重法律规定背后的具有不变性和根本性的原则、价值的分析，为证成立法和裁判的合理性提供依据，是"常经"思想在法律价值层面的体现。

"正"字的价值导向功能在《刑统赋解》的"正理"论述中有明确体现，即以"常理"为"正"。关于"数罪并发"与"累并倍法"，宋元法律已有详细的赃数和罪数区分规范，这为合理定罪量刑提供了条件。《刑统赋解》中歌曰："罪犯所起，无廉无耻。若从一断，有亏正理。"②此"正理"所言即法律规范之上的常理公理之义。故而有了"重并轻赃，法随赃意。累并不加，法从赃意"③的罪罚处断原则，

---

① 钱大群：《唐律疏义新注》，南京师范大学出版社 2007 年版，第 186 页。
② （宋）傅霖撰，（元）郄氏韵释，（元）王亮增注：《刑统赋解》，载沈家本编：《枕碧楼丛书》，知识产权出版社 2006 年版，第 121 页。
③ （宋）傅霖撰，（元）郄氏韵释，（元）王亮增注：《刑统赋解》，载沈家本编：《枕碧楼丛书》，知识产权出版社 2006 年版，第 121 页。

成为证成赃数和罪数规定合理性的基础。同样《刑统赋解》在对"特赦免死，杀人须至于移乡"进行解释时也使用了"正理"的概念进行论证。"解曰：《断狱律》云：若杀人有赦原免，移乡千里，绝相犯也。歌曰：故杀他人，偿命依例。若是原免，有违正理。特旨免放，人主专制。然是免死，千里回避"①，因赦原杀人免死理论上有违杀人偿命之常理，特规定移乡千里，依旧是为移乡之制提供了合理性依据。

将"正理"用于法律表达的情形并不少见。在《宋刑统》中，"正理"的表述仅有三处。其一，"同职犯罪"条"议曰：同职，谓连判之官及典。有私，故违正理。余官连判，不知挟私情者，以失论"②；其二，"有所请求"条"议曰：凡是公事，各依正理，辄有请求，规为曲法者，笞五十"③；其三，"有事先不许财"条"疏议曰：官司推劾之时，有事者先不许物，事了之后而受财者事，事若曲法，准前条枉法科罪。既称准枉法，不在除、免、加役流之例。若当时处断不违正理，事过之后而与之财者，即以受所监临财物论"④。三条皆发生在官员枉法犯罪之下，"正理"在此处显然规范性的含义更为显著，但其内核为强调官员的处事清正之意，同样也为官员犯罪的处罚规定提供说理前提。可谓："枉桡，皆屈曲之义，谓不申正理，而违法断之。以逆理故，必反受殃祸也。"⑤

司法实践中也常见"正理"的使用，宋神宗批胡宗愈奸状时言：

---

① （宋）傅霖撰，（元）郄氏韵释，（元）王亮增注：《刑统赋解》，载沈家本编：《枕碧楼丛书》，知识产权出版社 2006 年版，第 136 页。
② （宋）窦仪：《宋刑统校证》卷五《同职犯罪》，岳纯之校，北京大学出版社 2016 年版，第 75 页。
③ （宋）窦仪：《宋刑统校证》卷十一《有所请求》，岳纯之校，北京大学出版社 2016 年版，第 152 页。
④ （宋）窦仪：《宋刑统校证》卷十一《有事先不许财》，岳纯之校，北京大学出版社 2016 年版，第 154 页。
⑤ （元）陈澔：《礼记集说》卷三《月令六》，万久富整理，凤凰出版社 2010 年版，第 132 页。

"宗愈气焰奸慝……凡进对论事，必潜伏奸意，含其事情，旁为邪说，以私托公，专在破坏正理，中伤善良。"①《元典章》中亦有"正理"的说理性使用："又一条：比年诏赦频数，吏贪民盗，不知悛畏，贼害良善，败乱正理。自今以始，其各洗心革虑，以保厥身，非常之恩，不可复觊。"②"至大元年四月，行台据江浙监察御史呈：今体知随处水马站赤，遇有争告婚姻、田宅、家财、户役一切词讼，避有司难于诬诳，往往装饰虚词，计会站赤陈告……其当该上司又不驳问究治，遽便准申，行下合属。是致搅乱正理，执紊烦。"③ 这几处的"正理"显然也多了一些规范性内涵即依法行事。但诸处"正理"未言明是何规范，故而并非一种封闭性的规范表达，而具有很强的概括性和拓展性。这使得作为法律语言的"正理"不但带有基本的规范性特征，还暗含着伦理道德特性，代表着公道与伦理。

同样蕴含一定抽象价值观念的表述还有"正道""正节"。《宋刑统》"十恶"中言："五曰不道。议曰：'安忍残贼，背违正道，故曰不道'。"④《吏学指南》又解释为："逆节绝理，谓之不道。假如造畜蛊毒，邪见左道，是逆其正节也。又如杀一家三人及支解人，是弃绝人理，此等有乖正道，并为不道也。"⑤ 可见"正道""正节"乃"不道"的反向，也是确定"不道"的标准。另外在"以妻为妾条"中有："若以妻为妾，以婢为妻，便亏夫妇之正道，黩人伦之彝则，颠倒冠履，

① （宋）李焘：《续资治通鉴长编》卷二百一十二，神宗熙宁三年六月丙戌，中华书局1995年版，第5159—5160页。
② 佚名：《元典章》圣政卷二《需恩宥》，陈高华等点校，中华书局2011年版，第122页。
③ 佚名：《元典章》刑部卷十《站官不得接受词状》，陈高华等点校，中华书局2011年版，第1752—1753页。
④ （宋）窦仪：《宋刑统校证》卷一《十恶》，岳纯之校，北京大学出版社2016年版，第10页。
⑤ （元）徐元瑞：《吏学指南》卷五《较名》，杨讷点校，浙江古籍出版社1988年版，第56页。

紊乱礼经，犯此之人，即合二年徒罪。"① "义绝，伉俪之道义期同穴，一与之齐终身不改，苟违正道是名义绝。"② 从以上两条可见，以邪法以及恶劣的手段杀人以及以妻为妾、以婢为妻、义绝为非正之道，但是何为"正道"的具体涵摄范围，却难见解释，我们也不能仅仅以两类行为方式的相反面向来对"正道"做一个相对狭义的解释。对此处的"正道""正节"我们当以更为宽泛的价值意义来解读，违人伦、违礼经即违"正道""正节"，这其中的"正"字就有"礼经、伦常之意"。值得注意的是，并非所有的违经违理行为都要受到法律的规制。《孟子》云："男女授受不亲，礼也；嫂溺援之以手者，权也。"③ 经权之法基于消解道德冲突而产生，虽有男女有别之理，但合理范围内的变通也可以成为"常经"包容的对象。故而"正"字在价值分析之下不再"非此即彼"，而是有了更多的解释空间，非正的"权变"也在可容纳范围内。

总结"正理""正道""正节"可知，他们出现在逆绝人伦、紊乱礼经的犯罪和官员枉法犯罪的规定中，一般并不明确地指称某一固定内涵，而是起到社会普遍接受和遵循的公理、常理的导向作用。"正"字在"正理""正道""正节"中带有了一定的价值判断和道德衡量，成为评判行为是非的准绳，甚至成为权衡立法和法律适用合理性的依据。可见，在对事实、规范进行价值评判时，"正"字之下的内容带有了常经的性质，具有超脱法律规范之上更深层次的道德准则和价值原则的指向。"正"字所引领的表达成为价值衡平的核心，成为评判其相近和相反行为的准则，成为伦常道德的代名词，为立法和法律适用的论证说理提供了依据。

---

① （宋）窦仪：《宋刑统校证》卷十二《以妻为妾》，岳纯之校，北京大学出版社 2016 年版，第 183 页。
② （元）徐元瑞：《吏学指南》卷五《义绝》，杨讷点校，浙江古籍出版社 1988 年版，第 92 页。
③ 《孟子》卷七《离娄上》，万丽华、蓝旭译注，中华书局 2016 年版，第 162 页。

三、结论

宋元时期法律文献中"正"字的使用主要分为三个方面，一是对裁判依据的规范化进行确认，使得司法裁量有所依、有所引，让裁量拥有合法性、规范性依据；二是实现法律表达的类型化，对立法或是释义的相关内容进行归类以明轻重，进而成为定罪量刑的准则；三是对事实、行为进行肯定性的价值评判，成为立法及法律规范适用的说理依据。这三种使用类型让"正"字在法律条文中时常起到总领的作用，并作为法条和法律解释中的重要成分引出规范、罪名、行为、事实、价值等不同的内容。进而以"正"为本，进而衍生出"权变"的法律内容。这都建立在"常经"思想基础上，是"常经"思想在传统法律中的体现。

专

论

中国古代民间法的传承与创新

——以明清民事禁忌为中心

路培欣　周佳敏 *

摘要：禁忌始于初民社会，是一种原始的社会治理手段，随经济发展逐渐成为法律秩序的一部分。明清时期，汉族的婚姻禁忌和祭祀禁忌在成文法典和民间的宗族法上有一定的对应关系。考虑到家族利益和族人心理，宗族法的规定与国家法略有损益，更富有宗族特殊性。食物禁忌、婚姻禁忌和独具特色的图腾禁忌是当地民间法的重要内容，在明清王朝治下依然保持着稳定的民族社会秩序。明清民事禁忌传承至今，多以村规民约形式存在。族内婚、转房婚、典卖婚禁忌和少数民族的山林禁忌有所传承，居丧嫁娶禁忌、落后的祭祀禁忌、民族通婚禁忌等的淡化消失则为民间法的创新让渡了空间。

关键词：民事禁忌；明清；少数民族；民间法；传承与创新

---

* 路培欣，华东政法大学法律学院博士研究生；周佳敏，华东政法大学法律学院硕士研究生。本文系国家社会科学基金重大项目（委托）"中华法系与中华法律文化问题研究"（项目编号：20@ZH038）的阶段性成果。本文在构思和写作过程中，得到了本重大项目首席专家何勤华教授的指导，得到了本项目组成员王静和李琴两位博士的帮助。在此一并表示我们的谢意。

一、禁忌的起源与变迁

禁忌（taboo）一词，是文化人类学家从南太平洋波里尼西亚汤加群岛的土语中得来的，它的含义包括了忌讳、禁止、戒律等相关意思。虽然它的原意是指宗教迷信和社会习俗方面的禁忌和清规戒律，但也可指不是法律的强制性行为规范。简言之，可以将禁忌理解为人们为了避免某种臆想的超自然力量或危险事物所带来的灾祸，从而对某种人、物、言、行的限制或自我回避。在中国，禁忌作为一种规范行为的习俗或法律，最早可追溯至春秋战国时期。从文字记载来考察，可以从战国时代的散文、春秋时代的民歌、商代前后的甲骨文找到禁忌现象的直接证据。①《礼记·曾子立事》中有"不称其讳，不犯其禁"的要求和关于日常生活及征战等方面的具体禁忌。这些记载都说明，春秋战国时期，禁忌民俗已经盛行。② 禁忌与礼俗的关系紧密，原始礼俗与崇拜的联系有一部分就是以禁忌的形式表现出来的。③

法维护社会秩序、规范人们的行为，早期的法是由习惯转化而来的。而禁忌亦是习惯的一部分。禁忌对人的某些言行也有约束和限制的作用。从这一角度看，禁忌与法有相似之处。在法产生以前的社会里，就靠社会习俗和禁忌对人们的言行起限制、约束作用。禁忌同时也调节管理着各类社会关系。例如，人类婚姻问题，自从脱离原始的

---

① 《大戴礼记》和《礼记·曲礼上》中均有关于禁忌的记述，如"君子入人之国，不称其讳，不犯其禁""入境而问禁，入国而问俗，入门而问讳"。《诗经》中也有禁忌指虹的诗句。

② 参见徐德明：《民间禁忌》，广东教育出版社 2003 年版，第 5 页。

③ 比如，人类自从使用火之后，总是把火看作好东西，一旦失去火，生活上就会发生很大困难。因此，对火便有了一种特殊的感情，生怕对它有所得罪。于是围绕火便有了许多崇拜和禁忌，而这些崇拜和禁忌直到近现代，在一些少数民族中仍有遗存，如赫哲族就有不许骂火、不许跨火、不许在火堆之上等禁忌。参见王炜民：《中国古代礼俗》，商务印书馆 1997 年版，第 7—8 页。

群婚、乱婚秩序进入偶婚制以后，选择配偶就有了限制，同一图腾氏族、同一姓氏内的男女禁止通婚，"同姓不婚，周礼则然"。在世界各地，也是自古就禁忌血缘亲近的人通婚。①

禁忌在中国古代范围广泛，种类庞杂，具有地域性和民族性的特点。有一部分禁忌逐渐演变为习惯法或国家法规，更加规范地调整社会生活，强化统治权威。比如，中国古代的避讳制度，就是统治者利用禁忌强化统治权威的一种表现。从这个角度上说，禁忌主要反映儒家的人伦等级理念，禁忌由此成为维护君臣人伦社会等级关系和维系中国数千年的宗法等级制度的重要手段。②中国古代的"讳制"和"避讳"即禁忌的一种，且这一类禁忌十分普遍。至明清时期，讳禁更为严苛，触犯讳禁成为文字狱案件的重要组成部分，动辄因此被惩治的事屡有发生。这种起于民间的俗信，是关乎某种尊卑、上下秩序的俗礼，如果追溯其原始的禁忌观念，也多是基于吉凶方面的考虑。但是，历经时代更迭发展，却演变为了作茧自缚的陋俗。③由此可见，禁忌确实需要通过正当的法律方式加以规制，而不能放任禁忌中的陋俗妨害公益、阻碍社会的发展。

二、禁忌与法律的联系

(一) 禁忌和法律的产生都倚重权威和集体情感

涂尔干的情感理论认为，人的属性可以区分为个人性和社会性，这两种属性相互矛盾，能够促使个人性向社会性超越的情感被

---

① 参见徐德明：《民间禁忌》，广东教育出版社 2003 年版，第 191—193 页。
② 参见曾宪义、马小红主编：《礼与法：中国传统法律文化总论》，中国人民大学出版社 2012 年版，第 236—237 页。
③ 参见徐德明：《民间禁忌》，广东教育出版社 2003 年版，第 187 页。

称为"集体情感"。① 所谓集体情感，是指集体中每一个人都具有相同的情感，这种情感是由外在力量（社会）在人身上作用的产物，因此也叫作社会情感。个人情感在凡俗世界或者说日常生活中占主要位置，集体情感则在神圣世界中完全压制个体情感。② 禁忌的产生与原始宗教相关联，作为类同于法律属性的初级社会控制形态，其成立得益于宗教仪式或生命重要时刻中初民们对神圣对象或未知情形的尊敬、惊奇、畏惧等情感。这种情感容易被夸大③，对禁忌的共识也在逐渐丰厚的集体情感中得到强化。明清时期，无论是汉族和少数民族共有的族内不婚禁忌，还是汉族特有的居丧嫁娶禁忌和少数民族特有的一系列图腾禁忌等，无一不是凝聚民族共识、获得民族认同甚至带有一定神圣性的禁忌。没有集体情感基础，只有个别性的禁止性要求，无法成为禁忌，而只能是俗信之类的内容，如个人的名讳、正月不剃头、年初一不扫地、喜庆日子忌打碎杯盘碗盏等。④

在自然法学派的观点中，法律及其观念同样需要与人们的价值观念、道德观念相一致，遵守以公意和正义为内容的社会共识。卢梭认为法律是公意的体现。既然如此，就必须在社会上具有较高的权威，获得人民的赞同。法人类学家波斯皮士尔在对法律作出定义时，认为其有四项基本属性，即权威（authority）、普遍适用的意图（intention

---

① 参见［法］爱弥儿·涂尔干：《乱伦禁忌及其起源》，汲喆、付德根、渠东译，上海人民出版社 2003 年版，第 240—242 页。
② 参见［法］爱弥儿·涂尔干：《宗教生活的基本形式》，渠东、汲喆译，上海人民出版社 2006 年版，第 399—400 页。
③ 西美尔认为，在"集合在一起的群众中，会产生某种集体的神经质——某种感情的被煽动、相互刺激——，因此可能产生各种个人的某种一时的高于他们的感情的平均强度"。参见［德］盖奥尔格·西美尔：《社会学》，林荣远译，华夏出版社 2002 年版，第 408 页。
④ 参见马广海：《禁忌的界限》，《民俗研究》2004 年第 4 期。

of universal application)、权利义务关系（obligatio）①、制裁（sanction or punishment）。权威的成立不外乎公共意志的选择，普遍适用的意图意味着群众认可权威所做出的决定。明清时期，不论是中原汉族由民间规约、乡约和宗族法确定的禁忌内容，还是少数民族地区习惯法那富有神秘色彩的禁忌，都符合当时社会大多数人的思想观点。即使部分人确有违反这些禁忌的行为，也会遭到集体中更大多数人的唾弃和不屑，面临集体施加的制裁。

（二）禁忌因其秩序性成为法律的一部分

作为人类最早出现的社会控制体系，禁忌为后来的其他社会控制体系的建构提供了诸多经验和启示。禁忌主要在三个方面为法律作出了贡献：从主体行为来看，禁忌让人们养成了一种自我克制的行为习惯，这是法律秩序得以形成的行为基础；从社会心理来看，禁忌培育了人们的良知和责任感，这是法律秩序得以实现的心理支撑；从秩序的外在条件来看，禁忌构建了某种团体性共识，它既是秩序赖以产生的依据，也是秩序得以维系的外在保障。简言之，禁忌为法律准备了基本的秩序模型。②

1. 禁忌与国家法律秩序

从禁忌的历史变迁来看，发展至明清时期，确实已经形成了国家法律秩序的基础。在千年的封建集权统治背景下，禁忌使人们养成了自我克制的行为习惯。这种习惯传承到明清时期，已经融合在民俗习惯和各类行为活动中，律法对这些婚姻活动和祭祀活动的民间禁忌不仅有一个承认的作用，更是统治者通过国家强制力表达自身对于这两

---

① 波斯皮士尔特别强调，必须要使用"obligatio"这个罗马法概念，不能混同于只标识义务的"obligation"。参见 Leopold J. Pospisil, *Kapauku Papuans and Their Law*, Yale University Publications in Anthropology, 1958, p.264. 转引自王伟臣：《法律人类学的困境——格卢克曼与博安南之争》，商务印书馆 2013 年版，第 189 页。

② 参见黄金兰：《禁忌为法律贡献了什么》，《文史哲》2022 年第 1 期。

种行为立场态度最直接的途径。明清两代关于婚姻、祭祀的禁令十分丰富，不仅律文相当成熟完备，还存在大量的律学注释作品对律文做出解释，各地方政府为贯彻落实这些中央法律规范，也在自己管辖地颁布大量告示。在云南、贵州、广西等少数民族地区，统治阶级也为推行这些禁忌做出不少法律层面的努力，作为缓和民族冲突的手段之一，大力推行包括禁忌在内的国家法律制度。

2. 禁忌与民间法

许多禁忌流传到明清时期，随时间变化和地区特征，成为了民间法律秩序的一部分。禁忌的产生与原始宗教紧密相连，体现出初民社会治理方式的简易性，在民智未开的少数民族地区甚至还保留着一定的愚昧性。直至明清时期，作为起源于民间、受集体情感基础左右的禁止性行为规范，一些禁忌得到了大多数社会成员的公认，逐渐发展成为习惯法和宗族法的组成部分，民间法律秩序的充实是禁忌构建团体性共识的体现。清代宗族法中的许多规定就是由禁忌发展而来的。宗族法中关于伦理秩序的规定内容广泛，慎嫁娶、严祭祀、避祖讳等规定都体现出禁忌的影响。同时，为了有效地维持宗族秩序，宗族法中存在这一些特定罪名来规范成员的言行举止，包括戒诉讼、禁嫖荡、禁凶暴、惩贱役、禁毁谱牒等条文。这些罪名都是一些恶习微愆，是国家法未详载的部分，通过禁忌的方式得到了宗族法的规制，可以倡导勤劳、节俭、睦邻、互助的传统美德。① 许多少数民族的山林禁忌和婚姻禁忌已经载入本民族的习惯法，并且是习惯法的重要组成部分，如苗族的议榔、瑶族的石牌和侗族的侗款等，这些为保护民族地区生态环境、维护少数民族人口质量做出了相当大的贡献。秩序化的禁忌和当时的礼俗规范一同，补充了明清国家法律所没有涉及的层面，为社会稳定发挥了民间法的制约作用。

---

① 参见朱勇：《清代宗族法研究》，法律出版社 2017 年版，第 145—147 页。

三、明清民间法中的民事禁忌

（一）婚姻禁忌

《礼记·昏义》说："婚姻者合二姓之好，上以事宗庙，下以继后世。"这句话是中国古代关于婚姻最典型的定义，从中能够看出古代婚姻的目的只在于宗族的延续及祖先的祭祀，因此是以宗族为中心的，忽视了个人婚恋观的差异和对于爱情的追求，子女的婚姻需受到以父母为代表的来自宗族的大量压力，婚姻的禁忌历史也十分久远。婚姻关乎宗法制家庭的切身利益，为明清两朝官方和民间所重视。民间如宗族法的规定大体与国家律典类似，因此下文将从明清两代国家法规定的婚姻禁忌展开对民间法中婚姻禁忌的叙述。

1.族内婚

族内婚的表现形式有两种——同姓为婚和同宗为婚。《大明律》规定："凡同姓为婚者，各杖六十，离异"。同时，《大明律》禁止中表婚、同姓婚、尊卑婚、同宗婚、良贱婚、奸逃婚、仇雠婚、卑幼婚，禁止娶同母异父姊妹、姑表姊妹、姨表姊妹，"违者，各杖一百。若娶己之姑舅两姨姊妹者，杖八十，并离异"。[1]《大清律集解附例》规定："凡同姓为婚者，各杖六十，离异。"[2] 同姓不婚的原则在多地的宗族法中亦有所体现。上川明经胡氏与余川越国汪氏皆规定："凡派下子孙，有同姓为婚暨娶奴仆之女为妻者，革出，毋许入祠"[3]。此二族不仅规劝后嗣同姓不婚，且对此作出了具体惩罚措施。兰风魏氏

---

[1] 《大明律》卷六，怀效锋点校，法律出版社1999年版，第62页。

[2] （清）沈之奇：《大清律辑注（上）》，怀效锋、李俊点校，法律出版社2000年版，第266页。

[3] （清）胡祥木等纂修：《上川明经胡氏宗谱》下卷之中，宣统三年（1911年）木活字本，转引自武倩：《明清绩溪婚姻问题研究》，安徽大学中国史硕士学位论文2021年，第44页。

规定，族人有同姓为婚，或娶同姓醮妇者，本房应从速禁阻；倘有倔强不遵，则应报告族董，予以重办。如事前隐瞒者，事后发觉，就要予以斥革，不得入谱知情的房长等人也要"一体重办"。① 绩溪南关许氏规定："同姓不婚，《周礼》则然，应毋庸赘。然我祠即有两姓，而又同出一姓，必定规约以昭世守。各派丁世居故土，两姓同出一姓，不能为婚，人人知之。恐有散居远处，不知本源，与他祠妄结婚姻，许与余为婚，有碍本祠之余。余与余为婚，虽各别其源，终属同姓。余与许为婚，余自许改，亦属同姓，皆不准。"② 在规定族内婚时，许氏特别提出其族存在两姓的现象，提醒子孙缔结婚姻须避免同族不同姓的情况。

2. 转房婚

转房婚在我国古代各个民族不同历史阶段都有不同形式的表现，在北方游牧民族中体现得较多，元代时全国南北都很盛行，导致伦理关系混乱。明初规范婚俗，严禁娶亲属妻妾，《大明律》规定："若娶缌麻亲之妻及舅甥妻，各杖六十，徒一年。小功以上，各以奸论。其曾被出及已改嫁而娶为妻、妾者，各杖八十。若收父祖妾及伯叔母者，各斩。若兄亡收嫂，弟亡收弟妇者，各绞。妾各减二等。"③。《大清律集解附例》沿用《大明律》规定："凡娶同宗……无服亲之妻者，男女各杖一百，若娶同宗缌麻亲之妻及舅甥妻，各杖六十，徒一年。小功之妻以上，各以奸论。自徒三年至绞斩。其亲之妻曾被出及已改嫁而娶为妻、妾者，无服之亲不与，各杖八十。若收父祖妾及伯叔母者，不问被出、改嫁，各斩。若兄亡收嫂、弟亡收弟妇

---

① （清）魏立坤等主修：《余姚兰风魏氏宗谱》卷四《宗规》，宣统二年（1910 年）恰礼堂木活字本，转引自费成康主编：《中国的家法族规》，上海社会科学院出版社 2002 年版，第 65 页。

② （清）许文源等纂修：《绩溪县南关许氏惇叙堂宗谱》卷十，清光绪十五年（1889 年）淳叙堂木活字本，转引自武倩：《明清绩溪婚姻问题研究》，安徽大学中国史硕士学位论文 2021 年，第 44 页。

③ 《大明律》卷六，怀效锋点校，法律出版社 1999 年版，第 62 页。

者，不问被出、改嫁，俱坐各绞。妾父祖妾不与各减妻二等，被出、改嫁者递减之。若娶同宗缌麻以上姑侄姊妹者，亦各以奸论。除应死外，并离异。"① 乾隆三十四年、四十九年亦针对此颁布过两次定例。②

不过，国家法的执行无法覆盖全部地方。如明代《南中纪闻》载："湖北郡邑，大都渐染苗习，民间同姓婚姻者，已不胜混乱。其弟配孀嫂，兄收弟媳，亦视为常事。"③ 因此，大量宗族为维护族内婚姻伦理，在家规中规定不允许族人转继婚。如清代《绩溪璜上程承启堂世系谱》记载："迩来一等陋俗，或兄接弟妇，弟接兄妻，皆败常坏俗，族长当严戒之。"④ 兰风魏氏对弟娶孀嫂、兄收弟媳者，即"革出族外，永不收复"⑤。湘潭陈氏应对"兄弟转房"的惩罚方式是"鸣官"。"兄弟转房"后的夫妻也常是宗族法罚则中"驱逐"的对象。⑥

3.典卖婚

典卖婚是将已婚妇女或者寡妇典押或出卖给他人做妻子，后也出现将女儿典卖的情况。《大明律》规定，为牟取财物而将自己的妻女

---

① （清）沈之奇：《大清律辑注（上）》，怀效锋、李俊点校，法律出版社2000年版，第269页。

② 乾隆三十四年定例：凡收伯叔兄弟妻者，即照奸伯叔兄弟妾律，减妻一等，杖百，流三千里。乾隆四十九年定例：至兄亡收嫂，弟亡收弟妇，罪犯应死案，除男女私自配合及先有奸情，后复婚配者，仍照律各拟绞监候，秋审时核其情罪，另行定拟。

③ （明）包汝楫：《南中纪闻》，载王云五主编：《丛书集成初编（3114）》，商务印书馆1935—1937年版，第7页。

④ （清）程步云等纂修：《绩溪璜上程承启堂世系谱》卷首，清宣统三年（1911年）木活字本，第19页。

⑤ （清）魏立坤等主修：《余姚兰风魏氏宗谱》卷四《宗规》，宣统二年（1910年）恰礼堂木活字本，转引自费成康主编：《中国的家法族规》，上海社会科学院出版社2002年版，第114页。

⑥ 参见费成康主编：《中国的家法族规》，上海社会科学院出版社1998年版，第107页。

在一定期限内典雇给他人作妻妾的，"凡将妻妾受财典雇与人为妻妾者，杖八十。典雇女者，杖六十。妇女不坐。若将妻妾妄作姊妹嫁人者，杖一百，妻妾杖八十。知而典娶者，各与同罪，并离异，财礼入官；不知者不坐，追还财礼"。① 清代沿袭明代典雇妻女的规定，"凡将妻妾受财立约出典验日暂雇与人为妻妾者，本夫杖八十。典雇女者，父杖六十。妇女不坐。若将妻妾妄作姊妹嫁人者，杖一百，妻妾杖八十。知而典娶者，各与同罪，并离异，女给亲，妻妾归宗，财礼入官；不知者不坐，追还财礼。仍离异"。② 明清时期，对于这种在苏南、浙东一带盛行的畸形婚姻，当地的很多宗族都严加禁止。③ 嘉庆皇帝亦曾就典雇妻女现象指示群臣："至鬻妻一事，大率出于无赖游民，然果使衣食有资，亦孰肯轻于离异家室？此又在亲民之官为小民熟筹生计，能使人习勤劳，俗敦俭朴，富者余于所蓄而有周恤之施；贫者足以自完而无饥寒之迫，则衣食足而廉耻生，庶妻孥皆可以相保。是又教与养相因，不徒恃法令之禁止也。"④ 可见若非到了家庭有累卵之急、倒悬之危的境地，宗族不可能让族内女性去做"租肚皮"之事。绩溪各族在家谱中明确指出不得将族中女性出卖他人为侧室，如《上川明经胡氏宗谱》规定："凡派下子孙，有卖其女或其兄弟、伯叔、子侄之女与人为婢妾暨为娼妇者，革出，毋许入祠。"⑤ 无独有偶，绩溪县城西周氏宗族《祠规》对"卖妻女为妾者"有不准入祠堂

① 《大明律》卷六，怀效锋点校，法律出版社 1999 年版，第 60 页。

② （清）沈之奇：《大清律辑注（上）》，怀效锋、李俊点校，法律出版社 2000 年版，第 256 页。

③ 参见费成康主编：《中国的家法族规》，上海社会科学院出版社 1998 年版，第 62 页。

④ 《清实录》卷三百一十七，嘉庆二十一年三月甲申条，中华书局 1986 年影印本，第 203 页。

⑤ （清）胡祥木等纂修：《上川明经胡氏宗谱》下卷之中《规训》，宣统三年（1911 年）木活字本，转引自武倩：《明清绩溪婚姻问题研究》，安徽大学中国史硕士学位论文 2021 年，第 98—99 页。

之神主的惩罚。①

4.居丧嫁娶

《大明律·户律·婚姻》规定："凡居父母及夫丧而身自嫁娶者，杖一百……若居祖父母、父母、伯叔父母、姑、兄、姊丧而嫁娶者，杖八十，妾不坐。"《大清律集解附例》规定居丧嫁娶条："凡男女居父母及妻妾居夫丧，而身自主婚嫁娶者，杖一百。若男子居父母丧而娶妾，妻居夫丧、女居父母丧而嫁人为妾者，各减二等。若命妇夫亡，虽服满再嫁者，罪亦如之，亦如凡妇居丧嫁人者拟断。追夺敕诰并离异。知系居丧及命妇而共为婚姻者，主婚人各减五等。财礼入官。不知者，不坐。仍离异，追财礼。若居祖父母、伯叔父母、姑、兄、姊丧除承重孙外而嫁娶者，杖八十。不离异。妾不坐。若居父母、舅、姑及夫丧，而与应嫁娶人主婚者，杖八十。其夫丧服满，妻妾愿守志，非女之祖父母、父母而强嫁之者，杖八十；女之期亲强嫁者，减二等。其夫家之祖父母及期亲强嫁之者，罪亦如之。妇人不坐，追归前夫之家，听从守志。娶者，亦不坐，追还财礼。"②明代各种记述作品中士人对居丧嫁娶的态度也可见一斑。郎瑛记述杭州"荒亲"时曾感慨道："夫父母之死，人子不欲生之时也，而且停哀忍痛以讲此欢乐之事，此岂有人心者哉？作俑者不特肆诸市朝矣！"③有些家法族规规定，父母去世后三年内不得嫁娶，特别是不得为节约开支故意乘丧办喜事。如《湖南宁乡宁邑胡氏族谱》规定，居丧嫁娶者应受"重笞、重罚"

---

① （清）周之屏、周赞贤编辑：《绩溪城西周氏宗谱》卷首《祠规》，清光绪二十四年（1898年）敬爱堂活字本，转引自赵华富：《徽州宗族研究》，安徽大学出版社2016年版，第162页。

② 参见（清）沈之奇：《大清律辑注（上）》，怀效锋、李俊点校，法律出版社2000年版，第260—261页。

③ （明）郎瑛：《七修类稿》卷十六《义理类》"荒亲"条，上海书店出版社2001年版，第160页。

之责。① 但可能是考虑到嫁娶应该及时，部分宗族允许族人在父母去世的七天或一月之内突击成婚，否则，也要等到三年服阕之后。楚南沩宁张氏还有个十分特殊的规定：在夫家无人的情况下，本族女子在父母丧礼期间可以出嫁。但是，新嫁娘应穿深色衣缟，拜堂时要"哭踊成礼，无用鼓乐"，成亲后"不得同寝，丧毕而后成婚"。②

（二）祭祀禁忌

中国传统国家政治，首重祭祀。《礼记·祭统》云："凡治人之道，莫急于礼。礼有五经，莫重于祭。"《左传》亦云："国之大事，在祀与戎"。祭祀之所以如此重要，在于其在中国传统政治文化中，被认为具有"昭孝息民、抚国家、定百姓"③ 的功用。作为中国古代史上极为注重制度损益建设的时期之一，明朝甫建即重视建立本朝国家祭祀典制，并成功在三四年间建立起一套初步的祭祀制度，相关的法律制度也为清代传承。祭祀血食亦是宗族沿袭血脉的崇高目标。祭祀的禁忌在明清不可谓不严格。

1. 禁止特殊人群参与祭祖

首先是禁止犯者参与祭祖。封建家族的祠堂是族长执行礼法制度的"法庭"，当族人之间的是非曲直在祠堂得到解决后，无理者应依宗族内部制定的家法受到惩罚，其中不准入祠是相当严重的处罚方式，也就包括禁止犯者参与祭祀。明万历休宁《茗洲吴氏家记》在其族规《家典》中，对违犯族规家法者采取了最为严厉的革除族籍的惩

---

① 《湖南宁乡宁邑胡氏族谱》，清道光十七年（1837 年）安定堂木活字本，转引自王涛：《明清家族法罚则研究》，贵州大学法律硕士学位论文，2022 年，第 28 页。

② （清）张敬守主修：《楚南沩宁张氏三修支谱》卷首上《祠规》，光绪十九年（1893 年）木活字本。

③ 《国语》卷十八《楚语下》，上海古籍出版社 1978 年版，第 567 页。

罚措施："生不许入堂，死不许入祠。"① 曹端《家规纪略》规定："女子有作非为、犯淫狎者，与之刀绳，闭于牛驴房，听其自死。其母不容者，出之。其父不容者，陈于官而放绝之，仍告于祠堂，于宗图上削其名，死生不许入祠堂。"② 此处的"入堂"和"入祠堂"便有不允许进入祠堂参与祭祀等公共活动的含义。在一种被称为"逐事"的宗族法罚则中，当族人在祭祀或筵席上有不适当的行为或身份不适当时，将被强制退出活动。身份不适，恐无法参与后续所有的祭祀和筵席；行为不适，改正行为后仍可参与后续其他祭祀和筵席。这种禁止祭祀的情形在宗族法文献中较常出现。例如，清代《江苏丹阳大港赵氏族谱》中记载，禁止"祭祀筵席醉舞仙仙、杯盘狼藉"，否则"再祭摈不许与"；浙江吴兴晋陵金台沈氏家族族人不许在祭祀时"衣冠不整，亵渎祖先"，违者"不容与祭"；《湖南邵阳隆氏族谱》规定族人"当祭期辩论"的，"逐之"，也就是将族人逐出祭祀活动，可见这也是祭祀的禁忌之一。③

其次是禁止妇女参与祭祀。在明清时期封建意识形态的摧残下，女性的活动空间被严格限制。"各妇女非本宗嫁娶吊丧，毋得轻出"④，女性俨然成为了为男性主祭者服务的主妇，失去了参祭的资格。明万历年间《林塘范氏宗规》中规定，"今祠惟焚黄者，同主妇入祭点

① （明）吴子玉：《茗州吴氏家记》卷七《家典记》，万历十二年（1584年）钞本，转引自卞利：《国家与社会的冲突和整合——论明清民事法律规范的调整与农村基层社会的稳定》，中国政法大学出版社2008年版，第317页。

② （明）曹端：《家规辑略》，载楼含松主编：《中国历代家训集成》，浙江古籍出版社2017年版，第1646页。

③ 参见（清）赵紫瑜续修：《江苏丹阳大港赵氏族谱》，清康熙二十八年（1689年）木活字刻本；（清）沈龙元等纂修：《浙江吴兴重修晋陵金台沈氏族谱》，清康熙年间木活字刻本；（清）隆永扬等纂修：《湖南邵阳隆氏族谱》，清乾隆四十年（1775年）木活字刻本，转引自王涛：《明清家族法罚则研究》，贵州大学法律硕士学位论文，2022年，第27页。

④ 《新安林塘范氏宗规》卷一，明刻本，载北京师范大学图书馆编：《明刻孤本秘笈丛刊12》，广西师范大学出版社2010年版，第523页。

茶外，清明等祭，俱惟男子"。① 一些宗族也道出了禁止女性参祭的具体困难：一是"按礼主人、主妇例应致祭，众子众妇从之，古之制也"，但宗族分布"星罗棋布"，人数众多，祭祀时"祠屋虽广"，"尤惧其跪立无地也"；二是远地祭祖，来回行路不便，"且礼无妇女百里奔丧之文，况祠祭乎？则子孙告享而诸妇似不必与焉，亦权之正矣"。② 在明清徽州出现的女性主祭情况是一种特例。由于徽州男子大多外出经商，因而家中祭祀有时由妇女主持，且一定是家庭地位较高的女性。

2. 禁止祭祀异端邪教

《大明律·礼律》新增之"禁止师巫邪术"条为历代正律所无，是"中国古代第一次将邪教性质的犯罪行为纳入刑律中"③ 的法律条文，《明会典》中亦有记载，"凡师巫假降邪神，书符咒水，扶鸾祷圣，自号端公、太保、师婆，及妄称弥勒佛、白莲社、明尊教、白云宗等会，一应左道乱正之术，或隐藏图像，烧香集众，夜聚晓散，佯修善事，煽惑人民，为首者绞，为从者各杖一百，流三千里。若军民装扮神像，鸣锣击鼓，迎神赛会者，杖一百，罪坐为首之人。里长知而不首者，各笞四十。其民间春秋义社，不在禁限。"④《大清律例》规定："凡庵观寺院不许私自创建，违者杖一百。凡民间子弟，户内不满三丁或在十六以上出家者，俱枷号一月。凡造谶纬、妖书、妖言及传用惑众者，斩……凡师巫假降邪神，书符咒水，一应左道异端之术，或

① 《新安林塘范氏宗规》卷一，明刻本，载北京师范大学图书馆编：《明刻孤本秘笈丛刊 12》，广西师范大学出版社 2010 年版，第 520 页。
② 曾宗璞等纂修：《邵阳太平曾氏彤公房谱·祭礼论》，民国六年（1917 年）德厚堂活字本，转引自邵凤丽、萧放：《从主妇到厨娘——传统宗祠祭礼中女性角色的历史变迁》，《民俗研究》2017 年第 3 期。
③ 王宏治：《中国古代的反邪教立法》，载张桂林主编：《政法评论（2002 年卷）》，中国政法大学出版社 2002 年版，第 110 页。
④ 《明会典》卷一百六十五《刑部七·律例六·祭祀·禁止师巫邪术》，商务印书馆 1936 年版，第 3387 页。

隐藏图象，烧香集众，夜聚晓散，煽惑人民，为首者绞，为从者各杖一百、流三千里。"①国家如此重视，乡间也不敢怠慢。《泰泉乡礼》亦加以劝禁："今有等愚民，自称师长、火居道士及师公、师婆、圣子之类，大开坛场，假画地狱，私造科书，伪传佛曲，摇惑四民，交通妇女，或烧香而施茶，或降神而跳鬼，修斋则动费银钱，设醮必喧腾闾巷，暗损民财，明违国法……弊固成于旧习，法实在所难容……汝四民合行遵守庶人祭先祖之礼，毋得因仍弊习，取罪招刑。"②在反映乡村习惯、行为准则的祠规、族规、族禁等规范中，明确载有这样的内容："流入邪教，不准入祠""族中或本身或妇女，有诵经、佞佛、流为殿端畔道者，月米及丧葬、嫁娶、考费全家不给""特虑迩年来……邪教肆行……该房长传亲属父兄毋得纵庇，押送交祠处治，取具悔结，并取亲属父兄约束保结，交族长收执。而流入匪类、邪教，亦如之""禁从教，白莲、闻香、灯花等名目，屡奉严禁，皆系妖言……族中子孙……勿为邪说所诱。违者，屏勿齿，谱削其名"③。

3. 禁止妇女出入寺观

《明会典》记载："若有官及军民之家，纵令妻女于寺观神庙烧香者，笞四十，坐夫男；无夫男者，罪坐本妇。其寺观神庙住持，及守门之人，不为禁止者，与同罪。"④《大清律例·礼律》规定："若有官及军民之家，纵令妻女与寺观神庙烧香者，笞四十，罪坐男夫……其寺观神庙主持，及守门之人，不为禁止者，与同罪。"很多家法族规禁止妇女在每月朔望入寺庙烧香等，大户人家的妇女就被禁锢在家

① （清）左宗棠：《左宗棠全集·札件》，邓云生校点，岳麓书社1986年版，第599页。
② 参见（明）黄佐：《泰泉乡礼》卷三谕俗文《辟异端以崇正道》，四库全书本，第16—17页。
③ 《毗陵长沟朱氏祠规》《常熟丁氏义庄规条、续置书田规条》《宁乡熊氏祠规》《合江李氏族规、族禁》，参见费成康主编：《中国的家法族规》，上海社会科学院出版社1998年版，第282、289、313、336页。
④ 《明会典》卷一百六十五《刑部七·律例六·祭祀·亵渎神明》，商务印书馆1936年版，第3386页。

中。① 清代邵阳隆氏禁止妇女入庙烧香拜佛，违者"妇责其夫，女责其父"。② 桐城璩氏对此表示"妇人无知，固不足责，为男子者听其出此，罪有攸归矣"。③ 宗族法对待妇女出入寺观的处理办法与国家法一致，不对妇女作罚，均令其依附的男性宗亲受罚。

四、明清民事禁忌在当代的传承与创新

（一）民事禁忌作为民间法的传承

1. 族内婚（禁止内婚）、转房婚、典卖婚等禁忌的延续

人类从群婚制走向对偶婚制，再顺利步入专偶制的殿堂，少不了禁忌对早期婚姻秩序的影响。婚姻禁忌能够成为人类最古老的禁忌之一，最深层次的意义并不在于封建家法族规赋予它们维护伦常之教化作用，而在于其优化人口质量之科学意义。因此，无关社会的统治阶级如何交替，无关主导的意识形态如何流变，符合时代进步和人类发展的婚姻禁忌将作为人类繁衍的定律持续传承。从族内婚禁忌（少数民族的禁止内婚）在当代的延续情况，我们能够看到明清民事禁忌在当代民间法的传承境遇。

明清时期的同姓不婚、同宗不婚禁忌，是古代宗法制视域下控制血亲婚姻的一种方式。宗族作为族内婚的判断基准，在封建家庭解体、社会主义法制健全的现下已失去了这方面的意义。现行有关禁止族内婚的经典法律表达是《民法典》第 1048 条规定的"直系血亲或

---

① 费成康主编：《中国的家法族规》，上海社会科学院出版社 1998 年版，第 57 页。
② （清）隆永扬等纂修：《湖南邵阳隆氏族谱》，清乾隆四十年（1775 年）木活字刻本，转引自王涛：《明清家族法罚则研究》，贵州大学法律硕士学位论文，2022 年，第 30 页。
③ （清）璩凌云等修：《安徽桐城璩氏族谱》，清乾隆五十年（1785 年）桐城璩世德堂木活字刻本，载上海图书馆编：《中国家谱资料选编·家族规约卷》（上），上海古籍出版社 2013 年版，第 181 页。

三代以内的旁系血亲禁止结婚"。汉族地区的许多村规民约也与国家法的态度保持高度一致。青岛市洼里村制定的村规民约中单设婚姻家庭专章，规定"禁止近亲结婚"。① 云南省凤庆县《新林村村规民约》第 4 条规定："严格执行婚姻法……近亲结婚，一律不给办证明。"② 在贵州省，荔波瑶麓瑶族乡瑶族为杜绝近亲结婚，提高人口素质和质量，革新婚姻礼仪，并减轻新婚夫妇经济负担，便召集乡民大会，宣布我国十届人大会议通过的婚姻改革的决定，同时刊刻碑文，竖立于乡政府广场前，以规范、约束村民。③ 过去少数民族地区盛行姑舅婚，现在也有部分民族有意摒弃姑舅婚的旧俗了。三都县塘党寨的水族曾有舅爷家儿子讨外甥女的习俗，如外甥女另找丈夫，则需给舅爷钱财礼物。如果舅爷不满意女婿，甚至会因此打官司。虽然姑舅婚的习俗还没有完全禁革，但目前当地外甥女嫁舅爷家儿子的义务以及交外甥钱的习惯都已不存在了。④

转房婚和典卖婚的存在，是明清时期的社会历史造成的。寡妇、妻子和在室女被视为家族内部财产的一部分，受夫权、父权和族权任意支配。身为寡妇，即使丈夫去世也没有自由再嫁的权利，若被迫转嫁夫家族人，婆家也能省下另娶媳妇的高昂费用。作为妻子和在室女，则需时刻面临丈夫、父亲出卖她们的生育能力为家庭牟利的窘境。因此转房婚和典卖婚虽经宗族法和国家法三令五申而不止。近现代社会将禁止这些婚姻陋俗的攻克重点转向男女不平等、婚姻不自由和婚姻的买卖属性。苏区时期，我党在根据地已颁布不少维护妇女婚姻权益的法律文件，1931 年《中华苏维埃共和国婚姻条例》和 1934

---

① 参见城阳区洼里村志编纂委员会编：《洼里村志》，山东省地图出版社 2008 年版，第 94 页。

② 《新林村村规民约》，1988 年 5 月 20 日新林村村民委员会第一次会议通过。

③ 参见黄海：《瑶山研究》，贵州人民出版社 1997 年版，第 19—21 页。

④ 参见文永辉：《水族习惯法及其变迁——以贵州省三都水族自治县塘党寨为例》，载刘世哲编：《〈民族研究〉人类学民族学文存》，云南人民出版社 2016 年版，第 295 页。

年《中华苏维埃共和国婚姻法》就已废除包办婚姻、买卖婚姻，维护
婚姻自由和男女平等。1950 年《婚姻法》作为年轻的新中国颁布的
第一部法律，尽显中国妇女挣脱封建家庭束缚、重新回归社会的风
范。各地村规民约积极响应号召，转房婚、典卖婚已难登大雅之堂。
早在 20 世纪 80 年代，《大冶东施村村规民约》就提倡婚姻自由、移
风易俗、新事新办，破除陈规陋习，反对买卖婚姻，索取钱财。①《马
尾区亭江镇亭头村村规民约》第 3 条规定："反对买卖包办婚姻……
歧视妇女等行为。"② 云南省九保村的村规民约"严禁他人或父母干涉
子女婚姻，严禁买卖婚姻，严禁借婚姻勒索大量钱财"，并且"坚持
婚姻自由、自由恋爱、文明恋爱"。③

2. 山林禁忌纳入当代村规民约

得益于一些民族的植物崇拜，民族地区的生态环境在工业时代依
然保留着原始风貌。少数民族的山林禁忌和原始信仰十分契合当下
"绿水青山就是金山银山"的时代主题，因此在当地的村规民约中得
到了很好的保留。到 1990 年前后，村规民约已遍及大瑶山各个村寨，
几乎达到"村有规条，寨有民约"的程度。④ 如 1993 年 3 月，广西金
秀瑶族自治县瓦窑屯经全村村民一致讨论，订出了"金秀瑶族自治县
瓦窑屯村规民约"，旨在保护土地、水源、森林不受侵犯，并维护社
会治安。⑤ 岜团村村规民约对破坏林木的处罚按照林木的种类进行细
致化处理，村有林、联营林场、村民自留山林木、白果树、楠竹及其
竹笋、桐子茶子树、茶叶树、果树，均按不同数额处罚，处罚力度不

---

① 常松木主编：《登封民俗志》，河南人民出版社 2011 年版，第 296 页。
② 中共福建省委宣传部、中共福建省委文明办、福建省地方志编纂委员会、福建
省文化厅编译：《福建乡规民约》，海峡文艺出版社 2016 年版，第 27 页。
③ 云南省梁河县九保阿昌族乡九保村志编纂委员会：《九保村志》，方志出版社
2018 年版，第 225 页。
④ 玉时阶：《花蓝瑶社会变迁》，民族出版社 2012 年版，第 181 页。转引自玉石阶：
《历史的记忆：瑶族传统文化研究》，民族出版社 2016 年版，第 322 页。
⑤ 参见高其才：《中国少数民族习惯法研究》，清华大学出版社 2003 年版，第 307 页。

姑息绥靖。①2007 年的《贵州台江县交下村生态保护村规民约》是按照苗族传统习俗由全体村民参与议榔盟誓、立碑为记的村规民约，其中规定严禁偷砍盗伐他人或集体林木；严禁破坏风景树和古树名木；严禁毁林开荒，严禁在公路边开采沙石，毁坏树木。《贵州雷山县上朗德村村规民约》设置林业性专项规范，对破坏经济林、风景林及山中放火者做了详细的处罚规定。②

（二）民事禁忌作为民间法的创新

1.居丧嫁娶禁忌的淡化

居丧嫁娶禁忌是中国古代守丧制度在婚姻家庭领域的延伸。中国古代的守丧制度在提倡孝道、淳化民风、稳定社会秩序等方面的作用是不可低估的，但同时也带来了极大的负面影响。首先，封建愚孝思想的毒害，由愚孝而达于愚忠，培养了一批批封建礼教的殉道者。儒家经典本不主张守丧过"度"，但后世对"哀毁过礼，毁瘠灭性"者唯恐表旌不及，正是从维护封建统治秩序的最高目标出发的。③ 因此为官者为名利往往恪守居丧规则，而民众更需要在尽孝和终身大事之间寻找一个折中的办法，楚南沩宁张氏的家规就是印证。道光十一年，贵州人周四居丧娶同姓周氏为妻，刑部说贴云："律设大法而例本人情，居丧嫁娶虽律有明禁……故例称揆于法制似为太重，或名分不甚有碍，听各衙门临时斟酌，于曲顺人情之中仍不失维持礼法之意。凡承办此等案件，原可不拘律文断令完聚。"④可见居丧嫁娶在明清基层一直都有生存的空间，官方亦持默许态度。现代丧期的重要性

---

① 参见周世中等：《西南少数民族民间法的变迁与现实作用——以黔桂瑶族、侗族、苗族民间法为例》，法律出版社 2010 年版，第 386 页。

② 参见刘雁翎：《西南少数民族环境习惯法研究》，民族出版社 2020 年版，第 264、279 页。

③ 丁凌华：《中国丧服制度史》，上海人民出版社 2000 年版，第 287 页。

④ （清）祝庆祺、鲍书芸、潘文舫、何维楷：《刑案汇览》卷七，"居丧娶妻可以原情免其断离"，北京古籍出版社 2004 年版，第 251 页。

不如宗法社会时重要，不再有服三年丧的硬性规定。当事人对于居丧嫁娶的态度更多源于自己内心的感受，禁忌的影响力不可能被日新月异的现代价值观快速冲刷，但其拘束力已逃不出人心的自决。在武汉市平峰村，三年守孝的信仰已经变化，在农村文化的现代化过程中，简化仪式带来了意义的流失。①

2. 祭祀禁忌的扬弃

在明清时期的三种祭祀禁忌中，带有明显歧视性的落后规范已经不得人心。以禁止妇女出入寺观为例，明清时期各地宗族法禁止妇女入庙烧香祭祀，是因为这是封建社会妇女们所拥有的为数不多的行动自由。而妇女们合理的集体活动会造成"游棍从旁讥谑"②，妇女"经宿或数日不回"③，这导致妇女出入寺观在当时被视为一个社会问题。"社会秩序范围着个性，为了秩序的维持，一切足以引起破坏秩序的要素都被遏制着。男女之间的鸿沟从此筑下。"④ 一旦妇女冲破了神权、族权、父权、夫权的四重封建压迫，获得了和男性同等的人身自由，维持社会秩序的重心将从简单地隔离男女转移到精细化的社会治理手段，这项禁忌就不再拥有生存的空间。试问如今各地的寺庙道观中，哪里少得了善女的影子呢？

祭祖活动中女性的出现相较于过去更加频繁了。祠祭是较为重要的祭祖活动之一，参加者多为男性族人，主祭者也是宗子或者族长，祭祀中的男权语境没有发生根本的改变。但是在很多祠祭活动中，本族女性也可以上香、捐钱、做功德，以彰显慎终追远之心，这表明

---

① 参见胡燕鸣等：《平峰村的文化转型》，中央民族大学出版社 2001 年版，第105 页。
② （清）严如熤主修：《（嘉庆）汉中府志校勘》，郭鹏校勘，三秦出版社 2012 年版，第 988 页。
③ 《明孝宗实录》卷一百四十三，弘治十一年十一月己亥条，江苏国学图书馆，1940 年传钞本，第 210 册，第 7 页。
④ 费孝通：《乡土中国》，人民出版社 2008 年版，第 57 页。

男尊女卑的传统确实在逐步转变。① 原先的广东省南景村不允许本族女性拜山。20 世纪 80 年代到 90 年代初，祭祖活动重新公开举行后，取消了对妇女与祭的严格限制，外嫁女、娶进的媳妇甚至女婿都可以拜山。这些现象也表明祭祖演变成了类似集体聚会的活动。②

3. 民族通婚禁忌的取缔

民族通婚禁忌源于民族问题。明清时期，中原汉族抱有的华夷观令这种矛盾在土地开发、民族交流的背景下更显窘迫。新中国成立后，民族关系的发展进入了新阶段。尤其在党中央提出贯彻和发展党的民族政策，保障少数民族合法权益，巩固和发展平等团结互助和谐的社会主义民族关系后，民族关系发展已进入崭新篇章。民族通婚禁忌是旧式民族关系遗留的封建残余，在社会主义的清风正气下，其不合理之处逐步得到了认识。以广西防城的京族为例，在旧社会，一般不与外族通婚，进入新社会后逐渐与汉人通婚。根据 1954 年 3 月普选人口调查统计中登记的婚姻状况显示，澫尾、巫头、山心各自治乡中京男娶汉女的有 94 人，京女嫁汉男的有 103 人，合计 197 人，民族通婚占结婚数比例合计为 28.26%。③ 半个世纪过后，澫尾村第十四生产队 30 岁以下夫妻的族际婚比例已上升至 63.16%，而立到不惑之年的民族通婚在同龄婚姻中也能占到接近一半的比例。④ 在田东县，壮汉、壮瑶或汉瑶都相互通婚，有嫁有娶，不少通婚的故事传为美谈。⑤

---

① 参见夏当英：《祖先崇拜：支撑乡村生活秩序的传统宗教内核》，《安徽大学学报》（哲学社会科学版）2017 年第 3 期。

② 参见高崇：《都市化进程中华南宗族的演变动态：以南景村为例》，《浙江大学学报》（人文社会科学版）2005 年第 3 期。

③ 广西壮族自治区编辑组编：《广西京族社会历史调查》，广西民族出版社 1987 年版，第 127 页。原文记述为越族，与京族是同一民族，只是称呼不同。

④ 吴满玉、冼少华等编著：《当代中国的京族》，广西人民出版社 2005 年版，第 209 页。

⑤ 参见田东县志编纂委员会编：《田东县志》，广西人民出版社 1998 年版，第 781 页。

除通婚率的提高外，民族通婚意愿的增强也佐证了通婚禁忌在现代难有立足的根基。在新一代的藏族人眼里，婚姻有了新的含义与取向，"志趣""情投意合"等名词开始成为人们新的追求目标，而民族成分等问题已经退居其次。[1] 在一次对汉藏通婚意愿的调研中，有82.30%的藏族市民认为藏族和汉族可以通婚，并不拘于宗教信仰和习俗的隔阂。[2]

五、结语

禁忌的存在贯穿人类社会的历史长河，其与法律的相因承替由经济发展水平决定。明清中原王朝的民事禁忌多规定在宗族法等民间法中，其规范效力与制定法形成分庭抗礼之势，甚至较之更有所长。民族地区的民事禁忌多与原始宗教和图腾信仰有关，是不容置疑的清规戒律，在改土归流的历史背景下为广袤的民族地区构建了相当的自治规模。不论是禁忌的传承还是创新，都和时代的需求息息相关。宗法制度的消亡和宗法观念的淡化必然使明清民事禁忌中封建、落后的内容分崩离析，为民间法的革新让渡出空间。但在值得传承发扬的内容中，其符合人类发展规律和人本主义的内核将持续保留，在新的民间社会中以更加进步、科学、完善的现代化语言，以禁止性社会规范的形式一直独特地延续下去。

---

① 苏发祥主编：《西藏民族关系研究》，中央民族大学出版社 2006 年版，第 71 页。
② 参见黄维忠主编：《西藏民主改革 60 年·民生卷》，中国藏学出版社 2019 年版，第 417 页。

黎氏安南《洪德法典》较中国律典之独立性研究

——以婚姻制度为中心

廖晓颖[*]

摘要：安南后黎朝崛起后，在政治和法律上大量模仿中国的制度，尤其是在现代意义上公法的范畴之内。但不可忽略的是其地处东南亚，所以在模仿中国的制度之外还保留了大量的本土元素，体现出其模仿中国律典时的独立性，这一点在婚姻制度上尤为突出，表现为对男性提出更多要求，规定了男方悔婚、聘而不娶、疏而失妻等责任，在夫妻之间的财产关系问题上也以立法的形式保障了妻子的嫁妆权、夫妻共同财产权以及寡妇的继承权。安南后黎朝处于从母系制向父系制的过渡、安南的女神信仰以及"不落夫家"的婚俗之时期，当然佛教的影响也是导致安南模仿中国婚姻制度出现变异的原因。需要注意的是，这些独立的部分，或许并不是安南的统治者有意要维护女性地位，而是迫于风土国情的妥协之举。

关键词：安南；洪德法典；婚姻制度；女性；法律交流；古代中国婚姻制度

---

* 廖晓颖，华东政法大学法律学院博士研究生。

《洪德法典》是安南后黎朝颁布的律典，因该法典颁布于洪德年间，故名。其正式名称为《国朝刑律》，但由于安南几乎每朝的法典的正式名称皆为《国朝刑律》，故为求准确，本文将使用《洪德法典》这一术语（引用文献除外）。《洪德法典》是横向法典化模式①的结果，是以《唐律》为蓝本，兼采宋、元、明律之所长，再结合自身特色而编纂成的法典。《洪德法典》受中国传统法律文化之影响的部分，杨鸿烈在《中国法律在东亚诸国之影响》中已有详细研究，然而，《洪德法典》反映的本土文化的要素也是不可忽略的一部分，阮玉辉（Nguyễn Ngọc Huy）、谢文才（Tạ Văn Tài）将《洪德法典》中的条文与唐律条文的相似程度分为 copy（同一）、similar（类似）和 influential（有影响的）三个层次，通过对照，他们的结论是《洪德法典》的独立条文有 412 条，与唐律完全相同的有 29 条、相类似的有 171 条、受影响的有 110 条，《洪德法典》之于《唐律》的独立性比例为 57.1%，用类似的方法比较《洪德法典》与大明律，得出的独立性比例为 88.4%。其中，《户婚章》的独立性比例高达 70.7%，《田产章》的独立性比例更是高达 84.4%，而由《田产章》衍生出的《始增田产章》独立性比例为 92.9%，《增补香火令》及《增补参酌校定香火》的独立性比例皆为 100%。②本义将关注点放在《洪德法典》与中国古代法典相对独立的部分婚姻制度方面，欲阐明其独立的原因及反映的法律文化交流之一般规律。

---

① 关于法典化的模式，参见何勤华、廖晓颖：《中华法系之法典化范式研究——以古代中国和越南为中心》，《世界社会科学》2023 年第 1 期。

② Nguyễn Ngọc Huy、Tạ Văn Tài，*The Lê Code: Law in Traditional Vietnam, A Comparative Sino-Vietnamese Legal Study With Historical-Juridical Analysis and Annotations*，Ohio University Press, 1987，转引自［日］八尾隆生（Takao Yao）编：《大越黎朝国朝刑律》，汲古书院 2020 年版，第 40—41 页。

一、人身制度：模仿为主，独立为辅

婚姻关系可以分为人身关系和财产关系，人身关系即涉及婚姻的成立、限制与解除问题。在人身关系方面，安南后黎朝的法律，既模仿接受了中国唐宋元明律的一些原则和制度，同时，又针对安南自己的具体国情，做了一些制度上的改良和变异。

为明晰《洪德法典》中关于人身关系的制度设计在多大程度上和中国古代的律典相似，本文拟将中国律典与《洪德法典》中有关婚姻成立、限制与解除的条文进行比较。而关于《洪德法典》与中国律典的比较工作，法国学者德鲁斯塔·雷蒙德（Deloustal Raymond，1872—1933）早就在将《洪德法典》翻译成法文时就进行了，但德氏只将其与唐律和明律进行比较，得出《洪德法典》主要是仿照唐律而兼采明律的结论。日本学者牧野巽指出，德氏的比较工作是不完整的，[①] 因为在唐朝和明朝中间，还存在着宋元两朝，而且两朝都颁布有法典。杨鸿烈也指出德氏的这点不足，他说"惟黎朝《刑律》亦有沿袭'元明律'之规定，而氏不知，是可惜耳"。[②] 因此，为了比较的完整性，下文拟将《洪德法典》的相关规定与中国之唐、宋、元、明律进行比较。

（一）婚姻之成立

在婚姻之成立方面，主要关乎结婚之年龄以及婚姻成立之标志。关于结婚年龄的规定，唐贞观元年二月四日诏曰："男二十、女十五以上"可以成婚。[③] 开元二十二年二月敕曰："男年十五、女年十三以

---

① ［日］牧野巽：《安南黎朝刑律的家族制度研究》，载《支那家族研究》，生活社1944年版，第690—691页。

② 杨鸿烈：《中国法律在东亚诸国之影响》，商务印书馆2017年版，第473页。

③ 参见（宋）王溥：《唐会要》卷八十三《嫁娶》，上海古籍出版社2006年版，第1809页。

上，听婚嫁。"① 宋时司马氏《书仪》则定为男十六至三十，女十四至二十皆得成婚，②《朱子家礼》因之；元《通制条格》规定女子十五以上，可以成婚。③ 明洪武元年令庶民之嫁娶，悉依《朱子家礼》。④

在唐律中，婚姻关系成立的标志是"已报婚书及有私约"，或者"已受聘财"。婚姻关系成立之后，女方不得悔婚，否则处刑杖六十；而男方可以悔婚，只是聘财不得追回。如果女方重婚，未完婚处杖刑一百、已成婚处徒刑一年半。在女方重婚的情况下，前夫获得是否仍娶该女子的选择权，如果娶的话，女子与后夫婚姻关系消灭；如果不娶的话，可以将聘财追回，女方与后夫婚姻关系得到确认。宋同唐制。至明代，《大明律》规定男方悔婚与女方悔婚责任一样，如果女方重婚，男方选择不娶的话，女方需要倍还聘财。⑤

在安南，关于结婚的规定，《天南余暇集》中记载道，洪德时代的男女婚嫁年龄为男子年十八以上，女子年十六以上。⑥ 从法律文本上看，安南的法定结婚年龄较中国大，但总体上仍属于《朱子家礼》中的婚嫁年龄范围。在安南，随着陈朝（1225—1400）以朱子的《四书集注》作为科举取士必考书目，朱子学在安南思想界的地位开始逐步稳固。后黎时期，朱子学在思想界取得独尊地位，《朱子家礼》成为后黎婚丧礼祭仪式的蓝本。⑦

---

① 参见（宋）王溥：《唐会要》卷八十三《嫁娶》，上海古籍出版社 2006 年版，第 1811 页。

② 《司马氏书仪》卷三《婚仪上》，中华书局 1985 年版，第 29 页。

③ 《大元通制条格》卷四《户令》，郭成伟点校，法律出版社 2000 年版，第 48 页。

④ 参见赵凤喈：《中国妇女在法律上之地位》，山西人民出版社 2014 年版，第 39 页。

⑤ 《大明律》卷六《户律三》，怀效峰点校，法律出版社 1999 年版，第 59 页。

⑥ 《天南余暇集·条律》洪德二十八年，洪德婚嫁礼仪。见 [日] 八尾隆生编：《大越黎朝国朝刑律》，汲古书院 2020 年版，第 407 页。后文引《天南余暇集·条律》《洪德善政》《国朝刑律》皆出自此书。根据《越南汉喃文献目录提要》记载，《天南余暇集》为后黎时期的类书，由黎圣宗主持编纂，内容有律例、官职、诗文评、列传、典例等。

⑦ 彭卫民：《礼法与天理：朱熹〈家礼〉思想研究》，巴蜀书社 2018 年版，第 277 页。

安南婚姻关系成立的标志是"已受聘财",《国朝刑律》第 315 条规定:"诸嫁女已受聘财(谓钱、绢、金、银、猪、酒等物)[1],而辄止者,杖八十。更嫁他人已成婚者,徒犒丁。后娶者知情,以徒论。不知者,不坐。女并归前夫。前夫不娶,倍还聘财,女从后夫。即男家已聘而不娶者,杖八十,失其聘财。"[2]婚姻关系成立之后,不仅要求女方不得悔婚,同时要求男方也不得悔婚,悔婚一方都处以杖八十的刑罚。在女方重婚的问题上,男方仍然有选择权,只是如果不娶的话,女方需要加倍返还聘财。该条与《大明律》同。

表一 婚姻成立比照表

	唐	宋	元	明	安南
结婚年龄	男二十、女十五;男十五、女十三。	男十六,女十四。	女十五。	男十六,女十四。	男十八,女十六。
结婚的标志	已报婚书及有私约;已受聘财。	同唐。	同唐。	同唐。	已受聘财。
悔婚权	男可悔婚,失聘财。	男可悔婚,失聘财。	男可悔婚,失聘财。	无。	同明。
女重婚	前夫娶,女归前夫;前夫不娶,还聘财。	前夫娶,女归前夫;前夫不娶,还聘财。	女归前夫。	前夫娶,女归前夫;前夫不娶,倍还聘财。	同明。

另外,安南规定不得"前通淫后嫁娶"[3]。《国朝刑律》第 314 条

---

[1] 楷体文字为原文中的小字解释,下文如无特别说明,同此处情况。

[2] [日] 八尾隆生编:《大越黎朝国朝刑律·户婚章》,汲古书院 2020 年版,第 195 页。

[3] 《洪德善政·户婚章》。根据《越南汉喃文献目录提要》记载,《洪德善政》(Hồng Đức Thiện Chính) 为洪德时代的 76 条律例,包括土地、农桑、婚姻、分家、遗嘱等方面。[日] 八尾隆生编:《大越黎朝国朝刑律》,汲古书院 2020 年版,第 428 页。

记载:"诸结婚姻,不具聘礼就父母家,(父母俱亡,则就宗人若乡正。)以成婚而苟合者,贬一资。追谢钱,以贵贱论,还父母。(亡,则宗人若乡正。)女,笞五十。"① 该项规定为安南独创,从条文的设置可以看出当时安南社会对贞节观念的不重视,男女之间未成婚而发生关系是常有的事情,而这在儒家文化下是"非礼"的表现,所以需要立法加以规制。

安南还有法律条文明确要求,结婚后女方要到男方家居住。《洪德善政》:"男家已遵婚礼,有纳采,至亲迎,即之子于妇。不得犹狃前俗,抑使男居为婿,经三年始许妇于夫家。乃是秦赘之俗,不得蹈行。违者,抵罪。"② 说明在当时,男女结婚后,女方仍在娘家居住的现象十分普遍,国家唯有通过法律来推行聘娶制,推行以男性为主的婚姻模式。

(二) 婚姻成立之限制

唐代结婚的限制有 9 个,分别是:居父母及夫丧不婚;居父祖囚不婚;同姓不婚;亲属不婚;与亲属妻不婚;良贱不婚;与逃亡女不婚;与部下女不婚;强娶不婚。宋基本沿袭唐制,但它没有禁止收继婚,另外还增加了族际不婚,《宋史》记载的宋太宗的一道诏令曰:"禁西北缘边诸州民与内属戎人昏娶"③。元基本沿袭唐宋,但允许不同族人通婚。明代相比以往多了"与乐人不婚"的规定,这一条为安南《洪德法典》所吸收。安南结婚的限制为:

(1) 居父母及夫丧不婚。《国朝刑律》第 317 条规定:"诸居父母及夫丧,而嫁娶者,以徒论。知而共为婚姻者,贬三资,分

---

① [日] 八尾隆生编:《大越黎朝国朝刑律·户婚章》,汲古书院 2020 年版,第 195 页。

② [日] 八尾隆生编:《大越黎朝国朝刑律》,汲古书院 2020 年版,第 431 页。

③ (元) 脱脱等:《宋史》卷五《太宗本纪二》,中华书局 1985 年版,第 98 页。

异。"① 该条与唐宋元明律同。

（2）居父祖囚不婚。《国朝刑律》第 318 条规定："诸祖父母、父母被禁囚，而嫁娶者，并贬三资，分异。若祖父母、父母有命，止成婚礼，不得筵席。违者，贬一资。"② 该条与唐明律同。

（3）亲属不婚。《国朝刑律》第 319 条规定："诸娶姑姨、姐妹、继女及亲戚非类者，并仿以奸论。"③ 该条与唐宋元明律同。

（4）与逃亡女不婚。《国朝刑律》第 339 条规定："诸媒合人，将犯罪在逃妇女，嫁与别人为妻、妾者，减本妇所犯一等。知情娶者，与同罪。不知者，不坐。"④ 该条与唐宋明律同。

（5）与部下女不婚。《国朝刑律》第 316 条规定："诸外任官司娶部内妇女者，杖七十、贬三资、罢职。"⑤《洪德善政》规定："居官赴任，无故不可出，及不得娶妻本部。违者，杖八十，以徒论。"⑥ 该条与唐宋元明律同。

（6）强娶不婚。《国朝刑律》第 338 条规定："诸势家，胁取良民女子者，以罚、贬、徒论。"⑦ 第 336 条规定："诸公侯家奴（公主，同）。托威势，占人田土，胁娶民女，及凌骂人者，以徒论。即卖弄主权，自行请托及受送赂遗者，亦以徒论。家主容纵，以贬、罚论，

---

① ［日］八尾隆生编：《大越黎朝国朝刑律·户婚章》，汲古书院 2020 年版，第 196 页。
② ［日］八尾隆生编：《大越黎朝国朝刑律·户婚章》，汲古书院 2020 年版，第 196 页。
③ ［日］八尾隆生编：《大越黎朝国朝刑律·户婚章》，汲古书院 2020 年版，第 196 页。
④ ［日］八尾隆生编：《大越黎朝国朝刑律·户婚章》，汲古书院 2020 年版，第 204 页。
⑤ ［日］八尾隆生编：《大越黎朝国朝刑律·户婚章》，汲古书院 2020 年版，第 195 页。
⑥ ［日］八尾隆生编：《大越黎朝国朝刑律》，汲古书院 2020 年版，第 427 页。
⑦ ［日］八尾隆生编：《大越黎朝国朝刑律·户婚章》，汲古书院 2020 年版，第 203 页。

依轻重。"① 该条与唐宋元明律同。

（7）禁收继婚。《国朝刑律》第 324 条规定："诸兄弟若师死，而兄弟、弟子娶其妻者，并以流论。女，减一等，各分异。"② 该条与唐明律同。

（8）官与倡优女不婚。《国朝刑律》第 323 条规定："诸官、掾娶倡优妇女为妻、妾者，杖七十、贬三资。官员子孙娶者，杖六十，各分异。"③ 该条与元明律同。

（9）官司与边镇酋长不婚。《国朝刑律》第 334 条规定："诸官司与边镇酋长结为婚姻者，以徒、流论。听令分异。原娶者，别论。"④ 该条为安南后黎原创。

表二　婚姻限制比照表

婚姻限制	唐	宋	元	明	安南
居丧不婚	✓	✓	✓	✓	✓
居父祖囚不婚	✓	×	×	✓	✓
同姓不婚	✓	✓	✓	✓	×
亲属不婚	✓	✓	✓	✓	✓
亲属之妻不婚	✓	×	×	✓	✓
良贱不婚	✓	✓	✓	✓	×
与逃亡女不婚	✓	✓	×	✓	✓
与部下女不婚	✓	✓	✓	✓	✓
强娶不婚	✓	✓	✓	✓	✓

---

① ［日］八尾隆生编：《大越黎朝国朝刑律·户婚章》，汲古书院 2020 年版，第 202 页。

② ［日］八尾隆生编：《大越黎朝国朝刑律·户婚章》，汲古书院 2020 年版，第 198 页。

③ ［日］八尾隆生编：《大越黎朝国朝刑律·户婚章》，汲古书院 2020 年版，第 198 页。

④ ［日］八尾隆生编：《大越黎朝国朝刑律·户婚章》，汲古书院 2020 年版，第 202 页。

续表

婚姻限制	唐	宋	元	明	安南
族际不婚	×	√	×	×	×
与乐人（倡优）不婚	×	×	√	√	√
官司与边镇酋长	×	×	×	×	√

（三）婚姻之解除

婚姻的解除可以分为自然解除、人为解除和退婚改嫁。婚姻的自然解除即夫妻一方去世，婚姻关系自动消灭。唐宋元明律中都有规定妇女居夫丧嫁娶的责任，从侧面反映出，守丧期结束后妇女可以再婚。

至于婚姻关系的人为解除，唐律中规定的原因有四：为婚妄冒、七出、义绝、和离。诸为婚而女家妄冒者，徒一年。男家妄冒，加一等。未成者，依本约；已成者，是惩治男女冒充别人结婚的犯罪，是法定强制离婚的情形，唐律规定，"诸为婚而女家妄冒者，徒一年。男家妄冒，加一等。未成者，依本约；已成者，离之。"① 七出，即丈夫可以休妻的七个原因。"七出"源于礼而定于律，《大戴礼记》记载道："妇有七去：不顺父母去，无子去，淫去，妒去，有恶疾去，多言去，窃盗去。"② 七出有据可考的最早出处是在唐令中，《唐律疏议》"妻无七出而出之"条的疏议中载"七出者，依令：一无子，二淫佚，三不事舅姑，四口舌，五盗窃，六妒忌，七恶疾"③ 义绝，指夫妻相犯或夫妻相犯对方之近亲属或双方近亲属相犯而被认定夫妻恩义断绝而强制离异的制度。④ 唐律中规定义绝的情形有：(1) 殴妻之祖父母、父母

---

① 《唐律疏议》卷十三《户婚律》，刘俊文点校，中华书局 1983 年版，第 255 页。

② 《大戴礼记译注》卷十三《本命》，黄淮信译注，上海古籍出版社 2019 年版，第 333 页。

③ 《唐律疏议》卷十四《户婚律》，刘俊文点校，中华书局 1983 年版，第 267 页。

④ 钱大群：《唐律疏义新注》，南京师范大学出版社 2007 年版，第 454 页。

及（2）杀妻外祖父母、伯叔父母、兄弟、姑、姊妹，若（3）夫妻祖父母、父母、外祖父母、伯叔父母、兄弟、姑、姊妹自相杀，及（4）妻殴詈夫之祖父母、父母，（5）杀伤夫外祖父母、伯叔父母、兄弟、姑、姊妹，及（6）与夫之缌麻以上亲若（7）妻母奸，及（8）欲害夫者，虽会赦，皆为义绝。妻虽未入门，亦从此令。① 宋代扩大了义绝的范围，《庆元条法事类》中增加了丈夫或公婆"令妻为娼""媒合与人奸"② 作为义绝发生的情形。元代时，义绝制度发生变化，日本学者滋贺秀三称其为"义绝"发生变化的关键时期。元代有关义绝的法律制度，在沿袭唐宋金律基础上，也颇多创新。中国法制史学者曾代伟总结元代义绝的九种情形为：将妻卖休转嫁、女婿虚指岳丈奸亲女、媳妇诬告翁欺奸、妻告夫奸男妇、夫殴伤妻母、丈夫故意损害妻子身体、将犯奸妻转卖为娼以及翁调戏、和奸、强奸男妇。明代的义绝，谓如身在远方，妻父母将妻改嫁，或赶逐出外，重别招婚；及容止外人通奸；又如本身殴妻至折伤，抑妻通奸，有妻诈称无妻，欺罔更娶妻，以妻为妾，受财将妻、妾典雇，作姊妹嫁人之类。③ 和离，即夫妻不相安谐而离婚。唐最早在立法上确立了和离，宋元明因袭之。

除了以上这些离婚的原因外，元代另外有保护婚姻缔结关系双方的退婚改嫁制度。《元史》记载道："诸女子已许嫁而未成婚，其夫家犯叛逆，应没入者，若其夫为盗及犯流远者，皆听改嫁"④。这是对妇女的保护。"诸男女既定婚，其女犯奸事觉，夫家欲弃，则追还聘财；不弃则减半成婚。若夫家辄诡以风闻奸事，恐胁成亲者，笞五十七，离之。"⑤

---

① 《唐律疏议》卷十四《户婚律》，刘俊文点校，中华书局1983年版，第267页。
② （清）薛允升等编：《唐明律合编·宋刑统·庆元条法事类·杂门》，中国书店1990年版，第483页。
③ 《大明律》卷二十二，怀效峰点校，法律出版社1999年版，第179页。
④ （明）宋濂等：《元史·刑法志二》卷一百〇三，中华书局1976年版，第2643页。
⑤ （明）宋濂等：《元史·刑法志二》卷一百〇三，中华书局1976年版，第2643页。

在安南，《洪德法典》中同样规定了婚姻的自然解除、人为解除以及退婚改嫁制度，其中，婚姻的自然解除和退婚改嫁制度与中国相似，而在婚姻的人为解除方面则既表现出与中国不同的一面，也有相似的一面。

在婚姻的自然解除方面，《国朝刑律》第 320 条规定了："诸夫丧服除而欲守志，非女之祖父母、父母，而强嫁之者，贬三资，分异。女归前家，娶者，不坐。"①安南也有保护婚姻缔结关系双方的退婚改嫁制度的类似规定，《国朝刑律》第 322 条曰："诸女嫁未成婚，而男婴恶疾及犯刑、破荡家产者，听告官司还其聘财。若女婴恶疾、犯刑者，不追。违者，杖八十。"②安南规定的可退婚的情形有恶疾、犯刑和破荡家产，范围较元朝要广。

在婚姻的人为解除方面，安南的规定与中国略有不同，首先，《国朝刑律》中无"为婚妄冒"的规定；其次，在《国朝刑律》中，义绝即七出，"诸妻、妾已有义绝（谓七出。），而其夫隐忍不去者，以贬论，依轻重。"③可见在安南，对夫妻之间相处质量的要求更高，只要妻子有七出的情形，就认为夫妻之间已经恩断义绝。同时对男方也有要求，《国朝刑律》第 333 条规定："即其婿以非理毁骂妻父母者，剩告官司，听其分异。"④如果丈夫骂妻子的父母，会导致义绝而离婚；最后，安南还有保护女性婚姻质量的规定。《国朝刑律》第 308 条规定："诸夫疏妻，五月不亲往来者（听告所在官司及社官为凭），失其妻。有子息者，听一年。公差远行，不用此律。若已放妻而再捕

---

① ［日］八尾隆生编：《大越黎朝国朝刑律·户婚章》，汲古书院 2020 年版，第 197 页。
② ［日］八尾隆生编：《大越黎朝国朝刑律·户婚章》，汲古书院 2020 年版，第 197 页。
③ ［日］八尾隆生编：《大越黎朝国朝刑律·户婚章》，汲古书院 2020 年版，第 193 页。
④ ［日］八尾隆生编：《大越黎朝国朝刑律·户婚章》，汲古书院 2020 年版，第 202 页。

后娶者，以贬论。"① 即如果婚内丈夫疏远妻子达到一定时间，会导致失其妻的严重后果，而且失去妻子后，还不能够阻止他人迎娶前妻，否则会得到"贬"② 的处罚。可见安南的婚姻制度对丈夫的限制也是不少的。

与中国相似的是，安南也有和离的制度保障，《洪德善政》中规定："夫妻不和谐而愿离者，书要亲书手记，而年号夹来，押为一书云，合词二道，各执一道，相分南北，下年号日字，夫记姓名，妻点指。若不能写字者，许尊人或愿媒代书，亦听。其余分铜钱、只箸，及外人书者，其理不成放法，立以虚论，再还夫妻。"③

二、财产制度：本土特色，完全独立

女性在夫妻关系中是否享有财产权，是衡量女性家庭地位的关键因素。一般而言，妻子财产权主要有三个来源，分别是：(1) 结婚时娘家给的嫁妆；(2) 结婚后的夫妻共同财产；(3) 丈夫去世后继承的财产。在中国，法律保障女性的嫁妆权，《唐律疏议》户婚律引《户令》规定："应分田宅及财物者，兄弟均分。妻家所得之财，不在分限。兄弟亡者，子承父分。"④ 说明唐代女子的嫁妆不会被作为族产分家析产于大家家族内的其他亲属，《宋刑统》则延续了此项规定。到了元朝，女子对于嫁妆的权属进一步被削弱，《元典章》规定："随嫁奁田等物，今后应嫁妇人不问生前离异、夫死寡居，但欲再适他人，其元随嫁妆奁财产，一听前夫之家为主，并不许似前搬取随身。"这条规定表明，至迟在元中期以后，女子无论是离婚还是丧偶后改嫁，

---

① ［日］八尾隆生编：《大越黎朝国朝刑律·户婚章》，汲古书院 2020 年版，第 192—193 页。
② 安南的人格减等制度。
③ ［日］八尾隆生编：《大越黎朝国朝刑律》，汲古书院 2020 年版，第 438 页。
④ 《唐律疏议》卷十二，刘俊文点校，中华书局 1983 年版，第 242 页。

都不能合法地从夫家带走自己陪嫁过去的嫁妆财物了。这项规定，为明清两代律典接受与继承。①

但是在夫妻共同财产和丈夫去世后的遗产继承方面，中国法律则没有对女性的这两种财产来源给予制度保障。对于夫妻共同财产，女性有没有单独的财产权，就要看当女性和丈夫分开时——离婚或者丧偶——有没有析分家产的权利。在中国古代，婚姻的缔结导致了妻子人格被丈夫所吸收，所以在婚姻存续期间，女性不会有自己的财产。在遗产继承方面，唐宋时期，尽管妻子在一定情况下可以获得遗产——丈夫去世、无子且不改嫁，但妻并不享有财产权，而仅仅是夫的财产监管人，按照滋贺秀三的说法就是夫妻一体，妻的人格被夫所吸收。丈夫死后如果留下来妻子的话，这个变成了寡妇的妻保持原样地代替夫享受其地位。② 元明两朝的妇女没有获得自己财产的权利。

在安南后黎朝时期，法律保障妻子享有嫁妆权、夫妻共同财产权以及配偶遗产的继承权这三种财产权，《洪德法典》中有 3 个条文对妻子的财产权进行确认。

第 374 条规定："诸夫与前妻有子，后妻无子，及妻与前夫有子，后夫无子或先殁，无嘱书，而田产归前妻子、前夫子。若后妻、后夫不如法者（法，谓前妻有一子，后妻无子，则夫宗田产，分为三，归前妻子二分，后妻一分。若前妻二子以上，则后妻之分，与诸子同。其归后妻分，听给养一世，不得为私。后妻没（殁）及改嫁者，则其分还夫之子。妻殁夫，亦如之，但不拘改娶。若与前妻新造田产，分为二分，归前妻及夫各一分。其前妻分，归夫。子分，又分如前。与后妻新造田土者，亦分为二，归后妻及夫各一分。夫之分，亦分如前，其后妻分，听为私。妻殁夫，亦如之。），笞五十、贬一资。即父

① 邱唐：《嫁妆权古今谈》，《检察日报》2021 年 4 月 14 日。

② ［日］滋贺秀三：《中国家族法原理》，张建国、李力译，商务印书馆 2017 年版，第 143 页。

母在，别论。"①

该条规定的是男方或女方有再婚的情况下的遗产继承。该条将家庭财产分为夫宗田产、妻宗财产以及新造田土。夫妻一方去世，可被继承的财产是夫（妻）宗财产以及新造田土——即夫妻关系存续期间共同创造的财产——的一半。寡妇除了保有自己的妻宗财产以及新造田土的一半之外，还可以参与继承亡夫的遗产，不过如果寡妇再嫁，则要把继承的财产还给亡夫之子。

第 375 条规定："诸夫妻无子或先殁，无嘱书，而田产归夫及妻。若留祭祀不如法者（法，谓夫宗田产，分为二分，归宗人一分，以供祭祀。归妻一分，听给养一世，不得为私。妻殁及改嫁者，则其分还夫宗。父母在，则全归之。妻殁夫，亦如之，但不拘改娶。若新造田产，分为二，归妻及夫，各一分。妻分，听为私。夫分，再分为三，归妻二分，留祭祀其墓一分。其归妻二分，听给养一世，不得为私。妻殁及改嫁，则其分还夫墓。其墓分，父母在则主之。无则宗人监之。妻殁夫，亦如之，但不拘改娶。），笞五十、贬一资，宗人失所监。"②

该条规定的是在一对夫妇没有孩子而且其中一人去世时没有留下遗嘱的情况下，有以下情况的，丈夫（妻子）的财产将归还给去世配偶的家庭：第一，死者父母尚健在，死者那一方的财产应该全部归还给其父母；若父母不在，应将财产一分为二，一半用来祭祀，另一半给尚在世的配偶。而给配偶的这一半财产对女性有限制，即若改嫁，则这一半的财产要还给夫家。第二，新造田土是夫妻对半分。而丈夫的那一半田土，又再分为三份，其中，给妻子两份，留一份用于祭祀。不过丈夫给妻子的两份田土，同样有限制，若妻子去世或改嫁，

---

① ［日］八尾隆生编：《大越黎朝国朝刑律·户婚章》，汲古书院 2020 年版，第 218 页。

② ［日］八尾隆生编：《大越黎朝国朝刑律·户婚章》，汲古书院 2020 年版，第 219 页。

这两份田土要还给丈夫的家族。

从以上规定可以看出安南对女性财产的保护力度之大。安南的女性去世后，其自带的财产还可以返回到自己的娘家，甚至在其有生之年，享有对丈夫财产的三分之二的财产权利，即获得了整个家庭中六分之五的财产。这种女性可以有如此之多财产权利的家庭财产分配制度，在家族共产的古代中国是不可想象的事情。

第 376 条规定："诸夫妻已有子息或先殁，子又继亡，而田产归夫及妻。若宗人不如法者（法，谓妻田产，分为三，归夫二分，归宗人一分。父母在，则分为二，归父母及夫，各一分。其夫分，听给养一世，不得为私。夫殁，则其分还父母若宗人。夫殁妻，亦如之。改嫁亦还之。），笞五十、贬一资，失其分。"①

这条规定的是夫妻一方在没有子嗣情况下死亡，对配偶一方的财产继承方式。按照这条规定，首先，如果死者父母尚在世，则财产一分为二，父母得一半，配偶得一半；其次，若死者父母已经去世，则财产一分为三，死者的族人分得一份，配偶分得两份；再次，以上两种情况配偶得到的财产，只能用以供养生活之用，若之后去世（或女性改嫁），则须将得到的配偶的遗产还给配偶的家族。

从以上条文可以看出，与中国夫妻一体下"丈夫财产的监护人"地位相比，安南女子的财产权是得到保障的。在中国古代的唐宋元明律中，以现代的眼光来看，最开明的是唐宋律的规定，它们起码保障了女性的嫁妆权，但从女性在财产上的权利来看，最开明的唐宋律与安南律相比，也是相形见绌。《洪德法典》不仅确认了女性的婚前财产、保护女性的夫妻共同财产，甚至在夫妻共同生活中，妻子一方有时甚至可以获得大部分的财产权利。在丈夫死后，妻子也有继承丈夫遗产的权利，可以说，在安南的婚姻制度中，丈夫和妻子在财产方面的权

---

① ［日］八尾隆生编：《大越黎朝国朝刑律·始增田产章》，汲古书院 2020 年版，第220 页。

利是比较平等的。

三、安南婚姻制度变异之原因

婚姻是人类社会两性最基本的组合方式，通过婚姻组成的家庭是最小的社会单位。婚姻是社会现象，也是法律现象，婚姻的方式和形态与社会发展紧密相关。安南模仿中国的婚姻制度，在此基础上，进行了不少的改动和创新，这些变异与安南当时的社会、风俗和宗教有关。

首先，安南后黎朝成立的时代正处于从母系制向父系制过渡的时期。安南曾长期处于原始母系制度的社会，由此女性在安南社会的地位比较重要，还因此衍生出了女性崇拜、女神信仰等文化。后黎朝的统治者要建立的是一个与安南以往信奉佛教的朝代完全不同文化的王朝，即与中国一样以儒家文化为中心的国家治理体系。儒家政治是以礼为核心的政治体系，它强调三纲五常，君为臣纲、父为子纲、夫为妻纲是最基本的社会伦理，是完全的父权制下的社会治理。在这种文化下，女性的社会价值在很大程度上被忽略，女子在家从父、出嫁从父、夫亡从子，几乎没有自己独立的人格。这与安南当时的社会现实相去甚远，所以中国这一套完全的父权制下的制度产物，安南并不能够原原本本地模仿过去。

其次，佛教的影响也是一个重要原因。在后黎之前的朝代——丁、前黎、李、陈朝——佛教对当时的政治、经济、文化产生了重大的影响，特别是在李、陈朝，佛教在安南的影响达到一个高峰。而且当时几乎占据整个东南亚领土的吴哥王朝（今柬埔寨），以及安南南部的占城王国（今越南南部）都是崇佛教的，安南后黎朝之前的社会受佛教的影响不容小觑。佛教强调众生平等、人人皆可成佛，在男女地位问题上体现为男女皆有佛性、男女皆平等。所以在后黎朝初成立时期，男女地位其实是相对平等的，即使后黎君主想要通过儒教来治国，也不可能一蹴而就，所以在法律模仿问题上，会根据当时安南的社会情况对中国的法律条文做出相应改变来与之相适应。

再者，安南有女神信仰以及"不落夫家"的婚俗。母神信仰是母系氏族社会原始文化的主要标志之一。[1] 女神信仰对越南人的精神文化来说，具有十分重大的意义和价值，因为女神信仰是越南人信仰的古老起源，是越南重要的本土文化现象。[2] 安南地区有着以水稻种植形式为主的农耕文化，水稻是绝大多数人的主食，稻米的收割往往是由妇女负责，这一定程度上反映了安南妇女在农耕文化中的重要性。[3] 而且安南历史上还有不少女性为安南的发展做出过伟大贡献，如二征夫人一直被视为安南的民族英雄。

安南有些法律条文的创设是为了适应后黎朝欲创建以男性为主导的儒家文化的统治。上文说到《洪德善政》明确要求结婚后女方要到男方家居住的条文，就是要改变安南原先的女子结婚"不落夫家"的风俗，安南称其为"秦赘之俗"。事实上，这个风俗不仅流行于安南地区，在与安南陆地相连的两广甚至闽南地区也很流行，这些地区在秦朝时都是属于百越之地。同时，这不仅是秦时之俗，在中国华南地区，直到 20 世纪这种婚俗仍然存在。1962 年，林惠祥就撰写了《论长住娘家风俗的起源及母系制到父系制的过渡》（《厦门大学学报（社会科学版）》1962 年第 4 期）一文，详细叙述了惠东妇女长住娘家的风俗。这种风俗给父权制建立带来了阻碍，所以立法要强制实行聘娶制，要求女方婚后随男方居住，不能再留在娘家。

---

[1]　参见乔氏云英：《越南北方母神信仰——以柳杏母神为代表》，《宗教与民族》2014 年第 1 期。

[2]　阮荣光等：《越南女神信仰概况》，《莆田学院学报》2014 年第 6 期。

[3]　参见杨思家：《越南民间信仰中的母道教》，载《东方语言文化论丛》（第 39 卷），世界图书出版公司 2021 年版，第 246 页。

四、结语

安南后黎朝作为首个大规模模仿中国法律制度的朝代，其模仿成果颇具特色，就婚姻家庭部分的制度而言，与中华法系另外两个典型子国——日本与朝鲜——相比，安南的法律模仿不像日本和朝鲜那样几乎全盘吸收。因为日本和朝鲜模仿唐律都是在唐王朝尚存的情况下，通过派遣唐使入唐学习，之后进行法律模仿。虽然高丽王朝成立的时候唐朝已没落，但在新罗、百济、高句丽三国鼎立时期，朝鲜与唐的交流就有不少。因此可以认为，日本、朝鲜模仿中国的制度都是当代模仿，是最直接的借鉴。

而安南后黎朝是在打败明朝军队之后才建立的，虽然自古以来安南与中国一直是处于一种"剪不断，理还乱"的关系，时分时合，但后黎与唐始终是隔了有将近 500 年，时过境迁，社会发展，很多制度难免有不适应社会现实的情况。在这种情况下，安南仍选择唐律作为法律模仿的蓝本，将时代相近的宋元明三朝法制作为补充材料进行参考，这是隔代模仿的模式。

安南模仿中国的婚姻制度，在人身制度上体现为以模仿为主、独立为辅的立法模式。在婚姻的成立方面，安南模仿《大明律》，对男性做出了不得悔婚的要求以及女性悔婚须加倍返还聘财的要求。在婚姻限制方面，安南增加了官司与边镇酋长不婚的要求。在离婚问题上，除了吸收中国保障男子离婚权的规定外，还创造了丈夫疏妻而失妻、丈夫骂妻父母会强制离异等保护女子的规定。在夫妻之间的财产关系问题上，体现为突显其本土特色的独立立法模式，保障妻子的嫁妆权、夫妻共同财产权以及寡妇的继承权，这对维护女性的社会地位有关键性作用。

《洪德法典》的此般设计恰好反映了法律文化交流的一般规律。首先，法律根植于文化之中，一方水土成一方法，后黎朝弃佛崇儒，模仿中国古代的法制。尽管中越两国山水相连、历史交往密切，但在法律模仿的过程中，不可避免还是遇到了本土特色文化与外来文化的交锋，虽然与中国清末"礼法之争"的交锋相比，这点冲突实在是小巫见大巫，但我们依然可以确信，法律根植于文化之中，要想学习一个外来的、新的法律制度，必先了解其文化，了解法律制度在该文化之中的地位以及发挥的作用。

其次，法律的模仿不是一蹴而就，而是循序渐进的。从《洪德法典》到后来阮朝的《皇越律例》，我们可以发现，越南律典与中国律典的相似程度越来越高，原来《洪德法典》中独立性比例极高的婚姻制度，到了《皇越律例》中，《婚姻》门的 17 条条例之中，有 12 条完全来源于《大清律例》。① 而且，这种对女性财产权予以极大保护的制度，在整个法律的逻辑体系中是一个不和谐的存在。中国古代的社会治理体系，是家—国秩序观，其底层逻辑就是三纲——君为臣纲、父为子纲、夫为妻纲，在这种逻辑体系下，由婚姻组成的最小的社会单位——家，必然是由男性主导的，如果在这里强调女性地位的保护，会显得逻辑紊乱，不能自洽。事实上，相比于越南本土的风俗，《洪德法典》对女性地位的保护已经是有所降低了，只不过与中国的律典相比，其明显对女性有更多的保护，以今天的眼光来看，《洪德法典》似乎更加进步、民主一些。

由此可见，《洪德法典》实际上只是越南模仿中国法制的中间阶段的产物，其本土特色文化与中国文化不兼容的部分，导致了其法典中的独立性，这种独立性最集中体现在婚姻以及女性地位方面。而这些独立性的部分，或许并不是安南的统治者有意要维护女性地位，而是迫于风土国情之下的无奈之举，所以在婚姻的人身制度上先进行改革，先将聘娶制落实下来，而后再逐步模仿中国古代婚姻的其他制度。

---

① 参见 [越] 阮氏秋水：《越南阮朝〈皇越律例〉与〈大清律例〉的异同》，《江汉论坛》2012 年第 4 期。

"夜无故入人家"律的演进、法理及实践

丁梦雨 *

摘要："夜无故入人家"律，在中国古代法律文本中流变数千年。其在东汉时已经是法律规定，延绵近两千年，而终结至清末修律。"夜无故入人家"律与我国封建社会的盗贼之患关系密切，其原本目的为听民杀贼，这实质是古代社会被迫下放的刑罚权。基于典籍中的案例，可发现在封建国家控制力不断强化的进程中，"夜无故入人家"律所承载的私人刑罚权不断萎缩，沉积在其中的裁判理性日渐扩张，最终淹没其本义。

关键词：夜无故入人家；东汉；刑罚权；裁判理性

引 言

纵观中华法系之律典，"夜无故入人家"律一以贯之。以当代的法律知识评判，作为一条流变数千年的封建律文，其蕴含着诸如正当防卫的行使、住宅权的保护① 等现代法治理念的因子；但是，却不能在我国现行法律中找到其被承继的明显迹象。似乎在清末修

---

* 丁梦雨，郑州大学法学院硕士研究生。

① 参见张群：《中国近代的住宅不可侵犯权——以宪法和刑法为例》，《中国政法大学学报》2008 年第 4 期；蒋海松、熊觉：《中国古典小说中的住宅权观念探微——基于四大名著的分析》，《中国不动产法研究》2018 年第 1 期。

律的历史进程中，随着中华法系的解体，"夜无故入人家"律溘然长逝①。这一切赋予"夜无故入人家"律以深入探讨的魅力。因此，论者对其讨论颇多，主要集中于三个方面：第一，作为正当防卫的古代起源；第二，住宅的保护观念；第三，该律的源流考证。对于正当防卫，一方面，该律已经成为中国刑法史跳不过去的部分，若干正当防卫的专论也重点探讨该律的起源作用②；另一方面，其又成为刑法学者讨论正当防卫不得不提的古代起源③。对于住宅权的保护，其主要是作为古代住宅观念的展示素材。对于该律源流的考证，亦曾有一场热烈的讨论。④ 但是，对"夜无故入人家"律本身，仍有值得继续探讨的宽广余地。"夜无故入人家"律究竟是何时作为正式文本入律的；规定这一律文最初基于何种现实因素；在数千年的演变中，"夜无故入人家"律有什么变化。这是本文尝试继续探讨的三个问题。

---

① 参见高汉成主编：《〈大清新刑律〉立法资料汇编》，社会科学文献出版社 2013 年版，第 37—38 页。

② 参见孙倩：《中国古代正当防卫制度研讨——以相关案件为主要视角》，《刑法论丛》2018 年第 2 期；袁作喜：《论我国正当防卫制度》，《法学研究》1987 年第 3 期；俞晖：《刍议唐律中的正当防卫因素》，《江西社会科学》2021 年第 11 期；李恩慈：《论正当防卫的历史起源》，《首都师范大学学报》1993 第 3 期。

③ 参见汪雄：《寻找失落的"精神"——从〈刑法〉第 20 条第 3 款的适用范围反思刑法的立法价值》，《学术月刊》2020 年第 1 期；姜涛：《行为不法与责任阻却："于欢案"的刑法教义学解答》，《法律科学（西北政法大学学报）》2019 年第 1 期；周光权：《论持续侵害与正当防卫的关系》，《法学》2017 年第 4 期；陈璇：《正当防卫与比例原则——刑法条文合宪性解释的尝试》，《环球法律评论》2016 第 6 期；蔡仙：《防卫动机不必要论之提倡》，《甘肃政法学院学报》2016 年第 5 期。

④ 参见闵冬芳：《唐律"夜无故入人家"条源流考》，《法学研究》2010 年第 6 期；张群：《也谈"夜无故入人家"——评〈唐律"夜无故入人家"条源流考〉》，《北大法律评论》2011 年第 12 期；赵崧：《知无不言，言有不尽——〈"夜无故入人家"——不应忽略的那一面〉读后》，《法律史评论》，法律出版社 2015 年版，第 176 页。

一、"夜无故入人家"东汉已经入律

综合若干考证该条律文的文献①，有论者谓"夜无故入人家"最早入律，是在唐代，即《唐律疏议》曰"诸夜无故入人家者，笞四十。主人登时杀者，勿论；若知非侵犯而杀伤者，减斗杀伤二等"②。拙文以为，此结论值得商榷。况且，虽无详细论证，清代吉同钧已指出"汉时已有此律"③。须知，从现存史料来看，《唐律疏议》作为一部官方编纂的律学著作，虽是"中国古代流传下来的保存至今最为完整的第一部法典"④，但"我国古代唐以前法律文献亡佚"⑤，这点也是目前学界公认的事实⑥。故而，基于现存的条文最早出现在唐代，就认为其最早在唐代入律，既没有事实可以佐证，在逻辑上也不成立。

（一）逻辑推论：郑众的话证明东汉存在该律

据《周礼注疏》郑司农云："谓盗贼群辈若军共攻盗乡邑及家人者，杀之无罪。若今时无故入人室宅庐舍，上人车船，牵引人欲犯法者，

---

① 参见中村正人、赵崧：《清律"夜无故入人家条"小考》，《法律史评论》2021 年第 2 期，桂齐逊：《唐律与现行法关于"正当防卫"规定之比较研究》，载《法制史研究》2003 年第 4 期；闵冬芳：《唐律"夜无故入人家"条源流考》，《法学研究》2010 年第 6 期；张群：《也谈"夜无故入人家"——评〈唐律"夜无故入人家"条源流考〉》，《北大法律评论》2011 年第 12 期；赵崧：《知无不言，言有不尽——〈"夜无故入人家"——不应忽略的那一面〉读后》，《法律史评论》，法律出版社 2015 年版，第 176 页。

② 《唐律疏议》卷十八《夜无故入人家》，岳纯之点校，上海古籍出版社 2013 年版，第 293 页。

③ 闫晓君整理：《大清现行刑律讲义》，知识产权出版社 2017 年版，第 267 页。

④ 何勤华：《唐代律学的创新及其文化价值》，《政治与法律》2000 年第 3 期。

⑤ 李方：《张家山汉简〈二年律令〉有关汉代边防的法律》，《中国边疆史地研究》2009 年第 2 期。

⑥ 刘培育、呆文川主编：《中国哲学社会科学发展历程回忆：续编 .1 集》，中国社会科学出版社 2018 年版，第 424 页。

其时格杀之，无罪"①。此处郑司农，论者谓应是郑众而不是郑玄②，拙文也以为然。史载袁绍率军到冀州，曾"遣使要玄，大会宾客"，但"玄最后至"，后"绍乃举玄茂才，表为左中郎将，皆不就。公车征为大司农，给安车一乘，所过长吏送迎。玄乃以病自乞还家"③。可见，郑玄并未接受大司农一职。郑众，卢植谓其"通儒达士"④，史载"年十二，从父受左氏春秋，精力于学，明三统历，作春秋难记条例，兼通易、诗，知名于世……建初六年，代邓彪为大司农。"⑤，其父郑兴"好古学，尤明左氏、周官，长于历数，自杜林、桓谭、卫宏之属，莫不斟酌焉"⑥。所谓《周官》即是《周礼》，王莽时更为今名，而郑兴、郑众都写过《周礼解诂》⑦。另外，衰辑成《郑司农周礼解诂》六卷，收录于马国翰《玉函山房辑佚书·经编礼类》。同时，唐宋学者将此句注释为"先郑举汉贼律"，即郑众之言。⑧ 由此看来，郑司农只可能是指郑众。基于郑众家学深厚为当时公认的名家，且多年在朝廷担任要职这一事实，可以推论：郑众作的《周礼》之注释应较可信；郑玄与郑众所处时代接近，且为同一领域的后辈，故其对郑众注释的转引，应比较准确；因此，"若今时"一句应是东汉时的律文。

① 李学勤主编：《十三经注疏·周礼注疏（上、下）》，北京大学出版社1999年版，第942页。
② 赵崧：《知无不言，言有不尽——〈"夜无故入人家"——不应忽略的那一面〉读后》，《法律史评论》，法律出版社2015年版，第177页。
③ 《后汉书》卷三十五《张曹郑列传第二十五》，中华书局2012年版，第958页。
④ 《后汉书》卷六十四《吴廷史卢赵列传第五十四》，中华书局2012年版，第1698页。
⑤ 《后汉书》卷三十六《郑范陈贾张列传第二十六》，中华书局2012年版，第968—970页。
⑥ 《后汉书》卷三十六《郑范陈贾张列传第二十六》，中华书局2012年版，第968页。
⑦ 参见陈壁生：《从"礼经之学"到"礼学"——郑玄与"礼"概念的转化》，《清华大学学报（哲学社会科学版）》2022年第1期。
⑧ 李学勤主编：《十三经注疏·周礼注疏（上、下）》，北京大学出版社1999年版，第942页；王应麟：《汉制考·汉艺文志考证》卷二《朝士》，张三夕、杨毅点校，中华书局2011年版，第52—53页。

这点，唐宋以降的学者也如此认为，并持续将其归为汉《贼律》中的律文。①

（二）史料补强：该律具名为"毋故入人室"律

唐以来学者之考证，其实只是根据《周礼注疏》郑玄所引郑众对《秋官·朝士》之"盗贼群辈"句的注释，然郑众的注释并未明说"若今时"句所引用就是律文。故拙文上述的三点推论，似乎只有逻辑上的说服力。从现有的出土汉简来看，似乎可以补强论证的不足，进而相互印证。据查，居延汉简编号 395.011 云："捕律禁毋夜入人庐舍捕人犯者其室殴伤之以毋故入人室律从事"②，对这片简牍所载文字如何断句，比较关键。虽论者对其文义的理解不尽相同，但都将"以毋故入人室律从事"断为一句，并认为这印证郑众"若今时"句所言是指汉代律文，因此该律文存在。③ 这样结论无误。严谨地说，语言的含义也会随着时代的变迁而改变。故而，应进一步考察"以某某律从事"这种句式在汉代是否专指引用律文，这样论证更加有力。《汉书》载："贾人皆不得名田、为吏，犯者以律论"；"孝惠、高后时，为天下初定，复驰商贾之律，然市井子孙亦不得为官吏"；"今法律贱商人，商人已富贵矣；尊农夫，农夫已贫贱矣"。④ 基于以上三处记载可知，商贾之律指代管理商贾的专门法律。另外，《后汉书》载："敢拘制不还，以卖人法从事"；"敢有所兴作者，以擅议宗庙法从事"。⑤ 由此可

---

① 《九朝律考》，商务印书馆 2017 年版，第 81 页。

② 简牍整理小组编：《居延汉简（肆）》，历史语言研究所 2017 年，第 67 页。

③ ［日］大庭脩：《秦汉法制史研究·律的轶文》，林剑鸣等译，上海人民出版社 1991 年版，第 69—70 页；秦进才：《汉代皇权与法律形式》，《河北法学》2004 年第 4 期。

④ 《汉书》卷二十四《食货志第四上》，中国社会科学出版社 2020 年版，第 694、2256、2225 页。

⑤ 《后汉书》卷一《光武帝纪第一下》、卷二《显宗孝明帝纪第二》，中华书局 2012 年版，第 43、100 页。

知，在汉代语言中，"以某某律从事"，一般是比照某某律（法）处理的意思。故而，居延汉简编号395.011所载捕律的内容为：禁止捕吏夜晚进入人家，如果无故进入而被打伤，就按照毋故入人室律处理。此处捕律律文应是与毋故入人室律衔接，并有限制捕吏之意。这说明"毋故入人室律"确是汉代的律文。

（三）要素比对："毋故入人室"与"夜无故入人家"是同一律

论者可能谓，"毋故入人室"律与"夜无故入人家"表述不同，只能说前者是源头，而不能谓同一条律文，更况谓汉代入律也？拙文以为，综合郑众的注释"若今时"句和居延汉简编号395.011所载内容，"毋故入人室"与"夜无故入人家"，两者构成要素等方面并没有本质区别，可将两条律文的要素作比对以证明。在时间要素方面，汉代无限制，唐代为夜间；在地点要素方面，汉代为室宅庐舍、车船，唐代为"家"；在关键词语要素方面，汉代为"其时"，唐代为"登时"；在法律后果的设定上，汉代为"格杀无罪"，唐代为"杀死勿论"。综合以上的比对，可以得出结论，唐律与汉律相比，主要是适用的具体情节有所不同，唐律比汉律更加限制适用。因此，可确定汉"毋故入人室"律与唐"夜无故入人家"律是同一条律文。即，"夜无故入人家"在东汉郑众所处时代就已是汉律条文。还有一个可以佐证的史料，即所有考证"夜无故入人家"流变的论者，都公认元代"诸寅夜潜入人家，被殴伤而死者，勿论"为"夜无故入人家"律的变动，虽则两者的表述亦不完全相同；基于这一思路，汉代的"毋故入人室"律也应和"夜无故入人家"是同一条。即使，目前并无直接史料佐证汉"毋故入人室"律的完整表述，我们所知的只有郑众的"若今时"句，其是在叙述一条汉律的内容，但是不能确定其叙述的就是完整的律文；且根据出土的居延汉简，可以推断该律名为"毋故入人室"，但"毋故入人室"律的表述是否和"夜无故入人家"律一样，目前不得而知。但是，依据现有的史料已经足以得出结论。再者，据宋代《重详定刑统》，该律的律名还曾为"夜入人家"①，此时，并不能认为"夜入人家"律和"夜无故入人家"律不是同一律。故而，即使在没有直观材料的情况下，确认"毋故入人室"律与"夜无故入人家"为同一律，是可信的。

综上所述，对该律的内容流变可作如下概括：汉代为"无故入人室宅庐舍，上人车船，牵引人欲犯法者，其时格杀之，无罪"②；唐代为"诸夜无故入人家者，笞四十；主人登时杀者，勿论；若知非侵犯而杀伤者，减斗杀伤二等"③；宋代为"诸夜无故入人家者，笞四十。主人登时杀者，勿论。若知非侵犯而杀伤者，减斗杀伤二等。其已就拘执而杀伤者，各以斗杀伤论，至死者，加役流"④；元代为"诸寅夜潜入人家，被殴伤而死者，勿论"⑤；明代为"凡夜无故入人家内者，杖八十。主家登时杀死者，勿论。其已就拘执，而擅杀伤者，减斗杀伤罪二等。至死者，杖一百，徒三年"⑥；清代为"凡夜无故入人家内者，杖八十。主家登时杀死者，勿论。其已就拘执而擅杀伤者，减斗杀伤罪二等，至死者，杖一百、徒三年"⑦，"凡夜无故入人家内者，处八等罚。主家登时杀死者，勿论。其已就拘执而擅杀伤者，减斗杀伤罪二等；至死者，徒三年"⑧。若如论者谓，其源头确可追溯至西周"盗贼群辈若军共攻盗乡邑及家人者，杀之无罪"⑨，

---

① 《宋刑统》卷十八《贼盗律二》，薛梅卿点校，法律出版社 1999 年版，第 331 页。
② 李学勤主编：《十三经注疏·周礼注疏（上、下）》，北京大学出版社 1999 年版，第 942 页。
③ 《唐律疏议》卷十八《夜无故入人家》，岳纯之点校，上海古籍出版社 2013 年版，第 293 页。
④ 《宋刑统》卷十八《贼盗律二》，薛梅卿点校，法律出版社 1999 年版，第 331 页。
⑤ 《大元通制条格》，郭成伟点校，法律出版社 2000 年版，"附录"，第 419 页。
⑥ 《大明律》卷十八，怀效锋点校，法律出版社 1999 年版，第 146 页。
⑦ 《大清律例》卷二十五，田涛、郑秦点校，法律出版社 1999 年版，第 413 页。
⑧ 《钦定大清现行刑律》，陈颐点校，北京大学出版社 2017 年版，第 199 页。
⑨ 闵冬芳：《唐律"夜无故入人家"条源流考》，《法学研究》2010 年第 6 期。

则南北朝《大律》"盗贼群攻乡邑及入人家者，杀之无罪"① 亦可包括在内。

二、"夜无故入人家"本义是被迫下放的刑罚权

在探讨事实的同时，拙文尝试探讨产生事实的原因，此即法律史的法理学分析范式的尝试。② 拙文以为"夜无故入人家"律的本义为"听民杀贼"，并且与史书中的"盗贼"之患有密切的关系，其实质是一种被迫下放的"刑罚权"。须知，在人类脱离蒙昧而迈向文明后，不论单个的或集合的人，早已不拥有剥夺他人生命的任性，任何非经公权力直接或间接授权下的剥夺他人生命之行为都是被否定的。

（一）为何是"听民杀贼"？

所谓"听民杀贼"，是指允许百姓杀伤盗贼而不为罪，这是社会赋予犯罪被害人的刑罚权。社会对犯罪被害存有三个阶段的进阶认识：强调对个人的侵害；强调对国家的侵害；重新强调对个人的侵害。③ 被害人角色的变迁历程按时间先后顺序可描述为作为刑罚执行者角色、作为犯罪起诉者角色、逐渐受遗忘的被害者、再度受重视之被害者。④"夜无故入人家"律，其原初的功用是受害者作为"刑罚执行者角色"的"刑罚权"之体现。被害人在最初阶段，之所以被作为"刑罚执行者"，论者有数种观点。第一种，论者谓与复仇观念有关⑤。例如，瞿同祖谓"复仇的观念和习惯，在古代

---

① 《隋书》卷二十五《志第二十》，中华书局 2020 年版，第 784 页。

② 参见刘顺峰：《法律史的法理学研究范式》，《学术研究》2022 年第 6 期。

③ 许永强：《刑事法治视野中的被害人》，中国检察出版社 2003 年版，第 52 页。

④ 黄富源、张平吾：《被害者学新论》，警察学术研究学会，2008 年，第 1—4 页。

⑤ 参见骆群：《中国传统司法中的犯罪被害人》，《河北法学》2014 年第 8 期。

社会及原始社会中极为普遍"①。第二种，复仇的观念和习惯在一定程度、一定范围内为封建法律所承认和规制。例如，有论者谓从古典时期至唐宋时期，及至明清时期，对于复仇问题，大致经历了一个混乱——选择——确定的历史过程②。拙文以为，社会如此认识犯罪，固然有复仇观念和习惯的因素；尤其在我国古代社会，还具有儒学伦理的倡导而推动入律这一因素。除此之外，最重要的是现实情况的驱使。事实上，"听民杀贼"与封建国家预防和打击犯罪尤其平息"盗贼"的能力有关。清代刑部侍郎钱维城在其文《杀贼无抵命法论》中谓："《周礼·朝士职》曰：'盗贼军乡邑及家人，杀之无罪。'军犹军其南门之军，言攻也。攻一家一人，与攻一乡一邑同，杀之皆无罪。"郑康成曰："即今律：'无故入人家及上舟车牵引人欲为非者，杀之无罪'是也。"唐律加"夜"字，分"登时""拘执"，始失古义，而其听民杀贼则同。③钱维城认为"夜无故入人家"的"古义"为允许民众杀伤盗贼，攻击一乡一邑是盗贼，攻击一家一人也是盗贼，百姓杀掉盗贼都不为罪，到了唐代，限制到夜间，区分出"登时"和"拘执"的情节，"夜无故入人家"的古义就丧失了。

(二) 现实驱动："盗贼"难平

认为"夜无故入人家"条与我国古代的"盗贼"之患有关，也就是该条"本义"或许为"听民杀贼"，其原因有二。首先，该律起源于《周礼》"盗贼群攻乡邑及入人家者，杀之无罪"一句，当然与"盗贼"直接相关。其次，史籍中记载的资料，也可以佐证其与"盗贼"

---

① 瞿同祖：《中国法律与中国社会》，中华书局 1981 年版，第 65—66 页。

② 参见明辉：《法律与复仇的历史纠缠——从古代文本透视中国法律文化传统》，《学海》2009 年第 1 期。

③ 陈重业主编：《〈折狱龟鉴补〉译注》卷四《犯盗》，北京大学出版社 2006 年版，第 622 页。

的关系。在此以"二十四史"以及《清史稿》中有关"盗贼"的若干记载为分析材料，经过分类与切片，对历史资料进行观察，以资佐证。

1. 盗贼之患具有频发性

所谓"盗贼"，其二字合用，在古语中的意思比较固定。例如王温舒"督盗贼，杀伤甚多，稍迁至广平督尉"①；"东郡闻纯入界，盗贼九千余人皆诣纯降，大兵不战而还"②；"颍川盗贼寇没属县，河东守兵亦叛，京师骚动"③；"陈留盗贼李坚自称皇帝，伏诛"④。由此可知："盗贼"一般涉及动乱，用来指称有颠覆政权目的的暴动。其实也就是所谓"民变"⑤。有论者以秦代为例，谓秦王朝管理统一国家的时代，尚无历史经验可以借鉴，对于来自社会底层武装暴动导致的颠覆危险，执政者还没有清醒的认识和充分的警惕，一时依然视作"盗贼"之乱。⑥ 这样的结论尚有讨论的空间。据我国古代官修史书载，"盗贼"之患贯穿整个封建社会，"盗贼"一词作为一种固定称谓，其使用也遍及整个封建社会的史书。

在统计了"二十四史"以及《清史稿》中"盗贼"一词的使用频率后，可发现所谓"盗贼"在整个封建社会，具有常在、多发的特点。例如《宋史》中，"盗贼"一词使用多达254次。更重要的是，在封建社会里，还有"群盗""流贼"等词，与"盗贼"基本同义，如在《宋史》中，"群盗"一词就使用了124次。

---

① 《史记》一百二十二《酷吏列传第六十二》，中华书局2011年版，第2730页。

② 《后汉书》卷二十一《任李万邳刘耿列传第十一》，中华书局2012年版，第600页。

③ 《后汉书》卷一《光武帝纪第一》，中华书局2012年版，第44页。

④ 《后汉书》卷七《孝桓帝纪第七》，中华书局2012年版，第228页。

⑤ 参见廖寅：《宋朝应对民变若干措施新探》，《齐鲁学刊》2017年第1期。

⑥ 参见王子今：《论秦始皇出行逢"盗"及秦代"盗"的法律身份》，《西北大学学报(哲学社会科学版)》2020年第1期。

表三

典籍	频次	典型句子
《史记》	31	督盗贼，杀伤甚多，稍迁至广平督尉。①
《汉书》	169	末年，盗贼群起，发军击之，将吏放纵于外。②
《后汉书》	155	今久不抚之，臣恐百姓离心，盗贼复起矣。③
《三国志》	18	郡主簿刘节，旧族豪侠，宾客千余家，出为盗贼，入乱吏治。④
《晋书》	31	于时流人在荆州十余万户，羁旅贫乏，多为盗贼。⑤
《宋书》	14	州郡力弱，则起为盗贼，种类稍多，户口不可知也。⑥
《南齐书》	1	夫惩耻难穷，盗贼长有，欲求猛胜，事在或然，扫墓高门，为利执远。⑦
《梁书》	6	起为光远将军，合讨阴陵盗贼，平之，以为谯州刺史。⑧
《陈书》	3	寻起为和戎将军，累迁寻阳内史，为政严明，盗贼静息。⑨
《魏书》	22	时山东饥馑，盗贼竟起⑩
《北齐书》	5	时天下多难，盗贼充斥，征召兵役，途多亡叛，朝廷患之⑪
《周书》	9	永安末，盗贼蜂起。⑫
《隋书》	65	于时盗贼群起，武阳诸城多被沦陷，唯贵乡独全。⑬

---

① 《史记》卷一百二十二《酷吏列传第六十二》，中华书局 2011 年版，第 2730 页。

② 《汉书》卷二十四《食货志第四上》，中国社会科学出版社 2020 年版，第 2246 页。

③ 《后汉书》卷三十六《郑范陈贾张列传第二十六》，中华书局 2012 年版，第 963—964 页。

④ 《三国志》卷十二《魏书十二》，中国社会科学出版社 2020 年版，第 1082 页。

⑤ 《晋书》卷六十六《列传第三十六》，中华书局 1974 年版，第 1766 页。

⑥ 《宋书》卷九十七《列传第五十七》，中国社会科学出版社 2020 年版，第 4992 页。

⑦ 《南齐书》卷四十八《列传第二十九》，中华书局 2019 年版，第 933—934 页。

⑧ 《梁书》卷二十八《列传第二十二》，中国社会科学出版社 2020 年版，第 1088 页。

⑨ 《陈书》卷二十六《列传第二十》，中国社会科学出版社 2020 年版，第 785 页。

⑩ 《魏书》卷四十四《列传第三十二》，中华书局 1974 年版，第 996 页。

⑪ 《北齐书》卷二十四《列传第十六》，中国社会科学出版社 2020 年版，第 761 页。

⑫ 《周书》卷三十六《列传第二十八》，中国社会科学出版社 2020 年版，第 1344 页。

⑬ 《隋书》卷七十三《列传第三十八》，中华书局 2020 年版，第 1892 页。

续表

典籍	频次	典型句子
《南史》	9	莫不奔窜山湖,聚为盗贼。①
《北史》	54	世基以盗贼日盛,请发兵屯洛口仓,以备不虞。②
《旧唐书》	41	今天下大乱,城门之外,皆是盗贼。③
《新唐书》	60	既而籍卒逋亡,无生业,曹聚山林间为盗贼。④
《旧五代史》	14	时盗贼所在群起,攻劫州郡,断澶州浮梁。⑤
《新五代史》	11	由是山海间盗贼竞起。⑥
《宋史》	254	时四方盗贼窃发,州郡不能制。⑦
《辽史》	12	加以盗贼蜂起,邦国危于累卵。⑧
《金史》	78	诏安抚河南路,捕盗贼。⑨
《元史》	119	玉吕鲁奏,江南盗贼凡四百余处,宜选将讨之。⑩
《明史》	92	盗贼之祸,历代恒有,至明末李自成、张献忠极矣。⑪
《清史稿》	105	辛巳,以广东盗贼横行,谕饬严缉。⑫

2. 平息盗贼成为官府的重要职责

"盗贼"属于"民变",具有反抗封建当局的性质,因而是对封建秩序的重大威胁,平息盗贼也就成为封建官府的重要职责。从中央

---

① 《百衲本南史》卷三十四《列传第二十四》,国家图书馆出版社 2014 年版,第 371 页。

② 《北史》卷八十三《列传第七十一》,中华书局 1974 年版,第 2798 页。

③ 《旧唐书》卷五十七《列传第七》,中华书局 1975 年版,第 2286 页。

④ 《新唐书》卷一百一十八《列传第四十三》,中华书局 1975 年版,第 3958—3959 页。

⑤ 陈智超:《辑补旧五代史(八)》卷一百三十七《外国列传一》,巴蜀书社 2021 年版,第 3548 页。

⑥ 《新五代史》卷六十五《南汉世家第五》,中国社会科学出版社 2020 年版,第 1650 页。

⑦ 《宋史》卷三百二十《列传第七十九》,中华书局 1985 年版,第 10408 页。

⑧ 《辽史补注》卷一百《列传第三十》,中华书局 2018 年版,第 3440 页。

⑨ 《金史》卷七十八,中国社会科学出版社 2020 年版,第 3447 页。

⑩ 《元史》卷十五《本纪第十五》,中华书局 1976 年版,第 320 页。

⑪ 《明史》卷三百九十《流贼》,中华书局 1974 年版,第 7947 页。

⑫ 《清史稿》卷十二《穆宗本纪二》,中华书局 1977 年版,第 837 页。

到地方乃至最基层，政府一般设置专门应对盗贼的机构。据《元史》载，元代设有"隆镇卫亲军都指挥使司，秩正三品"，其职责为"掌屯军徼巡盗贼于居庸关南、北口"①。又如，把平息"盗贼"作为考核官员的重点内容之一，比如，元代选拔守令"以户口增、田野辟、词讼简、盗贼息、赋役均五事备者，为上选"②。据《宋史》载，太宗四年，"始置磨勘之司"，其职责也包括"其贪冒无状、淹延斗讼、逾越宪度、盗贼竞起、部内不治者，亦条其状以闻，当行贬斥"③。又如，设"考功郎中"，以七事考监司，"一曰举官当否，二曰劝课农桑、增垦田畴，三曰户口增损，四曰兴利除害，五曰事失案察，六曰较正刑狱，七曰盗贼多寡"④。又宋代基层还有乡兵负责缉捕盗贼，比如熙宁八年十二月，"诏五路义勇并与保丁轮充及检察盗贼，有违犯，依保丁法"⑤。早在汉代，就有类似的基层机构，《史记》载"安留武功，替人为求盗亭父也。应劭云'旧时亭有两卒，其一为亭父，掌关闭扫除；一为求盗，掌逐捕盗贼也'"⑥。由此可以粗疏地看到，盗贼之患是对我国古代封建秩序的重大威胁；从中央、地方到基层，都设置有负责平息盗贼的机构，治理盗贼成为古代官府的重要职责。

3. 盗贼自贫民转化，很难止息

"盗贼"，常常是由社会底层的贫民被迫转化而来的；被迫转化，一般是封建王朝政策失误或者重人的自然灾害所引起，这两者都可能导致贫民无法合秩序地生存。这一点不仅可以从历史的记载中直观地看出来；并且，封建王朝的官僚对此也有清醒认识。例如，董仲舒谓"贫民常衣牛马之衣，而食犬彘之食。重以贪暴之吏，刑戮妄加，

① 《元史》卷八十六《百官二》，中华书局 1976 年版，第 2162 页。
② 《元史》卷八十二《选举二》，中华书局 1976 年版，第 2038 页。
③ 《宋史》卷一百六十《选举六》，中华书局 1985 年版，第 3758 页。
④ 《宋史》卷一百六十三《职官三》，中华书局 1985 年版，第 3839 页。
⑤ 《宋史》卷一百九十一《乡兵二》，中华书局 1985 年版，第 4739 页。
⑥ 《史记》卷一百四十《田叔列传第四十四》，中华书局 2011 年版，第 2427 页。

民愁亡聊，亡逃山林，转为盗贼，赭衣半道，断狱岁以千万数"①。据《后汉书》载，汉孝顺帝曾下诏曰"间者以来，吏政不勤，故灭咎屡臻，盗贼多有"②。又据《三国志》魏书载，郑浑"以百姓新集，为制移居之法，使兼复者与单轻者相伍，温信者与孤老为比，勤稼穑，明禁令，以发奸者。由是民安于农。而盗贼止息"③。《新唐书》载，韩思复被调任梁府仓曹参军，恰好大旱，于是就开仓赈济灾民，州长官弹劾指责他这种做法，韩思复反驳道"人穷则滥，不如因而活之，无趣为盗贼"，史载"州不能诎"④。又《清史稿》载，天聪元年，"大饥，斗米值银八两，银贱物贵，盗贼繁兴"，清太宗皇太极，恻然曰"民饥为盗，可尽杀乎!"于是，"令鞭而释之，仍发帑赈民"⑤。不可否认，统治阶级的这种认识，不可避免地具有局限性;正如论者谓:几千年封建社会以"私天下之利"为立法原则，从而出现"治盗之法尽而盗不止"的现象。⑥

4.盗贼为聚集性流动，对秩序危害大

所谓聚集性，乃是指盗贼一般具有一定的组织结构，聚集在一定区域，数量不会太小。例如，据《汉书》载，"民弃城郭流亡为盗贼，并州、平州尤甚"⑦。明显可以看出这些由百姓转化的"盗贼"，聚集在"平州""并州"一带。又如《后汉书》载，"南郡、江夏盗贼寇掠城邑，州郡讨平之"⑧。此处直接以"南郡""江夏"限定盗贼的来源

---

① 《汉书》卷二十四《食货志第四上》，中国社会科学出版社 2020 年版，第 2232—2233 页。

② 《后汉书》卷六《孝顺孝冲孝质帝纪第六》，中华书局 2012 年版，第 206 页。

③ 《三国志》卷十六《魏书十六》，中国社会科学出版社 2020 年版，第 1393 页。

④ 《新唐书》卷一百一十八《列传第四十三》，中华书局 1975 年版，第 4271—4272 页。

⑤ 《清史稿》卷二《太宗本纪一》，中华书局 1977 年版，第 24 页。

⑥ 焦冶:《治盗之法尽而盗不止——中国古代"盗"罪之考论》，《苏州大学学报（哲学社会科学版）》2008 年第 5 期。

⑦ 《汉书》卷九十九《王莽传第六十九中》，中国社会科学出版社 2020 年版，第 7572 页。

⑧ 《后汉书》卷六《孝顺孝冲孝质帝纪第六》，中华书局 2012 年版，第 215 页。

与聚集区域。又如《三国志》载，"盗贼马秦、高胜等起事于郪。合
聚部伍数万人，到资中县"①。此处"数万人"可以直观看出盗贼数量
之多。又如《旧唐书》载"属盗贼群起，师都阴结徒党数千人，杀郡
丞唐宗，据郡反"。此处记载直接反映出盗贼的"造反"性质。再如《明
史》载，"军民及商灶户死者无算，少壮转徙，丐江、仪、通、泰间，
盗贼千百啸聚"②。此处"转徙"表明，盗贼并不是静止地聚集，而具
有流动中聚集的特点。通过诸如此类的史料，拙文以为，我国古代的
盗贼一般具有一定的或严密、或松散的组织结构，而且往往聚集在
一定的区域内，并有流动的特点。基于其聚集性流动的特点，"盗贼"
对封建社会秩序的维护具有较大的危害，从而成为封建王朝需要应对
的"盗贼之患"。

5. 官府杀盗贼原本就具法律弹性

所谓法律弹性，也即官府平息盗贼，既可以依照现有法律规定
行动，也可因情况紧急或盗贼行为恶劣而直接"格杀"。例如，据
《后汉书》载，动用军队镇压"盗贼"的记载有多处，例如"庚申，
帝自征颍川盗贼，皆降"③，"荆州刺史度尚击零陵、桂阳盗贼及蛮
夷，大破平之"④。正如明代岳正认为"为政有体，盗贼责兵部，奸
宄责法司"⑤，即"盗贼"对封建社会秩序的重大威胁导致朝廷一般
会派军队前往镇压，那么既然派军队镇压，就很难先捕获盗贼，然
后论罪。又例如，据《清史稿》载，"凡步军营捕获盗贼，岁登其
数请叙"⑥。又据《元史》载，"敕凡盗贼必由管民官鞫问，仍不许
私和"⑦，说明当时存在百姓与"盗贼"私下和解的情况。而"诏诸

---

① 《三国志》卷四十《蜀书十》，中国社会科学出版社 2020 年版，第 2647 页。
② 《明史》卷八十四《河渠二》，中华书局 1974 年版，第 2072 页。
③ 《后汉书》卷一《光武帝纪第一下》，中华书局 2012 年版，第 44 页。
④ 《后汉书》卷七《孝桓帝纪第七》，中华书局 2012 年版，第 244 页。
⑤ 《明史》卷一百七十六《列传第六十四》，中华书局 1974 年版，第 4680 页。
⑥ 《清史稿》卷一百一十四《职官一》，中华书局 1977 年版，第 3289 页。
⑦ 《元史》卷十二《世祖九》，中华书局 1976 年版，第 258 页。

人告捕盗贼者，强盗一名赏钞五十贯，窃盗半之，应捕者又半之，皆征诸犯人，无可征者官给"①；"如境内无失，但获强窃盗贼，依例理赏。若应捕之人，及事主等告指捕获者，不赏"②，此两处关于捕盗的规定说明某些"盗贼"是可以由官府捕获，而无需派兵征讨的。又如《明史》载，"盗贼奸宄，仍责厂卫，亦必送法司拟罪"③，这里又可以看出，捕获的"盗贼"是需要由专门机关依法律处置的。从以上的记载可以得出一个粗浅的结论：处置犯罪情节恶劣的"盗贼"，往往可以脱离法律的规制，而犯罪情节十分轻微的"盗贼"，亦可能被私下和解，而犯罪情节中等而又为官府所知的"盗贼"，则一般会依法处置，尽管最后的结果也是死罪。法律弹性由此可管窥一斑。

（三）小结

据以上观察，《周礼》谓"凡盗贼军乡邑及家人，杀之无罪"④，也就不足为奇了。在古代史籍中所记载的"盗贼"，是从大量的底层百姓转化而来的，其聚集性的特点、其频发性的可怖，往往令官府束手无策、捉襟见肘。据《管子》"夫盗贼不胜则良民危，法禁不立则奸邪繁"⑤，可知"盗贼"与"良民"是截然对立的称谓。而令官府窘迫的盗贼往往又经常存在而不能及时平息，故而只能规定"杀之无罪""勿论"，即在这种情况下不得已给"良民"以刑罚权，让其可以稍微承担"刑罚执行者的角色"以自我保护。故而，可以想象，在"盗贼"蜂起的情况下，"盗贼"闯入"良民"的家中，"良民"可以"杀之无罪"，官府只需"勿论"。例如，钱维城上疏"事主杀盗贼移尸，

---

① 《元史》卷十九《成宗二》，中华书局1976年版，第405—406页。
② 《元史》卷一百三十《刑法二·职制下》，中华书局1976年版，第2630页。
③ 《明史》卷九十五《刑法三》，中华书局1974年版，第2337页。
④ 《周礼》，中州古籍出版社2010年版，第323页。
⑤ 《管子》，中华书局2019年版，第713页。

有司辄置勿论",得到的结果是"下部议行"①。

基于以上论述,拙文以为,"夜无故入人家"律起源自统治者在疲于应对"盗贼"之患时,不得已赋予守法百姓的"刑罚权"。直观地说,也就是"听民杀贼"。这一结论,不仅可以从历史典籍的记录中得到佐证;最重要的是,清代刑部侍郎钱维城请求施行"事主杀盗贼移尸,有司辄置勿论"的奏疏得到认同与执行,不可不谓一个类似"返祖现象"的证明。

三、从萎缩的刑罚权走向扩张的裁判理性

如论者谓"在古代社会,国家暴力资源相对匮乏,军队和警察装备落后,所以被迫利用私人暴力来威慑犯罪"②。然而,随着封建国家机器控制力的增强,尤其国家暴力资源的丰富,被迫下放的"刑罚权"渐次变化、逐渐萎缩;也即由被迫下放的"刑罚权"逐渐演进为被限缩的"刑罚权";同时,其文本中的法理也在累积与迭变,其中裁判理性的边界在不断扩张,并淹没了"听民杀贼"的本义。虽则"夜无故入人家"律源自"听民杀贼",但从更广阔的时间范围来看,史书中所载的那种明白无误、确可直接格杀"盗贼"的情形,并不是日常生活的全貌,在典籍中可以找到这类案例。

(一)刘崇龟换刀案

《折狱龟鉴》载有一则唐代的案例,也就是刘崇龟镇守南海郡的时候,在其治下曾发生的一起命案③。大致经过为:有一富商的儿子,晚上在江岸边停船,见某大户家的门口有位美丽的女子,并且

---

① 《清史稿》卷三百五十《列传第二十九》,中华书局 1977 年版,第 10519 页。
② 桑本谦:《科技进步与中国刑法的近现代变革》,《政法论坛》2014 年第 5 期。
③ 杨奉琨:《〈疑狱集〉〈折狱龟鉴〉校释》卷二《刘崇龟》,复旦大学出版社 1988 年版,第 89—90 页。

还不避人的眼光；于是这富商之子就戏谑说：晚上去你家找你。岂知这位女子面无难色，开门等待这富商之子过来。不料，晚上有盗贼进入这女子的闺房，这女子以为果真是富商之子来找她，于是就欢快地扑过去了。此时，盗贼以为自己马上要被这家主人捉住，就挥刀杀了这女子而后逃走。不久，富商的儿子居然来了，闻到血腥味，又发觉有人伏地不起，连忙离去。后刘崇龟以盗贼所遗留的"刀"为切入点，将杀人盗贼捉拿归案。那位富商的儿子由于触犯"夜无故入人家"条，而被施以杖背之刑。此处所谓"杖背"，依《唐律疏议》可知为"夜无故入人家，笞四十"①。从刘崇龟换刀案可以看出，"夜无故入人家"在这时是得到适用的，但是由于法条的具体适用情节的变换，其已经产生限缩"刑罚权"之意；也即从仅仅规定"杀之无罪"到区分具体情节。在此，拙文再次摘出《唐律疏议》"夜无故入人家"条的完整表述："诸夜无故入人家者，笞四十。主人登时杀死者，勿论；若知非侵犯而杀伤者，减斗杀伤二等。"②立基于对《周礼》《汉律》《唐律疏议》中该条律的比对，拙文的分析如下。

1. 实质限缩："诸夜无故入人家者，笞四十"

对"刑罚权"比较具实质性的限缩，只有"诸夜无故入人家者，笞四十"这一部分表述。在这种情节中，犯者"夜无故入人家"，主人没有登时杀死，或当时被拘执，或事后被告发，其所受刑罚仅仅为"笞四十"。这句简单的条文值得仔细推敲，与《周礼》《汉律》中的条文相比，其最大的不同是：轻微触犯"夜无故入人家"律，刑罚要由国家来实施；"笞四十"作为必须由特定机关执行的行为就是明证。

---

① 《唐律疏议》卷十八《夜无故入人家》，岳纯之点校，上海古籍出版社 2013 年版，第 293 页。

② 《唐律疏议》卷十八《夜无故入人家》，岳纯之点校，上海古籍出版社 2013 年版，第 293 页。

2.形式限缩："若知非侵犯而杀伤者，减斗杀伤二等"

主家知晓"夜无故入人家"者的意图并非为侵犯，此时主家的人身财产不具有现实的危险性，故而"刑罚权"是不被赋予的。此时，主家仍旧杀死闯入者，这是对国家所享有的剥夺生命的刑罚权的侵犯，此时依"减斗杀二等"处理。此处，从文本上直观地观察，好似已经对"主人登时杀死者，勿论"所赋予的"刑罚权"进行较大的限缩。实则不然。须知，主家当时知与不知闯入者的意图，无法从外界来确定，这是一种即时的主观的心理状态；闯入者的意图，同样是一种主观的心理状态，也是不易从外界来探知的。那么，如果两者的主观心理状态都处于一种不易为外界确知的情况下，主家即使知其没有犯意而仍旧杀之；在古代，其中的真实情节难以查明。

3.小结

综合刘崇龟换刀案以及对《唐律疏议》中该律的分析，到唐代时，"夜无故入人家"中被迫下放的"刑罚权"已经被限缩，但是这一限缩比较轻微。假设依照文本的规定，适用"笞四十"，只能类似刘崇龟案，大概属于事发后又被告发的情形，即案情进入国家机关的视野中。在形式限缩几乎无效的情况下，从文本的分析来看，主家杀死任何闯入者的法律风险极其小，如果主家有能力直接杀死外来闯入者，为何要选择把案情推入国家机关的视野而让其仅受一点"杖背"之刑呢？

（二）邵守愚案

据《海忠介公全集》载，明代淳安县邵守愚与弟弟邵守正共同继承祖上的一口池塘，每年轮流养鱼。嘉靖三十六年，该年轮到邵守愚，但是鱼塘屡次被偷盗。这年八月二十三夜里，邵守正恰好与同伙程周去鱼塘偷鱼，而邵守愚与其养子邵天保拿着武器去鱼塘抓贼。程周看见人影，听见脚步声，就连忙背着渔网逃跑了。邵守正被邵守愚一枪戳倒，当即痛叫一声，又被连戳五枪而死。案发后，"蒙洪知县审得，若是误杀，不宜连戳六枪，似有仇恨。遂安朱知县审问守愚，连戳六枪，似非误杀。寿昌彭知县问拟守愚依'同居卑幼引人盗物，若有杀伤者，依杀缌麻弟'律绞"；这几个知县审问后，认为应处邵守愚以绞刑，然而"解府转详巡按御史王处驳回。分巡道者看得招情亦欠合律，行府转委本县检究"；于是，海瑞得以参与该案，发表意见谓"杀贼不死，贼必反伤，其连戳六枪者、盖亦未知其死与未死，多戳使之必死，亦势所必至也。守正被戳岂无痛声，然止一痛声，未有别样说话。黑夜敌贼，危迫慌忙，兄弟相盗，思虑不及，恐不能就一痛声而辨其为兄弟、他人也"，进而认为"登时杀死，未就拘执，似不当以'同居卑幼引他人盗己家财物，有杀伤者，依杀伤缌麻弟'律绞论罪。"①

1. 规范：刑罚权的实质限缩

据《大明律》规定："凡夜无故入人家内者，杖八十。主家登时杀死者勿论。其已就拘执，而擅杀伤者，减斗殴伤罪二等。至死者，杖一百，徒三年"②。由此处可以直观得知：在明代的"夜无故入人家"律文中，闯入者在与主家没有强烈的肢体冲突时，或者被拘执而送到官府，或者事后被捕等，此时的惩罚比唐代有所加重，为"杖八十"；"登时"的情形未变；构成"擅杀伤"的要件由"知非侵犯"的犯意要素到"已就拘执"的失去作为能力要素；这与唐律相比，是对刑罚权的实质性限缩。如此结论，理由在于是否曾让闯入者失去作为能力，是有迹可循的；闯入者"已就拘执"，主家要等待官方的介入而不可"擅杀伤"，这又进一步宣示国家对刑罚权的掌控；即使闯入者恶意十分大，只要登时没有将其杀死而是将其拘执，那么就要由国家司法机关处理。

---

① 周恺：《判词的故事》，中国法制出版社 2018 年版，第 109—110 页。
② 《大明律》卷十八，怀效峰点校，法律出版社 1999 年版，第 146 页。

2. 迹象：裁判适用范围的扩张

在邵守愚案中，适用"夜无故入人家"律的地点要件具有瑕疵。案件发生的地点为鱼塘，这通常不能被认为在"家"概念范围内。既然明代"夜无故入人家"律的限缩更加具有实质性，鱼塘与"家"也是截然不同的场域，为什么海瑞仍旧引用"登时杀死，未就拘执"这一论点来说明绞刑不适当呢？由海瑞的分析可知，其认为邵守愚应依照"夜无故入人家"律中的"登时杀死者勿论"处理，得出邵守愚不应受到处罚的结论。但是，在文本上，邵守愚案并不完全符合"夜无故入人家"律的构成要件，故而其仅引用"登时杀死，未就拘执"，意在强调"登时杀死"背后的法理与常情，以说明邵守愚不应在法律上受到苛责。

3. 小结

综合以上论述，较唐律而言，明代的"夜无故入人家"律，存在对"刑罚权"进一步的实质性限缩；同时也存在考虑常情的情形。典型的例证就是海瑞的参语，从其中隐约可看出一丝由"夜无故入人家"律中蕴含的法理来裁判与规范不够契合之案情的迹象。

（三）王玉案

清代《刑案汇览》载有一案：张兴渊向来不认识王玉，一日三更，王玉疯病复发，从矮墙爬入张兴渊家院内。张兴渊和雇工钟义听到动静了，点着灯出去看见院内站着一个人。此时，张兴渊心生疑虑，和钟义一起用木棍、铁叉等打伤王玉左腿膝盖等部位，并一起扭住王玉问其姓名和来意，但王玉不回答。于是，张兴渊与钟义将王玉拴在树上继续盘问，王玉还是不说话，张兴渊又用结拢麻绳叠殴其右肋、右胁，致使王玉殒命。后该省巡抚依照"夜无故入人家，已就拘执而擅杀"条，拟处张兴渊以满徒的刑罚；但是安徽司认为"今王玉因疯发无知，夜入该犯院内，该犯等既将其捉获捆缚，何难辨认送究，乃辄将其叠殴致死，与仓卒殴毙者不同，自应仍照共殴本律问拟，该抚将该犯依夜无故入人家，已就拘执而擅杀律拟以满徒，殊未允协，罪关生死出入，应令该抚另行按律妥拟具题"。并给出以往的做法为"本部查殴死疯发无知夜入家内之人，必实系事在仓卒，搏殴致毙，方可照擅杀律拟徒，若其人业已就缚，辄复将其叠殴殒命，则仍应予以绞抵，向来办理并无歧误"。①

1. 条例：限缩于财产权的保护

《大清律例》"夜无故入人家"条完全照搬明律。② 除此之外，《大清律例》中，该条附有三处条例，分别就"邻佑人""持仗拒捕""旷野白日"等特殊类型作出规定。③ 这些条例其实已经溢出"夜无故入人家"律的文本规范。概要地说：在时间要件层面，三处条例皆有规定"白日"的情节，突破"夜"这一时间限制；在地点要件层面，三处条例中有两处条例规定住宅范围之外的适用情节，如"市野""旷野"，这已经突破"家"的场域限制；在主体要件层面，行使刑罚权的主体，也已经突破"事主"的界限，例如"邻佑人""奴仆雇工"这些主体也可因与事主的关系而辅助作为；在客体要件层面，由三处条例可知，"闯入者"侵犯的客体仅是财物的所有权。这些条例在文本上突破"夜无故入人家"律的适用范围，与附着在"夜无故入人家"条的价值判断一脉相承，并限缩于财产权的保护。

2. 现实：裁判理性扩容

由《大清律例》"夜无故入人家"律可知，在现实的裁判中，清代司法机关甚至直接突破"夜无故入人家"的文本规范。从王玉案的

---

① 《刑案汇览三编（二）》卷二十一《夜无故入人家》，北京古籍出版社 2004 年版，第 766—767 页。

② 郭成伟主编：《大清律例根原》卷七十二《刑律贼盗下》，上海辞书出版社 2012年版，第 1149 页。

③ 郭成伟主编：《大清律例根原》卷七十二《刑律贼盗下》，上海辞书出版社 2012年版，第 1150—1152 页。

情节来看，时间是在三更，地点是在主家院内，王玉为张兴渊等拘执；最后，王玉又为张兴渊等擅杀；这完全符合"夜无故入人家"律的规定。然而，安徽司在回复中谓"殊未允协"，认为"自应仍照共殴本律问拟"，其理由是：首先，王玉疯发无知；其次，王玉为张兴渊拘执；那么，"何难辨认送究"；但是，"乃辄将其叠殴致死"；于是，得出结论："与仓卒殴毙者不同"。这里，司法机关认为"与仓卒殴毙者不同"而否定"夜无故入人家"律的适用，只能基于常理，尤其"夜无故入人家"律含义扩张后的法理而推断。其中的法理在于，王玉在被拘执之后，按照常理，其疯病较容易为张兴渊等辨认的，而张兴渊既然按常理可以知道王玉乃疯病发作，那么张兴渊等人在殴死王玉的过程可谓从容不迫，并非"仓卒殴毙"。这也意在指明，张兴渊等人拘执王玉而擅杀之，是在自知没有任何人身、财产危险的状态下的故意作为，与"登时"背后所蕴含的价值判断与法理依据背道而驰。这一点值得与邵守愚案中海瑞的参语比较。邵守愚案并不符合"夜无故入人家"的文本规范，而海瑞却变相引用"夜无故入人家"律，即"登时杀死，未就拘执"来说明观点；在王玉案中，该案完全契合"夜无故入人家"律的文本规范，安徽司却认为"与仓卒殴毙者不同"而不应适用。

3. 小结

相较明代，清代的"夜无故入人家"律存在对财产权保护的限缩。同时，自王玉案可知，伴随着蕴含于条文中的法理的扩容，即使从外观上符合该条文的规范，也未必可以直接适用，也会被其中的法理所否定。从明代海瑞小心翼翼地认为"似不当以'同居卑幼引他人盗己家财物，有杀伤者，依杀伤缌麻弟'律绞论罪"，到清代安徽司直白地认为王玉案不应依照"夜无故入人家"处理，"向来办理并无歧误"，这说明，积淀在"夜无故入人家"中的裁判理性与价值判断有进一步的扩张。

四、结语

基于对"夜无故入人家"律一系列切片式的梳理与分析，可以得出一些新的认识。"夜无故入人家"律，数千年一脉相承而又不断演进，从中可体味中华法律文明的源远流长，可管窥中华法律文明的特质。从入律时代来看，其在东汉时就已经是律文。从制定目的来看，"夜无故入人家"律的本义为"听民杀贼"；其实质是被迫下放的"刑罚权"，以方便百姓自我保护。从本义处的"盗贼"来看，其多数乃封建统治者无度剥削或政策失误所致；可贵的是，封建统治者在一定程度上认识到"盗贼"与"良民"的转化关系以及自身的问题；因此，要看到这种赋予百姓以"刑罚权"的被迫中，蕴藏着人本主义的基因。从律文内涵的演进来看，确可体味"夜无故入人家"律在演进中，其蛮荒的风貌逐渐被历史所雕琢，沉积在文本中的法理也日益丰富；甚至，清代"夜无故入人家"律在文本与法理两方面都已具备现代"正当防卫"的因素。更重要的是，假如认真观察，就会发现其中的法理或裁判理性具有强烈的当代价值；即邵守愚案、王玉案中面临的裁判问题，当代人也在绞尽脑汁，也在做着类似的选择，其典型的例证就是于欢案。这就是发掘优秀传统法律文化的意义所在。但是，对优秀传统法律文化中积淀的法理，究竟该如何概念化地提炼与表达，以对今天的法治中国建设提供智识，同样是一个有待深入研究的问题。

唐代习惯与制定法的冲突与融合

——以敦煌吐鲁番契约文书为中心

聂子衿*

摘要：存在于契约之中的习惯，是传统中国法律的重要渊源。通过对敦煌吐鲁番契约文书的分析可发现，民间习惯规范着人们的买卖、借贷等经济行为，当习惯和制定法发生抵触时，民间会采取在契约中写入"官有政法，人从私契""抵赦条款"等方式规避制定法的影响，官府也会通过立法、司法等途径干预习惯的适用。经过长期实践后，习惯先通过司法途径出现在官府视野，再被纳入制定法中，"亲邻法"的制定法化就是这样的案例。厘清唐代习惯与制定法的关系，对了解唐代民间法律生活的全貌，以及理解唐宋法制的承继和变革有重要意义。

关键词：敦煌吐鲁番文书；习惯；制定法

有学者指出，中国传统法的特征是"一统性"和"多层次"并存，"一统性"的法是中央王朝制定的法令，"多层次"的法是"一统性"法令的补充，包括地方法规、家族法规、村规民约等，而习惯穿插于二者之中。[①] 唐代的制定法已经非常完备，与此同时，习惯也活

---

* 聂子衿，华东政法大学法律学院硕士研究生。

① 参见曾宪义、马小红：《中国传统法的"一统性"与"多层次"之分析——兼论中国传统法研究中应慎重使用"民间法"一词》，《法学家》2004 年第 1 期。

跃于民间交易中。学界很早就关注到了习惯在唐代民间交易中的重要作用，金眉认为惯例地位的上升及其相关契约的格式化在唐后期①，韩树伟对唐代契约中借贷利息、违约纳罚、担保等惯例做了详细的考察②。在关于习惯与制定法关系的研究中，霍存福认为唐代契约活动的依据主要是国家法而非民间法③，顾凌云则认为制定法对民间交易的管控未必有效④。过往的研究虽然提及了在某些情况下，人们可能遵从契约而非制定法，但鲜少从习惯的角度分析人们做此选择的原因，在言及制定法对契约或习惯的管控时，又多局限于立法角度。本文以过往的研究为基础，从习惯的角度探讨人们为何敢对抗制定法，国家是如何通过契约干预习惯的，以及习惯通过何种方式成为制定法的一部分。

一、唐代习惯的适用

（一）习惯与制定法的抵触——以"乡原生利"为例

民间借贷是我国古代的一种常见经济现象，敦煌吐鲁番发现的借贷契约向我们展现了唐代民间借贷的真实面貌，其中借贷利率尤其值得关注。唐代制定法规定了民间借贷利率的上限，与此同时，民间按照当地惯例计算利息，也就是以"乡原生利"。到了唐代中晚期，民间借贷利率普遍高于法定利率，到了官方难以控制的地步。下文以"乡原生利"的演变为视角，分析唐代习惯与制定法相抵触的一面。

---

① 参见金眉：《论唐代民事法律的发展及其特点》，《法学》2001 年第 11 期。
② 参见韩树伟：《西北出土契约文书所见习惯法比较研究》，兰州大学中国史博士学位论文，2020 年，第 46—47 页。
③ 参见霍存福：《再论中国古代契约与国家法的关系——以唐代田宅、奴婢卖买契约为中心》，《法制与社会发展》2006 年第 6 期。
④ 参见顾凌云：《从敦煌吐鲁番出土契约看唐代民间土地买卖禁令的实效》，《敦煌研究》2016 年第 3 期。

　　唐代前期对民间利率只有模糊的规定，《武周长安元年（701）十一月十三日敕》规定："负债出举，不得回利作本，并法外生利，仍令州县，严加禁断。"① 此处的"法"指的是本乡的惯例②，也就是敦煌吐鲁番契约中常见的"乡原"，本敕可以理解为朝廷下令民间借贷利率以当地习惯为准。"乡原"又可以称为"乡元""乡原例""乡源""乡法"，是唐代的习语，表示为"本乡惯例"③，以"乡原生利"是计算利息的一种，也就是按照本地惯例计算利息，如《武周长安三年（703）曹保保举钱契》中的："月别依乡法生利入史，月满依数送利。"④"月别依乡法生利"就是以当地习惯计算利息。"乡原"在民间交易上具有约束力，当事人也会在诉讼中以遵从了"乡原"为由争取利益，如《唐咸亨五年（674）王文欢诉酒泉城人张尾仁贷钱不还辞》中有："银钱贰拾文，准乡法和立私契。"⑤ 这是债权人王文欢的状词，王文欢认为按照"乡法"订立的契约是有效的，因此强调"准乡法和立私契"，以期官府实现自己的诉求。实际上，地方官员也将"乡原"作为裁判依据，如《唐永泰（765—766）河西巡抚使判集》的一道判文中有："勒令陪备，又诉贫穷。不依乡原，岂可无罪。"⑥ 可见在司法中，"乡原"是裁判的重要依据。现存武周至开元时期明确利率的借贷契约较少，有学者根据开元时期的米价

① 《唐会要》卷八十八《杂录》，中华书局 1955 年版，第 1618 页。
② 王启涛指出，本敕所言之"法"并非制定法，而是惯例，参见王启涛：《中古及近代法制文书语言研究——以敦煌文书为中心》，巴蜀书社 2003 年版，第 399 页。
③ 季羡林编：《敦煌学大辞典》，上海辞书出版社 1998 年版，第 390 页。
④ 唐长孺编：《吐鲁番出土文书》第 7 册，文物出版社 1986 年版，第 453 页。
⑤ 刘海年、杨一凡主编：《中国珍稀法律典籍集成（甲编）》，科学出版社 1994 年版，第 4 册，第 231 页。
⑥ 唐耕耦、陆宏基主编：《敦煌社会经济文献真迹释录》（第二辑），全国图书馆文献缩微复制中心，1990 年，第 628 页。尽管已知的唐代判文多是拟制，但是《唐永泰河西巡抚使判集》判文朴实，不追求处处引用典故，很可能是实判或实判的仿制品，参见刘小明：《唐宋判文研究——以〈文苑英华〉和〈名公书判清明集〉为中心》，华东师范大学中国古代史博士学位论文，2012 年，第 31 页。

推测民间借贷利率大概是 10%，且较为稳定。[①] 上文所引武周年间敕之所以认同"乡原生利"的效力，大概是因为这段时间民间利率稳定，无需干涉。

但是，"乡原"形成于民间，人们的生活实践不会完全契合国家意志，随着社会经济的变化，"乡原生利"的利率呈上升趋势，逐渐为朝廷不容。为了应对民间高利率现象，开元时期法律明确了民间借贷的最高利率，开元十六年（728）诏云："比来公私举放，取利颇深，有损贫下，事须厘革，自今已后，无下负举，只宜四分收利，官本五分取利"[②]，《宋刑统·杂律》引此条作"户部格敕，天下私举质，宜四分收利，官本五分生利"。[③] 可见这是由户部呈奏再由玄宗下诏颁布的可作为"永格"使用的制敕。但是，此敕颁布后并没有取得较好的效果，为了避免激化矛盾，玄宗又上调了法定利率上限，唐开元二十五年（737）《杂令》："诸公私以财物出举者，任依私契，官不为理。每月取利，不得过六分。积日虽多，不得过一倍。"[④] 也就是说私人借贷月利息不能超过 6%，总利息不能超过本金的一倍。不过，从唐代晚期至五代时期的敦煌吐鲁番契约文书来看，制定法的屡屡颁布并没有抑制民间的高利率现象。《唐建中七年（786）于阗苏门悌举钱契》："举钱壹拾伍仟文。其钱立定本年限八月内还拾陆仟文。"[⑤] 月利息大约为 6.6%。《唐大历十六年（781）龟兹杨三娘举钱契》："……

---

① 余欣：《唐代民间信用借贷之利率问题——敦煌吐鲁番出土借贷契券研究》，《敦煌研究》1997 年第 4 期。

② 《唐会要》卷八十八《杂录》，中华书局 1955 年版，第 1618 页。

③ 《宋刑统》卷二十六《受寄财物辄费用》，中华书局 1984 年版，第 413 页。

④ ［日］仁井田陞：《唐令拾遗·杂令十七》，栗劲、霍存福等编译，长春出版社 1989 年版，第 789 页。

⑤ 此处的"建中七年"年份并不存在，唐德宗建中年号只到建中四年，这是因为当时吐蕃与唐常年战争，西域地区经常与中原失联，年号更新常有不及时的情况，下文"大历十六年""天复九年"等也属此种情况，特此说明。张传玺主编：《中国历代契约会编考释》上，北京大学出版社 1995 年版，第 359 页。

举钱壹仟文，（每）月纳贰伯（百）文，计六箇（个）月"，① 月利息高达 20%。经统计，除了以上两个例子，在可以计算利息的文书中，出举银钱月利为 10% 的有 7 例，12.5% 和 15% 的各 1 例，贷麦月利为 10% 的有 1 例，举练月利 13.3% 的有 1 例，都超过了 6% 的法定利率。② 可以计算出具体利率的情况尚且如此，敦煌契约文书中还存在虽不能计算出利率，但明显是高利贷的契约，《丙午年（886）敦煌翟信子欠麦粟契》："……便麦陆石，粟两石。中间其麦粟并惣（总）填还多分。今与算会，智定欠麦肆硕，粟陆硕，并在信子及男定君身上，至午年秋还本拾硕。"③ 也就说，翟氏父子原本借了 6 石麦、2 石粟，多次偿还后剩下麦 4 石、粟 6 石，经过丙午年重新立契确认债务之后，竟然还有 10 石债务待还，显然已经超过了 6% 的月利率。

由此可见，唐代晚期的有息借贷利率普遍高于法定利率上限，可以推断作为民间借贷习惯的"乡原生息"利率高于法定利率上限。为了控制民间高利贷的现象，开元时期曾两次颁布法律限制利率，然而法令的实施效果并不满意，于是朝廷直接颁布免除私人债务的恩敕诏书。根据史书的记录，唐代中晚期至五代朝廷下令放免私债的次数共 12 次，④ 且每次放免私债的间隔时间呈缩短的趋势。恩敕诏书的颁布也难以改变民间的高利率现象，人们还为此设置了抵敕条款，除去年代不详的，唐代中晚期至五代敦煌契约中出现抵敕条款的有 15 例，⑤

---

① 张传玺主编：《中国历代契约会编考释》上，北京大学出版社 1995 年版，第 354 页。

② 霍存福对这段时期的民间借贷利率进行了详细的统计，参见霍存福：《论中国古代契约与国家法的关系——以唐代法律与借贷契约的关系为中心》，《当代法学》2005 年第 1 期。

③ 张传玺主编：《中国历代契约会编考释》上，北京大学出版社 1995 年版，第 377 页。

④ 霍存福对这段时期国家赦免私债的情况做过统计和分析，参见霍存福：《敦煌吐鲁番借贷契约的抵敕条款与国家对民间债负的赦免——唐宋时期民间高利贷与国家控制的博弈》，《甘肃政法学院学报》2007 年第 2 期。

⑤ 参见罗海山：《唐宋敦煌契约"恩赦"条款考论》，《当代法学》2013 年第 2 期。

这种做法延续到了北宋时期，亦成为了一种民间惯例。抵赦条款的具体内容将在下文中说明。

唐代中期以后，民间利率基本由习惯或当事人意愿决定，制定法已鞭长莫及。在官方的认同和长期的实践中，人们自然而然地认为习惯有着比同官法的效力，惯例和制定法发生冲突时，人们依然会遵从惯例。

（二）民间对习惯的态度：人从私契

"人从私契"是人们敢于对抗制定法的理念支撑，这种观念由来已久，是民间交易的默认规则。早在汉代，民间契约就具有法律上的约束力，官府对一些民间私约的法律效力保持默认的态度。西晋杨绍买地砖中载有"民有私约如律令"的字样，[①] 意为民间私约有官法那样的效力。"民有私约如律令"的习语在唐代演变为"官有政法，人从私契"。[②] 下以《未年（827？）上部落百姓安环清卖地契》（下文简称为《安环清卖地契》）为例展开分析，契约原文如下：

> 宜秋十里西支地壹段，共柒畦拾亩。（东道，西渠，南索晟，北武再再。）未年十月三日，上部落百姓安环清为突田债负，不办输纳，今将前件地出买（卖）与同部落人武国子。其地亩别断作斛斗汉斗壹硕陆斗，都计麦壹拾伍硕、粟一硕、并汉斗。一卖已后，一任武国子修营佃种，如后有人忏悔识认，一仰安环清割上地佃种与国子。其地及麦当日交相分付，一无悬欠。一卖□如若先翻悔，罚麦伍硕，入不悔人。已后若恩赦，安（环）清罚金伍两纳入官。官有政法，人从私契，两共平章，画指为记。

---

① 张传玺主编：《中国历代契约会编考释》上，北京大学出版社 1995 年版，第 110 页。

② "官有政法，人从私契"的类似表达非敦煌独有，也见于后唐时期的龙门，参见李显冬：《"民有私约如律令"考》，《政法论坛（中国政法大学学报）》2007 年第 3 期。

见人张良友　　地主安环清廿一

母安年五十二　　师叔正灯

姐夫安恒子 ①

　　这是一则唐朝中后期的地契，内容大概是安环清因为没钱交税，将 70 亩地卖给同部落人武国子。地契的前半部分约定了标的物的情况、卖地的缘由、交付的方式，后半部分规定了当事人违约的处理办法："如若先翻悔，罚麦伍硕"，地契的末尾还有抵赦条款："已后若恩赦，安（环）清罚金伍两纳入官"，抵赦条款可以理解为当事人希望国家颁布的法律不影响契约的订立和履行，一切应当以私契为准。"赦"是唐朝后期重要的法律形式，尽管此时的敦煌大概处于先后被吐蕃和归义军统领的时期，但是仍然沿用了唐统治时期的交易习惯，② 因此契约中仍会出现针对"恩赦"的条款。"恩赦"即"恩赦赦书"，是朝廷颁布免除民间私人债务或者其他影响契约实施的法律。"恩赦"的颁行会损害买受人的利益，因此民间试图通过抵赦条款排除国家法律的不利影响。抵赦条款亦出现在唐代早期的借贷契约，只是表达不同，如《唐乾封元年（666）高昌郑海石举银钱契》中有"公私债负停征，此物不在停限"③，也就当事人不认可朝廷免债法令的效力。唐代中后期，包含"抵赦条款"的契约明显增多，在已知的借贷契约和买卖契约中各五例，是当时的交易惯例之一。④

　　《安环清卖地契》中，与官法抵触之处除了存在抵赦条款，还涉及了农耕土地的买卖，唐律是禁止买卖农耕土地的，吐蕃大概沿用

---

① 沙知录校：《敦煌契约文书辑校》，江苏古籍出版社 1998 年版，第 1—2 页。

② 参见李吉和：《吐蕃统治时期敦煌吐蕃、汉族文化互动探讨》，《西南民族大学学报（人文社会科学版）》2010 年第 3 期。

③ 张传玺编：《中国历代契约会编考释》上，北京大学出版社 1995 年版，第 340 页。

④ 罗海山考察了唐代契约中"恩赦"条款的情况，参见罗海山：《唐宋敦煌契约"恩赦"条款考论》，《当代法学》2013 年第 2 期。

了唐代的土地管理政策①，因此，当事人写入"官有政法，人从私契"试图增强契约的有效性。在唐代契约中，如果列出的条款与同类契约或者官法不同，当事人会加入"官有政法，人从私契"这句话。② 当时的人们认为，如果制定法可能对契约造成破坏，那么应该优先遵从契约。

在"官有政法，人从私契"的法律观念下，人们遵守契约，遵从交易惯例，才有了唐代中后期屡禁不止的高利率现象、频频出现的抵敕条款以及农耕地买卖。当然，人们对习惯的遵从不是绝对的，契约尚需官法来庇护，如《天复九年己巳（909）洪润乡百姓安力子卖地契》中既出现了"或有恩敕流行，亦不在论理之限"，又有"两共对面平章，准法不许休悔"，③ 后者中的"准法"意为以法律为标准，"法"主要指刑罚，是敦煌契约文书的常见格式条款，"准法"是要求契约的执行以法律为准。④ 习惯和法律本非处处对抗，因此人们对习惯和法律的态度不是泾渭分明，只有二者发生矛盾时，人们才会选择可能于己有利的习惯。

二、国家对习惯的干预

（一）对契约内容的干预——以"纳入官"为中心

人们遵从习惯而违背制定法时，官府的利益可能受到损失，因此官方会通过干预契约的方式干预习惯，在《安环清卖地契》中，可以发现军队或者寺庙对契约缔结的干预，值得一提的是，吐蕃在敦煌施

---

① 参见侯文昌：《唐代吐蕃土地买卖法律制度探蠡》，《中国藏学》2015 年第 3 期。
② 参见黄正建：《唐代契约中"官有政法，人从私契"用语再析》，《魏晋南北朝隋唐史资料》2020 年第 2 期。
③ 沙知录校：《敦煌契约文书辑校》，江苏古籍出版社 1998 年版，第 18 页。
④ 参见黄正建：《敦煌经济文书中的"格"》，《敦煌研究》2022 年第 5 期。

行"军政合一"的统治方式，并赋予了寺庙较大的权力，二者都可视作地方性权力机构。下文以《安环清卖地契》中的"纳入官"为切入点，分析地方权力机关对契约内容的干预。

首先，《安环清卖地契》具有特殊性，这是唯一在抵赦条款中写入"纳入官"的契约文书，其余契约直接否认"恩赦"的效力，类似的表达为"或有恩赦赦书行下，亦不在论理之限"①，并没有写明具体的处理办法。作为民间契约，"已后若恩赦"的处理却涉及官府，这和吐蕃统治敦煌时期特殊的管理有关。契约受到官府、军队及寺庙干涉的情况还出现在其他文书中。《丁卯年（907？）九月十一日张氏换舍契》中，对先毁约者的惩罚是"如□□□充纳入官"②，《唐大中六年（852）僧张月光博地契》，先悔者需"罚麦贰拾驮入军粮，仍决（杖）卅"③，《天复九年（909）闰八月十二日神沙乡百姓董加盈兄弟分家书》，违反契约者要"决杖十五下，罚黄金一两，充官入用"④。《丙戌岁（956）十一月八日兵马使张骨子买舍契》中先悔者"罚黄金三两，充入官家"。⑤ 但是在这些契约中，纳罚入官的条款只针对当事人毁约，并非针对"恩赦"，如此凸显了《安环清卖地契》的特殊性。

其次，我们要明确土地出卖人安环清的身份，在安环清卖地契约中，地主安环清是"上部落"的百姓，"上部落"属于行人部落，行人部落和丝绵部落是吐蕃在敦煌设置的两个汉人部落，二者归本部军事千户部落直辖，后来行人部落在 820 年被改建成独立的军事部落——阿骨萨部落，阿骨萨部落在 824 年之后与悉董萨部落、悉宁宗

① 《唐乾宁四年（897）敦煌张义全卖宅舍契（甲）》，出自张传玺主编：《中国历代契约会编考释》上，北京大学出版社 1995 年版，第 226 页。
② 沙知录校：《敦煌契约文书辑校》，江苏古籍出版社 1998 年版，第 16 页。
③ 沙知录校：《敦煌契约文书辑校》，江苏古籍出版社 1998 年版，第 5 页。
④ 郝春文等：《英藏敦煌社会历史文献释录》（第 11 卷），社会科学文献出版社 2014 年版，第 255—257 页。
⑤ 沙知录校：《敦煌契约文书辑校》，江苏古籍出版社 1998 年版，第 26—27 页。

部落并称"唐人三部落"。① 上部落的百姓需要从事农业生产②，因此安环清会因为无法缴纳土地税"突田债务"而卖地交税。作为上部落居民的安环清，生产上受到官府的剥削，人身上服从于军事部落的管理，由于他的身份和卖地缴官税的动机，受到"恩赦"后要受到"官"的惩罚就显得合理了，这里的"官"应该解释为军队。由于买卖农耕田本属于非法行为，如果中央颁布"恩赦赦书"，安环清可以此为由向官府提出返回土地，③ 那么买受人武国子可能无法得到这份土地，契约中写入"已后若恩赦，安（环）清罚金伍两纳入官"则体现了军队势力在契约中的制衡现象。

"纳入官"还可以解释为对寺庙缴纳罚款，《比丘邦静根诉状》中有记载："……往昔，三个唐人部落和供养寺庙顺缘未分之时"④，可见唐人部落和寺庙关系密切，由于吐蕃推行"三户养僧"制度，唐人三部落中隶属于寺庙的"编户"需要向寺庙提供粮食。⑤ 安环清此时所在的上部落已经转变为唐人三部落之一的阿骨萨部落，从契约中仍使用"上部落"的称呼来看，安环清所处的时代是唐人三部落形成的早期，正是与供养寺庙"顺缘未分之时"。隶属于寺庙的"编户"也要向官府提供役负⑥，如果"纳入官"的"官"解释为寺庙，正好也符合了"编户"身份的二重性，如果因"恩赦"影响了标的物的流转，寺庙的利益也会受到影响。

---

① 参见陆离：《吐蕃统治敦煌时期的"行人"、"行人部落"》，《民族研究》2009年第4期。

② 《寅年（834？）上部落百姓赵明明便豆契》有上部落百姓借种的记录，沙知录校：《敦煌契约文书辑校》，江苏古籍出版社1998年版，第133页。

③ 下文的《乙亥年（915？）金银匠翟信子等三人状》就是因遇到"恩赦"而产生的诉讼。

④ 王尧、陈践译注：《敦煌吐蕃文献选》，四川民族出版社1983年版，第46—48页。

⑤ 参见杨铭：《rkya：吐蕃统治敦煌西域时期的编户制度》，《西域研究》2021年第4期。

⑥ 参见姜伯勤：《唐五代敦煌寺户制度》，中国人民大学出版社2011年版，第84—102页。

综上，安环清是吐蕃占领敦煌时期唐人军事部落的居民，极有可能还是隶属于寺庙的"编户"，无论安环清是哪种身份，都可以看出在"任依私契，官不为理"前提下，地方权力机构对民间契约的干预和"人从私契"的并存，习惯正是在这样的状态中存在着。然而，由于材料的限制，我们只能得出军队或者寺庙对习惯存在干预，至于更细致的原因和干预的方式，还需要更多的资料来佐证。

（二）在司法中的干预

官府通过司法途径干预习惯的可操作性更强，《乙亥年（915？）金银匠翟信子等三人状》记录了官府判决免除高利贷债务人部分债务的例子，原文如下：

> 金银匠翟信子、曹灰灰、吴神奴等三人状右信子等三人，去甲戌年缘无年粮种子，遂于都头高康子面上寄取面上寄取麦三硕，到当年秋断作六硕。其六硕内填还纳一硕两斗，亥年断作九硕六斗，于丙子年秋填还内（纳）七硕六斗，更余残两硕。今年阿起大慈大悲，放其大赦，矜割旧年宿债，其他家乘两硕，不肯矜放。今信子依理有屈，伏望阿郎仁慈，特赐公凭，裁下处分。判词：其翟信子等三人，若是宿债，其两硕矜放者。①

案件大概讲了翟信子等三人从高康子处借了三硕麦子，约定当年秋天偿还六硕，但是到期后翟信子等人只偿还了一硕二斗，根据"违一赔二"的习惯②，翟信子等人在第二年应偿还九硕六斗，又过了一年翟信子等人偿还了七硕六斗，还剩两硕，此刻恰好遇到了大赦，两硕的债务应免，但是债主高康子不肯矜放，于是翟信子向官

---

① 沙知录校：《敦煌契约文书辑校》，江苏古籍出版社 1998 年版，第 420—421 页。
② "违一赔二"是唐代违约纳罚惯例的一种，参见韩树伟：《西北出土契约文书所见习惯法比较研究》，兰州大学中国史博士学位论文，2020 年，第 46 页。

府状告高康子，官府最终判决免除了两硕的债务。法律规定契约利息不能超过本金的一倍，而翟信子等与高康子的借贷约定中，最终的利息高达六硕六斗，依令有三硕六斗属于违法利息，不再受到法律保护。上文已经提及，由于高利贷横行，朝廷多次颁布免债诏令，根据唐朝后期唐宪宗元和十四年（819）、唐穆宗长庆四年（824）、唐敬宗宝历元年（825）的免债诏书记载，可以被赦免的债务期限都在十年以上 ①，但是后唐庄宗在同光元年（923）发布的免债诏书已经可以免除不限期限的高利贷 ②，类似的情况在五代及宋代时有发生，因此翟信子的债务应该在当年"恩赦"赦免范围之内。

不过，官方对免债的态度不是绝对的，按照法令，超过本金一倍的债务就属于非法，本案有三硕六斗的债务属于非法债务，但是官府还是承认了已经偿还的一硕六斗，只免除了剩余的两斗，相当于承认了契约的部分效力，如果官府要求高康子返还一硕六斗，无疑会增加司法成本，徒增讼事，不利于社会稳定，也违背了"恩赦"缓解社会矛盾的初衷。同时，根据翟信子三人的行为来看，三人提起诉讼的动机不是借了高利贷无法偿还，而是"大赦"给了三人起诉的理由。"大赦"出现之前债务尚在偿还中，那么可以认为，如果没有"大赦"，翟信子三人不会提起诉讼，即使诉之官府，官府也很难作出有利债务人的判决。由此可见，官府对民间习惯的态度是因时而变、有所权衡的。

值得一提的是，有学者认为翟信子欠债一案涉及抵赦条款的效力问题，尽管文书中没有提及借贷契约是否存在抵赦条款，但是按照当

---

① 三次"恩赦"的记录分别见于《文苑英华》卷四百二十二《元和十四年七月二十三日上尊号赦》，中华书局 1982 年版，第 2140 页；《宋刑统》卷二十六，中华书局 1984 年版，第 414 页；《唐会要》卷八十八，中华书局 1955 年版，第 1618 页。

② 《册府元龟》卷四百九十一《邦计部·蠲复门》，中华书局 1960 年版，第 5878 页。

时的交易习惯以及高康子不放免债务的行为，抵赦条款应该存在。①
民间高利贷属于朝廷的打击对象，减免高利贷也是历代官府笼络人心
的手段，因此即使存在抵赦条款，国家也不可能完全偏袒债权人。

三、习惯与法律的融合——以"亲邻法"为视角

如前文所说，官方对习惯采取默认或者部分接受的态度，一部分
经过人们长期实践、成为社会现象的习惯可能被写入法律。习惯纳入
制定法主要有两种途径：第一种是总括式立法承认，国家通过制定法
的形式规定何种条件下可以使用何种习惯，上文中提到的《武周长安
元年十一月十三日敕》对"乡原"的承认属于总括式的承认；第二种
是习惯成为法律的渊源，即把习惯直接制定为法律，习惯就正式上升
为国家法。② 民间习惯要成为制定法的过程较为曲折，部分经过民众
长期遵循的习惯，先通过司法出现在官府视野中，再通过朝廷对判例
的认可成为制定法的一部分，"亲邻法"的成文法化就是其中的典型。

（一）亲邻法的早期面貌：权利瑕疵的担保条款

"亲邻法"是中国古代不动产交易的一项重要制度，具体指在房
屋、土地等不动产买卖中，房亲、邻人有优先购买权，这种优先购买
权可以对抗亲邻之外的一般购买人，这是在田宅交易中对亲邻权利的
保护。③"亲邻法"最初的形成可能和禁止"别籍异财"有关，为了

---

① 参见罗海山：《唐宋敦煌契约"恩赦"条款考论》，《当代法学》2013 年第 2 期；
王志滔认为恩赦条款是唐后期借贷和买卖契约的必要构成要件，参见王志滔：
《敦煌吐鲁番文书所见唐人法律观念研究》，兰州大学中国史硕士学位论文，2022
年，第 82 页。
② 此处习惯进入制定法的两种方式采用了胡兴东的说法，参见胡兴东：《习惯，还
是习惯法：习惯在法律体系中形态研究》，《时代法学》2011 年第 3 期。
③ 参见韩伟：《习惯法视野下中国古代"亲邻之法"的源起》，《法制与社会发展》
2011 年第 3 期。

维持"同居共财"的形式，民间和官方都要尽可能使田土等重要财产在家族内流转。北魏太和九年（485）的均田令中规定："诸远流配谪、无子孙、及户绝者，墟宅、桑榆尽为公田，以供授受。授受之次，给其所亲；未给之间，亦借其所亲。"① 如果土地所有人因被流放而远离土地，那么他的亲族可以优先获得土地，但是亲邻优先取得土地的触发条件不是民间买卖，土地的所有人都是被迫离开土地的，这种优先取得尚且属于物权领域的问题。而"亲邻法"在唐代契约文书中体现为对亲属权利的抵抗，主要出现在买卖契约的权利瑕疵担保条款中，而且基本不涉及邻居。②

早期的契约担保条款可见汉代《长乐里乐奴卖田券》："丈田即不足，计仮数环钱"，③ 这仅是对物的瑕疵担保。在唐至五代契约文书中，出现了对标的物所有权的瑕疵担保，即当事人约定了标的物所有权出现争议后的解决办法。为了说明情况，笔者将搜集到的田宅交易中涉及权利瑕疵担保的契约列表如下：

表四　唐至五代田宅买卖契约中涉及权利瑕疵担保条款统计表

编号	契约名称	相关条款	争议涉及的第三方
1	吐蕃末年（827？）敦煌安环清卖地契	如后有人忏悔识认，一仰安环清割上地佃种与国子。④	未明确
2	唐大中六年（852）敦煌僧张月光博园田契	或有人忏悔园林宅舍田地等，称为主计者，一仰僧张月光子父知（支）当。并畔觅上好地充替，入官措案。	未明确
3	丙子年（856）敦煌沈都和卖舍契	若右（有）亲因（姻）论治此舍来者，一仰丑挞并畔（判）觅上好舍充替一院。	亲戚

---

① 《魏书》卷一百一十《食货志》，中华书局 2013 年版，第 2855 页。

② 唐代的"亲邻法"不是制定法，而以习惯、"乡法"的形式出现。

③ 张传玺主编：《中国历代契约会编考释》上，北京大学出版社 1995 年版，第 40 页。

④ 本表内容皆引自张传玺主编：《中国历代契约会编考释》上，北京大学出版社 1995 年版，第 216、222、223、226、230、233、237、241、244、246—247、327、329 页。

编号	契约名称	相关条款	争议涉及的第三方
4	唐乾宁四年（897）敦煌张义全卖宅舍契（甲）	中间若有亲姻兄弟兼及别人称为主已（记）者，一仰旧舍主张义全及男粉子、支子祇（支）当还替，不忏（干）买舍人之事。	亲戚
5	唐天复二年（902）敦煌曹大行等换舍地契	若有（后）有别人作主，一仰大行忬（弘）觅上好舍充替。	未明确
6	唐天复九年（909）敦煌安力子卖地契	中间若亲姻兄弟及别人诤论上件地者，一仰口承人男撝搔兄弟祇（支）当，不忏（干）买人之事。	亲戚及别人
7	后唐清泰三年（936）敦煌杨忽律哺卖舍契	向后或有别人识认者，一仰忽律哺祇当。	未明确
8	后周显德三年（956？）敦煌宋欺忠卖舍契	中间或有兄弟房从及至姻亲忬忿、称为主记者。	亲戚
9	后周显德四年（957）敦煌吴盈顺卖地契	有吴家兄弟及别人侵射此地来者，一仰地主面上，并畔觅好地充替。	亲戚及别人
10	五代敦煌姚文清买舍契	后若房从兄弟及亲因（姻）论谨（竞）来者，为邻看上好舍充替。	亲戚
11	唐天复四年（904）敦煌令狐法性出租地契	更亲姻及别称忍（认）主记者，一仰保人祇（支）当，邻近觅上好地充替。	亲戚及别人
12	唐天复七年（907）敦煌高加盈以地租抵债契	中间或有识认、称为地主者，一仰加盈觅好地伍亩充地替。	未明确

从契约性质来看，上表的 1—10 例都是不动产交易契约，11、12 是租地契，虽然不涉及标的物所有权的转移，但是都涉及权利瑕疵的问题。从标的物所有权产生争议后涉及的第三方来看，契约 3、4、6、8、9、10、11 明确指明了亲戚，其余契约没有明确第三方的身份。在以上案例中，亲戚或者其他人影响契约执行的表达有"忬忿""论治""称为主己者""诤论""识认""侵射""论谨（竞）"，都可以理解为亲戚或者其他人来主张对标的物的某种权利，并足以影响契约的执行。契约中往往还会申明出现此种情况和买受方无关，因此这些条款基本都是出卖方的义务性条款，是出卖人对标的物权利的瑕疵担保。这种担保和亲属的优先权有密切关系，下面以例 2《唐大中六年

（852）敦煌僧张月光博园田契》展开分析，这份契约的瑕疵担保条款中虽然没有提及亲属，但仍体现了排除亲属干预的意图，契约的部分内容如下：

> 都南枝渠上界舍地壹畦……（东至张日兴舍平分，西至僧张法原园及智通园道南至法原及车道井南墙。）又园地参畦共肆亩。（东至张日兴园。西至张达子道。）……大中年壬申十月廿七日，官有处分，许回博田地，各取稳便。僧张月光子父，将上件宜秋平都南枝渠园、舍、地、道、池井水，计贰拾伍亩，博僧吕智通盂授总同渠地伍畦，共拾壹亩两段……壹博已后，各自收地，入官措案为定，永为主己……立契，或有人忏悋园林宅舍田地等，称为主计者，一仰僧张月光子父知（支）当，并畔觅上好地充替，入官措案……如先悔者，罚麦贰拾驮入军粮，仍决丈（杖）卅……
>
> 园舍田地主僧张月光保人男坚坚保人男手坚保人弟张日兴
> 男儒奴姪力力见人僧张法原　见人于佛奴
> 见人张达子　见人王和子见人马宜奴
> 见人杨千荣见人僧善惠

这是一份形成于归义军统治敦煌时期的土地博换契约，是张月光父子与吕智通互换土地的凭证，其中还涉及园林内树木、园墙、水井、道路等的买卖。土地一旦交换完毕，就要"入官措为定"，得到官方的认可后，双方对各自拥有的土地具有法律上的所有权，然而即便这样也不能排除"有人忏悋园林宅舍田地等，称为主计者"的情况。"忏悋"可理解为干扰和侵占①，也就是说仍然有人可以主张某种权利，

---

① 张传玺编：《中国历代契约会编考释》（上），北京大学出版社1995年版，第221页。

不仅会影响契约的执行，还会影响吕智通所有权的取得。从后文中的担保条款看，这种权利可以被实现的可能性很大，因此张月光父子必须保证有另外的土地可以充替。仅仅是张月光父子的保证是不够的，契约还有三位保人，这三位保人有三层担保责任，其一是张月光的土地所有权无瑕疵，其二是保证违约后惩罚的顺利实施，其三是保证买卖标的物丢失后的赔偿。

如此慎重的担保背后是标的物所有权界定的复杂性，张月光父子要博换出的土地邻近多人的屋舍、园林、道路，如果土地界定不明，除了契约的双方，权利可能受到侵犯的人有张日兴、张法原、张达子，同理这些人也可能让土地所有权产生瑕疵。为了保障多方利益，避免日后纠纷，兄弟张日兴作为保人，房亲张法原、张达子作为见人纷纷参与到这份契约中来。张日兴是张月光的异居兄弟，如果土地所有权出现瑕疵，保人张日兴要承担连带责任。张日兴成为担保人之后，他若要主张土地所有权有瑕疵，就要付出代价，这样就基本排除了亲属张日兴对契约干扰的可能性。

从上表列出的契约可见，852 年之后，田宅交易中对亲族的对抗意识强化，因此直接在权利瑕疵担保条款中写明"中间若有亲姻兄弟兼及别人称为主己者"之类。"主己"在敦煌文书中用于表达对某物的掌管和占有，如例 3 中的"永为主己"，但是亲属对不动产"称为主己"不是称自己拥有该物的所有权，而是对田舍的"先买权"，"称为主己者"是唐乾宁间对亲属优先权的表达，天复年间则表示为"争论上件地者"。[①] 类似的表达还可见于回鹘高昌王国时期的契约，如《伊格·布尔特卖地契》中也有排除亲属权利的条款："弟兄、家人、亲戚不得说三道四。如果他们依仗有权力的官吏之力、萨满之力想赎

---

① 韩伟：《习惯法视野下中国古代"亲邻之法"源起》，《法制与社会发展》2011 年第 3 期。

回的话，就得在这个渠上给相同令骨咄禄·塔西满意的田地。"①契约中还提到出卖的这份土地是出卖人与其兄长"平均等份的"，可以推测兄长对出卖人的土地有优先权，因此立契者要加入特别的权利瑕疵担保条款。

尽管唐代契约文书中的权利瑕疵担保条款不见邻居，但是仍可发现邻居行使优先购买的踪迹。如上文所引《安环清卖地契》中，安环清出卖的土地与武再再接畔，而武再再与买受人武国子应该是房亲，可看作间接的邻居购买。②

总体来说，唐至五代与"亲邻法"有关的内容主要出现在契约权利瑕疵担保条款中，表现为对亲属优先权的排除。法律尚未规定在田宅交易中对亲属优先权的保护，大中五年（851）官府对庄宅交易的批准文书中也出现了"并不忏同学门徒亲情等事"③体现了官府的中立态度。

（二）"亲邻法"从习惯到成文法的转变

从上文引用的唐至五代的契约内容来看，这段时期亲属对田宅的优先权已经以习惯的方式存在，这种权利对契约的执行可能造成干扰，因此反映在权利瑕疵担保条款中。这种做法很容易形成纠纷，纠纷最早由家长、宗族长辈以及见人等调解，如果无法解决，可能诉诸官府。在现存的唐代判词④中，基本不见关于民间田宅纠纷的案例，

---

① 刘戈：《回鹘文买卖契约译注》，中华书局 2006 年版，第 54 页。此书收录了 29 个回鹘文买卖契约，含有针对亲属优先权的不动产权利瑕疵担保条款的契约共有 10 例。

② 参见侯文昌、多晓萍：《唐代吐蕃土地买卖法律制度探蠡》，《中国藏学》2015 年第 3 期。

③ 张传玺主编：《中国历代契约会编考释》（上），北京大学出版社 1995 年版，第 218 页。

④ 唐代判词多为拟制，虽非司法过程中形成的法律文书，但仍可以反映当时的司法情况和官员的法律意识。

但是出现了判词引用习惯作为法源的例子，如《文明判集残卷》中有
一件讨论离婚书是否有法律效力的判文，判词中多次引用民间习惯说
理，如"送归……彼亲邻，给书离放""如嫁女弃女，皆由父母，纵
无恃怙，仍问近亲"，[①] 这说明当时亲邻到场见证是离婚书生效要件之
一，敦煌放妻书也有亲邻见证离婚的内容："今亲姻村巷等，与妻阿
孟对众平论，判公离别"，[②] 而开元二十五年（737）令规定"东邻西
邻，及见人皆署"[③]，即双方亲邻只用签署离婚书即可，而习惯进一步
要求双方亲邻需要到场，判文则引用习惯来对制定法进行补充。习惯
通过判例的积累进入官方的视野，"亲邻法"也是通过这种方式被官
方注意到。五代后晋时期，亲邻优先规则在司法中被认可："常山属
邑曰九门，有人鬻地与异居兄，议价不定，乃移于他人。他人须兄立
券，兄固抑之，因诉于令。令以弟兄俱不义，送府。"[④]"他人须兄立
券"说明弟出卖土地于他人需要兄的同意或保证，兄诉弟于官府之后，
令以为"兄弟俱不义"，即官府认为弟将土地卖于第三人的做法不义，
实则是对兄先买权的认可，而这个案件送到后晋高祖面前后，他认为
"兄利良田，弟求善价，顺之则是，沮之则非"。皇帝对兄弟争讼田土
的现象十分包容，可见亲属间的田土纠纷应较为常见，这和均田制瓦
解之后农民对土地的依附关系松动有关。

　　当判例达到足够数量之后，判例中的制度就会形成"通行"，如
果某个"通行"具有一般性，就会成为成文法。[⑤] 习惯正是通过这

① 唐耕耦、陆宏基编：《敦煌社会经济文献真迹释录》第二辑，全国图书馆文献缩
　　微复制中心，1990 年，第 608 页。
② 刘海年、杨一凡主编：《中国珍稀法律典籍集成》甲编，科学出版社 1994 年版，
　　第 312 页。
③ ［日］仁井田陞：《唐令拾遗·杂令十七》，栗劲、霍存福等编译，长春出版社
　　1989 年版，第 162—163 页。
④ 《旧五代史》卷七十五《晋书一》，中华书局 1976 年版，第 982 页。
⑤ 参见胡兴东：《中国古代判例法运作机制研究：以元朝和清朝为比较的考察》，北
　　京大学出版社 2010 年版，第 43 页。

个途径进入制定法。根据史料记载，"亲邻法"至少在后周时期已经成为制定法，后周广顺二年（952）《请禁业主牙人陵弱商贾奏》："如有典卖庄宅，准例，房亲邻人合得承当。若是亲人不要，及著价不及，方得别处商量，不得虚抬价例，蒙昧公私。有发觉，一任亲人论理……或亲邻人不收买，妄有遮吝阻滞交易者，亦当深罪。"①"准例"是唐代的新词，意思是按照有关规定，常常用在正式的公文书中，在《全唐文》中极为常见，如卷九六九阙名《请准例徵光台礼钱奏（同光二年三月御史台)》，②《唐律疏议》中"例"也可代指法律③，因此本奏中的"准例"可以理解为按照相关法规。后周太祖郭威于广顺元年（951）建立后周政权之后，对前代的敕条进行整理，编成《大周续编敕》。④ 在如此紧凑时间中，这部编敕很难在立法上有所创新，因此广顺二年奏书中的"亲邻法"大概已经存在于前代敕中，只是时间难以考证。《宋刑统》在《户婚律》中对亲邻的优先权规定已经十分明确："应典、卖、倚当物业，先问房亲，房亲不要，次问四邻，四邻不要，他人并得交易。"⑤宋代延续了后周的法制，本条是对"亲邻法"在立法上的再次确认。

四、结语

在律、令、格、式体系已经较为完善的唐代，习惯作为根植于民间的一种内生秩序，规范着人们的日常生活，维持着交易秩序，这种规范对民间社会的影响，在某些场景下比制定法更有适用性，甚至能

---

① 《五代会要》卷二十六《市》，上海古籍出版社 1978 年版，第 416 页。
② 参见汪维辉：《词汇的语体差异及其分析——以一篇五代公文为例》，《汉语史学报》2022 年第 1 期。
③ 参见马凤春：《〈唐律疏议〉"例"字研究》，《政法论丛》2013 年第 5 期。
④ 《五代会要》卷九《定格令》，上海古籍出版社 1978 年版，第 148 页。
⑤ 《宋刑统》卷十三《典卖指当论竞物业》，中华书局 1984 年版，第 207 页。

引导人们在契约中公然违背制定法的规定，如敦煌吐鲁番契约中屡禁不止的高利贷现象。从上文所引的《未年（827 ?）上部洛百姓安环清卖地契》以及《乙亥年（915 ?）金银匠翟信子等三人状》来看，尽管政府权力可以通过各种方式渗透到百姓的经济生活中，但是习惯仍可一定程度地牵制政府权力，官府也会根据实际情况有取舍地遵从契约以及与之伴随的民间习惯。在这样的微妙关系中，一部分习惯与制定法产生融合，敦煌吐鲁番契约所见的有关"亲邻法"的内容中，其实存在两个民间惯例，一是亲属对田宅的先买权，二是契约中约定针对亲属的权利瑕疵担保，制定法最终选择了接纳前者，这和五代以及宋初对恢复农业生产、人伦秩序，以及明确田土归属的迫切要求是契合的。因此，探究唐代习惯与制定法的关系，对理解唐宋法制的承继和变革有重要意义。

悬泉汉简所见宣帝时期边疆校计管理

陈　楠[*]

摘要：从敦煌悬泉汉简的有关简文中可以看到汉宣帝时期对于边疆地区校计管理的情况，结合居延汉简、张家山汉简等其他出土文献、传世文献的内容，可以对西汉时期的边疆校计管理有进一步认识。此外，结合简文的具体内容来看，此类关于校计的简文在当时西汉与西域诸国之间趋于友好关系的大背景下不仅具有促进双方政治、经济等方面交往的功能，还为维护边疆地区的安定起到了积极作用。

关键词：悬泉汉简；边疆；校计管理

引　言

以往囿于秦汉史料的匮乏，我们对于秦汉时期律文的了解较为有限。在这个地不爱宝的时代，近几十年来大量秦汉简牍的出土为研究秦汉时期的法律提供了重要的史料基础。中国古代校计法律规范往往与财政管理以及官吏考核等紧密联系在一起，因此，悬泉汉简、张家山汉简、居延汉简等有关出土文献以及程树德在《九朝律考》中所辑佚的《上计律》等传世文献中与官府财物管理、官吏责任有关的内容，

＊　陈楠，华东政法大学法律学院硕士研究生。

都为西汉校计管理规范的研究提供了重要的史料来源。

校计作为一种核验、统计财物的管理措施，在保护国家财产方面起着重要作用，历朝历代，无论是中央还是地方对此都颇为重视，西汉时期也不例外。在主要展现边疆地区政治、经济、文化、军事等领域重要史料的敦煌悬泉汉简中，关于核计官府财物或是对有关支出登记造册并上报等内容的简文具有一定数量，而这部分关于核验管理方面的简文应当也能体现当时校计管理的大致情况。因此，本文将以敦煌悬泉汉简为主要史料，结合其他相关文献资料，对其中所出现的与校计有关的简文进行初步探讨。需要说明的是，依据敦煌悬泉汉简中有关纪年简可推知，其横跨的时间轴为西汉中期（武帝元鼎六年）至东汉中期（安帝永初元年），考虑到具体的校计管理在不同时期可能存在一定变通，因此本文选取悬泉汉简中有明确纪年的，以及依据地层学原理可大概推知所属年代为汉宣帝时期的部分简文，探讨这一时期边疆地区的校计管理情况。

在悬泉汉简中，有不少关于汉宣帝时期悬泉置官府所记载的简文，诸如"簿入类"简文、册书等，它们与当时边疆地区的校计管理息息相关。以下首先对悬泉汉简中关于校计管理的具体内容进行论述，该部分内容主要包括校计所针对的对象以及校计管理的大致流程，之后再与《九朝律考》中的《上计律》、张家山汉简《二年律令》以及居延汉简中的有关内容相结合，对宣帝时期边疆校计管理的规定进行探讨。

一、财政支出之入簿上报

虽然在敦煌悬泉置出土的汉简中并未发现与校计管理相关的律令，但是其中有许多记录官府财物状况的简文，在有关简文中多次出现了"簿入"的表述。关于此类"簿入"简，以及记载关于"簿入"或"出入簿"等记录的诸如册书在内的官文书中，有明确纪年的属于汉宣帝时期的就有一定数量，此类简文或册书所记录的对象主要是传马、传车等交通工具以及粟米等粮食谷物，多是记录赐赠或供给西域国家使者传马、粟米数量等情况，以及供给西汉使者所需的支出状况。

在悬泉汉简的一些简文中出现了"簿入"的表述，它们的内容与官府财物的入簿上报有关，并且这些简文在形式上具有类似之处，以下举例进行探讨。如：

> 甘露二年二月庚申朔丙戌，鱼离置啬夫禹移县（悬）泉置，遣佐光持传马十匹，为冯夫人柱，禀穬麦小卅二石七斗，又荄廿五石二钧。今写券墨移书到，受薄（簿）入，三月报，毋令缪（谬），如律令。（Ⅱ 0115 ③：96）① （以下称为"简一"）
>
> 甘露三年十月辛亥朔，渊泉丞贺移广至、鱼离、县（悬）泉、遮要、龙勒，厩啬夫昌持传马送公主以下过，禀穬麦各如牒，今写券墨移书到，受薄（簿）入，十一月报，毋令缪（谬），如律令。（Ⅱ 0114 ③：522）② （以下称为"简二"）
>
> 神爵二年正月丁未朔己酉，县（悬）泉置啬夫弘敢言之：遣佐长富将传迎长罗侯，敦煌禀小石九石六斗，薄（簿）入十月，今敦煌音言不薄（簿）入，谨问佐长富禀小石九石六斗，今移券致敦煌□…… （Ⅰ 0309 ③：215）③ （以下称为"简三"）

关于上述简文中所提及的"簿"，《周礼·天官·小宰》载："听出入以要会"，郑司农注云："要会，谓计最之簿书，月计曰要，岁计

---

① 胡平生、张德芳：《敦煌悬泉汉简释粹》，上海古籍出版社 2001 年版，第 141 页。
② 胡平生、张德芳：《敦煌悬泉汉简释粹》，上海古籍出版社 2001 年版，第 142—143 页。
③ 胡平生、张德芳：《敦煌悬泉汉简释粹》，上海古籍出版社 2001 年版，第 147 页。

曰会"。① 可见，汉人认为"簿书"含有官府财务收支状况的记录之意。张家山汉简《二年律令·行书律》中载："……及郡县官相付受财物当校计者书……"②，是要求郡县在财物交接过程中需对所涉财物的账目进行核验的文书，此种文书大致包括郡县官员管理财物的审校报告和上计文书③，这两类文书所涉及的财物账目的性质与"簿书"以及悬泉汉简"簿入"类简中的"簿"类似，均包含记载财物状况的内容。

从上述所列"簿入"类简文的内容来看，它们主要是关于悬泉置等基层官府需要对有关谷物支出造册上报的要求。关于简一、简二中所提及的"写券墨移书"中"券墨"的解释，张俊民认为这只是对原有"券"文书的转述，并非原文书。④ 尽管如此，从简文内容中仍可以看到悬泉置对有关支出登记入簿以及上报的记录。具体而言，上述简文一方面反映出当时需要对原文书中记录的有关支出进行上报的程序要求另一方面也体现了当时对有关支出登记入簿在形式方面的要求，即以"券墨"登记上报。由简文内容也可见当时对官府财物的支出状况进行记录并在规定的时间上报有相应的管理要求，同时，入簿上报也是后续进行核验校计的前期准备工作与必经程序，可能成为之后适用有关校计法规的前提。

从内容来看，"簿入"类简以及"出入簿"等有关财物支出记录大体可分为供给或赐赠西域使者的记录以及供给西汉使者的记录两大类。关于供给或赐赠西域使者的记录，即西域使者往来西汉所需饮食、出行的支出，如"出粟四斗八升，以食守属唐霸所送乌孙大昆弥、

---

① ［汉］郑玄注，［唐］贾公彦疏：《周礼注疏》，彭林整理，上海古籍出版社 2010 年版，第 81 页。

② 张家山二四七号汉墓竹简整理小组编著：《张家山汉墓竹简（二四七号墓）》（释文修订本），文物出版社 2006 年版，第 47 页。

③ 彭浩：《读张家山汉简〈行书律〉》，http://www.bsm.org.cn/?hanjian/4277.html，2022 年 5 月 23 日。

④ 参见张俊民：《悬泉置出土刻齿简牍概说》，《简帛》，上海古籍出版社 2012 年版，第 240 页。

大月氏所……（V17125∶1）""出粟二斗四升，以食乌孙大昆弥使者三人，人再食，食四升，西。（V16113∶118）"[①] 等，即关于供给与赠送西域国家使者而支出的粟米数量记录。除所列出的此二条简文外，在同层出土的其他纪年简中还可以看到多枚与此相关的同属于汉宣帝时期的简文。

关于供给西汉使者的记录，主要以册书、簿籍的形式呈现。以单独记录的简文来看，上文中的简一即关于冯夫人往来于西汉与乌孙时所需供给的记录。从完整的簿书或册书来看，如《元康五年悬泉置过长罗侯费用簿》，该簿书详细记载了元康五年悬泉置接待长罗侯及其军吏出使西域过路时的开支账单，这与当时长罗侯常惠作为西汉的代表与西域国家乌孙之间的交往有关。《神爵二年悬泉厩佐迎送日逐王廪食册》也是关于使者过路敦煌膳食供给记录的簿册。在相关文书中也有关于"簿人"或"出入簿"的记录，如《元康四年鸡出入簿》中所记载的用鸡接待往来官吏与使者的记录。值得注意的是，在悬泉汉简的其他材料中并未发现关于往来官吏、使节食宿及使用传马、传车后需支付费用的记载，由此推之，此类开支应当是由地方官府负担，因而对此进行记录并核验也是国家管理财物的必要举措。总之，上述所列简文中将支出状况记录成簿册并上报的行为，应属于当时核验官府财物在程序性管理中的一部分。

由上述所列简文可见，与西汉中晚期边疆地区登记造册、核验财物等内容息息相关的主要是西汉与西域国家之间的往来关系。西汉前期对边疆事务具有重要影响的西域国家主要是匈奴，当时的帝王或是采取和亲方式，或是采取武力攻打方式，以试图维护边疆地区的稳定，但始终难以真正摆脱匈奴对边疆地区的肆意侵扰。即使是在汉匈和亲时期，匈奴也时常武力侵扰边疆地区。直至汉武、昭帝时期匈奴才开始呈现颓势，而对于此种形势的演变除了西汉王朝所采取的各种

---

① 胡平生、张德芳：《敦煌悬泉汉简释粹》，上海古籍出版社 2001 年版，第 143 页。

举措之外，包括乌孙国等在内的一些长期受匈奴控制的西域王国在后期也起到了重要作用，这些国家也正是悬泉汉简中多次出现的西域国家。正是西汉王朝与乌孙国等西域国家的联合，以及当时匈奴内部矛盾斗争所出现的力量分化，对于匈奴实力的削弱起到了重要作用。到了汉宣帝时期，呼韩邪单于归降汉朝，以往臣服于匈奴的部分西域国家因势而不再骚扰边疆地区，因而此时期西汉边疆地区的稳定得到了较好的保障。在此背景下，汉宣帝时期的西汉王朝，与西域国家除了存在政治、军事上的合作关系外，对这些与西汉形成贡赐关系国家的赏赐也是西汉王朝彰显国威、维持双方联系、促进贸易往来的一种重要方式，而这也正与悬泉汉简中多次出现的赠送、供给乌孙等国使者物品以及为西汉使者前往乌孙等国提供物资的简文相呼应。此外，除了对西汉与西域诸国交往产生的有关支出进行记录外，双方频繁的贡赐往来使得西汉宣元时期对于核验校计的要求也会相应地提高，这从有关册书的记载即可观之。如汉元帝时期的《康居王使者册》中记载了康居王使者等人在进贡时，因评估贡物发生了纠纷，朝廷要求敦煌郡和效谷县调查上报。同时，评估贡物作为贡赐贸易中的一部分，其核验校计的具体情况无疑对西汉与西域国家之间的交往具有一定影响。

二、财物损耗之核验管理

除了对财物支出状况进行登记入簿外，对于财物损耗状况的核验校计也是国家财物管理的重要组成部分之一。不同于粮食谷物等作为登记上报的主要对象，悬泉汉简中所记载的财物损耗状况的对象主要是传马、传车被具等。

（一）传马

在悬泉汉简中出现了较多关于传马的记载，从中可见传马也是当时核验校计的主要对象之一。

告县、置食传马皆为（札），三尺廷令斋壹三封之。（Ⅱ 0114S：36）[1]

传马死二匹，负一匹，直（值）万五千，长、丞、掾、啬夫负二，佐负一。（Ⅰ 0205②：8）[2]（以下称为“简四”）

五凤四年九月己巳朔己卯，县（悬）泉置丞可置敢言之：廷移府书曰，效谷移传马病死爰书：县（悬）泉传马一匹，骊，乘，齿十八岁，高五尺九寸，送渠犁军司〔马〕令史……（Ⅱ 0115③：98）[3]（以下称为“简五”）

在此处所列简文中，除了要求县以及置级别的官府对置中饲养传马的账目需用简册进行整理外，关于管理中所出现的传马死伤情形下有关官吏的责任也有较为明确的规定。依据简四，当时是将传马伤亡的数量折算成金钱而由有关官吏按照各自的责任划分进行赔偿。简五中记录的主要内容则是针对悬泉置病死的传马，首先要向效谷县出具含证明性质的文书，文书内容包括传马的性别、毛色、年龄、体貌特征及死亡原因，再由效谷县向郡报告，由此可见，针对传马的自然损耗，需要将具体情况层层上报至郡一级。除此之外，悬泉置还出土了对传马的具体信息进行登记的簿册——《传马名籍》。由此，关于传马状况的核验管理，首先是有登记传马初入厩置时详细信息的《传马名籍》，以便在核验传马情况时进行核对；而后针对传马所出现的伤亡等情况有相应的处置措施：若传马出现伤亡情况，一方面，主管官吏须承担赔偿责任；另一方面，需以如“病死爰书”之类的文书形式移送传马的有关信息。

① 胡平生、张德芳：《敦煌悬泉汉简释粹》，上海古籍出版社 2001 年版，第 18 页。
② 胡平生、张德芳：《敦煌悬泉汉简释粹》，上海古籍出版社 2001 年版，第 18 页。
③ 胡平生、张德芳：《敦煌悬泉汉简释粹》，上海古籍出版社 2001 年版，第 116 页。

（二）传车

同传马一样，传车的数量及损耗情况也是当时边疆地区官府财物校计的重要组成部分。

> 神爵二年三月丙午朔甲戌，敦煌太守快、长史布施、丞德，谓县、郡库：太守行县道，传车被具多敝，坐为论，易□□□□到，遣吏迎受输敝被具，郡库相与校计，如律令。（A）掾望来、守属敞、给事令史广意、佐实昌。（B）（Ⅰ 0309 ③：236）①

简文中虽然有部分文字难以释出，但以现有可释文字仍可了解该简大意。关于该简文内容的解释，存在不同观点，吕志峰认为这是敦煌太守快的传车被具损坏，需遣吏会同郡库一起审校。② 张德芳则认为该简的内容是敦煌太守要巡视各县，检查传车被具以及要求各县将损坏的车具送往郡库核验的文书。③ 虽然在传车被具的使用主体方面存在不同观点，但是简文中关于传车被具校计的内容并不存在争议，即对损坏的传车被具，需要派遣官吏接收，并会同郡库进行校计。

关于该简的内容，在传世史料中有相关的记载可加以对照。依据《汉书》记载，大致处于相近时间的敦煌太守快的活动轨迹主要是：

> 今诏破羌将军武贤将兵六千一百人，敦煌太守快将二千人……以七月二十二日击罕羌，入鲜水北句廉上，去酒泉八百

---

① 胡平生、张德芳：《敦煌悬泉汉简释粹》，上海古籍出版社 2001 年版，第 80 页。
② 参见吕志峰：《敦煌悬泉置考论——以敦煌悬泉汉简为中心》，《敦煌研究》2013 年第 4 期。
③ 参见张德芳：《两汉时期的敦煌太守及其任职时间》，《简牍学研究》，甘肃人民出版社 2014 年版，第 158 页。

里，去将军可千二百里。①

可见当时由于备战而对传车被具可能有调动的需求，结合时间节点来看，此次平定羌反叛的备战或许就与简文中县、郡库校验传车被具的要求有关，因此，简文中提及的传车被具应当属于作战所需，是敦煌太守等人巡视时检查的对象。《汉书》中记载的先零羌反叛发生于神爵元年，由于义渠安国处置不当，先零羌"劫掠小种，背畔犯塞，攻城邑，杀长吏"②。随后朝廷派赵充国率军讨伐平定。此事件对于当时局势总体稳定的边疆地区而言，是在特定形势下所出现的较短时间的叛乱，同时，局部形势的不稳定也是边疆事务中的小插曲，而这样的插曲所带来的对于战备物资的校计也是当时边疆地区校计管理的一部分。此外，悬泉汉简中也记载了甘露元年讨伐乌孙时，冯夫人奉命前往乌孙完成分立大小昆弥的任务，因传马不足而需要沿途郡县补充，可见在战争形势下传马、传车所起到的重要作用。因此，各郡县相关物资的校计对军队物资的保障乃至作战的最终结果，都至关重要。因此，针对总体安定形势下的例外情形，核验战备物资就显得尤为重要。而西汉王朝在此类作战中的胜利，又无疑维护了其在边疆地区的利益。

此外，与《传马名籍》类似，对于传车的具体情况也有专门的簿册进行登记，即《传车宣鞏簿》，这是悬泉置啬夫需要向上级移送的簿册，当传车被具出现损坏时，需按照一定的程序上报并协同核验，而这就需要与先前登记造册的簿籍进行核对。

由悬泉汉简中的有关记载可知，关于传马、传车损耗校计的大致流程，主要包含两种情形：其一是当出现传马死亡或者传车毁损等情形时，事发地官吏需对诸如传马死亡的具体信息进行记录，并将记录

---

① 《汉书》卷六十九《赵充国传》，中华书局1962年版，第2980页。
② 《汉书》卷六十九《赵充国传》，中华书局1962年版，第2973页。

的文书由置至县再至郡进行层级上报；其二是有关上级官吏在巡视时发现官府财物毁损，指派有关机构与官吏协同进行核验。这样由下至上的文书层报以及由上至下的监督核验形成了一种双向的校计管理模式，由此可见当时对传马、传车的核验校计有较为完备的处理程序，这都是与官府财物管理有关的程序性规范。

上述关于谷物、传马、传车等官府财物的校计，除了有相关的程序要求外，对校计的内容也要求"毋令谬"，以确保准确性。西汉通过程序性规范以及实质性规范两个方面对官府财物的情况进行校计管理，以便及时掌握支出以及损耗信息。

三、其他文献所见边疆校计管理

与西汉时期包含官府财物管理规范性质的《上计律》相比，悬泉汉简中涉及的有关内容更多的是置到县再到郡一级的文书记录。同样属于边疆地区出土的汉简，居延汉简中也出现了关于校计官府财物的内容。而与悬泉汉简中相关简文大都不具备律令规范的性质不同，张家山汉简《二年律令》中以律的形式对核验官府财物的内容作出了明确规定。这些简牍中关于校计的内容，有的以律文的形式呈现，有的则以簿书等文书的形式呈现，都属于西汉时期校计制度的重要组成部分。虽然所处时期不同，但通过中央的律令规范以及同属边疆地区简文所记载的管理情况，能够与悬泉汉简所记载的内容进行联系对照。

与校计规范较为相关的传世史料主要是程树德在《九朝律考》中辑佚的《上计律》。①《汉书》引师古注曰："计者，上计簿使也，郡国每岁遣诣京师上之。"② 不同于《上计律》作为年度郡国财政上

---

① 程树德：《九朝律考》，中华书局 1963 年版，第 18 页。
② 《汉书》卷六《武帝纪》，中华书局 1962 年版，第 164 页。

报核验的法律规范属性，悬泉汉简中大多是关于置或者县向上级上报财政支出等文书记录，且有以月作为周期进行上报的记载。此后，《后汉书》中所载汉代各县令长"秋冬集课，上计于所属郡国"则体现了县按照季度定期上报郡国的制度。① 不同于郡国，置、县属于较低级别的行政单位，因而需要受到核验审计的次数相对频繁。在校计的基本原则方面，无论是《上计律》还是悬泉汉简中的有关记载都体现了校计内容需真实无误的要求。如黄龙元年，汉宣帝诏曰："上计簿，具文而已，务为欺谩……御史察计簿，疑非实者，按之，使真伪毋相乱。"② 这是要求对存在虚假之处的计簿进行查办的诏令，与悬泉汉简中要求登记上报的簿册准确无误相对应。

作为主要囊括了军事、政治活动的汉代屯戍文书，以及其他与地方行政、社会、经济相关文书等内容的出土文献，居延汉简中也包含了有关核验财物、登记簿籍等校计方面的内容，如："四时簿出付入受不相应或出输非法各如牒书到"（394.4）③。即在核验四时簿时，当出现财物收支不相称或支出与规定不符合时，要记录到牒书中。这是居延汉简中关于核验校计内容的直观体现，也可能是悬泉汉简中入簿上报的后续流程规定。又有："甲渠万岁候长就部五凤四年七月戍卒被簿"（82.39）④，"肩水候官元康四年十二月四时杂簿"（5.1）⑤。这是关于戍卒所用物资等内容的造簿统计，登记造簿的形式与悬泉汉简中的簿册文书较为类似。由于居延汉简中记载的事项多与边疆屯卫戍卒

① 《后汉书》志第二十八《百官五》，中华书局1965年版，第3622—3623页。
② 《汉书》卷八《宣帝纪》，中华书局1962年版，第273页。
③ 中国社会科学院考古研究所编：《居延汉简甲乙编（下册）》，中华书局1980年版，第234页。
④ 中国社会科学院考古研究所编：《居延汉简甲乙编（下册）》，中华书局1980年版，第61页。
⑤ 中国社会科学院考古研究所编：《居延汉简甲乙编（下册）》，中华书局1980年版，第3页。

有关，因此，不同于悬泉汉简，居延汉简中与校计相关的内容，如簿册文书等，也多以记载戍卒所需物资为主。

几乎与悬泉汉简处于同时期的居延新简①，也有关于校计的内容，并且在表述上与悬泉汉简中的"簿入"简有相似之处。如对官吏粮食进行校计的通知：

> 建武四年□□壬子朔壬申守张掖☑旷丞崇谓城仓、居延、甲渠、卅井、殄北言：吏当食者先得三月食，调给，有书，为调如牒。书到，付受与校计同月出入，毋令缪，如律令。掾阳、守属恭、书佐参。（EPF22·462）②

此外，张家山汉简《二年律令·效律》中对核验官府财物进行了明确规定。《二年律令·效律》中的内容主要是关于核验县级官吏离任前的谷物等官有财物的情况，以及在数量有出入时对有关官吏进行责任追究的规定。除了《效律》外，《二年律令》的其他律篇中也散见有关于校计官府财物的律文，如《二年律令·金布律》载：

> 租、质、户赋、园池入钱县道官，勿敢擅用，三月壹上见金、钱数二千石官，二千石官上丞相、御史。③

即县道官须在规定的时间将官府所入的金、钱数上报二千石官，再由二千石官上报丞相、御史，这是关于官府钱财收入上报的要求。

---

① 居延新简中的纪年简，时间跨度为天汉二年（公元前99年）至建武七年（公元31年），以汉宣帝时期为多。这与本文主要研究对象所处的年代大致对应。

② 甘肃省文物考古研究所等编：《居延新简——甲渠候官（上）》，中华书局1994年版，第224页。

③ 张家山二四七号汉墓竹简整理小组编著：《张家山汉墓竹简（二四七号墓）》（释文修订本），文物出版社2006年版，第67页。

《二年律令·金布律》中还进一步对毁损官府财物的赔偿责任进行了明确规定：

> 亡、杀、伤县官畜产，不可复以为畜产，及牧之而疾死，其肉、革腐败毋用，皆令以平贾（价）偿。入死、伤县官，贾（价）以减偿。

> 亡、毁、伤县官器财物，令以平贾（价）偿。入毁伤县官，贾（价）以减偿。①

作为校计管理重要依据的律令规范，张家山汉简《二年律令》以及《汉书》等文献资料中的有关诏令，可能是悬泉汉简与居延汉简等出土文献中校计管理所依据的规范。

悬泉汉简中记载的关于官府财物入簿上报的内容与作为西汉上计制度体系中重要组成部分之一的计簿上报的属性有相合之处。就居延汉简而言，虽然其与悬泉汉简在核验校计的对象方面有所不同，即悬泉汉简中的校计管理大多与西汉、西域国家间的交往有关，而居延汉简中的校计管理主要与边疆戍卒的利益相关，但是居延汉简与悬泉汉简所处年代大体相近，且均为边疆地区的出土文献，同属西汉校计管理的范畴，居延汉简中的有关内容在一定程度上能够对悬泉汉简的有关内容起到补充作用。因此，居延汉简与悬泉汉简在校计管理方面的内容较为贴合，二者对于呈现西汉时期边疆地区的校计管理情况具有重要作用。虽然张家山汉简与悬泉汉简所处时代并未重合，但作为西汉时期的律令规范，结合张家山汉简《二年律令》对悬泉汉简的有关内容进行探讨，对于呈现律令框架下的边疆地区校计管理概况具有一定的参考意义。

---

① 张家山二四七号汉墓竹简整理小组编著：《张家山汉墓竹简（二四七号墓）》（释文修订本），文物出版社 2006 年版，第 68 页。

四、结语

综合上述，以悬泉汉简为基础探讨汉宣帝时期边疆地区的校计管理内容，并与居延汉简、张家山汉简等出土资料及传世文献相结合，使得当时边疆地区的校计管理情况更为清晰。此外，在汉宣帝时期的历史背景下，校计管理在维护西汉与西域国家之间的政治经济往来、维持内部事务的高效运作方面起着重要作用。具体而言，从西汉的对外交往方面来看，特定时期的校计管理对当时西汉与西域各国之间的政治交往、贸易往来以及边疆地区的安定具有积极意义；从西汉内部治理而言，有关校计管理对于边疆地区行政、军务运作的效率也能起到保障作用。

事实上，文中所涉及的悬泉汉简中关于校计管理的简文在简牍整理中被整理者纳入官文书或是悬泉置管理事务的范畴，从形式上看它们是关于要求登记有关财物支出及上报的文书，大多仅属于对相关财物核验管理情况的记录，在某种程度上只是对客观事实的记述，或者只是一种凭证类文书，并不具备校计规范的性质，也不具备律令乃至管理规范的形式，但是从有关简文中可以大致看出当时边疆地区官府财物校计的概况，其中有关入簿、核验记录中所蕴含的程序性要求也能够被视为当时校计管理的缩影。但是，当前仅依据敦煌悬泉汉简等已发现的出土文献中的有关文字材料，还不足以全面展现汉宣帝时期的边疆校计管理情况，因而对该方面的研究还有赖对于更多文献的发现与探索。

道光十九年《严禁鸦片烟章程》得失新议

陈欣如[*]

摘要：自雍正七年起，尽管清政府多次颁布禁烟条例，但法令愈严禁烟效果愈差，弛禁派由此对"严禁论"产生怀疑，遂于道光十六年与严禁派产生禁烟立法之争。严禁派在这场论争中取得胜利，道光帝下谕制定并颁布了《严禁鸦片烟章程》。对于此部禁烟条例，有学者评价其为"一篇具文"，对它的内容和执行情况持全盘否定态度。但《严禁鸦片烟章程》集严禁派官吏的主张于一体，其条文内容和执法情况较清朝禁烟旧例而言展现出极大的优势，应对其作出肯定性评价。

关键词：《严禁鸦片烟章程》；严禁派；弛禁派；道光年间

道光十九年（1839），清政府颁布《钦定严禁鸦片烟条例》（也称《严禁鸦片烟章程》[①]）。对于这部条例，有学者认为"其只是集清政

---

[*]　陈欣如，华东政法大学法律学院硕士研究生。

[①]　根据《鸦片战争档案史料》一书中收录的奏折及上谕档案，《钦定严禁鸦片烟条例》在当时一般被称为《严禁鸦片烟章程》。如《大学士等所议严禁鸦片章程尚属周妥著所议办理事上谕》中就将禁烟章程称为"章程"。（中国第一历史档案馆编：《鸦片战争档案史料》，上海人民出版社1987年版，第1册，第597—598页。）在此章程的实行过程中，各地大臣上奏或皇帝批复时，也多将其称为"章程"，如《著新疆各城将军都统大臣等查禁鸦片兴贩吸食事上谕》。（中国第一历史档案馆编：《鸦片战争档案史料》，上海人民出版社1987年版，第1册，第678页。）

府百余年来禁烟法规大成的一篇具文而已"，评价其"表面看起来条
文周密，刑罚亦很严，似乎可以依此而彻底禁绝，但实际上并非如
此"。① 部分学者全盘否定《严禁鸦片烟章程》的理由为该条例是投
降派代表大学士穆彰阿主持制定，其内容明禁暗弛，并且条例在颁布
后难以执行，没有任何效力。此种对《严禁鸦片烟章程》的评价有失
公允，本文将从道光十六年禁烟立法之争出发，对此条例所属的观点
派别及条例的价值一一分析，重新讨论《严禁鸦片烟章程》之得失。

一、《严禁鸦片烟章程》之观点派别分析

道光十六年四月（公元纪年 1836 年 6 月，下同），太常寺少卿许
乃济向道光帝上《鸦片烟例禁愈严流弊愈大应亟请变通办理折》，对
禁烟立法提出了"弛禁论"的主张。他在奏折中指出了严禁鸦片烟后
产生的种种流弊，认为"今闭关不可，徒法不行，计惟仍用旧例，准
令夷商将鸦片照药材纳税，入关交行后，只准以货易货，不得用银购
买。"② 他主张放开民间贩卖吸食者的禁令，只对官吏、军人严禁贩卖
吸食鸦片。当官员、士子、兵丁等吸食时，由于担心"惟用法过严，
转致互相容隐"，对这些人仅仅"立予斥革，免其罪名"。③ 同时，他
在附片中还提出了"听民间吸食，内地得随处种植"④ 的建议。道光
帝在收到许乃济的奏折后十分重视，当即批转给两广总督邓廷桢、广
东巡抚祁贡以及粤海关监督文祥等议复。⑤ 邓廷桢等在复奏中则表示

① 来新夏：《林则徐年谱（增订本）》，上海人民出版社 1983 年版，第 239 页。
② 此处"旧例"指乾隆以前鸦片可作为药材进口。中国第一历史档案馆编：《鸦片
   战争档案史料》，上海人民出版社 1987 年版，第 1 册，第 202 页。
③ 中国第一历史档案馆编：《鸦片战争档案史料》，上海人民出版社 1987 年版，第
   1 册，第 202 页。
④ 中国第一历史档案馆编：《鸦片战争档案史料》，上海人民出版社 1987 年版，第
   1 册，第 203 页。
⑤ 《清实录》卷二百八十二，中华书局 1986 年影印本，第 37 册，第 39273 页。

"弛禁通行，实于国计民生均有裨益"①，不仅赞同许乃济的主张，还拟定了关于弛禁的章程九条。

在许乃济的奏折公开后，中央和地方官吏产生了极大反响，许多人都表示反对。道光十六年八月（1836 年 9 月），内阁学士朱嶟和兵科给事中许球上奏道光帝，"申严鸦片例禁"。《清实录》载："近日言者不一，或请量为变通，或请仍严例禁，必须体察情形，通盘筹画，行之久远无弊，方为妥善。"②尽管道光帝对禁烟一事犹豫不决，主张"严禁论"的官吏仍不在少数。十月，又有江南道御史袁玉麟奏"开鸦片例禁有防国计民生"。他明确提出严禁鸦片烟的主张，严厉驳斥了"弛禁论"。他认为弛禁这一观点"聊为苟且塞责，其弊遂至无穷"，而严禁的主张才是"久远之谋"，只要官吏洁己奉公，执法不移，就可以力清弊源。③

（一）弛禁派和严禁派产生论争的原因

自雍正七年（1729）清政府颁布第一道禁烟法令以来，清朝统治者对于鸦片烟一直持严禁的态度，并且随着鸦片烟在国内的泛滥，禁烟法令的颁布日渐繁密。那么道光十六年究竟为何会发生弛禁派和严禁派两种不同立法观点的剧烈碰撞？

据《夷氛闻记》记载，道光十三年（1833）许乃济与友人何太青议论鸦片问题时，何主张："纹银易烟出者不可数计，必先罢例禁，听民间得自种罂粟，内产既盛，食者转利值廉，销流自广，夷至者无所得利，招亦不来，来则竟弛关禁，而厚征其税，责商必与易货，严

---

① 中国第一历史档案馆编：《鸦片战争档案史料》，上海人民出版社 1987 年版，第 1 册，第 206 页。

② 《清实录》卷二百八十七，中华书局 1986 年影印本，第 37 册，第 39347 页。

③ 中国第一历史档案馆编：《鸦片战争档案史料》，上海人民出版社 1987 年版，第 1 册，第 216 页。

银买罪名，不出二十年，将不禁自绝。"① 这些观点为许乃济所赞赏，广东名士吴兰修还据此作《弭害篇》。时任两广总督的卢坤随即于道光十四年（1834）以《粤士私议》附片上奏过"弛禁论"，但"仅约略其词，终不敢明请弛禁"②，并没有引起道光帝的重视。由此可见，"弛禁论"虽然很早就存在，但其实只有少数人支持，不仅官员们不敢直接提出，而且在朝堂也没有产生影响。此时"弛禁论"的式微是禁烟法令愈发严苛所致。嘉庆年间（1796—1820）在法律上对鸦片采取了一系列严禁措施，嘉庆帝实际在位的 20 年间先后颁布了 10 余道有关禁烟的法令，并且与雍正时期的法律相比更加严密。而道光帝即位之初就重申禁令，甚至在嘉庆时期法令的基础上加重惩治力度。在统治者禁烟态度的桎梏下，许乃济等人必然无法直接提出与国家主流观点相反的"弛禁论"。

"弛禁论"能够在道光十六年与"严禁论"对抗的主要原因在于法令虽严但没有效果。根据西方透露的统计资料，从印度进入中国的鸦片数量，嘉庆二十二年（1817）为 3210 箱，道光二年（1822）增至 4628 箱，至道光十二年（1832）已猛增至 2.3 万箱以上。③ 倾销入中国的鸦片数量不减反增，走私活动日益不绝，同时白银大量外流，银价有增无减，在禁烟效果愈来愈差的情况下，官吏们和道光帝不可避免会怀疑严禁鸦片的可行性，试图寻求另一种方法。因此，弛禁派得以直接提出自己的主张，在清政府内部引起尖锐的争论。

（二）弛禁派与严禁派论争的结果

直到道光十八年（1838），道光帝才正式放弃"弛禁论"，采用"严禁论"。严禁派取得这场论争胜利的原因主要有以下三点。

首先，严禁派的积极争取。鸿胪寺卿黄爵滋于道光十八年上疏主

---

① 中国史学会主编：《鸦片战争》，上海人民出版社 2000 年版，第 6 册，第 6 页。
② 中国史学会主编：《鸦片战争》，上海人民出版社 2000 年版，第 6 册，第 7 页。
③ 张晋藩主编：《中国法制通史》第 8 卷，法律出版社 1999 年版，第 750 页。

张严禁鸦片，他在《奏请严塞漏卮以培国本折》中列举大量事实说明白银外流与吸食鸦片的关系，即"耗银之多，由于吸烟之盛，贩烟之盛，由于食烟之众"，因此极力主张"必先重治吸食"，并提出了几项具体的禁烟措施。① 此外，黄爵滋还痛斥了"弛禁论"不能"堵塞漏卮"的危害，又连疏二次主张禁烟应派主禁大臣并且严惩私通番夷首恶者。在这个奏疏提出后，包括湖广总督林则徐在内的许多官员纷纷上奏道光帝支持严禁鸦片，使得严禁派的观点逐渐占据上风。

其次，道光帝的禁烟决心。不可否认的是，道光帝曾在禁烟一事上表现出犹豫不决的态度，但黄爵滋上奏后他立刻下谕各省督抚"各抒己见，妥设章程，迅速具奏"。② 官员们所陈各地禁烟实情促使道光帝的禁烟立场渐趋明确，下令许乃济降级休致侧面体现出他放弃"弛禁论"的决心。皇帝的鲜明态度使曾支持"弛禁论"的官员们转变立场，严禁派愈发壮大。

最后，"严禁论"本身的合理与正义。严禁派的争取和皇帝的个人倾向只是严禁派获得此次论争胜利的次要因素。促使"严禁论"成为立法依据的最主要原因，应当是其自身的可行性及正义性。"严禁论"所包含的如禁止鸦片的贩卖、种植和吸食等主张，对国计民生来说大有裨益，因此才会被统治者所选择。

（三）《严禁鸦片烟章程》是严禁派论争胜利的产物

在"严禁论"被采纳后，道光帝下谕开展了一系列严禁鸦片的活动，其中就包括制定《严禁鸦片烟章程》。换言之，如果严禁派没有取得论争的胜利，那么《严禁鸦片烟章程》的内容不会是以"严禁论"为中心，因此，《严禁鸦片烟章程》实际上是严禁派论争胜利的产物。

---

① 中国第一历史档案馆编：《鸦片战争档案史料》，上海人民出版社 1987 年版，第 1 册，第 256—257 页。

② 中国第一历史档案馆编：《鸦片战争档案史料》，上海人民出版社 1987 年版，第 1 册，第 258 页。

至于有观点称"因为穆彰阿主持制定此部条例，所以此条例属于投降派"则是断章取义。穆彰阿在制定禁烟条例一事上扮演的角色，仅仅是众多立法的大学士、军机大臣之一，对最终完成的条例影响有限。因此，在评价《严禁鸦片烟章程》时，不能仅凭参与制定者是投降派就认定条例内容也属于投降派。

二、《严禁鸦片烟章程》的条文分析

通过将《严禁鸦片烟章程》与清朝禁烟旧例进行对比，可以发现有很多不同之处，尽管此章程条文仍有疏漏，但其展现出的优点不应被忽视。

（一）与旧例的比较

第一，在禁止兴贩鸦片方面。雍正七年颁布的禁烟法令中规定："兴贩鸦片烟者照收买违禁货物例，枷号一月，发近边充军；私开鸦片烟馆引诱良家子弟者，照邪教惑众律拟绞监候，为从杖一百，流三千里，船户、地保、邻佑人等，俱杖一百，徒三年。"[1] 在大臣上奏皇帝的奏折中，亦可发现嘉庆十八年（1813）时仍在沿用雍正七年的立法规定。[2]《严禁鸦片烟章程》（下文中称《章程》）中做出了很大的改变。首先，《章程》将兴贩鸦片者细分为"开设窑口者"和"合伙开设窑口者"两种情况分别处罚。并且将贩卖者按照首从犯区分，处以不同的刑罚。其次，《章程》加重了"私开鸦片烟馆引诱良家子弟者"的刑罚，规定"首犯拟绞立决，房屋入官，从犯及知情租给房屋之犯，发新疆给官兵为奴，房屋一律入官"。[3]

---

① 张晋藩主编：《中国法制通史》第 8 卷，法律出版社 1999 年版，第 747 页。
② 中国第一历史档案馆编：《鸦片战争档案史料》，上海人民出版社 1987 年版，第 1 册，第 5 页。
③ 中国史学会主编：《鸦片战争》，上海人民出版社 2000 年版，第 1 册，第 542 页。

第二，在禁止吸食鸦片方面。嘉庆十八年时，在禁烟法令中首次出现严禁吸食鸦片的条款，禁止吸食的对象包括侍卫官员、军民人等、内廷太监。此后几年，有关禁止吸食鸦片的条款有所改变，但皆为改变刑罚，如道光十一年（1831）给事中刘光三奏请酌加军民人等买食鸦片烟的刑罚，规定"嗣后军民人等，买食鸦片烟者杖一百，枷号两个月，仍令指出贩卖之人，查拿治罪。如不将贩卖之人指出，即将食烟之人照贩卖为从例杖一百，徒三年。职官及在官人役买食者俱加一等治罪"。①首先，《章程》中做出的改变是将吸食者的身份更加细化，划分为平民、在官人役并官亲、幕友、长随人等、职官、兵丁和太监。其次，旧例中军民吸食鸦片所受刑罚一致，而《章程》中则对平民、官吏和兵丁做出区分，对三类吸食者处以不同程度的刑罚。对于平民，加重了刑罚，处杖一百，流二千里；对于官吏，规定其"照平民加一等治罪"；为了禁止军士吸食鸦片影响军队实力，刑罚加重则更甚，规定吸食鸦片的兵丁"发近边充军"。②

第三，在官员失察方面。在《章程》制定前，关于惩治官员失察的条文虽然存在，但没有形成具体的章程，只能散见于关于官员失察处分的上谕中。《章程》对于官员失察的处置作了十分详细的规定，按照"海口员弁兵丁受贿故纵""得财卖放鸦片烟案犯之官役人等""禁卒人等，递给鸦片烟与犯人吸食"③三种情况分别处理。除此种专条外，其他条文都细致规定了失察官员应受到何种惩罚，较旧例而言相对全面。

第四，《章程》新增了许多旧例中完全没有涉及的新罪名。包括对鸦片烟案自首者的规定，对已经悔改但仍未毁弃鸦片烟灰的人犯的

① 《清实录》卷一百九十一，中华书局 1986 年影印本，第 35 册，第 37728 页。

② 中国史学会主编：《鸦片战争》，上海人民出版社 2000 年版，第 1 册，第 544—545 页。

③ 中国史学会主编：《鸦片战争》，上海人民出版社 2000 年版，第 1 册，第 537—540 页。

规定，对缉私官兵追捕时使用鸟枪的规定，对保甲之法和宣讲劝诫的规定。

（二）《章程》自身的优点

首先，《章程》所包含的内容较为全面和细致。此部条例体现了严禁派大多数人的主张，对禁烟运动的每一个环节都作出了相应的规定。《章程》中包括了对兴贩鸦片者的处置、对吸食鸦片者的处置、对官吏受贿的规定、对官兵执法的规定以及对完善保甲制度和加强禁烟宣传的规定。在新例颁布之前，清政府面临的禁烟环境十分糟糕。外商烟船勾结巡海兵弁，明禁暗运现象愈演愈烈，国内吸食鸦片人数不断增加，"其初不过纨袴子弟，习为浮靡，尚知敛戢。嗣后上自官府缙绅，下至工商优吏，以及妇女僧尼道士，随在吸食"。[①] 虽然清政府处于困境中，但可以从《章程》的条文内容看出，制定条文的目的在于有针对性地解决问题。比如，针对官员受贿并参与贩卖、吸食鸦片的问题，《章程》对官员进行了严格的规制。收受贿赂的官吏"无论赃之多寡，概拟绞立决"[②]，并且在每一个条文中都明确规定了对失察官吏的处置方式。全文 39 条中，与官吏有关的条文有 20 条，足以见得立法者对于官吏在禁烟运动中起到的作用十分重视，要求严格。

其次，《章程》条文体现出宽严并存的特点。此部条例充分体现了"严禁论"的主张，刑罚较之前大幅加重，如对兴贩鸦片从犯也要处以斩监候，平民吸食鸦片较旧例加重一等治罪等。此外，《章程》的条文十分细密，对同一罪名的不同情形作出了详细规定，使得规制的范围扩大，且比此前旧例都要严格。如在严禁太监吸食鸦片的条文中，规定了对不同身份的太监的不同刑罚，同时列举出总管失察的各

---

① 中国第一历史档案馆编：《鸦片战争档案史料》，上海人民出版社 1987 年版，第 1 册，第 255 页。
② 中国史学会主编：《鸦片战争》，上海人民出版社 2000 年版，第 1 册，第 537 页。

种情形，试图将全部违禁类型囊括在内。但是，《章程》内容仍有宽宥的一面。立法者考虑到吸食者戒毒瘾的困难性，给吸食鸦片者一年六个月的期限，对于"限满不知悛改，无论官员军民人等，一概拟绞监候"。①《章程》中设立了对官吏的奖励制度，在督促官吏恪尽职守之外，以破格升擢为奖励提高官吏们的禁烟热情。最后一条中规定："至吸食之人，各有身家，果知一经吸食，即犯死罪，未必不痛自改悔。嗣后地方官应于朔望宣讲后，即将吸食鸦片之害，传集众人，明白宣示，庶父戒兄勉，咸知自爱。"②良好的宣传对禁烟条例的执行有辅助作用，此条表明统治者试图通过宣讲对吸食鸦片者进行感化教育，侧面体现出立法者的宽宥之心。

最后，《章程》内容集严禁派官吏的主张为一体。在最终颁布的这39条禁烟条例中，有的条文是直接采纳各地官吏上奏的建议而制定的，有的条文是大学士、军机大臣根据各地官吏在奏折中反映的客观实际情况有针对性地制定的。严禁派官吏内部对于禁烟的具体法律措施也有分歧，而《章程》的内容是将官吏们提出的最可行的建议集中在一起，提高了该禁烟条例在颁布后的可执行性。黄爵滋提出："自今年某月日起，至明年某月日止，准给一年期限戒烟，虽至大之瘾，未有不能断绝。若一年以后，仍然吸食，是不奉法之乱民，置之重刑，无不平允。"③他虽然提议由中央统一指定戒烟期限，但有很大的弊端。条例颁布后下达到各地的时间不一致，对各地吸食鸦片者来说真正戒烟的时间有长短之分，致使条例难以公平执行。各地督抚、将军对此一年戒烟期限也提出了不同主张，如陕西巡抚富呢扬阿认为，"独严买食之条……纵使宽限一年，而此辈少智多愚，苟安嗜好

① 中国史学会主编：《鸦片战争》，上海人民出版社2000年版，第1册，第544页。
② 中国史学会主编：《鸦片战争》，上海人民出版社2000年版，第1册，第557—558页。
③ 中国第一历史档案馆编：《鸦片战争档案史料》，上海人民出版社1987年版，第1册，第256页。

于目前，罔顾生死于他日，窃恐限满之时，诛之不可胜诛也"①，对一年的戒烟效果表示担忧。林则徐在《酌议禁烟章程六条折》中提出"将一年之期，划分四限，递加罪名，以免因循观望也"②，在不同的禁烟阶段对吸食者采取不同的惩罚措施。在综合各地官吏提出的建议后，大学士和军机大臣将一年期限延长至一年六个月，对期限的起算点规定为"在京各衙门，以奉旨之日为始，各直省以奉到部文之日为始，均予限一年六个月"③，更符合实际情况。负责制定条例的相关部门对各地官吏提出的意见和建议进行整合、取舍和补充，做出最终决定，并上升为法律条文。④ 这不仅提高了条例的科学性，更为日后条例执行减小了阻力。

（三）《章程》存在的不足之处

尽管《章程》被称为清朝出台的有史以来最为严厉、最为完备的禁烟章程，但其中仍然存在前后矛盾的条款。第十条规定吸食鸦片案只能由地方官员究办："吸食鸦片之案，止准地方官弁访拿究办，不许旁人讦告，如有讦告者，概不准审理，倘系干犯名义，仍照本律治罪。"⑤ 但在"保甲之法"一条中却要求"以十家为一牌，设一牌长……并将兴贩吸食鸦片罪名开列，俾众共知，即责成牌长，如牌内之人有犯，即行举发。倘有受贿知情等弊，一经犯案，与地保邻佑一体惩办。"⑥ 贵州道监察御史陈光亨就曾在《请酌议新定严禁鸦片章程疏》

---

① 中国第一历史档案馆编：《鸦片战争档案史料》，上海人民出版社 1987 年版，第 1 册，第 291 页。

② 中国第一历史档案馆编：《鸦片战争档案史料》，上海人民出版社 1987 年版，第 1 册，第 271 页。

③ 中国史学会主编：《鸦片战争》，上海人民出版社 2000 年版，第 1 册，第 535—559 页。

④ 参见孔凡雪：《集体讨论与朝廷集中——道光朝禁烟决策过程和决策机制研究》，宁波大学中国近现代史硕士学位论文，2012，第 40 页。

⑤ 中国史学会主编：《鸦片战争》，上海人民出版社 2000 年版，第 1 册，第 542 页。

⑥ 中国史学会主编：《鸦片战争》，上海人民出版社 2000 年版，第 1 册，第 557 页。

中指出此条存在抵牾之处："夫里巷小民，识见迂拘，以为讦告则有干例禁，不举则大恐获谴，此将何所适从乎？"① 此外，举发之风盛行不利于社会秩序的稳定，《章程》要求牌内之人互相检举揭发，但却没有具体规定如有诬告栽赃情形应如何处置，可能会引发新的犯罪问题。

《章程》确有疏漏，但因此完全否定整部条例，实属以偏概全。此部条例作为第一次鸦片战争前夕清政府禁烟行动的法律依据，较旧例而言十分完善，是清政府颁布的比较系统、全面并极为严厉的一部专门禁烟的法令。其条文瑕不掩瑜，标志着清朝反毒品法规进入了新的阶段，清末民初时期的禁烟法规都不同程度地受到了它的影响，应认识到其进步性。

三、《严禁鸦片烟章程》的执法效果

《严禁鸦片烟章程》于道光十九年五月（1839 年 6 月）颁布，但道光二十年（1840）鸦片战争开始，由于鸦片战争的失败，《严禁鸦片烟章程》名存实亡，实际施行时间十分短暂。

（一）《章程》颁布带来的禁烟高潮

自道光帝决心严禁鸦片后，各地开始认真稽查鸦片，在新例施行前已经能够看到成效。而在新例颁布后，各地稽查尤甚紧严，执行效果更为显著。

道光十九年五月初五日，道光帝要求："各该衙门其即速行刊刻颁发各直省将军督抚等，转行所属地方文武员弁一体遵照，明白出示晓谕，咸使闻知。"② 在《著将两广总督邓廷桢等所参吸食鸦片各员即

① 中国史学会主编：《鸦片战争》，上海人民出版社 2000 年版，第 1 册，第 563 页。
② 中国第一历史档案馆编：《鸦片战争档案史料》，上海人民出版社 1987 年版，第 1 册，第 597—598 页。

行革职事上谕》中，道光帝认为"现在新定章程，经通谕颁发，该督等务当实力奉行"①，可以看出在五月十七日时，此《章程》已经在全国颁行并得到皇帝的督促实施。林则徐在《续获鸦片匪犯并烟泥枪具折》中提到五月十八日"适准部行新例到粤"，于是"通饬遍行晓谕"。②据林则徐陆续上奏的查禁鸦片情形折可知，从道光十九年五月十九日至十二月二十日间，共破获鸦片烟案 390 起，缉捕案犯共 565 人，缴获烟土烟膏共 145534 两，缴获烟枪 16060 支，烟锅 370 口。③据十二月上谕记录，新疆喀什噶尔地区共破获 7 起鸦片烟案，缉捕案犯 39 人，缴获烟土烟膏 1270 余两；叶尔羌地区，缴获烟土烟膏 6 万余两。④直隶总督琦善于八月盘查闽广船只时破获鸦片烟案 30 起，缉捕案犯 81 人，缴获烟土烟膏无数。⑤据闽浙总督桂良等奏报，自六月至十二月间，共破获鸦片烟案 62 起，缉捕案犯 200 余人，缴获烟土烟膏共 54000 两。⑥由上述数据可知，在《章程》颁布后全国各地掀起了禁烟运动的高潮，除两广、直隶、闽浙等沿海各省外，内陆省份也破获了大量的兴贩、吸食鸦片案。

（二）官员对《章程》的实际执行

《章程》的执行之所以能够渐收成效，除了《章程》的条文本身

① 中国第一历史档案馆编:《鸦片战争档案史料》，上海人民出版社 1987 年版，第 1 册，第 604 页。
② 中国第一历史档案馆编:《鸦片战争档案史料》，上海人民出版社 1987 年版，第 1 册，第 660 页。
③ 参见中国第一历史档案馆编:《鸦片战争档案史料》，上海人民出版社 1987 年版，第 1 册，第 660 页、709 页、710 页、782 页。
④ 中国第一历史档案馆编:《鸦片战争档案史料》，上海人民出版社 1987 年版，第 1 册，第 780、792 页。
⑤ 中国第一历史档案馆编:《鸦片战争档案史料》，上海人民出版社 1987 年版，第 1 册，第 696—697 页。
⑥ 中国第一历史档案馆编:《鸦片战争档案史料》，上海人民出版社 1987 年版，第 1 册，第 775 页。

较旧例更为严密，还有一个重要原因是道光帝多次下谕督促官员执行新例，要求官员不仅要认真查禁鸦片，还严格禁止其吸食、贩卖鸦片。

根据《鸦片战争档案史料》所收录的各地官吏上奏的案件情况，本文对道光十九年五月初五日至道光十九年十二月间涉及官员的鸦片烟案作不完全统计如表五[①]：

表五

案情	案件数量	省份数量
职官吸食鸦片	15	10
官吏失察	9	6
官吏受贿兴贩鸦片	10	5
官吏获奖励	9	6

从表格中可以看出，在实际执行过程中，各省严格审查官吏吸食鸦片的情况，拿获多名职官，并按照《章程》的规定将吸食鸦片的官吏革职查办，永不叙用，更有严重者被"发放新疆效力赎罪"[②]。道光十八年（1838）上谕两广总督邓廷桢曰："历任大小文武相率姑容，致有今日之患，此时若再因循，其害尚复忍言乎。"[③]道光帝对于官员受贿并参与鸦片贩卖的案件十分重视，在新例颁布后，督促全国查办类似案件，各省破获了多起官吏受贿参与兴贩鸦片的案件。根据各地官员的奏折，朝廷对于失察的官吏照例惩罚，对于禁烟有功的官吏也不吝奖励，对官员督责指示，提高禁烟效率。

综上所述，《严禁鸦片烟章程》颁布后是可以执行的，并不是完全无效的。条例能否执行，除条文内容外还受诸多外部因素影响，如

---

① 表五数据来源于《鸦片战争档案史料》第 602—811 页内容。

② 中国第一历史档案馆编：《鸦片战争档案史料》，上海人民出版社 1987 年版，第 1 册，第 639 页。

③ 《清实录》卷三百一十五，中华书局 1986 年影印本，第 37 册，第 39826 页。

官吏对禁烟的态度、民众的接受程度等。的确有部分官吏惰于禁烟甚至铤而走险参与贩卖鸦片，他们必然不会认真执行禁烟条例，不管何种缜密科学的法律对于他们而言都是形同虚设，如果只从这一点就断定《章程》无效，未免失之偏颇。

四、结语

第一次鸦片战争于道光二十年五月（1840 年 6 月）爆发后，清政府签订了《南京条约》，受条约内容约束，《严禁鸦片烟章程》成为一篇具文，无法继续执行。换言之，《严禁鸦片烟章程》的执行是被突如其来的鸦片战争中断的，而鸦片战争爆发的原因复杂，禁烟条例的颁布对其的影响微乎其微。《严禁鸦片烟章程》代表"严禁论"，具有合理性和正义性，任何时代的反毒品立法都有积极意义。因此，应肯定《严禁鸦片烟章程》对清朝禁烟运动的贡献及其进步意义。

明代"雇工人"例之立法及实践考察

宋宛霖[*]

摘要：雇工人是明代首创的法律概念。根据《大明律》中相关条文的规定，雇工人犯罪比照奴婢犯罪加以处罚，而在社会生活中，雇工人的身份高于奴婢但低于凡人。随着社会经济的发展，雇工人一词所囊括的对象渐趋复杂化，司法实践中的判断标准无法统一。从弘治年间修订《问刑条例》至万历年间就雇工人问题增设"新题例"，明代统治者在该问题上，从立法和司法的不同层面展开积极探索，一定程度上厘清了雇工人概念的边界，有效回应了社会现实问题。

关键词：雇工人；立法；司法实践；《问刑条例》

一、学术史回顾

中国古代社会中，受雇劳动是底层人群常见的生活方式，如唐之部曲、宋之佃仆。对于该群体，明清两朝将之命名为"雇工人"，在立法上加以规制。对于雇工人的研究，最早的学术成果伴随着资本主义萌芽的议题产生。明中后期江南地区丝织手工业的兴起、雇佣关系的广泛存在等现象，均被视为小农经济向资本主义雏形过渡的体现。

---

[*] 宋宛霖，华东政法大学法律学院硕士研究生。

通过研究明清法典关于雇工人的条例变动，学者们指出，农业雇工摆脱人身隶属关系，是一个渐进而曲折的历史过程，雇佣劳动者在法律层面不断得到人身依附关系的解放，这是一个有进步意义的变化趋势。①

上述观点在学界引发了激烈的争论，罗苍提出针锋相对的意见，他指出：在商品经济的高速发展下，资本主义萌芽的浪潮驱赶着大量劳动力涌入雇工人的队伍中，这种现象本质上是将一部分的"凡人"下降到了更低的法权地位，反映出生产关系的发展对劳动者的束缚和掠夺。② 冯永明、常冰霞的文章肯定了这种说法，他们认为，随着律例的不断完善，主仆名分最终取代契约成为雇工人身份的判定标准，在此过程中，雇工人最终彻底丧失了同雇主平等的法权地位，也完全失去了人身支配权。③

日本学者高桥芳郎对此也有不同的看法，他在《宋至清代身分法研究》一书中指出，对雇工人进行法律修改是基于立法技术的探索和国家治理的实际需求，与是否存在身分④地位的变动无关。⑤ 对于这个观点，国内学者也积极给出回应。高寿仙认为，明代万历年间出台的"新题例"，是适应士绅阶层兴起的现实而做出的一种身分重组，是士绅势力的壮大在法律上的具体反映。就雇工人这一法律身分而言，其基本性质在历次修改中都没有发生改变。⑥ 李冰逆在

---

① 参见欧阳凡修：《明清两代农业雇工法律上人身隶属关系的解放》，《经济研究》1961 年第 6 期。

② 参见罗苍：《"农民佃户"所雇"耕作"之人的等级问题——与欧阳凡修同志商榷》，《学术月刊》1983 年第 6 期。

③ 参见冯永明、常冰霞：《从契约到名分：明清雇工人法律形象的衍变》，《宁夏大学学报（人文社会科学版）》2015 年第 4 期。

④ 由于本文所讨论的文献中大量使用"身分"一词，故在文中不特意统一为"身份"。

⑤ 参见［日］高桥芳郎：《宋至清代身分法研究》，李冰逆译，上海古籍出版社 2015 年版。

⑥ 参见高寿仙：《社会变迁与身分重组——以高桥芳郎对"雇工人"法律身分的理解为线索》，《清华大学学报（哲学社会科学版）》2019 年第 6 期。

肯定上述观点的基础上，将满汉的风俗差异纳入考虑范围，并指出明清两朝通过数次法律修订，最终实现了雇工人的法律身分与社会身分的统一。[①]

此外，部分学者的研究更为具象化。比如，蒿峰关注到了和雇工人极为接近的几个法律概念，在《明代的义男买卖与雇工人》中，他指出明代的奴仆概念非常混乱，义男、义女的买卖是奴婢买卖的变异形式，目的是规避国家法禁止缙绅、庶族蓄奴的政策。[②]目前，随着研究的深入，部分学界通说逐渐得到了修正。比如，肖泽的《明清时期雇工人例的变迁及雇佣劳动》中，就提出了清初一直沿用万历十六年新题例的说法并不正确的观点。[③]这些更为细致的研究对于我们重新审视雇工人之立法及司法实践有着极高的价值。

综上所述，目前围绕雇工人这一特殊的法律群体，研究由明至清身分法的数次修改，在立法精神、立法技术、法律与社会的互动关系等方面都有一定的学术成果。遗憾的是，这些研究虽以明清两朝为时代背景，但更细致的研究重点则放在万历至嘉庆年间。从明初制定《大明律》到万历十六年出台"新题例"之间的历史阶段，是目前学术界研究的空白区域。本文以该段时间的雇工人立法及司法实践为研究对象，通过对条文的梳理、个案的分析，讨论明代的法律沿革，以期能使对雇工人的研究更为全面，使中国劳动法史的研究更为丰富。

[①] 参见李冰逆：《从身分法变革论明清时代法律的连续性问题——以"雇工人"律为中心》，《四川大学学报（哲学社会科学版）》2018 年第 4 期。

[②] 参见蒿峰：《明代的义男买卖与雇工人》，《山东大学学报（哲学社会科学版）》1988 年第 4 期。

[③] 参见肖泽：《明清时期雇工人例的变迁及雇佣劳动》，《中西法律传统》2018 年第 1 期。

二、《大明律》对"雇工人"的规制

明清时期，社会经济高速发展，雇佣劳动极其活跃，早在明初修订的《大明令》中就提到了雇佣的情况。比如《户令》中规定："凡民年八十以上，止有一子，若系有田产应当差役者，许令雇人代替出官。无田产者，许存侍丁，与免杂役。"①在明律制定的过程中，统治者创设雇工人制度用以调整雇佣关系。在笔者看来，该项立法至少有两重目的，其一是为了打压元代的奴隶制残余，杜绝"压良为贱"的现象，只给特定身份群体保留蓄奴的权力；其二是考虑到现实中雇人劳动的现象并未消失，因而创制"雇工人"这一身份群体，以填补该部分的需求。

《大明律》中涉及雇工人的律文共 14 条，分别为："亲属相为容隐""亲属相盗""发冢""谋杀祖父母、父母""造畜蛊毒杀人""杀子孙及奴婢图赖人""尊长为人杀私和""良贱相殴""奴婢殴家长""奴婢骂家长""干名犯义""奴及雇工人奸家长妻""与囚金刃解脱""死囚令人自杀"。②除了"亲属相为容隐"一条收入《名例律》，其余均出现在《刑律》部分。

雇工人犯罪，家长没有为其容隐的义务，而家长犯罪，则允许雇工人为家长容隐犯罪事实。与之相关的是，雇工人不得告家长，即便所告属实，仍要加以处罚。就定罪量刑而言，同一罪行下，家长犯雇工人罪轻，雇工人犯家长罪重。相当一些罪行，雇工人针对家长发生时受到的处罚较重，雇工人针对其他人发生时较轻。雇工人与雇主人有犯，最高刑罚可以达到死刑，相比之下，同样的行为，凡人关系的刑罚则可能轻得多。以"奴及雇工人奸家长妻"条的规定举例，雇工

---

① 刘海年、杨一凡主编：《中国珍稀法律典籍集成乙编·洪武法律典籍》，科学出版社 1994 年版，第 1 册，第 11—12 页。

② 《大明律》，怀效锋点校，法律出版社 1999 年版，第 18、143、145、151、153、155、157、164、172、178、199、213、215 页。

人犯此罪,应被判处斩刑,然而如果只是凡人之间的和奸,则应该根据"犯奸"① 条的规定,被处以杖刑。雇工人的身份界定事关生死之别,不得不引起司法审判的高度重视。

嘉靖年间的卢柟案充分体现出雇工人的身份界定,身份界定也是审判的重点与难点。该案件情况复杂、迁延日久,且当事人身份特殊,不仅在《明史》中留有记录,更被加工成《醒世恒言》中的一篇小说——《卢太学诗酒傲公侯》②。通过多方记载来看,卢柟案的案情并不复杂:起初,死者张呆受人引荐,成为卢柟家的雇工人,但因受雇期间被发现有盗窃行为而连夜逃走。不巧的是,卢柟去官府状告张呆盗窃的前一天,张呆意外被坍塌的房屋压死。审理此案的蒋知县因与卢柟素有嫌隙,认定卢柟殴打张呆致死,对卢柟严刑逼供。由此看来,作为加害者出现的卢柟和死者张呆之间是否构成家长和雇工人的关系,便是案件审理的关键因素。如果两者构成家长和雇工人的关系,即使张呆确实系卢柟殴打致死,按照《大明律》家长殴打雇工人致死的规定,卢柟受到的惩罚只是杖一百、徒三年,罪不在死。但如果张呆不是卢柟家的雇工人,即使他一直受雇于人,为佣工之人,卢柟殴打张呆致死,应按照《大明律》中凡人斗殴杀人条款,判处卢柟绞罪。

这种现象的存在一定程度上来源于立法上的缺失,自明初颁行《大明律》以来,雇工人的概念始终是模糊的。晚清法学家薛允升也对此深感困惑:"究竟雇工人是良是贱,律内并未言,及其与平人相犯,是否以凡论,亦无明文"。③ 明初制定"雇工人"律而不加以准确定义,或许是统治阶级已然察觉到奴役劳动向契约雇佣转变的趋势。雇工人游离于良贱之间的身份,正是对这种发展进程的回应。

---

① 《大明律》卷二十五,怀效锋点校,法律出版社 1999 年版,第 197 页。

② (明)冯梦龙:《醒世恒言》,张明高校注,中华书局 2014 年版,第 610 页。

③ (清)薛允升:《唐明律合编》,怀效锋、李鸣点校,法律出版社 1999 年版,第596 页。

应该说，《大明律》的立法目的是明确的，相关条文全部用于调整雇工人与雇主之间的法律关系，在量刑时参照准五服以制罪的原则，将雇工人这一群体等同于奴婢、孙子女，构建"尊长—卑幼"的伦理关系，体现出拟制的立法智慧，进而在雇工人与家长之间明确塑造不平等的法律关系。法律强调家长给予雇工人的恩义，而雇工人需要以对待尊亲属的方式对待家长。但在看似完善的构思下，由于立法者过分强调禁止蓄奴的规定，忽略了社会实践中大量使用奴仆的现实需求，这样的立法内容势必会与司法实践相冲突，而《大明律》中雇工人概念的模糊，更为二者的冲突埋下了隐患。

三、律文规定与社会现实的矛盾

明代中叶是社会变革的分水岭，诸多社会变革造成新的审判难题。在司法审判中，究竟什么样的人群属于雇工人，什么情况下可以使用雇工人的相关律文，这些问题随着社会的变化而愈发复杂。本文将律文规定与社会现实之间存在的矛盾，总结为以下三点。

其一，雇佣模式变化多端，雇工人所涵盖的对象日趋庞杂。

随着社会生产力的不断发展，雇佣关系在社会生活中被广泛运用，且根据实际需要极具灵活性。"弘治以后（1488—1505 年），又见有雇工制的发达，固然，雇工人早已有之，但此时短工和忙工的大量出现，最值得注意。"[1]考察江南地区的地方志材料可以发现，长工、忙工、伴工等概念频频出现。如正德年间《松江府志》记载："农无田者，为人佣耕，曰长工，农月暂佣者，曰忙工。田多而农无田者为人少者倩人为助，已而还之，曰伴工。"[2]又如嘉靖年间《吴江县志》所言："若无产者，赴逐雇倩，抑心殚力。计岁而受直者，曰长工。

---

① 傅衣凌：《明清封建土地所有制论纲》，中华书局 2007 年版，第 49 页。
② 正德《松江府志》卷四《风俗》，载《天一阁藏明代地方志选刊续编》，上海书店 1990 年版，第 5 册，第 203 页。

计时而受直者，曰短工。计日而受直者，曰忙工。佃人之田以耕而选其租者，曰租户。"①长工、忙工、短工是不是法律要调整的对象，彼此的区别是什么，这些问题是"雇工人"律亟待修改的一大重要因素。

其二，采买义男、变相蓄奴的做法开始流行，雇工人和奴婢间的分野逐渐模糊。

根据《明会要》的记载，洪武年间明确规定了蓄奴的特权："二十四年，定：役使奴婢，公侯家不过二十人，一品不过十二人，二品不过十人，三品不过八人。"②即仅三品以上功臣之家可以存养奴婢，且奴婢的使用人数有严格的限制。同时，严令禁止庶民之家存养奴婢，违者"杖一百，即放从良"③。也就是说，明初立法者严格限制了私奴婢的来源和保有群体。因此在社会中，并无直接以蓄奴的方式触犯法律的做法，采买男女变相蓄奴的现象越来越多。这些采买的义男、义女，他们的生存与发展情况，本身就具有不确定性。有的跟随主人家的姓氏，长大成人后由主人家指定婚配、给予房屋田产，成为世仆，有的被当作仆从使唤，听从主人的命令从事各种劳役，有的则作为宗法上的继承人。然而不管是哪种形式的义男、义女，都不是《大明律》所要规制的雇工人群体。司法审判中并不愿意承认义男义女实际为奴婢的事实，武断地套用雇工人的法律进行处理，这种做法无疑是错误的。虽然在明初制定的律文中，表达上常出现雇工人与奴婢并举的情况，但并不能因此将雇工人的法律身份直接等同于奴婢。应该注意到，奴婢是相对固定的贱民阶层，而雇工人不平等的法律地位只有在特定的雇佣关系下才存在。清初的沈之奇将此问题解释得十分透彻："雇工人不过受人雇值，为人执役耳。贱其事，未贱其身，

① 嘉靖《吴江县志》卷十三《典礼志·风俗》，载《中国地方志集成·善本方志辑·第一编》，凤凰出版社2014年版，第42册，第173页。
② （清）龙文彬：《明会要》卷五十二，中华书局1956年版，第969页。
③ 《大明律》卷四，怀效锋点校，法律出版社1999年版，第47页。

雇值满日，即家长亦同凡人，与终身为奴婢者不同。"①也就是说，雇工人这一群体本质上仍未脱离良籍，只是在受雇期间，才被纳入特定的身份范畴之中。奴婢和雇工人的分野在司法实践中逐渐缩小，也是明中后期的典型现象。

其三，中央和地方在雇工人问题上的看法存在分歧。

民间短工的大量出现，使得更熟悉社会实况的地方官员，纷纷选择将短工当作凡人处理。而中央官员拘泥于法理，仍坚持短工应属于雇工人的范畴。例如，应槚在《谳狱稿》中记载的一个案例，就反映出中央和地方司法意见不统一的现象。直隶常州无锡县民倪秦，在嘉靖八年（1529）四月至六月农忙时期受雇，期间盗窃河下空船。地方官将此案断为凡人盗窃，按律须在胳膊上刺字，并针对被告人先前两次的盗窃行为，数罪并罚，对倪秦判处绞刑。而身为嘉靖五年（1526）进士的时任刑部主事应槚却认为，倪秦既然是短工，按"雇工人"律定罪量刑，"盗钱让船一只系雇工人盗家长之物"，属于免刺的盗窃罪，并不在与前案并罚之列。最终改判"杖一百，流三千里"。②这是一起典型的中央官员纠正地方官员将短工作为凡人处理的案件。由此可以看出，审判标准的不统一加剧了雇工人概念模糊的问题。

综上所述，雇工人的身份夹在凡人与奴婢之间，形成审判上的难题。如果在面对毫无良贱分别的两造时，强行将一方以雇工人论处，会导致刑狱泛滥，使良民不愿受雇劳作，进而无力自活，增加社会的不稳定因素。但若是将存在主仆名分、受过主家恩惠的奴婢当作雇工人论处，不利于维持稳定的社会秩序，无法体现司法手段惩恶扬善的教化功能，这在传统中国社会是有违世俗伦理的误审和误判。至此，因《大明律》中缺乏对雇工人的身份构成条件而产生的问题，引起了

① （清）沈之奇：《大清律辑注》，怀效峰、李俊点校，法律出版社 2000 年版，第 747 页。
② 杨一凡：《古代判牍案例新编》，社会科学文献出版社 2012 年版，第 6 册，第 189—192 页。

从庙堂之高到田间地头的广泛重视。仅依据《大明律》有限的法条来处理问题，对于现实的司法实践是相当困难的事，而用"例"的形式，补充旧法不完善之处，尽可能阐明雇工人的概念，成了当时最有效、最便捷的选择。

四、"雇工人"例的演变过程

法条有限而情理无穷。尽管明太祖制定《大明律》时，曾强调"祖宗之法不可更改"的规定，但在司法实践的需要下，有明一代在不同时期都以"因事立法"的方式，用"条例""事例"等法律形式，对于新问题加以规定。从弘治十三年首次颁布《问刑条例》后，嘉靖和万历年间分别进行过一次重修，雇工人的法律规定也在此过程中得到了愈发清晰的梳理。

弘治《问刑条例》对雇工人问题进行了首次修正：

> 义父母殴杀故杀义子者，若过房在十五岁以下，曾蒙恩养，或十六岁以上，曾分有财产，配有室家者，依殴杀乞养异性子孙律坐罪。若过房虽在十五以下，恩养未久，或十六岁以上，不曾分有财产，配有室家者，依故杀雇工人律坐罪。其告义男夫妇殴骂者，行勘明白，亦依前拟岁数。若曾蒙恩养及分有财产，配有室家者，取问如律。若恩养未久，及不曾分有财产、配有室家者，俱依雇工人殴骂家长律坐罪。[1]

此条例是对义子—义父母关系以雇工—家长关系进行规范，也就是说，十五岁以下收养的义子，收养时间不长的，以及十六岁以上收

---

[1] 刘海年、杨一凡主编：《中国珍稀法律典籍集成乙编·明代条例》，科学出版社1994年版，第2册，第255—256页。

养的义子，未曾从义父母那里得到财产，义父母也未曾为其配家室的，这样的义子和义父母之间构成法律上的雇工人与家长的关系。该条文从两方当事人之间是否存在恩义的角度出发，将雇工人的情形加以甄别，给予司法实践一定的判断标准。

嘉靖二十九年（1550）重修《问刑条例》，再次对涉及雇工人的律文进行补充：

> 凡义子过房，在十五岁以下，恩养年久，或十六岁以上，曾分有财产，配有家室，若于义父母，及义父之祖父母、父母，有犯殴骂侵盗恐吓诈欺诬告等项，即同子孙取问如律。若义父母及义父之祖父母、父母殴杀故杀者，并以殴杀故杀乞养异姓子孙论。若过房虽在十五以下，恩养未久，或在十六以上，不曾分有财产，配有家室，及于义父之期亲，并外祖父母有违犯者，并以雇工人论。义子之妇，亦依前拟岁数，如律科断。其义子后因本宗绝嗣，或应继军伍等项，有故归宗，而义父母与义父之祖父母、父母，无义绝之状，原分家产，原配妻室，不曾拘留，遇有违犯，仍以雇工人论。若犯义绝，及夺其财产妻室，与其余亲属，不分义绝与否，并同凡人论。①

该条文一定程度上延续了弘治《问刑条例》的思路，仍以雇工人和雇主人之间的恩义为首要判断标准，使得在司法实践中判定雇工人还是义子的标准更加明确。恩义深厚的义子犯罪，同子孙一般定罪量刑；恩义较浅的义子与雇主人相犯，按照雇工人定罪；已经归宗的义子，即使仍在财产和妻室等方面得到义父母的恩惠，仍与义父母之间构成雇工人与家长的关系。恩义断绝的双方则不再考虑上

---

① 刘海年、杨一凡主编：《中国珍稀法律典籍集成乙编·明代条例》，科学出版社1994年版，第2册，第492页。

述情况，直接按照凡人相犯的情形处理即可。嘉靖《问刑条例》将实践中可能出现的四种情况逐一说明，是对该问题更细致的归纳整理。该段文字在万历《问刑条例》中得到了完整的保留，附在"殴祖父母、父母"条后。由此可见，从嘉靖至万历，对条例的修改既有继承又有创新。

但在此后的几十年时间里，对于雇工人的身份认定，仍有值得商榷的地方。雷梦麟曾出任刑部官员，他在《读律琐言》中明确反对将雇工人的律文套用在奴婢犯罪时的做法："问刑者每于奴婢之罪，遂引雇工人科之，误矣。"① 可见，当时将缙绅之家的奴仆视为雇工人进行判决是较为普遍的现象，而雷梦麟认为需对此加以纠正。嘉靖年间，海瑞在淳安知县任上编制保甲册时，对雇工采取的态度是："旬日雇工人止觉察来历，不书。论年月雇工人书入，去则除之。"② 海瑞的做法明确区分了短工和长工，并将长工登记造册，按雇工人对待。这些问题在法律上的体现，直至万历年间再次修律时才反映出来。

万历十五年（1587），都察院左都御史吴时来上疏陈奏：

> 律称庶人之家不许存养奴婢，盖谓功臣家方给赏奴婢，庶民当自服勤劳，故不得存养，有犯者，皆称雇工人。初未言及缙绅之家也。且雇工人多有不同，拟罪自当有间，至若缙绅之家，固不得上比功臣，亦不可下同黎庶，存养家人，势所不免。合令法司酌议，无论官民之家，有立券用值，工作有年限者，皆以雇工人论，有受值微少，工作止计月日者，仍以凡人论。若财买十五以下、恩养已久，十六以上，配有室家者，照例同子孙论。或恩养未久，不曾配合者，在庶人之家，仍以雇工人论，在缙绅之

---

① （明）雷梦麟：《读律琐言》，怀效锋、李俊点校，法律出版社 2000 年版，第 123 页。

② （明）海瑞：《海瑞集》，陈义钟编校，中华书局 1962 年版，第 182 页。

家，比照奴婢律论。①

该提议相较于之前的规定，最显著的地方在于强调了缙绅之家蓄奴的必要性与合理性，即上述引文中所谓"势所不免"。掌握了话语权的士绅阶层，迫切希望蓄奴的做法得到法律的许可。万历十六年（1588）正月，吴时来的奏疏被议定通过，并附于《大明律》"奴婢殴家长"律文后，最终以"奴婢殴家长新题例"的形式收入万历《问刑条例》。"新题例"的具体内容如下：

> 万历十六年正月题奉钦依：今后官民之家，凡倩工作之人，立有文券，议有年限者，以雇工人论。止是短雇月日，受值不多者，依凡论。其财买义男，如恩养年久，配有室家者，照例同子孙论。如恩养未久，不曾配合者，士庶之家，依雇工人论，缙绅之家，比照奴婢律论。②

比照上述两段文字可以发现，万历新题例只是在吴时来的奏疏上稍加删改，基本保留了主要意思。万历新题例将一部分雇倩佣工之人排除在雇工人的法律概念之外，又将另一部分事实上的奴仆视为雇工人。至此，明律中的雇工人，与社会层面的雇倩佣工之人已然割裂。《大明律》中的雇工人包括所有受雇服役劳作之人，万历十六年后的雇工人指代约定了较长受雇期限的劳动者和士庶之家恩义较浅的义男义女。雇工人条例的最终定型，是法律面对社会现实的部分退让，是统治者对于明初立法目的不切实际的部分予以纠正。法律和实践在彼此互动中，最终得到了有效的调和。

---

① 《明神宗实录》卷一百九十一，万历十五年十月丁卯，上海书店出版社 2015 年影印本，第 55 册，第 3585 页。
② 《大明律》，怀效锋点校，法律出版社 1999 年版，第 420 页。

五、雇工人立法的得失分析

自成化、弘治时期开始，社会面貌日新月异，雇佣关系的大量运用带来新的审判难题。上述三次立法活动表现出明代对雇工人问题的重视，以及通过不断地完善法律，达到"以例辅律，律例并行"的目的。万历新题例的出台与推行，标志着明代立法与司法实践的最终成果，是针对当时社会情况，切实合理、情法适中的处理手段。

在新题例颁布前，社会上出现了假借义男之名蓄养奴婢、套用雇工人的条文进行审判等诸多乱象，法律在遭到一定程度的破坏后，已无力对所有问题进行纠正。因此，新题例在表述上显得十分委婉，只是通过排除法，把一些能够通过外在表现形式进行甄别，显然不能归类为奴婢的群体划分开来，或是认定为短工，给予凡人的法权，或是认定为雇工人，使之介乎凡人和奴婢之间。对于真正暧昧不清的名为义男实为奴婢的群体，任由其仍然处于模棱两可的状态，没有作出更明确的规定。尤其是在面对缙绅之家采买义男充作奴婢使用时，更是采取了听之任之的态度。

在看到立法缺陷的同时，笔者认为，明代就雇工人问题展开的立法活动，仍有值得肯定之处。

其一，明确了雇工人身份确立的两种方式，回应社会中雇工人群体身份不明的现象，从技术层面对雇工人的概念加以精确化的改进。第一种方式为"立有文券"，即通过签订契约的形式；另一种方式为"议有年限"，即通过较长工作时间来衡量。民间雇主和雇工人之间签订雇佣合同以明确彼此的权利义务是非常常见的。如当时通用的文契格式："某里、某境、某人，为无生活，情愿将身出，愿与某里、某境、某人家，耕田一年。凭中议定工资银若干。言约朝夕勤谨，照管田园，不敢懒惰，主家杂色器皿，不敢疏失。其银约季支取不缺。如有风水不虞，此系天命不干银主之事。今欲有凭，立

277

契存照。"[1] 此项契约,鲜明体现了雇工人身份的确立不仅有书面形式的要求,对于工作时间、工资发放的标准都有规定。上述两种方法,都来源于实践中的经验,是法律制定者在充分总结社会实情的基础上,在增设新条例时传达的认可态度。

其二,在一定范围内仍然坚持明初的立法宗旨,保障了部分劳动者的人身权利。万历新题例明确区分了短工和长工,保障了短工的凡人地位,使之区别于一般雇工人,按照凡人定罪量刑,仍旧保有相对较高的法权地位。同时再次强调庶民之家禁止蓄奴的要求,要求在审判环节,仍然将庶民之家的奴仆当作雇工人来论处。

明代就雇工人的立法活动,一方面依循祖制,强调劳动者应享受凡人的法权地位,尽可能地挽回劳动群体,另一方面又放任蓄奴现象在社会中的愈演愈烈,不愿意用法律的手段加以过多的干涉。根源在于明朝统治后期,地方豪强的影响力日渐上升,国家对缙绅们的控制力逐步削弱。明代的官绅地主,一方面获取朝廷的政治栽培,另一方面不断强化自身的文化优势,借用合法获得的手段攫取越来越多的利益。缙绅势力的扩大造成贫富差距的加大,进而致使更多的农民走向佃户、雇工、奴仆等群体,沦落至更低的法权地位。

六、结语

在《大明律》立法之初,创设有关雇工人的法律,是为了让社会中用劳动力换取生活来源的人群,能够在受雇期间,处于高于奴婢而低于凡人的地位。这样的安排一方面保护了社会底层人群,不至于被豪强欺压,丧失人身自由,另一方面也照顾了雇主人的情绪,试图用服制伦理观念,黏合良好的社会关系。然而,立法没有正视社会实践中对于奴仆的大量需求,雇工人概念的模糊,使得原有的法律被钻了

---

[1]　谢国桢:《明代社会经济史料选编》,福建人民出版社 1981 年版,下册,第 203 页。

空子。大量的奴婢顶着义男、义女的名目出现，在审判时又摇身一变成了法律上的雇工人——而这一类群体，并不是雇工人拟规制的对象。从弘治十三年（1500）至万历十六年（1588），统治者接受了来自社会变革的多重挑战，既有雇佣关系多样化分化出来的多种雇工形式，又有新兴的缙绅阶层变相蓄奴并寻求法律认可的诉求。一次又一次的立法活动，都是在逐步回应社会现实，对条例进行调整。当我们将万历十六年新题例和明初的立法宗旨相结合时会发现，万历新题例中的"雇工人"，其实已经不是《大明律》中的"雇工人"了。

由明入清，由于清初统治者还保留着大量的满族风俗，毫无疑问地肯定了民间蓄奴的需要，以此为立法目的所创设的法律，必然有别于明律的具体内容。尽管清初定律例时，基本照搬了万历新题例的规定，但以此为基础的法律演化过程，绝不可能延续明代的思路与方法。

研究雇工人问题的立法沿革，可以清晰地看到，法律规定和司法裁判之间存在的偏差。法律作为一种自上而下的调整手段，既不能完全脱离社会实际，也不能全面妥协于现实状况。对于雇工人的法律身份如何界定的问题，立法者反复斟酌、不断调整，修律的过程并不是简单的概念变化。如何梳理好不同群体的社会关系，发挥法律的调整作用，将会成为历代法律工作者始终要直面的重大考验。

中国传统市场视域下的"会"

——以清至民国江西契约文书为中心

黄绍日 *

摘要：前人研究大多将会社视为铁板一块的组织，本文以探讨清至民国江西契约文书为例，关注会社流动的一面，揭示出其还有着市场化的性质状态与发展趋向，挖掘中国传统农村会社市场。会社市场是一个嵌入型市场，其根植于乡土社会的历史进程、社会结构、乡村秩序、文化传统以及人们的日常生活中，维护着传统农村的生产生活秩序，既展现了不同社会群体的经济、生活、交往方式，也展现了民众的集体智慧与无穷创造力。

关键词：清至民国；江西；会社；契约文书；传统市场

会社作为民间社会凝聚人群的方式之一 ①，发轫于先秦，其后虽发展有起伏，但一直延续。明清以来民间会社发展迅速，至晚清民国

---

* 黄绍日，华南师范大学历史学硕士，佛山市顺德区郑裕彤中学教师。本文原稿刊于《社科大史学》2022 年第 1 辑，本稿有所修订。

① 陈宝良《中国的社与会》一书，内容翔实，史料丰富，论述全面而系统，是通史性会社研究的标志性成果。见陈宝良：《中国的社与会》（增订本），中国人民大学出版社 2011 年版。史五一对会社的分类、功用，以及善堂善会的发展演变和文人结社等 2008 年之前的明清会社研究成果做了清晰的学术史梳理，见史五一：《明清会社研究综述》，《安徽史学》2008 年第 2 期。

时期达到鼎盛，而后衰落。此前江西会社研究主要利用方志、谱牒、碑刻、文集等资料①，而对数量颇丰、内容丰富的契约文书还没有系统、全面、充分利用，近年来江西契约文书的发掘、整理与出版为本文研究提供了第一手资料②。

学界多把会社看成铁板一块的组织，而本文从研读江西"会"之契约文书③出发，关注会社流动的一面，探究其市场化的性质状态与发展趋向，挖掘中国传统农村会社市场，探究其发育运作机制、市场行为、内在逻辑原理。

---

① 邵鸿：《明清江西农村社区中的会——以乐安县流坑村为例》，《中国社会经济史研究》1997 年第 1 期。彭志才：《清代以来江西地区社会经济若干问题研究（1723—1964）——以江西省博物馆馆藏契约文书为中心》，河北大学历史学博士学位论文，2014 年。尚田：《清代至民国时期江西族产及其管理研究》，江西财经大学经济学博士学位论文，2014 年。杨品优：《科举会社、州县官绅与区域社会：清代民国江西宾兴会的社会史研究》，中国社会科学出版社 2018 年版。徐志强：《清至民国时期的"会"研究》，华东政法大学法律史博士学位论文，2020 年。熊昌锟：《赣南农村的"会"：人何以群聚?》，澎湃新闻，https://m.thepaper.cn/newsDetail_forward_4945461?from=timeline&isappinstalled=0，2023 年 3 月 10 日。

② 黄志繁主编：《江西地方珍稀文献丛刊》之《石城卷》，江西高校出版社 2017 年版。曹树基、钟文辉等主编：《江西客家珍稀文书》（全 58 卷），载曹树基、陈支平主编：《客家珍稀文书丛刊》第 1 辑，广东人民出版社 2019 年版。徐雁宇、熊昌锟主编：《赣南文书》（全 7 册），广西师范大学出版社 2019 年版。黄志繁主编：《石城文书》之《琴江镇卷》3 卷、《屏山镇卷》2 卷、《木兰乡卷》、《小松镇卷》、《丰山乡卷》、《高田镇卷》、《赣江源、横江等乡镇卷》，江西高校出版社 2021 年版。朱忠飞、温春香编著：《赣南民间文书》第 1 辑（全 10 册），广西师范大学出版社 2022 年版。中国地方历史文献数据库，上海交通大学出版社，http://dfwx.datahistory.cn/pc/，2023 年 3 月 10 日。

③ 需要说明的是，笔者将所有涉及会社内容的契约文书都简称为"会"契约文书，因为会社在江西契约文书中多以"会"的名字出现，且多为清至民国时期大量出现，"社"的名字相对而言出现较少，所以按照契约文书内容中的实际情况，本文论述以及标题取名只有"会"，时间以清至民国为限，这样才重点凸显实际，但并不妨碍本文也研究江西契约文书中出现的少量的"社"。

一、"会"之成立、流动

契约及契约生活是传统中国民众日常生活中相当重要的一部分。江西"会"契约文书，可总体分为红契、白契两大类。红契也就是官契，经过官府钤印，收取税费，交易获官府认可，也可以称为税契或印契。而笔者所见江西"会"契约文书多为白契，即民间私契，立契过程中并未有官方参与。

江西"会"契约文书中有一系列"会"执照，即官署正式发给、核准的纳税凭证，可归为红契、官契这一大类。除了执照，还有"会"管业证书、"会"田赋通知单，也是属于红契、官契类。这些名称各种各样的"会"执照、管业证书等表明，"会"获得了官方认可，可以作为独立的纳税单位缴纳税粮，进入国家户籍赋役系统。

（一）"会"之成立

契约文书中"会"是怎样成立的呢？依据文种类别分类，记载立"会"的江西契约文书有立"会"式、立"会"券、立"会"合同、立"会"书、立"会"簿、立"会"约、立"会"单、立"会"字八种形式。

立"会"式，如同治九年（1870），池荣魁邀请亲友七位联成"七贤会"，各届出大钱壹拾四吊贰佰八十五文交首会领。[1]

立"会"券，如光绪二年（1876），王翊舟请友六位玉成一会，每位照会例共成花边一百元余。此会为"摇会"，应会的顺序是"拈算序摇骰"得出的。[2]

---

[1] 《同治九年池荣魁立会簿》，《江西赣县七鲤镇中坊谢氏、刘氏等文书》，载曹树基、陈支平主编：《客家珍稀文书丛刊》第 1 辑，卷 59，广东人民出版社 2019 年版，第 344—347 页。

[2] 《光绪二年八月王翊舟会簿散页》，《江西吉安儒行乡尹氏文书》，载曹树基、陈支平主编：《客家珍稀文书丛刊》第 1 辑，卷 59，广东人民出版社 2019 年版，第 16、17 页。

立"会"合同，如光绪二十三年（1897）的立"会"合同为"枣树下"加入"大成公会"一事所立，并说明"枣树下"加入后相应的义务与权利。①

立"会"书，如道光十八年（1838），廖宗周堂邀请亲族联成"九子会"，一年一轮，八年完局。②

立"会"簿，如民国十四年至民国二十年（1925—1931），赖必煏邀集亲友玉成七贤一会，以接会之先后，定纳银之多寡。③

立"会"约，如民国十七年（1928），沈朝贵等人邀集七位亲族联成一会，言定每年一接。④

立"会"单，如民国十八年（1929），杨家祥邀请亲族六位玉成"七贤会"，照依会恰出边多寡为接会之次第，共汇成边银壹百元。⑤

立"会"字，如民国三十年（1941），甘承泮因家下食用短少而邀请亲族立"谷会"，参加者招阄派定，轮流做会。⑥

综上，所有的江西"会"契约文书都可分为红契、官契与白契、私契两大类。依据文种类别分类，记载立会的江西契约文书有八种形式，这八种立会形式尽管文字程式具体表述不一，但本质上都是为了

① 《光绪二十三年九月九日曹琪、曹琦等裔孙为枣树下加入大成公会事立合同议字》，归户：江西省都昌县西源乡曹家，中国地方历史文献数据库。

② 《道光十八年十二月十二日廖宗周堂立会书》，《道光同治年间契约稿》，《赣县大田乡瀛洲村荷村廖氏文书》，载朱忠飞、温春香编著：《赣南民间文书》第1辑，广西师范大学出版社2022年版，第5册，第531—537页。

③ 《民国十四年至民国二十年赖必煏会簿》，《江西广昌辛坊里赖氏文书》，载曹树基、陈支平主编：《客家珍稀文书丛刊》第1辑，卷27，广东人民出版社2019年版，第115—119页。

④ 《民国十七年沈朝贵等立会约字》，归户：江西省会昌县沈氏，档案号1111020080044，中国地方历史文献数据库。

⑤ 《民国十八年十一月杨家祥立会单》，《江西瑞金谢坊镇谢坊村刘氏文书》，载曹树基、陈支平主编：《客家珍稀文书丛刊》第1辑，卷49，广东人民出版社2019年版，第27页。

⑥ 《民国三十年甘承泮立请谷会字》，归户：江西省崇义县甘氏，档案号1120306110077，中国地方历史文献数据库。

"会"的成立这一目的而服务的。"会"的成立过程中，轮会、摇会、标会的会次的顺序安排，关系到每个会次的盈亏状况，都颇有讲究，实际情况生动而复杂，无不体现了民间民众的集体智慧。

(二)"会"之流动

"会"成立后，人们往往应着实际需求而会交易"会"，交易欲有凭而立契，因此"会"是不断流转的。"会"流动立契时，一般立契者多为男性，妇人立契少见。有些还要经得亲人长辈的同意，长辈立契时在场还有可能因此获得报酬。

人们要行置"会"时，有时并不详细说明为何要处理，只说要银(钱)急用、无钱正用等，以示简洁。而说明交易原因的，具体的原因可分为以下几类。

处理丧葬之事，如"因父造坟"[①]，"胞母还山安葬"[②]，等。处理身体健康之事，如"终天年久病在床"[③]，等。处理赋税相关事务，如"于德祖位下差粮积欠，无处楚办"[④]，等。处理"会""社"事务，如"所欠会(老新祭会)内洋边未还"[⑤]，"徙居他乡，难以办理(上蛤湖

① 《民国十八年十一月初一日黄岐生等卖会业股份契》，《石城县观下乡前江村黄氏宗祠文书》，载熊昌锟、徐雁宇主编：《赣南文书》，广西师范大学出版社 2019 年版，第 7 册，第 249 页。

② 《民国十九年十二月廿五日黄能皆典祭会股份契》，《石城县观下乡前江村黄氏宗祠文书》，载熊昌锟、徐雁宇主编：《赣南文书》，广西师范大学出版社 2019 年版，第 7 册，第 252 页。

③ 《咸丰元年又八月陈春尧退谷雨祭会股份》，《石城县屏山镇石中里坪山陈坊村陈氏宗祠文书》，载熊昌锟、徐雁宇主编：《赣南文书》，广西师范大学出版社 2019 年版，第 6 册第 346 页。

④ 《光绪三十三年十二月曾祥凤、曾开有立出典会字》，《江西宁都田埠乡培坑村曾氏、温氏等文书》，载曹树基、陈支平主编：《客家珍稀文书丛刊》第 1 辑，卷 47，广东人民出版社 2019 年版，第 31 页。

⑤ 《民国九年十一月二十日谢尊信立卖会字》，《江西吉安永明五十都谢氏文书》，载曹树基、陈支平主编：《客家珍稀文书丛刊》第 1 辑，卷 55，广东人民出版社 2019 年版，第 315 页。

及冷水坑口桥会)"①，等。处理生活中的其他具体事务，如"身故无钱交还（所借食谷铜钱）"②，"赎典租并祭田，要银正用"③，"星运不顺"④，"皮田抵还领款"⑤，等。

一些具体的交易原因，背后往往还有着更丰富复杂的信息、更深的社会原因，应尽可能去追究。具体如光绪二年（1876），彭必会等众人因为"本房缠讼不解"，总讼费五六百千文，尚少钱二百七十千文，将"三门众会"派分而筹钱还讼费。⑥此契提到的诉讼之事所费之讼费在当时看来算是颇多费用了，而且还以房、族为单位"缠讼不解"，反映出当地社会健讼之民风。

以上所见，人们出于各种原因将"会"处置，这些具体而详细的原因涵盖了生活中的各种事务，可谓事无巨细；"会"成为了人们日常生活中不可割弃的一部分，来源于人们的日常生活，也服务于人们的日常生活。

在江西契约文书中，"会"之流动按照具体的交易形式分类，可分为出卖、出退、出顶、出送、出分、出折、出典、出当、出借、出

① 《民国二十七年十月二十一日朱肇俊立分会字》，《江西赣县章水乡甘氏文书》，载曹树基、陈支平主编：《客家珍稀文书丛刊》第1辑，卷62，广东人民出版社2019年版，第320页。

② 《道光三十年十二月廿日本家车田大显卖诸天会股份契》，《宁都县田埠乡连田坳村陈氏宗祠文书》，载熊昌锟、徐雁宇主编：《赣南文书》，广西师范大学出版社2019年版，第7册，第475页。

③ 《光绪二十三年十二月本房陈旭海卖实里大桥会及棉迳小桥会股份》，《石城县丰山乡大琴村陈氏宗祠文书》，载熊昌锟、徐雁宇主编：《赣南文书》，广西师范大学出版社2019年版，第7册，第182页。

④ 《光绪二十六年十二月王尚裕卖谷雨会契》，《广昌县杨溪乡金砂里杨家排村王氏宗祠文书》，载熊昌锟、徐雁宇主编：《赣南文书》，广西师范大学出版社2019年版，第1册，第37页。

⑤ 《民国口口年寿祺退皮田契》，《广昌县驿前镇辛坊里坪背村赖氏宗祠文书》，载熊昌锟、徐雁宇主编：《赣南文书》，广西师范大学出版社2019年版，第2册，第486页。

⑥ 《光绪二年彭必会等立遵服笔》，归户：江西省上高县彭氏，档案号1121125030010，中国地方历史文献数据库。

继、出并、出贴、出盖十三种。

出卖，如乾隆三十年（1765），雅经将名下"乡贤会"出卖与血伯海资。①

出退，如乾隆三十三年（1768），焕南将续起"崇祭会"一股出退与本房会"崇祭会"下子孙。②

出顶，如道光十六年（1836），朝玻将来自继父的"广济桥会"会内物业等项及轮值会资一并出顶与族侄志论。③

出送，如道光二十八年（1848），吉安辉将"睦富船会"出送，送归会。④

出分，如道光三十年（1850），金达青将从芳耀之妻杨氏名下买来的"社会"一垒及会内上手价钱、会底本息，出分卖于本家高贤叔。⑤

出折，如咸丰五年（1855），陈明光将继承自祖父澄庆公位下的"春祭会"出折到本祭宗行公太位下，折转成铜钱九百文。⑥

---

① 《乾隆三十年六月血侄雅经卖乡贤会契》，《石城县木兰乡石上里新河村温氏宗祠文书》，载熊昌锟、徐雁宇主编：《赣南文书》，广西师范大学出版社 2019 年版，第 5 册，第 374 页。

② 《乾隆三十三年十二月焕南退祭会股份契》，《石城县屏山镇睦富村赖氏宗祠文书》，载熊昌锟、徐雁宇主编：《赣南文书》，广西师范大学出版社 2019 年版，第 5 册，第 430 页。

③ 《道光十六年十月十七日朝玻立出顶会字》，《江西广昌辛坊里赖氏文书》，载曹树基、陈支平主编：《客家珍稀文书丛刊》第 1 辑，卷 27，广东人民出版社 2019 年版，第 14 页。

④ 《道光二十八年十二月吉安辉送船会股份契》，《石城县屏山镇睦富村赖氏宗祠文书》，载熊昌锟、徐雁宇主编：《赣南文书》，广西师范大学出版社 2019 年版，第 5 册，第 455 页。

⑤ 《道光三十年金达青立分社会字》，《江西会昌中村乡金氏文书》，载曹树基、陈支平主编：《客家珍稀文书丛刊》第 1 辑，卷 37，广东人民出版社 2019 年版，第 317 页。

⑥ 《咸丰五年七月廿三日明光立折会字》，《石城县屏山镇石中里坪山陈坊村陈氏宗祠文书》，载熊昌锟、徐雁宇主编：《赣南文书》，广西师范大学出版社 2019 年版，第 6 册，第 361 页。

出典，如咸丰四年（1854），黄万仁将"新灯会"壹股出典与本家永富。①

出当，如同治九年（1870），公正将耀绅祖太所起三能祭清明匀归斧垂公房下"清明"一股，又上门斧垂公"七即会"一股，出当与本房宝殷伯。②

出借，如同治九年（1870），"下案排桥会"出借铜钱给詹禄尊，詹禄尊将八十地大门首早田作为抵押。③

出继，如萧春铣生有三子，光绪二年（1876），因人丁蕃衍，房屋窄狭，于是将家产三股均分。其中将所欠会款债项，欠"龙灯会"下本利十两零二钱七分八文，欠"四人灯会"下本利三两五钱零九文，欠"苗子会"下借本利□两□钱八分九文，出继给先河、先满二子共顶。④

出并，如光绪三十年（1904），乃仓将房屋及"清明会"出并于汇源叔。⑤

出贴，如光绪三十二年（1906），秀良将"鸣盛会"出贴给本家

---

① 《咸丰四年二月十日黄万仁立典会契》，《江西广昌金砂里黄氏、张氏等文书》，载曹树基、陈支平主编：《客家珍稀文书丛刊》第 1 辑，卷 29，广东人民出版社 2019 年版，第 59 页。

② 《同治九年五月二十日罗公正立当会字》，《江西宁都固村镇上旻村罗氏文书》，载曹树基、陈支平主编：《客家珍稀文书丛刊》第 1 辑，卷 46，广东人民出版社 2019 年版，第 69 页。

③ 《同治九年十二月廿日詹禄尊立借字》，《石城县屏山镇长溪村赖氏孟江公宗祠文书》，载熊昌锟、徐雁宇主编：《赣南文书》，广西师范大学出版社 2019 年版，第 6 册，第 104 页。

④ 《光绪二年胜和萧春铣立分关字》，载黄志繁主编，刘敏、赵立东编著：《石城文书》之《小松镇卷》，江西高校出版社 2021 年版，第 33—41 页。

⑤ 《光绪三十年十月罗廼仓立永归并房屋及会字》，《江西宁都固村镇上旻村罗氏文书》，载曹树基、陈支平主编：《客家珍稀文书丛刊》第 1 辑，卷 46，广东人民出版社 2019 年版，第 133 页。

登仁。①

出盖，如民国二十八年（1939），弋口堡岐滩坊邓清昌等人将"观音案伍会"之中上手老约出盖与在城堡龙虎祭梁思浩。②

综上，会社的流动、交易，因地区与时期的不同以及人们实际生产生活的需要而产生多种契约方式、类型与形态。总体趋势是时间越晚近，契约交易形式、类型就越多样。

"会"的十三种交易形式，有些有不同的逻辑与脉络，有些实质上并无二致，只是表面上形式、说法的差异，如出卖与出退等。因为在实际生活中，人们受当地民间的生产生活方式、风俗习惯、语言文化、书写习惯影响与制约，往往互相混用，并未特别区分明致，但彼此都是明白的。③

从"会"的十三种交易形式的契文内容来看，江西"会"交易中的契约名目有婉称的习惯，如"送"等，实质与"卖"无异，当为"卖"的婉称。此外，十三种交易形式中，有些交易是永卖的，有些是活卖还可以赎回的。要判断交易的是"会"皮（使用权、处置权、收益权）还是"会"骨（所有权），需要根据具体的契约记载的全部内容以及后续是否还有与之相关的契约生成及其生成的具体内容来判断。

道格拉斯·C.诺思指出，"任何自愿订立契约的交易都含有市

---

① 《光绪三十二年十二月二十日李秀良立贴会字》，《江西广昌金砂里黄氏、张氏等文书》，载曹树基、陈支平主编：《客家珍稀文书丛刊》第 1 辑，卷 29，广东人民出版社 2019 年版，第 111 页。

② 《民国二十八年冬月邓清昌等立盖观间案伍会上手老约字》，《广昌县杨溪乡七里坊桂头村张氏宗祠文书》，载熊昌锟、徐雁宇主编：《赣南文书》，广西师范大学出版社 2019 年版，第 2 册，第 426 页。

③ 典与活卖的辨析就是一个明显的例子，对于人们来说，"典"与"活卖"，可以有区别，也可以没有区别。参见仲伟民、王正华：《契约文书对中国历史研究的重要意义——从契约文书看中国文化的统一性与多样性》，《史学月刊》2018 年第 5 期。

场"。① "会"的交易形式，创设出了"会"的交易市场，人们在市场中买入、卖出，"会"也就不断流动转移，具有很强的灵活性。实际上，因为会社市场中有异质性的主体参与，人们具有策略性的复杂行为，会权交易流转比字面上写就的纯粹形式要复杂得多。有些会社的流动相当频繁，在流转过程中，有交易形式的变化或不变② ，也有交易价格的变化或不变。流转时间跨度有短以日、月计，也有长以年计的。可见中国传统农村会社交易流动的复杂性，也体现出民间生产生活经营方式的多样化。

总之，清代民国江西会社交易形式多样，民间会社交易频繁而复杂，围绕会股、会份、会权展开，买卖典当活跃发达。

二、"会"之市场

约翰·希克斯认为，"市场的出现"意味着"交易经济的兴起"。③ 马克斯·韦伯则说，一个物品经常性地"成为市场中之交换对象"，就拥有了"市场性"。④ 具体到会社，其经常性地成为市场中的交换对象，也拥有了"市场性"。会社在不断流动、交易中，成为具有市场性的动产，会社及其"会"产"社"产的交易与流通构成会社市场，形成独特的市场运营、管理模式，这一模式根植于地方社会文化传统与普通老百姓的日常生活，丰富了中国传统农村市场。

---

① ［美］道格拉斯·C.诺思：《经济史上的结构和变革》，厉以平译，商务印书馆1992年版，第42页。

② 如道光二十六年（1846），胡德周将"船会"出卖给本村廖聚高表兄，一年后廖聚高又将此"船会"出送，此例，会社流转的交易形式由原先的出卖变成了出送。见《道光二十六年三月胡德周卖船会股份契》、《道光二十七年二月廖聚高送船会股份契》，《石城县屏山镇睦富村赖氏宗祠文书》，载熊昌锟、徐雁宇主编：《赣南文书》，广西师范大学出版社2019年版，第5册，第452、453页。

③ ［英］约翰·希克斯：《经济史理论》，厉以平译，商务印书馆2009年版，第7页。

④ ［德］韦伯：《经济行动与社会团体》，康乐、简惠美译，广西师范大学出版社2004年版，第33页。

（一）"会"市场之运营

"会"的财产、产业形式可分为会田土地、山林房屋、会钱会利、会谷会米、其他财产产业五大类，"会"利用市场机制，买、卖、租这些财产、产业，"子母生息"，既有入，也有出，来运作经营市场，以期达到利"会"的目的。"会"的运营事务往往由殷实贤能、公正廉明的经管、经理、头人等"会"中主事者经手承办，会众也会协力运营。

1. 会田土地运营

会田土地是"会"的基本产业之一，"会"与会友往往通过置办、经营会田土地来维持、发展"会"。如乾隆四十九年（1784），庐陵忠义祖祠"文会"，"买早、晚田若干亩……每年除纳钱漕外，所余谷资悉充会日口口口之费"。① 道光十三年（1833），"玄帝佛祖胜会"会友捐资置有租田、山岗、熟土等项。② 同治五年（1866），"三官会"两次将地基石脚租赁与人；③ 并于光绪三十三年（1907）到民国元年（1912）期间，收入一系列皮骨田。④

---

① 《乾隆四十九年忠义祖祠文会碑》，载高立人主编：《庐陵古碑录》，江西人民出版社 2007 年版，第 294 页。

② 《道光十三年二月二十九日刘永荣全侄任世棋立杜卖会契》，《江西南康沙溪乡樟坊甲明氏文书》，载曹树基、陈支平主编：《客家珍稀文书丛刊》第 1 辑，卷 43，广东人民出版社 2019 年版，第 114 页。

③ 《同治五年正月温育万立复赁地基石脚字》《同治五年二月周福谦立承地基赁字》《民国二年后稷庙三官会义助祭簿》，地点：琴江镇，载黄志繁主编、刘敏编著：《江西地方珍稀文献丛刊》之《石城卷》，江西高校出版社 2018 年版，第 74—77 页。

④ 《光绪三十三年十二月胡周明兄弟立永卖皮骨田字》《宣统二年十月陈克香立永卖皮骨田字》《民国元年十二月吉性和、吉照容立永卖田租契》《民国元年十二月吉照容立永退皮田字》《民国二年后稷庙三官会义助祭簿》，地点：琴江镇，载黄志繁主编、刘敏编著：《江西地方珍稀文献丛刊》之《石城卷》，江西高校出版社 2018 年版，第 78—85 页。

2. 山林房屋运营

山林房屋亦是"会"的基本产业之一。如道光十年（1830），"万寿会"的产业就有木梓山及茶□松杉、山脚垦土。① "会"通过买入、卖出山林房屋，实现盈利。如乾隆十五年（1750）到乾隆二十八年（1763）间，"三官会"收入楼屋、猪栏、瓦店房及店中用物。② 光绪十七年（1891），"关公会"因会友不便出卖木梓山。

3. 会谷会米运营

"会"还运营着会谷会米。如道光十二年（1832），克思的叔父发起组织或参加了"谷会"，将会米撮出给克思，并约定至赎屋撋之日算还。③ 道光二十一年（1841），"董公会"出借会谷五斗，利息至收割之日为三斗。④ 再如，光绪二十四年（1898），赖立祯祠输纳民粮入"谷雨会""谢神会"。⑤

4. 会钱会利运营

"会"亦用心运营着会钱会利。如道光十六年（1836），袁逢春向

---

① 《道光十年十二月万寿会产业单》，《江西万安石龙村刘氏、彭氏等文书》，载曹树基、陈支平主编：《客家珍稀文书丛刊》第 1 辑，卷 59，广东人民出版社 2019年版，第 182 页。
② 《乾隆十五年二月赵伯成立绝退屋字》、《乾隆廿八年四月温淳士立永远卖契》，《民国二年后稷庙三官会义助祭簿》，地点：琴江镇，载黄志繁主编、刘敏编著：《江西地方珍稀文献丛刊》之《石城卷》，江西高校出版社 2018 年版，第 86—88页。
③ 《道光十二年十二月克思立撮会米字》，《江西吉水折桂乡周氏、林氏等商业文书》，载曹树基、陈支平主编：《客家珍稀文书丛刊》第 1 辑，卷 85，广东人民出版社 2019 年版，第 34 页。
④ 《道光二十一年十二月二十一日余尚华立借会谷字》，《江西上犹赖塘隘梧桐甲余氏文书》，载曹树基、陈支平主编：《客家珍稀文书丛刊》第 1 辑，卷 55，广东人民出版社 2019 年版，第 240 页。
⑤ 《光绪二十四年三月立祯祠立亲供字》，《广昌县驿前镇千金里南瑶下排村赖氏宗祠文书》，载熊昌锟、徐雁宇主编：《赣南文书》，广西师范大学出版社 2019 年版，第 3 册，第 38 页。

"甲会"首事赖咸理等收会钱。① 收取利息是"会"的经营手段之一，利息的收取方式有按月收取的，有按年收取的，利息收多少跟交易双方约定的期限有关，不同的期限，利息的计算方式不同。

具体到契约文书中"会"之交易记载的利息情况，如嘉庆十六年（1811），名芹将"福主胜会"当得铜钱三千文，所当之钱利息每月每千三分，即年利率36%。② 嘉庆二十年（1815），辅臣、翊臣兄弟质借到"冬至会"下会英叔管理铜钱七钱，其钱行利每月加二五算，即年利率30%。③ 光绪二十九年（1903），游光廷将"惜字会""祈神会"出卖，长锐出首承买，长承利息，边银二分推算，即年利率20%。④

总体可见，会钱会利运营的利息，年利率在20%到30%之间居多，低于传统的高利贷利率（36%以上）。因此一旦借主想要借钱，相比高利贷，向"会"借钱无疑更具吸引力。会钱会利运营收取利息并不只收钱，也有收谷的。

5."会"其他财产产业运营

"会"产业亦有鱼塘形式者，如道光三年（1823），"中元会"拥有刘家园门首鱼塘一坵。⑤

---

① 《道光十六年七月十六日袁逢春立收会钱字》，《江西赣县云泉乡赖氏、袁氏等文书》，载曹树基、陈支平主编：《客家珍稀文书丛刊》第1辑，卷64，广东人民出版社2019年版，第198页。

② 《嘉庆十六年十二月七日袁名芹立生会钱字》，《江西瑞金万田乡万田村袁氏文书》，载曹树基、陈支平主编：《客家珍稀文书丛刊》第1辑，卷49，广东人民出版社2019年版，第260页。

③ 《嘉庆二十年长溪辅臣、翊臣兄弟立质借到冬至会下会英叔管理铜钱字》，载黄志繁主编，刘敏、赵立东编著：《石城文书》之《屏山镇上卷》，江西高校出版社2021年版，第91页。

④ 《光绪二十九年游光廷立卖会季字》，归户：江西省南康县何氏，档案号01120405070171，中国地方历史文献数据库。

⑤ 《本信公清明会、佑一公中元会产合记》，陈传卿督修：民国二十六年《江西万载镜山陈氏重修族谱》，载天津图书馆编：《天津图书馆藏家谱丛书》，天津古籍出版社2011年版，第443册，第13页。

总之,"会"采取灵活的经营方式,运营会产、会资、会股,通过可持续性的经营投资行为,既有入,也有出,在会社市场中表现活跃。

(二)"会"市场之管理

契约文书中表示管理的话语体现在任凭语、声明语、负责语、结束语、加批语、吉祥语六个部分中。任凭语通常表示与产断绝关系,如"自卖之后,任凭血伯年年入席食会,出卖侄不敢阻执异说"[1]等。声明语、负责语常常说明标的物的瑕疵声明、瑕疵担保等内容,声明语如"此系二比情愿,非是贪盅准折逼勒债货,亦无重行典当、包卖等情"[2]等;负责语如"如有重行典当,不涉承当人之事,俱系出当人之当"[3]等。这些用语,表明交易双方是合意的,明辨标的物交易后双方各自的权利与责任,要求交易双方按照契文约定好内容,信守交易承诺,有加强市场交易管理的功用。

现以加批语为例,说明"会"之市场是如何具体管理的。笔者将一些批明依其内容分类如下:

(1)有的说明交易银钱收足情况。如"一批,即日收到典契价花银贰拾贰两肆钱肆分正,足讫是实"[4];"外批明,其祭会典家银,当

① 《乾隆三十年(一七六五)六月血侄雅经卖乡贤会契》,《石城县木兰乡石上里新河村温氏宗祠文书》,载熊昌锟、徐雁宇主编:《赣南文书》,广西师范大学出版社2019年版,第5册,第374页。

② 《光绪九年五月四日杨元亨立永卖社契,附光绪九年五月十六日杨元亨立足收社价钱字》,《江西崇义余湾甲范氏、陈氏等文书》,载曹树基、陈支平主编:《客家珍稀文书丛刊》第1辑卷五十一,广东人民出版社2019年版,第88、89页。

③ 《同治九年五月二十日罗公正立当会字》,《江西宁都固村镇上旻村罗氏文书》,载曹树基、陈支平主编:《客家珍稀文书丛刊第1辑》卷四十六,广东人民出版社2019年版,第69页。

④ 《光绪十六年杨炳文立典田契字》,归户:江西省金溪县杨氏,档案号1120415080086,中国地方历史文献数据库。

日一足收清，并未另立收字，所收是实"①；等。

（2）有的说明收赎情况。如"又批明，其田限至拾年以满，不拘年分取赎，如会原不得取赎。又批明，赎回之年，边银照依旧布规扣算为处"②；"又批明，其牌位不限年，只限对期，照依字内原价收赎，再照"③；等。

（3）有的说明立新契后，老契如何处置。如"一批，老契壹纸付与买者收执是实"④；"当日批明，又领兰志□来老契壹张，又批不敷字一张"⑤；等。

（4）有的说明中资笔礼的情况。如"当日批明，有力之日照依契面铜钱赎回，并无中□酒水之资"⑥；"又批明，中资东道赎日无补，抵明为处"⑦；等。

（5）有的补充说明正文交易内容未说清之事。如说明交易所得费用的用处，道光十八年（1838），胡朝品婆出卖"船会"所得之钱，

① 《民国十九年十二月廿五日黄能皆典祭会股份契》，《石城县观下乡前江村黄氏宗祠文书》，载熊昌锟、徐雁宇主编：《赣南文书》，广西师范大学出版社 2019 年版，第 7 册，第 252 页。

② 《光绪十二年漠发立土退字》，归户：江西省广昌县胡氏，档案号 1111020090035，中国地方历史文献数据库。

③ 《宣统元年十二月本房连漪暂典祭会股份契》，《石城县琴江镇石中里沙段村陈氏宗祠文书》，载熊昌锟、徐雁宇主编：《赣南文书》，广西师范大学出版社 2019 年版，第 5 册，第 198 页。

④ 《道光二十九年黄肇旺立卖社契》，归户：江西省上犹县黄氏，档案号 1120306120055，中国地方历史文献数据库。

⑤ 《光绪十一年黄福顺立领禁山会契字》，归户：江西省会昌县沈氏，档案号 1111020080042，中国地方历史文献数据库。

⑥ 《嘉庆二十四年李学贡立卖租契》，归户：江西省会昌县罗氏，档案号 1110805070024，中国地方历史文献数据库。

⑦ 《民国元年腊月成湖典皮骨田契》，《广昌县驿前镇千金里南瑶下排村赖氏宗祠文书》，载熊昌锟、徐雁宇主编：《赣南文书》，广西师范大学出版社 2019 年版，第 3 册，第 48 页。

批明中说明其用处,"所退之钱,父母丈夫竖碑立石用费"。①

总之,这些加批语内容涉及各种信息管理规定,力求交易双方责任分明、交易公正,所立之契具有公信力和约束力,对"会"之市场的管理起到了重要作用。

在"会"的交易中,如果一方中途反悔有相应的处置办法,如罚银,形成震慑力、约束力。② 还有卖方与中人共同承担责任的机制,有些会社交易,会约定"倘有上手来历不明",不仅仅是卖方要承担责任,中人也要承担连带责任。

如果契文中约定具体事务事宜而后有不清、不完、欠少者,要承担相应的后果,具体管理办法,有以有无在"会"有分的权利为担保者③,有罚将标的物的相关权利转让的,亦有罚将交易方式转变的,还有违限后收取利息的。

总之,在会社市场中,具体的情况有具体对应的管理之法。参与到交易中的不同人群,各自的责任认定情况事先说好,在白纸黑字的契文内容中一一落实,以此为凭证,形成约束力。

综上,会社市场的管理规定,任凭语、声明语、负责语、结束语、加批语、吉祥语都可能有说明,围绕着契约的各个部分构件之内

---

① 《道光十八年十月胡朝品婆卖船会股份契》,《石城县屏山镇睦富村赖氏宗祠文书》,载熊昌锟、徐雁宇主编:《赣南文书》,广西师范大学出版社 2019 年版,第 5 册,第 448 页。

② 具体如康熙五十八年(1719),"三仙会"将会田出卖,交易后,其田土税粮即行割入买主户内轮纳,约定双方不得反悔,如若反悔,悔者罚银三两与不悔人用,罚银占交易总金额之比约为 8%。见《康熙五十八年三月三仙会卖水田契》,《广昌县驿前镇金砂里王希望公祠文书》,载熊昌锟、徐雁宇主编:《赣南文书》,广西师范大学出版社 2019 年版,第 3 册,第 374 页。

③ 如辅臣质借到"冬至会"下会英叔名下手管理铜钱三钱,其银每月行利加二五算,并将父乃和公所起冬至壹股为质,其银约至本年冬,本年会期之日本利一足交还,如若无钱交还,承借人不得在会有分。见《嘉庆二十年长溪辅臣立质借到冬至会下会英叔管理铜钱字》,载黄志繁主编,刘敏、赵立东编著:《石城文书》之《屏山镇上卷》,江西高校出版社 2021 年版,第 92 页。

容而渐次展开。担保事宜明确了交易双方的担保责任，悔约规定明确了双方的违约责任。立契时责任认定清晰，可预防违约风险、纠纷，保障了会社市场的顺利运行与有效管理。会社市场的有序运作与管理，有赖于契文中的一系列制度安排。

（三）"会"之小市场与大市场

综观江西"会"契约文书中的交易对象，多称呼为本家、本姓、本屋、本祖、本房、本支、亲处、本族、本村、本乡、本都、本里、本坊、本邑、会（社）友等，由此可以窥见"会"交易流动的范围与会社市场的覆盖程度。

从交易对象可以看出，会社市场对交易之人是自由开放的，可以不限宗族、不限村落。有人与人、人与"会"之间的小市场，也有村落与村落之间的跨村大市场，交易对象具体姓名前有本乡、本都、本里、本坊等修饰的，往往是远距离的交易，正是这些交易促成了跨村落大市场的形成。

村落之间的交易，如兴国县的交易地点，"兴国陈溪滥泥湖"赖香社与"永明西岭布上"洪万霖舅台[1]，两村之间大致相隔 28 公里；又石城县内，"陂下"赖盛资与"干湖下"赖会英[2]，两村之间大致相隔 500 米。

整体来看，对"会"之交易，远则数十公里，近则同村落、同家族，交易距离仅几十、几百米。此类交易一定程度上突破了宗族地域的限制，具有较强的灵活性，构建了多层次的市场层级，促进

---

[1] 《民国三十三年十二月二十一日赖香社立典田字》，《江西兴国枫边乡蓝氏文书》，载曹树基、陈支平主编：《客家珍稀文书丛刊》第 1 辑，卷 44，广东人民出版社 2019 年版，第 192 页。

[2] 《嘉庆二十四年长溪陂下赖盛资立退真君会股予赖会英字》，载黄志繁主编，刘敏、赵立东编著：《石城文书》之《屏山镇上卷》，江西高校出版社 2021 年版，第 114 页。

了村落内部"会"之小市场、跨村落之间"会"之大市场的形成。传统时代，人们受地理环境、交通条件的限制作用影响更大，因而远距离的会社交易，不会太频繁。人们与亲、戚、族、友进行的近距离的会社交易最多，也比较频繁，因而形成的会社小市场也比较多。

会社市场的大小远近，一定程度上取决于卖方想要跟谁做交易以及中人去哪里寻找交易对象，与传统时代个人、群体的人际关系网密切相关。相应地，会社市场也由此构建、巩固、拓展层次复杂的人群关系网。民间人群关系网络通常按照地缘由近及远，血缘由亲及疏、由内而外的原则联结而成，不断流动，因而会社市场也随之不断流动。

（四）"会"市场中的人：卖方、买方、第三方群体

关注会社市场，不可将其抽离民众所处的乡土社会及其日常生活，必须关注会社市场中的人及其关系网络，不可忽视人们社会交往的结构及其关系模式。会社市场中的人可分为三类，即卖方、买方、第三方群体。

会社市场中涉及很多社会关系与人际关系，可以从江西契文中所载的称呼窥见一二，这些关系可分为四大关系。一为血缘关系，如契文中称呼为祖、叔祖、祖母、母（堂母）、丈公、叔公、伯、伯母、叔（堂叔、房叔、宗叔、族叔）、兄（堂兄、侄兄、表兄）、兄弟、娣大、侄（从侄）、孙（裔孙、嗣孙、侄孙、曾孙）、亲（至亲、本亲、房亲）、本家、本房、本族等。二为姻亲关系，如契文中称呼为姻亲、妻、戚、舅、姑丈、兄嫂、弟妇、姐夫、夫兄、夫弟等。三为人缘、业缘关系，如契文中称呼为亲识、值年首事、会（社）友、会中众人、男等。四为地缘关系，如契文中称呼为邻亲、本宅、本村、本乡、店邻、房户等。由这些关系可知，会社市场中的人多为亲、戚、族、友等交易双方的亲近之人。个人、群体依托

会社市场构成各种纵横交错的关系，会社市场也依赖这些关系维持运作。

1. 卖方

卖方因自身需求而做交易，相较于买方，往往是主动一方。"会"之市场中，卖方可具体分为单人、多人、单会、多会、宗族祠堂等。

卖方为单人的，如李为禄光绪二十六年（1900）将"长坑禁山会"出卖，光绪三十二年（1906）将"永兴路会"出卖，都卖给沈朝贵。① 卖方为多人的，如同治三年（1864），王网栢、王网茂等八人将"真君会""合会"的会田出退。② 卖方为单会的，前述"会"的市场运营部分已举过不少例子，兹不再举。卖方为多会的，如光绪七年（1881），"光裕会""急公会"等共六"会"，因会中无钱用度，将会田出卖。③ 卖方为宗族祠堂的，如光绪二十四年（1898），千金里瑶下松阳"赖立祯祠"将皮田出卖给"谢神会""谷雨会"。④

2. 买方

"会"之交易市场中，买方也有单人、多人、单会、多会、宗族祠堂等。

买人为男性、单人的较普遍，而买人为女性、单人的少见，现举一例，如民国三十五年（1946），豫章体安、细安兄弟将俵谷清明出

---

① 《光绪二十六年李为禄立卖长坑禁山会字》、《光绪三十二年李为禄立卖永兴路会字》，归户：江西省会昌县沈氏，档案号 1111020080041、1111020080047，中国地方历史文献数据库。

② 《同治三年十二月真君会、合会人等卖田契》，《广昌县杨溪乡金砂里杨家排村王氏宗祠文书》，载熊昌锟、徐雁宇主编：《赣南文书》，广西师范大学出版社 2019年版，第 1 册，第 25 页。

③ 《光绪七年十二月义学会、秋祭会等立卖田字》，《江西雩都梓山镇中村蓝氏文书》，载曹树基、陈支平主编：《客家珍稀文书丛刊》第 1 辑，卷 32，广东人民出版社 2019 年版，第 131 页。

④ 《光绪二十四年三月立祯祠立亲供字》，《广昌县驿前镇千金里南瑶下排村赖氏宗祠文书》，载熊昌锟、徐雁宇主编：《赣南文书》，广西师范大学出版社 2019 年版，第 3 册，第 38 页。

退，买人为本房永安婶母。① 买方为多人的，如道光二十九年(1849)，
建祥、顺祥从黄肇旺处买来"文昌社"。② 买方为单会的，如乾隆
五十年（1785），"中元会"从德操处承退来土田。③ 买方为多会的，
如光绪二十四年（1898），"谢神会""谷雨会"从"赖立祯祠"处买
来皮田。④ 买方为宗族祠堂的，如道光二十九年（1849），金砂里桂
湖村"黄士恭祠"从许邦运、许邦锦处买来"路会"。⑤

　　以上所述具体的几类买卖双方是会社市场中最重要的主体。实际
上，乡村生活中的个人、群体、宗族、各种组织等，都会参与到会社
市场中来，时而成为买方，时而成为卖方，时而成为第三方群体，灵
活多变，造就了会社市场的活跃。

　　3. 第三方群体

　　"会"之市场中，第三方群体主要有中人、在场人、代笔人三类，
多是交易双方的戚、族、友之人，与交易双方的人际关系网、社会关
系网密切相关。

　　中人也被称为来去人、说合人、中介人、作中人等。在契约文书
中，关于中人作用的表述主要集中在三个契约部件：标的物要行交易
时的"托中"（请中）说合、介绍；交易金额确定与交讫时的"凭中"

① 《民国三十五年十二月二十八日罗体安、罗细安立退会字》，《江西宁都固村镇上
　蒌村罗氏文书》，载曹树基、陈支平主编：《客家珍稀文书丛刊》第 1 辑，卷 46，
　广东人民出版社 2019 年版，第 166 页。
② 《道光二十九年黄肇旺立卖社契》，归户：江西省上犹县黄氏，档案号
　1120306120055，中国地方历史文献数据库。
③ 《乾隆五十年十一月十三日德操退田契》，《石城县屏山镇长溪村赖氏孟江公宗祠
　文书》，载熊昌锟、徐雁宇主编：《赣南文书》，广西师范大学出版社 2019 年版，
　第 6 册，第 48 页。
④ 《光绪二十四年三月立祯祠退皮田契》，《广昌县驿前镇千金里南瑶下排村赖氏宗
　祠文书》，载熊昌锟、徐雁宇主编：《赣南文书》，广西师范大学出版社 2019 年
　版，第 3 册，第 37 页。
⑤ 《道光二十九年八月一日许邦运、许邦锦立卖会契》，《江西广昌金砂里黄氏、张
　氏等文书》，载曹树基、陈支平主编：《客家珍稀文书丛刊》第 1 辑，卷 29，广
　东人民出版社 2019 年版，第 56 页。

公断见证；交易完成后中人的签名画押，表示在场见证负责。具体如光绪三十一年（1905），"太阳会"首士古陞才等人，因首士转典，将木梓山场出典，在此契中，中人的职责为临山踏看木梓山场，确认四址清楚，再回家立契。①

此外，交易后产生纠纷时，中人起到调解作用。立契有中人做见证，所作交易也并非万无一失，"若因契据涉讼，中证不认在场，亦属无从证明"②，仅依托道德舆论约束与个人信用担保的中人机制是有弊端的。

中人人数有单人与多人之分。单人时，中人可能身兼数职。多人时，可能不同的中人分别发挥不同的作用，承担不同责任。有些契约有中人，有些没有，说明中人是会社交易的重要条件，但并不是必要条件。

在场人，亦被称为在堂、知见、公见、在场见人、在场公见人、知见银人等，发挥着在场见证的作用。在场人数不定，总体根据交易双方具体的交易情况与实际需求决定。

代笔人，又被称为代书、代字、书契人等。立契人或交易双方不识字或不会写字，就请来代笔人依口代笔立契。代笔人要求会识字、写字，一般由具有一定文化水平的人担任。不过也有不需代笔自笔的情况。

无论是中人，还是在场人、代笔人，都有可能在交易中获得报酬，报酬的类型一般为银钱米谷、酒席宴请以及其他生产生活物品。报酬一般由买卖双方分摊，分摊比例会侧重于其中一方。有时报酬不明说，直接放在总交易金额里计算。而没有报酬时，一般不写报酬内容，偶尔也会在契文中说明。

---

① 《光绪三十一年陈发纪等立转典木梓山场字》，归户：江西省遂川县程氏，档案号1120415090066，中国地方历史文献数据库。

② 施沛生编：《中国民事习惯大全》，第二编"物权"，第一类"不动产之典押习惯"，上海书店出版社 2002 年版，第 37 页。

讲信用、守承诺、重礼节是中国传统文化的一部分，是中国人讲究的行事法则，第三方群体在会社交易中的介入，可以监督交易双方的守信程度，付给第三方群体报酬是人与人之间"礼尚往来"的礼节性表达。因此，相较于从功能主义出发，从中国传统文化的角度理解第三方群体在会社交易中的介入，或许更能实质性地理解和把握第三方群体在会社市场中所发挥作用的机制。此外，买卖事主相较于从考量第三方群体的面子大小、身份地位、资信能力出发，因着交易双方的实际需要、具体利益而去选择第三方群体更值得注意。

总之，第三方群体在创设会社市场的过程中起到了桥梁作用，成为会社交易中的重要制约因素之一。从契约中众多记载第三方群体费用的内容来看，酬谢第三方群体已成为民间乡土礼节和习惯之一。

（五）"会"之市场与个人、群体生命史的互动

"会"之市场与个人、群体是密切互动的，"会"之市场的孕育、发展、壮大，也催生了以此市场机制为生的个人以及群体，石城县屏山镇长溪村赖会英就是其中之一，现以《石城文书》之《屏山镇上卷》所藏涉及赖会英的契约文书为例，说明这种密切互动的关系，说明"会"之市场是如何贯穿其个人生命史的。

赖会英，又写作慧英、惠英，具体生卒年月不详，在家族中排行第六。从嘉庆四年（1799）到道光二十五年（1845）46年间，赖会英至少拥有或参加了二会、三会、四会、五会、六会、七会、尾会、待公会、冬至会、真君会、滔公会、滔公祭会、桥子会13个会，围绕"会"展开的交易多达29次，深谙以"会"之市场为依托而营利、生活之道。既然会社运行、交易有时会有利息，那么通过会社营利也是民间民众生存、生产、生活的一种方式。

除了围绕"会"展开的交易外，赖会英一生中所做的其他交易，主要涉及钱、房屋、田、地、坝、塘、山、地基屋基、牛、空冢、菜园、灰寮、建祠乐助等事项。时间明了以及符合实际情况确定下来

的，据笔者统计，从乾隆五十一年（1786）到咸丰元年（1851），赖会英作为卖方或买方共做了 172 次交易。此外，赖会英还作为在场人、见交钱人等共 6 次，参与、处理村中各种社会事务、文化生活，在村中享有一定的威望与话语权。

赖会英通过这些长时段的一年又一年的交易，利用市场机制，经营赚钱、养家糊口、生存生活，由此度过一生。其一生与"会"之市场联系紧密，彼此互动，相互依存。个人生命是有限的，但"会"之市场机制所起的作用是持久的，可以超越个人的生命尺度而不断生长、延续。

（六）会社市场之论说

会社市场是嵌入型市场，嵌入在历史传统、文化信念、社会环境、社会结构、人际社会关系网络之中，与相关民众的人际交往和日常生产生活联系密切。

1. 会社市场之"势"

陈春声、刘志伟认为，在考察市场机制与社会变迁的关系时，不能仅仅从市场结构内部进行分析，要把市场置于广阔的社会文化背景下进行研究。[1] 岸本美绪认为，"相对于契约文书中写下的内容而言，从外部支撑着契约关系的社会秩序或契约文书发挥作用的社会空间"更值得深究。[2] 因此，作为中国传统市场其中一员的会社市场，对其的理解必须放到中国的政治社会结构、社会秩序、文化传统下考察。

会社市场是在明清以来契约社会快速发展，特别是明中叶以来社会市场化的时代大背景下产生的。美洲白银的大量流入，促进了各级

---

[1] 参见陈春声、刘志伟：《清代经济运作的两个特点——有关市场机制的论纲》，《中国经济史研究》1990 年第 3 期。

[2] ［日］岸本美绪：《明清契约文书》，载［日］滋贺秀三等：《明清时期的民事审判与民间契约》，王亚新、梁治平编，王亚新等译，法律出版社 1998 年版，第 283 页。

市场的发展，推动货币交换关系更为活跃、随着货币经济的活跃，商品经济的发展，会社的流通也在加速，清中叶至民国时期是其流动的鼎盛阶段。人们在"会"的交易中立契为凭，以白银、铜钱、粮谷为交易货币，以"会"及"会"的财产、产业为交易物，孕育、发展、壮大了会社市场。

会社市场具有普遍性。笔者大量翻阅已出版的全国各地契约文书，发现"会"作为市场存在相当普遍。不只江西如此，福建、广东、安徽、贵州、浙江、河北、山西、湖北、四川等地的契约文书，都有不少涉及"会"交易的内容。会社的交易流动创造活跃的会社市场，无论是何种会社都有流动的可能，乡村中不断转让流动的会权形态、结构，展现了其市场化的性质特征与发展趋向。

不过，并非所有会社都存在市场化的性质状态与发展趋向，前提一定是会社要有流动、转让，并拥有通过交换来获取利益和利润的动机，即意图营利，而不是简单的"互通有无、物物交换、互相交易"就会有市场化。① 有些会社自始至终都没有流动过，因此这些会社谈不上市场化，当然也不能因为这些没有流动过的会社，否认历史上有些会社拥有市场化的发展趋向，否认存在过活跃的会社市场。

会社市场是不断流动的。施坚雅的基层市场理论体系，是以把人当成趋利避害的理性的经济人为前提的。② 但本文论及的会社市场，与此不同，其具有更多的复杂性、能动性、弹性，因时、因事、因人而立，自由而灵活，具有自发性、临时性、灵活性的特点，更多是为人们即时即刻的实际需求（生活应急、糊口生存）而生，为民众的实际日常生活服务。会社市场的流动，可以不限时间，随着人们的需求而流动，只要人们彼时彼刻有需求，那么就随时都有可能流动。这种

---

① 参见［英］卡尔·波兰尼：《大转型：我们时代的政治与经济起源》，冯刚、刘阳译，浙江人民出版社 2007 年版，第 37、38 页。

② 参见［美］施坚雅：《中国农村的市场和社会结构》，史建云、徐秀丽译，中国社会科学出版社 1998 年版。

流动，也可以不限地域，有些会社交易并不以家庭、宗族、村落为界限。

深刻理解会社市场的流动性，应从其在地的社会历史、结构、文化、秩序等来把握和考量。于本文讨论的江西而言，因资料所限，讨论会社市场所使用的契约文书更多集中于赣南地区，而赣南地区自宋以来就有复杂的历史进程以及复杂多元的地域文化，流民因素是影响其地域文化风貌的关键因素。① 这一地区流动层叠的历史进程塑造了复杂、多元的社会结构与独特的流民文化、客家文化，形成"流动"的传统，进而制约和影响了生活在这一地区的人们的生产生活、交往之思维与方式，会社市场的流动正与此地"流动"的传统密切相关。

不过，不应过分夸大会社的市场化趋向与流动程度，毕竟会社无论是成立，还是流动，绝大多数情况下是为人们的生存、生产、生活服务，受到各种社会和文化因素的制约，如乡族势力、亲邻先买权、乡俗惯例、社会思维价值观、模糊的产权观念等，自始至终都根植于小农经济的传统中国社会结构。所以受到种种因素制约与影响的会社市场的交换规模自然不会太大、交换范围和交换距离也有限，具有这样特点的会社市场并未能形成一个集中的、层次明确的、成熟的市场体系，会社市场的结构与性质是传统的、初级的。

总之，作为中国传统农村市场一种的会社市场，其孕育、形成、发展、壮大、流动，根植于乡土社会的社会结构、秩序、文化以及人们日常生活的传统。如要判断会社市场形成与发育程度，需要去关注会社在多大程度上流动，在多大程度上参与市场，在多大程度上依赖于市场，关注会社的交换规模、范围、距离，关注其形成怎样的交换模式。

---

① 黄志繁：《建构的"客家"与区域社会史：关于赣南客家研究的思考》，《赣南师范学院学报》2007 年第 4 期。

2. 会社市场之"事"

会社市场要处理的"会"之事大多都是"民间细故",但正是这些"细故",才得以让我们更充分地了解、更真实地贴近先人们的所思、所做之日常生活。因此,从这个层面来看,"细故"并不细。总之,会社、会社市场参与个人与地方社会之私事、公事是相当积极、无处不在的,涉及人们生活的经济互助、宗教信仰、公共公益、文化生活、宗族祭祀等诸多层面,与民众的日常生活紧密相连。

会社市场的营利性与互益性并存。"会"通过买、卖、租其财产、产业,既有入,也有出,来运作经营、管理市场,趋利避害,体现了其营利性。而其互益性如"黄氏义会"所言所做①,该"会"非独资助于首会,亦有益于会友,缓急相济,利息悉均,会友之间相帮、相爱、相亲,这些无不体现了"会"的互益性,这也是守望相助、有无相济的中国社会文化传统的体现。

3. 会社市场之"人"

会社市场以买卖双方以及第三方群体的信用、声誉为依托。在中国传统农村社会,"熟人社会"特征明显,经营好个人信用、声誉非常重要。正如卡尔·波兰尼所言,"交易行为通常是嵌入在包含着信任和信赖的长期关系之中的,这种关系往往能消除交易的对立性"。②信任、声誉建立在血缘、地缘关系基础之上的熟人社会里,行为处事如果中途二心、不讲信用,往往付出很大的代价。人们凭借个人信用、声誉来发起、组织、运作会社,参与到会社中来的人也需讲信用,会社市场的正常、长久运转得依靠会社市场中讲信用的人们来维持。

---

① 《黄氏义会会簿》,《江西会昌化堡丹坑村李氏、汤氏等文书》,载曹树基、陈支平主编:《客家珍稀文书丛刊》第1辑,卷39,广东人民出版社2019年版,第302、315页。

② [英] 卡尔·波兰尼:《大转型:我们时代的政治与经济起源》,冯钢、刘阳译,浙江人民出版社2007年版,第53页。

江西会社市场中交易的"会",常常用"丁""分""垄""堂""服""名""股""脚"来形容"会"的数额。它们不仅是表面上描述"会"数额的量词,还有更重要的内涵。在民众的实际生活中,会社市场的表达性意蕴往往多于其工具性、功能性。所以笔者认为其背后的会社市场是血缘、人缘、地缘、业缘的关系表达,是亲情、乡情、友情、业情的情感表达,是个人与群体意识、心理情形的表达,是对会社享有权利与履行义务的表达。

会社市场是个人与群体占有意识、心理情形的表达,是对会社享有权利与履行义务的表达。相较于只强调市场中权利的一面,会社市场是权利与义务、权利与责任的统一体。会社的交易,不仅是交易了会社的相关权利,也交易了会社的相关义务。人们在拥有"会"的同时,感觉自己是有份的,也相应地拥有"会"之权利、义务。"会"之义务如按期缴纳会款、赋税等,"会"之权利如耕作会田权、经营收息之收益权、股权等。区分有份、无份者之权利者,如宣统二年(1910),萍乡萍体昌氏"铭钦祠会"。①

会社市场是人们血缘、人缘、地缘、业缘的关系表达。会社市场是关系社会和民间习惯的产物,凝聚和承载了错综复杂的社会关系。在传统社会,个体都有自己的"社交圈""人际关系网",人们在生活、交往中形成了各种社会关系。参与会社市场是人们日常生活中的交往活动之一,会社市场在人们建立、维护和再生产自己的"人际关系网"中发挥重要作用。

会社市场是人们亲情、乡情、友情、业情的情感表达。人们在会社市场中联络、增进与亲人、族人、乡人、友人的情感,也有因倒会、出会、败会而削弱情感的情况。会社与会社市场在人们日常生活中也会涉及纠纷事务,此时,人们的情感表达是负面、消极的。纠纷

---

① 《铭钦祠会总序》,[清] 昌世隆等纂修:《江西萍乡萍体昌氏续修族谱》,清宣统二年茂荫堂木活字本,载上海图书馆编:《中国家谱经济资料选编》,上海古籍出版社 2013 年版,第 10 册《礼仪风俗卷》,第 889 页。

严重的，甚至会酿成死人的刑事案件。如嘉庆十一年（1806），因索讨社庙归公钱文而起的纠纷①；嘉庆十七年（1812），因索欠"清明祭会"会银而起的纠纷②。

三、结语

本文以探讨江西"会"契约文书为例，试图提供一种从市场出发来看待"会"的视角，从人的互动关系、人际关系出发，去考虑会社市场中人的活动空间、交易网络，进而了解人们是如何通过会社市场去处理各种经济、社会与文化关系以及生活中的种种事务和问题的。

会社及会社市场与个人、群体生命史互动密切，应人们的实际需求而生，满足了人们的多元需求，既是人们的应急之道，也是行稳致远之道，展现了不同社会群体的生活、交往方式。不能仅从功能主义的视角来理解会社、会社市场及其机制，更重要的是要关注会社、会社市场中的人及其由此而映照出的芸芸众生的日常生活。在会社及会社市场中，我们可以看到民间民众的生活生存策略，感叹历史上活生生的老百姓的多元智慧。会社市场的孕育形成、发展壮大，不仅对广大普通老百姓个人生活的意义深远，还维护着传统农村的生产、生活秩序，展现了民众的集体智慧与无穷创造力。

---

① 《嘉庆十一年二月江西南丰县民曾汉林因索讨归公钱文致伤无服族叔祖身死案》，杜家骥编：《清嘉庆朝刑科题本社会史料辑刊》，天津古籍出版社 2008 年版，第 1 册，第 116、117 页。
② 《嘉庆十七年二月二十四日江西新昌县民人华花致伤小功堂叔华佐柱身死案》，常建华编：《清嘉庆朝刑科题本社会史料分省辑刊》，天津古籍出版社 2019 年版，上册，第 820 页。

法权维护者张志

杨爱青*

摘要：张志读书时受维新思想影响，决心革命救国，留学日本后回到山东，面对山东局势，他参加同盟会，促成了山东独立。此后，张志活跃于司法界，先后担任山东、安徽等地的司法长官，改良司法，建树颇多。他热心教育，试图通过教育改变人们思想，进而推进法治建设。张志在任多年，始终恪守法纪，以身作则，不参与政治，也敢于反抗张宗昌强权，秉公办理相关案件，维护法权，最终被张宗昌秘密杀害。

关键词：张志；张宗昌；法官不参与政治；维护法权

张志（1880—1925），字易吾，别号寂园，四川自贡自流井人，早年留学日本，明治大学法科毕业，同盟会会员，中国近代司法界知名人士。张志曾先后在山东、安徽等地担任司法官员，谨慎执法，慈悲为怀，有"法学大师""慈佛厅长"之称，被誉为"民国成立后山东法官第一人"。[①] 张志作为民国时期的法律人，担任多地司法长官长达十余年，始终坚持维护法权，心存改革之志，不主动参与政治，一心为国为民，与他同时期的社会各界人士都对他有极高的评价。

---

* 杨爱青，华东政法大学法律学院硕士研究生。
① 李耀曦：《张志与张家大院——济南老街民居往事之一》，《春秋》2008 年第 4 期。

一、张志其人

1880 年，张志出生于四川自贡大山铺自流井。其父张复盛，原为一介书生，中年因家贫改业行商；其母宗氏夫人，素有才名，颇通书史文墨，热心教育，一向以倡办女学为己任。张志在当地富户王氏家族的资助之下进入王家祠堂的私塾读书，他自幼聪敏，从师读书，一说即悟；加之母亲教导，在学业上进步很快。其后师从川中著名学者刘熙如、卢翊廷、黄季渊等人，刻苦研读，学有大进，为以后的学术生涯打下了坚实的基础。①20 岁左右时，张志进入炳文书院读书，近代民主革命家谢奉琦、孙中山临时大总统秘书雷铁崖、近代思想家和革命家李宗吾等都曾就读于此，张志与他们成为同窗并结下深厚友谊。此时正值维新变法之际，受维新风气影响，他们在心里埋下了革命的种子，这也为张志后来走上革命道路奠定基础。正如《李宗吾传》对于这群年轻人的描述，他的同学中，那时已有不少人潜伏下革命的思想，当然他也不例外。其中如雷铁崖、雷民心兄弟及廖绪初、张易吾、谢伟虎、李小亭诸人，是他至好的朋友，后来均曾献身革命事业，都是卓卓有声的人物。②1906 年，张志考取了晚清官费留学生，进入日本明治大学攻读法科，主攻刑法，成绩优异，并且参照中国社会现状，取材《九朝律考》，编著出《刑法总则》《刑法原论》等书，得到当时学者的好评和推崇。③

1910 年，张志毕业回国，首先在司法界崭露头角，受山东巡抚袁树勋聘请，担任巡抚顾问。1913 年张志出任山东省高等检察厅检

---

① 参见刘广皎、山作启：《张志生平及被害经过》，载山东省人民政府参事室、山东省文史研究馆主编：《文史资料》（第 2 期），山东省人民政府机关印刷所印制，1990 年，第 181—182 页。

② 李宗吾、张默生：《李宗吾传》，团结出版社 2007 年版，第 124 页。

③ 李耀曦：《张志与张家大院——济南老街民居往事之一》，《春秋》2008 年第 4 期。

察长；1915 年调任安徽，担任高等审判厅厅长；1920 年调回山东，任高等审判厅厅长，直到 1925 年被张宗昌以"勾结革命"的罪名秘密杀害。张志担任各省司法长官多年，改良司法，恪尽职守，体恤民情，被称为"民国成立后山东法官第一人"。

张志秉性刚直狷介，不善言谈，学问上基础扎实，钻研颇深；他生活朴素，兴趣广泛，爱好书画，常在扇面上手绘墨竹及山水以自用；他也擅长鼓琴，每逢风雨在家，便焚香抚琴，以娱慰其母。① 张志还笃信佛法，推崇孝道。在安徽担任司法官的时候，张志是地藏庵的常客，经常与朋友一起到地藏庵参与讲经会，与慧明法师交谊甚笃。之后张志调任山东，仍然出入佛门，也因此，张志被民间称为"慈佛厅长"。《张易吾传》提到，张志潜心佛学，能观其深，身体力行，不沾荤酒，经常放生，希望能够延长母亲的寿命，还曾在泰山刻立佛像，为母祈福。②

二、革命救国

山东是清末民初社会矛盾比较尖锐复杂的一个省份，德人强行划此为势力范围后，疯狂地进行侵略和掠夺，山东人民在殖民主义和封建主义双重压迫下，饱受了种种苦难，革命精神十分强烈。辛亥革命时期山东人民的反抗斗争，便是近代山东人民革命斗争的一个重要组成部分。③ 张志在明治大学毕业后，首先回到的是山东，面对山东人民的苦难与山东当局的政治黑暗，张志更坚定了自己的革命志向，只有革命，才能救人民于水火之中。

---

① 刘广皎、山作启：《张志生平及被害经过》，载山东省人民政府参事室、山东省文史研究馆主编：《文史资料》（第 2 期），山东省人民政府机关印刷所印制，1990 年，第 182 页。

② 书云：《张易吾传》，《荣县佛学月刊》1933 年第 5 期。

③ 马庚存：《同盟会在山东》，山东人民出版社 1991 年版，序言，第 2 页。

　　早在炳文书院读书时，张志就受到维新变法风气的影响，心怀改革之志。留日期间，亦与康有为、丁佛言等人交往甚密，深受先进思想的影响；学成回国后，他的革命志向更加坚定，对他之后的选择产生了极大的影响，也促成了他接下来的行动。在山东，他结交了诸如徐镜心等革命党人，并且加入了同盟会。张志深感于清廷的腐败，认为革命才是救国出路。辛亥革命时期，同盟会作为核心力量，在济南广纳贤才，法政学堂、师范学堂、农林学堂和高等学堂的师生纷纷参加革命运动。此时，张志正受山东巡抚袁树勋聘请，对内他是袁树勋的法律顾问，对外则担任山东政法专门学校即高等师范学堂教习。法政学堂的教员多为得风气之先的进步人士，学堂监督孙松龄在《明湖客影录》中有记述："当年辛亥秋冬之际，堂中人物，极盛一时，而最后之一幕，亦于是揭。山东独立，多堂中人之参预。"[①] 1911 年辛亥革命在武昌爆发，张志在教育界大力提倡革命救国主义，与其他同盟会会员一起，响应武昌起义。山东各方先进人士达成一致，成立"山东各界联合会"，成为山东独立运动的领导核心，并先后拟定《山东实现独立大纲》和《劝告政府八条》，最终迫使当时的山东巡抚孙宝琦不得已宣布山东"独立"，脱离清政府。[②] 虽然山东独立仅仅持续了 12 天，但极大鼓舞了山东知识分子和先进人士的革命热情，为山东其他地区的独立树立了榜样，也促进了各地的独立斗争。

　　山东独立后，张志因促成独立有功，且法学造诣深厚，在政法界有较大影响，被任命为山东高等检察厅的厅长。至此，张志正式开始了他在各省担任司法长官的生涯，他在任期间，改良司法，督勉法官，详慎听讼，体恤民艰，维护法权，恪守法纪，在司法界和民众中都广受好评。

---

① 过隙：《明湖客影录》，《中和月刊》1941 年第 7 期。
② 马庚存：《同盟会在山东》，山东人民出版社 1991 年版，第 99—100 页。

三、法律实践

（一）张志的法治理念

纵观张志生平，他热心教育，先后在山东法政学堂和东鲁学校担任教员，究其原因，张志认为在当时的社会环境之下，欲救国，单靠政治是不现实的想法，唯有从教育入手，推行法治，改变民众的思想，才能从根本上救国救民："做法官不如充教员，教员生活比较自由，只要功课讲不错，即算完了；为官员限制大，责任多，稍有不慎，贻害良多，一样得薪水，故我是愿教学。弦歌团聚，得天下英才而教育之，其乐何如？再者中国现势，仍是环境危险，说到外患侵略，则有英日合作帝国主义；说到内忧复杂，则有各派好战争权夺利野心军阀；而军阀背后，都有帝国主义相勾结，欲除此患应从推行法治，改进教育入手。因为国人都守法，全有识见，军阀所为，国人厌弃，势力就要减衰，间接就影响帝国主义，所以我守法致力之志愿，不外乎此。"①

回顾张志的一生，他也确如自己所言，始终走在教育的道路上，培育法律人才、普及法律知识。1923 年时，张志的好友夏溥斋辞职回到山东，面对当时国内政治黑暗、民不聊生的情形，他认为教育才是救国救民之本，这与张志始终秉持的思想不谋而合，因此，张志、丁佛言等人与夏溥斋共同商议，出资设立了曲阜大学的预校东鲁学校，办学精神参照旧制书院，主张"专心言学，不涉党派竞争门户标榜之习""本校纯为讨论东方文化，阐发固有学术"。② 在学术上要求

---

① 刘广皎、山作启：《张志生平及被害经过》，载山东省人民政府参事室、山东省文史研究馆主编：《文史资料》（第 2 期），山东省人民政府机关印刷所印制，1990 年，第 183 页。

② 冷家煜：《辛亥山东独立的著名活动家夏溥斋》，《山东师大学报（社会科学版）》1994 年第 5 期。

专精，张志等人任校董，并义务讲课，张志主讲政治哲学。[①] 遗憾的是，由于张志在 1925 年被张宗昌杀害，1927 年印行的同学录并未收录张志的名字。

张志始终坚持并践行自己的法治理念，通过教育改变民众思想，通过民众知法守法，进而救治国家。当然，张志自己也以身作则，恪守法纪，始终坚守在司法官员的岗位上，从不参与政治。

（二）恪守法纪

1914 年袁世凯曾发布过一条政令，要求司法官不得加入政党。"改革以来，官吏士庶，每多藉政党之名，以行其营私之实，迭经开诚告诫，冀以整肃纲纪挽救颓风。京外各司法机关，为保障人民权利而设，凡属法官尤应破除偏私，自处于不党之地位，以保持其独立之精神，乃近闻各省现任法官仍未免挟持党见，广树党援，互相勾结，联为一气，用人既阿其所好，执法安望其持平，实于司法前途有大障碍，亟应严行禁止，嗣后法官概不得加入政党，其先经名列党籍者，应并一律脱党。"[②] 1920 年 8 月 7 日徐世昌大总统也颁发类似政令，再次强调司法官不得加入政党，行政官员也不得干涉司法。对于当时的司法情况来说，"一在法官成循规矩，不以党系而有所重轻。一在长官各守范围，不以职权而妄加干涉。吾国改良司法，粗具规模，更非淬厉其精神，何以厚植其基础，应责成司法部，通饬京外法官，自奉令之日始，无论何种结合，凡具有政党性质者，概不得列名，其已列名党籍者，即行宣告脱离，仍由部随时考察，如敢阳奉阴违，立予分别惩处，并令各该管长官，除依照法令规定，得行使监督权外，所

---

① 夏溥斋：《东鲁学校的开办和经过》，载中国人民政治协商会议山东省委员会文史资料研究委员会主编：《山东文史资料选辑》（第 22 辑），山东人民出版社 1986 年版，第 173 页。

② 孙宝琦、梁启超：《党会：大总统令：司法官不得加入政党（中华民国三年二月十四日）》，《政府公报分类汇编》1915 年第 36 期，第 112 页。

有裁判案件，不得违法干预。该部为最高司法行政机关，尤应力加整饬，以资表率，总期无偏无党，不屈不挠，于以巩固法权，宣通民隐，用副本大总统尊重法治之至意。"①上述两条政令皆强调司法不受党争影响、不受行政干预，旨在收回领事裁判权、保障法治推行。以今天的视角来看，民国之初的司法实践或许没能完全贯彻这些政令的公平正义精神，但仍不失为一种积极而正面的追求，破除党派之争，严禁结党营私，保障法官的公正裁判，确保判决的公正执行，对于我们今天仍有借鉴意义。

张志本人始终遵循禁止法官参与政党的要求，甚至为此两度推辞山东省长一职。1922年间山东督军田中玉、省长熊炳琦因为省议会议长和财政厅长人选等问题，与省议会发生冲突，一时间政局跌宕起伏。此时，张志已在司法界任职近十年，在任期间成绩突出，已是司法界知名人士。山东各界因张志德望并重，拟呈请北洋政府任命张志为山东省长，以此平息争端。张志以"素行拘谨，无才布政"为由，谢绝该项提议。其后田中玉和熊炳琦各因事去职，山东各界一面复提原议，请张志暂时担任省长一职，维持眼前政治局面，一面电请北洋政府顺从民意，任命张志为山东省长，即将卸职的熊炳琦更是曾派人向张志送交省长公署印信。最终张志以"现任司法官不能参预政府"为由，坚决拒收印信并婉言辞谢各界盛情。②省长之位唾手可得，张志却不为所动，作为一位纯粹的教育者、法律人和司法官，张志无心仕途。对他而言，省长一职反而令他四处掣肘，有碍于对法治的追求，也有悖于他本人求学、育人、为官的初心。

沧海横流方显英雄本色，张志不仅在顺境中急流勇退，在逆境中

---

① 《法官不得列名党籍长官不得干预审判令》，《政府公报》1920年8月7日，第161册，第156页。

② 刘广皎、山作启：《张志生平及被害经过》，载山东省人民政府参事室、山东省文史研究馆主编：《文史资料》（第2期），山东省人民政府机关印刷所印制，1990年，第183页。

亦不改一省法官的个人坚守。张宗昌 1925 年来到山东，他督鲁期间，"所有山东军政各机关头目，几乎全部都换上了张宗昌的亲信。惟有司法机关，当时直属北洋政府司法部，明令军人不得干涉；张宗昌左右，一时也无合适的专门人才，是以张志的高等审判厅长才暂未更换。张志处此环境，薰莸异味，既非嫡系，又不苟合入流，处境十分艰难。"① 在此种情形下，张志仍然坚守法律人的风骨。1925 年直奉战争爆发后，张宗昌败于孙传芳，他深恐被罢职而不能在山东继续谋私，于当年 12 月伪造民意，召集会议，强迫山东各界选举他为"山东保安总司令"，以便脱离政府，宣布独立，继续在山东作威作福。当时张宗昌要求到场者都要署名，但张志在会议主席报告明白相关情况后，毅然起立，表明自己的态度："我同诸公职守不同。我是司法官，官规限制，不许参加任何选举。今日会上，恕不署名。"② 由此可见，强权不能迫使张志低头，就像大雪无法压弯松柏的脊梁。无论何时何地，是何境遇，张志作为民国法律人的杰出代表，都牢牢守住法治的底线，为天地立心，为生民立命，为国为民，堪当表率。

（三）反抗强权

1925 年 4 月，张宗昌被任命为山东督办（省军政最高长官），次月，张宗昌赴济南走马上任，自此督鲁三年，也祸鲁三年。坚持维护法权、廉洁自守的"慈佛厅长"张志，面对臭名昭著的"狗肉将军"张宗昌，所遭受的压力可想而知。当时，司法界内部暗潮涌动，1924年浙江律师公会会长阮性存与余绍宋的往来信件中提到"北京情形是

---

① 刘广皎、山作启：《张志生平及被害经过》，载山东省人民政府参事室、山东省文史研究馆主编：《文史资料》（第 2 期），山东省人民政府机关印刷所印制，1990 年，第 184 页。

② 刘广皎、山作启：《张志生平及被害经过》，载山东省人民政府参事室、山东省文史研究馆主编：《文史资料》（第 2 期），山东省人民政府机关印刷所印制，1990 年，第 188 页。

'武力膨胀，法力无灵'"。① 江庸也指出，北京政府后期，"军警肆意
摧残（司法），毫无顾忌"②；曾任北京政府司法总长的林长民于 1924
年也撰文指出："司法制度亦式微矣。匪曰式微，盖自始即未尝一日
巩其基也。攘于外人者百之几，委之行政官者百之几十，剥夺于军人
豪右盗贼者又百之几十，所谓真正之司法机关者，其所管辖曾有几
何？有力之人处心积虑，更随时利用或摧残之。"③ 司法难以保证自己
的公平公正，司法环境陷入困境，司法遭到军阀野蛮干涉，当时所追
求的法治精神更是难以实现。在这样的环境下，恪守法纪并不只是张
志对自己的约束，更是他的法治追求。作为一个司法官，他更多的是
要考虑法律对治下百姓的影响，正如他的法治理念"国人都守法，全
有识见"，只有大家都知法守法用法，才能制约军阀和列强，从而改
善现状，最终实现政治清明、司法公正。因此，前面提到张志不参与
政治，推辞省长一职，遵守法官的官规，都是他以身作则维护法权的
表现。对于普通百姓，法治的推行应该从让他们看到司法公正开始，
从司法官员不徇私舞弊开始，对于当时的山东省来说，更是从张志等
司法官员反抗强权、维护法权开始。以下两则实例充分展现了张志对
于法权的维护及对强权的反抗。

张宗昌入鲁以后，戚某借张宗昌的裙带关系，在烟台肆意逮捕平
民，勒索财物，烟台地方审判厅惧怕张宗昌的权势滔天，仅判处戚某
五年的有期徒刑。然而即便如此，戚某的家属仍不满意，找到张宗昌
以求庇护。张宗昌无视司法纪律，对审判厅施压，公然令山东高等审
判厅长会同烟台地方审判厅，将诈财刑事犯戚某释放，并对办案人员

---

① 阮毅成：《记余绍宋先生》，载中国人民政治协商会议浙江省衢州市委员会文史资
料研究委员会主编：《衢州文史资料》（第 6 辑），浙江人民出版社 1989 年版，第
3 页。

② 江庸：《撤废领事裁判权问题》，载《江庸法学文集》，法律出版社 2014 年版，第
79 页。

③ 林长民：《题辞》，《法律评论》1923 年第 1 期。

撤职处罚。张宗昌的手下邱任元奉令办理此事，生怕不能取悦张宗昌，又拉上张志一起办理此案。而张志愤慨于行政长官肆意干预司法的做法，严厉指出此事关乎法权存亡问题，坚决拒绝，不予办理。邱任元无理可进，张宗昌亦无可奈何，此案最终维持原判。

又有山东高等法院法官私贩烟土一案，《新闻报》对此事有着详细记载，大意如下：张宗昌的下属山东高等审判厅书记官萧小隐等人，身为司法人员知法犯法，以高等审判厅的贴条封装烟土、假借公事之名，与青岛地方检察官王天伟等勾结，私贩烟土，经人举报后人赃并获，在青岛地方检察厅侦查起诉。此事也牵连到张志，身为山东高等审判厅的厅长，对此他难以置身事外，在给司法总长的呈文中称此事应依程序办理，自己作为司法厅长，管理山东，却出现了这种司法官员玷污法曹信誉的事情，深感惭愧，因此自请处分。① 此事还有后续，张宗昌多次暗示张志放人，但张志并未照办，甚至还将张宗昌暗中开设的大烟馆和非法私设的当铺都依法全部解散了。②

张志作为司法官，秉公办理案件，即使面对张宗昌的压力，也没有丝毫动摇，维护法权与救护民命是张志始终坚持并为之努力的，他也在以实际行动告诉普通百姓，法律不是任人操纵的工具，也不是某些特权阶层能够随意影响的。只有真正的司法公平，才能真正维护所有人的权益，才能救国救民。

四、结语

张志于 1925 年被张宗昌以"有通敌嫌疑"为由秘密杀害。张志的死亡于张志而言，是始料未及的生命终点，于整个中国司法界而言，是军阀野蛮干涉司法的典型事件，在国内外影响极为恶劣。长期

---

① 《鲁法官贩卖烟土之大暴露》，《新闻报》1924 年 1 月 13 日，第 2 版。
② 李耀曦：《张志与张家大院——济南老街民居往事之一》，《春秋》2008 年第 4 期。

就职于法律界、前后两度出任司法次长的余绍宋得知山东高审厅厅长原因未明就被该省督办张宗昌枪毙一事时,感慨万千,"斯人而得斯结局,真可慨叹"。① 张志在司法界多年,辗转多地为官,他的为人和对法权的坚持有目共睹,各省法界也都为张志呼吁鸣冤,认为张志"既系保障法权而死,复为救护民命而亡"②,这样的评价实在是对张志人生的真实写照。

面对臭名昭著的"狗肉将军"张宗昌,也许张志对自己的死亡并非没有预料,在严峻的政治和法治形势下,他没有临阵脱逃,而是选择继续留在山东,为救护民命、维护法权、报答法部而努力。正如他对前来劝自己离开的挚友丁佛言所说:"明哲保身,我怎能不知道?但是目前兄是过路人,一向没有担任公职,来去自由,身轻如叶;而我现有公务在身,羁绊不得自由,处境不同。当前司法部再三通令催促编制法典,努力收回领事裁判权,各项任务,急切需要办理。弟食国家薪俸已经数年,若临危不前,见难而退,不管职守,不顾上下左右,良心上怎么能对司法部交代? 怎么对得起山东人民? 弟所以不能马上立行引退根本原因即在于此。但蒙兄爱护忠告,弟决不留恋眼前的利禄地位,我打算折衷而行,虽不马上引退,但也决计预作准备,待到能够结束经手事项及应办急务,答报法部,告一段落,即行告退,此种打算,不知兄以为对否?"③

最初知道张志,是关于张志在济南的故居成为危房的一则报道,张志故居现在已经被重新修缮。这位民国成立后山东法官第一人留给我们的只有张志故居和一张照片,但这不是我们遗忘界前辈的理由。

---

① 李在全:《"断不可使法界亦卷入政治风潮"——1920 年代前期中国的司法生态》,《福建论坛(人文社会科学版)》2017 年第 9 期。

② 《法界为张志鸣冤》,《民国日报》1926 年 2 月 4 日,第 1 版。

③ 刘广皎、山作启:《张志生平及被害经过》,载山东省人民政府参事室、山东省文史研究馆主编:《文史资料》(第 2 期),山东省人民政府机关印刷所印制,1990 年,第 184—185 页。

张志一生短暂且耀眼，在"狗肉将军"张宗昌的治下，他从不同流合污，始终为维护法权、救护民命而努力，至死不改自己的坚持，并用生命敲响了司法界的警钟，希望后来者能以此为鉴，不使司法受政治干预。他的所作所为对得起自己身为一个法律人和一省司法长官的身份，此种精神值得我们敬佩和学习。

英美商业信托的流变

——从民事到商业的功能转型

黄嘉鸿[*]

摘要：信托制是英国法学领域的最杰出成就，商业信托对于今日的社会经济生活意义重大。其最早于英国萌芽，发展较为缓慢，但在为美国继受后却呈现出蓬勃生机，彻底实现了功能上的历史转向——从民事信托到商业信托。在传统叙述中，信托制的功能转型主要与财产的性质变化、经济发展相关。但还原至当时的历史场景下，重新审视商业信托的流变，可发现功能转型与当时英国民事信托作为主流的历史基础、厚植于社会中的绅士文化传统及英美信托的外部法律环境密不可分。

关键词：英美法系；民事信托；商业信托；功能转型

一、引言

信托制度肇始于英国的衡平法，被英国法学家梅特兰誉为"英国人在法学领域取得的最伟大、最杰出的成就"[1]。在近代，随着一系列的技术革新，英国率先开展并完成工业革命，一跃成为世界上最早

---

* 黄嘉鸿，华东政法大学法律学院硕士研究生。

[1] H. D. Hazeltine, G. Lapsley, and P. H. Winfield. ed., *F. W. Maitland Selected Essays*, New York: Books for Librairies Press, 1936, p. 129.

的霸主，对外进行全球性的经济、殖民扩张。在此过程中，其法律制度也被实施运用于其殖民地国家和地区。由此，信托制度逐渐走出英国，在世界历史上留下了浓墨重彩的一笔。

信托制度虽源于英国本土，但使其在商事领域大放异彩，成为诸多财产制度中唯一可以连接和沟通资本市场、货币市场和产业市场的制度的，却是美国的贡献。①古老的信托制度为美国所继承后焕发出勃勃生机，在自由宽松的市场中完成了自身的角色重塑——成为财产保值增值的重要投资工具，更是实现了功能上的历史转向——从民事信托到商业信托。且内容上的现代化使信托能与高速发展的社会、经济相契合，并不断地丰富与完善。这正是使信托从一项古老的民族性的法律制度，发展为具有现代意义的世界性法律制度的根本原因。②

那么信托是如何一步一步地完成自身角色的重塑？其历史转向为什么没有在发源地英国完成，反而是在毫无历史基础的美国完成功能转型？在传统叙述中，信托制的功能转型主要与财产的性质变化、经济发展相关，那么信托的角色转变又是否能够简要归因于这两点？③本文试图回答这些问题，重构更真实、更细致的历史场景。通过审视商业信托的缘起与勃兴过程，着眼于当时历史条件下的社会文化传统与外部法律环境，厘清商业信托的功能转型成因。

---

① 沈四宝：《商事信托制度的现代发展》，《甘肃政法学院学报》2005年第4期。
② 周小明：《信托制度：法理与实务》，中国法制出版社2012年版，第17页。
③ 关于信托在美国的功能转型，学界不同学者给出了不同观点。有的认为是出于美国开拓新地的筹集资金手段、追求利益的投资手段；有的认为是为了适应变化的社会经济环境；有的认为是司法的外部作用导致；但都有提到与财产的性质变化、经济发展相关。参见周小明：《信托制度：法理与实务》，中国法制出版社2012年版，第19页；参见〔日〕新井诚：《信托法》，刘华译，中国政法大学出版社2017年版，第12—13页；参见陈颐：《英美信托法的现代化：19世纪英美信托法的初步考察》，上海人民出版社2013年版，第46—51页。

二、信托在英国走过漫漫长路

关于信托的起源，通说认为信托是在 11 至 13 世纪的英国，随着当时所流行"用益制"（Use）①的形态作为习惯法确立起来的法律制度②，是随着衡平法的动态发展而发展，"在一次次的修正、完善和精炼中建立起来的"③。而促使"用益制"产生的直接原因是当时英国的封建法律对于土地（当时的主要财产）处分、转移有较多严苛的限制性、禁止性规定，人们通过"用益制"来有效规避法律。在衡平法院以及那些以正义和良心为基础的衡平法理的庇佑下，"用益制"走过漫漫长路发展为现代的信托制。④主要功能为移转、保存且无偿的"用益制"出身，似乎也预示着未来的英国信托将打上深深的民事烙印。

（一）作为主流的民事信托

从信托制的前身，"用益制"产生的最初目的来看，人们将其用来规避当时封建法律对土地转移和处分的负担和限制。例如英国玫瑰战争（War of the Roses）时期，红、白玫瑰双方的士兵利用"用益制"，将土地移转至亲朋好友手中，约定受托人为自己及妻儿的利益管理土地，即使不幸战败，其土地也不会成为胜者的战利品。再如 16 世纪中叶以前，英国的普通法禁止公民之间的土地遗赠，墨守长子继承制

---

① "用益制"的结构是：甲将自己的财产转移给乙，约定乙为丙的利益管理、处分该财产。

② 关于信托的起源，还存在罗马法起源说与日耳曼法起源说两种观点。法国法学界认为，信托起源于罗马法中的遗产信托（fideicommissum）制度。布莱克斯通也声称罗马法的遗产信托是英国法上用益的直接来源。日耳曼法起源说认为，日耳曼法中的遗嘱执行制度与英国习惯法融为一体，演变成了现代信托制度。霍姆斯大法官认为用益源自萨利克法。See Avisheh Avini, "Origins of the Modern English Trust Revisited", *Tulane Law Review*, vol. 70, no. 4, 1995–1996, pp. 1140–1141。

③ D. J. Hayton, *The Law of Trusts*, London: Sweet&Maxwell Limited, 2003, pp. 35–36.

④ 参见周小明：《信托制度：法理与实务》，中国法制出版社 2012 年版，第 7 页。

的规定。于是人们通过"用益制",将土地转让至受托人,嘱咐受托人先为自己的利益管理土地,等自己过世后仍然由其管理土地,但所获收益交至长子以外的其他人,因此得以规避长子继承制。

从以上两个例子不难发现,受托人这一角色在"用益制"中就扮演了极其重要的地位。他们通常是委托人的亲属或朋友,根植于绅士文化传统,他们愿意作为受托人无私奉献,他们的服务被视为"受信任者的荣誉与良知的负担,而非出于唯利是图之心"。[①] 从中也能看出信托的主要功能无非借此"人头"设计迂回规避法律规定,[②] 即主要功能为移转与保存。故在英国的传统文化叙事下,信托的主要表现为民事信托。

至于民事信托走向商业信托的功能转型,目前学界主要认为与财产性质的变化以及经济发展下人民日益增长的投资理财需要相关。在传统叙事中,工业化社会使大量劳动力挣脱了封建土地的束缚,财产的主要形式不再囿于土地。为了适应、实现管理各种抽象、无形财产的需要,信托开始转变,开启了积极管理和专业化管理的进程。随着经济发展,信托被英国中产阶级这一新兴阶级广泛采纳,小家庭的动产信托占据重要地位,反映了当时人们以金钱表达财富的趋势。虽然信托的使用仍主要集中于传统目的,但其提供长期金融支持的雏形已经开始展现。[③]

(二)一波三折的商业信托

信托的转型之旅自然不是一帆风顺,相反,在实践中不断地被塑造、完善以迎合使用者需求的过程,注定是艰辛且漫长的。

---

① 陈颐:《英美信托法的现代化:19世纪英美信托法的初步考察》,上海人民出版社2013年版,第58页。

② 参见方嘉麟:《信托法之理论与实务》,中国政法大学出版社2004年版,第62页。

③ 参见陈颐:《英美信托法的现代化:19世纪英美信托法的初步考察》,上海人民出版社2013年版,第46—51页。

17 世纪的英国萌芽了最早的商业信托形态。在这打上进步与扩张烙印的时代，人们意识到了个人资本的局限性，开始寻求一条能够满足大规模扩张发展的康庄大道。而直至 19 世纪之前，价格高昂且程序烦琐的公司特许状被王室或议会牢牢把控，已经取得特许状的既得利益者们为维持垄断的行业地位以便攫取巨额利润，不断地游说政府限制特许状的发放数量。① 因此，人们利用信托制另辟蹊径，成立了众多的自愿联合组织——主要由非法人合股公司和投资信托两种形式组成。人们通过信托协议，仿照公司的形式，对外发行可转让的股份，以实现财富的迅速积累。

由此，公开募集资金的方便路径已经指明，商人们借此机会大肆筹集资金，涌向他们眼中的蓝海股票市场，一时间股价高歌猛进，大多数商人赚得盆满钵满。但物极必反，正当股市投机之风大行其道时，"南海泡沫"事件② 给商业信托带来了沉重的打击。在这一时期，英国出台了《泡沫法案》（The Bubble Act），限制非法人合股公司仿照实体公司发行可转让股票。③ 同时，衡平法院的法官为保护投机者的利益又制定出一套较为严格的投资列表来限定信托的投资范围。④

但总体而言，在维多利亚时期，信托在中产阶级的不断实践应用下，已经开始逐步产生蜕变。此时的经济已经逐渐与土地解绑，与城市中飞速发展的工业、商业密切相关，社会上的商业观念盛极一时。信托这一古老制度逐渐被赋予了全新的资本主义内涵，从一种地产转移方法脱胎换骨为管理金融资产的重要工具，目的是持有金融

---

① Phillip I. Blumberg, "Limited Liability and Corporate Group", *Journal of Corporation Law*, vol. 11, no. 4, 1986, p. 581.

② 1720 年，南海公司的股票价格狂飙，半年涨幅高达 700%，在其示范效应下投资者们趋之若鹜，全英所有股份公司的股票都成了投机对象。

③ See Ron Harris, "The Bubble Act: Its Passage and Its Effects on Business Organization", *The Journal of Economic History,* vol. 54, 1994, pp. 610–620.

④ John H. Langbein, "The Uniform Prudent Investor Act and the Future of Trust Investing", *Iowa Law Review*, vol. 81, no. 3, 1996, p. 643.

资产。①

在当时，整个中产阶级都在使用信托，他们在人生的不同节点设立信托以回应现实的各种需要。除开传统目的之外，信托还帮助他们提供了长期的金融支持。信托巩固了中产阶级的地位，中产阶级的社会互动及其商业观念增强了信托的作用，可以说二者共同繁荣。② 此外，19 世纪初期铁路的繁荣以及股票市场的扩张，以及无形资产投资的合法化更是进一步刺激了聚焦于投资的商业信托发展，投资信托的创设得到鼓励。③

然而 1844 年英国敲定出台的《合股公司法》却使情形急转而下，在这一全新的普通公司立法中，明确区分了合股公司与合伙之间的差别，这意味着非法人合股公司从此被扫入故纸堆，需要被改制成合股公司或被认定为合伙；对于投资信托，则要求其注册为公司，改变其发展的轨迹。信托作为商事组织的发展进程也因此停滞。④

三、商业信托在美国大放异彩

作为率先完成工业革命的世界霸主，英国在对外不断开展经济与殖民扩张的过程中，也传播了信托制度。而英国确立起的信托制度在传承至美国后，却走向了另外一条道路，逐渐显露出独特的性质。与英国原生的民事信托相比，美国信托制度的最大特征体现在其具有浓厚的商业色彩——大多数的信托行为都伴随着商业目的，商业信托在

---

① See Graham Moffat, Gerry Bean, and Rebecca Probert, *Trusts Law: Texts and Materials 5th edn*, Cambridge: Cambridge University Press, 2009, pp. 47–50.

② Chantal Stebbings, *The Private Trustee in Victorian England,* Cambridge: Cambridge University Press, 2001, p.9.

③ Ron Harris, *Industrializing English Law: Entrepreneurship and Business Organization, 1720–1844,* Cambridge: Cambridge University Press, 2000, p. 151.

④ 参见李清池：《商事组织的法律结构》，法律出版社 2008 年版，第 219—221 页。

结构性金融交易中被广泛使用，掌握了美国约 90％的信托资产。①

（一）马萨诸塞州商业之风劲吹

提到美国商业信托的发展，就必然不能绕开马萨诸塞州。在 19 世纪的美国，马萨诸塞州是工业发展的先驱，发达的工业为商业信托的茁壮成长提供了肥沃的土壤，商业信托的普通法信托规则也最先在此建立。其商业信托是一个通过执行和交付信托声明而构建的组织，根据该声明，受益权益被划分为可转让的单位或股份。②

1851 年的马萨诸塞州虽然通过了《统一注册法》（General Incorporation Statute），设立公司不再需要特许状，但仍然受到了州法的严格管控。19 世纪的马州州法规定禁止公司从事房地产交易，规定了公司最低和最高的限制，并要求公司每年提交详细的资产和负债报表。③ 由于当时州法对公司的严格限制，在 19 世纪末至 20 世纪初的马萨诸塞州，商业信托被广泛运用于公共领域，如街道铁路、电力和天然气领域。面对这一兴起的自愿性联合组织，1912 年马萨诸塞州的一份税务专员的报告指出，州法院采取了堵不如疏的策略，承认了它们的法律地位，将它们纳入国家的进一步监管中。④

而马州法院对于其商业信托的认识，经历了从合伙到信托的变迁。起初，这一认识受到英国普通法商业信托股份可转让合伙规则的

---

① John H. Langbein, "The Secret Life of the Trust: The Trust as an Instrument of Commerce", *Yale Law Journal*, vol. 107, no. 1, 1997, pp. 166–171.

② Sheldon A.Jones, Laura M. Moret, James M. Storey, "The Massachusetts Business Trust and Registered Investment Companies", *Delaware Journal of Corporate Law*, vol. 13, 1988, p. 423.

③ See E. Merrick Dodd, Jr, "Statutory Developments in Business Corporation Law, 1886–1936", *Harvard Law Review,* vol. 50, no. 1, 1936, pp. 31–32.

④ See "Report of the Massachusetts Tax Commissioner on Voluntary Associations," *Mass. House Rep,* no. 1646, 1912, pp. 21–26, in Sheldon A.Jones, Laura M. Moret, James M. Storey, "The Massachusetts Business Trust and Registered Investment Companies", *Delaware Journal of Corporate Law*, vol. 13, 1988, p. 427.

影响，再加之普通法合伙与商业信托之间存在一定相似性。① 在 1827 年的 Alvord v. Smith② 案中，马州法院将商业信托认定为股份可转让合伙，乃至在半个世纪后 1885 年的 Ricker v. American Loan & Trust Co.③ 案中，马州最高法院指出商业信托属于合伙的范畴是当时的社会共识，因为在公司和合伙之间没有中间组织体，即这样的联合体不是公司，那么必定是合伙。

直到 1890 年的 Mayo v. Moritz④ 案，才第一次确认了商业信托是普通法意义上的信托而不是合伙。但因其采用了"漠视先例"的司法技术，使得先例商业信托股份可转让合伙规则未被推翻，导致普通法中商业信托的性质存在不确定的风险。至于商业信托的普通法信托规则的正式确立，则需要等到 1913 年的 Williams v. Inhabitants of Milton⑤ 案，马州最高法院借助此案对商业信托是信托还是合伙的问题进行全面的探讨与回顾，以股东有无对受托人的控制权及是否存在股东会联合为界，明确区分了合伙与信托。⑥

（二）特拉华州商业信托法定化之蜕变

在转向制定法改造普通法商业信托（Common Law Business Trust）的各州中，特拉华州的商业信托立法最具有影响力。在 1988 年《特拉华州商业信托法》(后修订为《特拉华州法定信托法》) 出台后，有关商业信托立法达至高潮。它的出台给商业信托的法律带来了重大变化，而根据这些法规产生的实体则被称为法定商业信托（Statutory

---

① 参见刘正峰：《美国商业信托法研究》，中国政法大学出版社 2009 年版，第 101—103 页。

② Alvord *v.* Smith, 22 Mass. 232.（1827）.

③ Ricker *v.* American Loan & Trust Company, 140 Mass. 346.（1885）.

④ Mayo *v.* Moritz & Others, 151 Mass. 481.（1890）.

⑤ Williams et al. *v.* Inhabitants of Milton, 215 Mass. 1.（1913）.

⑥ 参见刘正峰：《美国商业信托法研究》，中国政法大学出版社 2009 年版，第 108—112 页。

Business Trust）。①

那么制定商业信托法的动机何在呢？根据参与特拉华州商业信托法的制定人员所言，其目的主要为承认并明确法定商业信托是企业组织的一种替代形式。② 在当时的美国，普通法商业信托存在着很大的不确定性，各州看待商业信托的眼光也大为不同：一些州出于不允许规避当地公司法的考量而拒绝承认其有效性；③ 一些州的法律则不认可投资者的有限责任。④ 此外，在捐赠性转让背景下发展起来的传统信托法与作为一种企业组织的信托之间更是存在严重不适配。⑤

因此，不确定的司法、不被认可的有限责任还有老旧的信托法，这些都给普通法商业信托的使用蒙上了一层阴影。而与普通法商业信托不同，《特拉华州商业信托法》作为制定法，其效力优先于普通法，商业信托以州制定法为依据，经过登记设立，在主体地位和有限责任等方面都得到了法律的确认，摆脱了普通法商业信托的不确定性，消弭了这一弊端。更新后的法定商业信托更是摒弃了传统信托法中不符合时代潮流的原则，以立法方式将信托管理方式、责任划分的决定权交给委托人与受托人。因此，普通法商业信托在实践中逐步被其取代，商业信托朝着现代化的方向迈出一大步。⑥ 特拉华州的法定商业信托立法，也为其他州所学习，推动了美国商业信托法定化的进程。

---

① Delaware Code Annotated. title.12, §§3801–3863, 2001.
② See Vaughan, C. Porter III, "Corporate and Business law", *University of Richmond Law Review*, vol. 37, no. 1, 2002, p. 2.
③ See Leland S. Duxbury, "Business Trusts and Blue Sky Laws", *Minnesota Law Review*, vol. 8, no. 6, 1924, pp. 465–476.
④ See Henry Hansmann & Ugo Mattei, "The Functions of Trust Law: A Comparative Legal and Economic Analysis", *New York University Law Review*, vol. 73, no. 2, 1998, pp. 474–475.
⑤ See Steven L.&Schwarcz, "Commercial Trusts as Business Organizations: Unraveling the Mystery", *Business Law*, vol. 58, , no, 2, 2003, pp. 575–579.
⑥ See Robert H.&Sitkoff, "Trust As 'Uncorporation': A Research Agenda", *University of Illinois Law Review*, vol. 2005, no. 1, 2005, pp. 103–105.

此后，2010 年，美国律师协会批准了统一州法委员会通过的《统一法定信托实体法》（Uniform Statutory Trust Entity Act）。为了使商业信托作为一种组织形式更好地应用于金融、商业领域，该法明确了商业信托作为商事组织之一的法律地位，赋予了信托财产独立性，并同时汇编、整合了各州对于商业信托的不同规定，提供统一规范以减少各州法律间的冲突。《统一法定信托实体法》在其前言部分从是否具备独立的实体地位出发，明确区分了普通法信托与法定信托之间的差异。自此，商业信托法定化的立法走上了全国统一规范的道路，一种新型的商业组织形式就此大放异彩。

回顾信托在美国的发展历程。从 20 世纪初马萨诸塞州确立的普通法意义上的马萨诸塞州商业信托，经由 20 世纪末特拉华州法定商业信托，再到统一州法委员会通过《统一法定信托实体法》明确区分法定信托与普通法信托。在这段时间长河中，从商业信托称谓变化和法律对它的态度中，就反映出美国现代信托在功能上和结构上的变革过程。①

四、功能转型的成因探究

自 18、19 世纪开始，现代信托在功能上萌生转变，其慢慢走出了处理家庭事务的传统范畴，慢慢摆脱了移转、保存的角色，被塑造成一种新型的投资工具，赋予了管理、投资的现代化内涵，广泛地运用于商事、金融领域。如前文所述，信托功能转型的重大转变没有在发源地英国完成，反而是在毫无历史基础的美国完成，传统观点将功能转型归因于财产性质变化和经济发展两点。那么造成这一现象的原因究竟是什么呢？功能转型真的只与这两点相关吗？

---

① 参见袁田:《普通法信托向法定信托的嬗变:美国〈统一法定信托实体法案〉的组织法变革》，载《商事法论集》，法律出版社 2014 年版，第 187 页。

（一）英国传统历史文化的阻碍

立足于历史基础，英国不存在利用信托的商业背景，相反，信托自诞生之初便被用作处理家庭事务，起到移转、保存财产的作用。当信托长久以来习惯被用作民事用途时，路径依赖也由此成型。而对先例的遵从以及对古老习惯的崇尚，是中世纪英国思想的普遍底色，因此，民事信托在英国成为主流后保持着巨大的惯性，长时间未能得到改变。在英国，信托功能转型所遇到的第一层阻力便是：民事信托作为主流且同时期民众惯于遵循先例的历史基础。

立足于传统文化的视角，这还与厚植于英国的绅士文化传统密不可分。英国的信托财产制度以英国传统文化观念为背景，建立在信托人和受托人之间互相信任的基础上。[①] 在 18 世纪早期，受托人对受益人、第三人具有信义义务，但却不享有同时代法人的有限责任特权。而在这个时代，信义义务呈现出吃力不讨好的底色，因为其并非法律实体，也不享有与自身相分离的独立人格，故现代意义上信托的财产隔离功能并没有在当时出现——信托财产无法与受托人的个人财产明确分离。

此外，受托人还有可能需要对第三人承担责任。虽然可以通过受益人广泛的授权条款免除部分责任，以及在信义义务司法标准逐渐降低的趋势下，受托人责任得以略微减轻，[②] 但总体而言，受托人仍同时对受益人与可能的第三人承担无限责任，这便导致若将信托运用于商业贸易将给受托人创设巨大的风险。更何况直至 19 世纪中叶，法官在 Bainbrigge v. Blair 案中仍声明禁止职业受托人获取酬劳。所以，无偿的民事私益信托一直是英国信托制

---

① 何勤华主编：《外国法制史》，法律出版社 2016 年版，第 204 页。

② Ron Harris, *Industrializing English Law: Entrepreneurship and Business Organization, 1720–1844*, Cambridge: Cambridge University Press, 2000, pp. 154–155.

度的灵魂。①

那么在当时的环境下，谁又愿意扮演受托人的角色呢？他们通常是受益人的近亲与密友，因此他们并不担忧无限责任的高风险，也不觉得日常经营管理事务有多烦琐。根植于绅士传统文化，他们愿意为受益人无私奉献，这也契合当时社会盛行的风气。而这种荣誉性的、礼尚往来的或亲情性质的受托人并不适合精明的、竞争性的商业文化。② 所以在英国，信托功能转型所遇到的第二层阻力便是：在漫长岁月中沉淀下来的绅士文化。

而在美国，不存在类似英国的利用民事信托制度的社会背景，所以虽然英国移民带来了信托制以及相关的法律知识传统，并将信托定性为无偿转让法的一个分支，但在实践中却没有很好地遵循——大部分被托管的财富都是被放置在商业交易中的，而不是与无偿转让有关。③ 同时，美国也没有厚植于人们心智的绅士传统文化，或者说在 19 世纪之后，绅士文化在美国逐渐消退了。长达一个世纪的"西进运动"给中下层阶级带来了大量的致富机会，社会财富的分配进一步平均。随着社会阶层的流动，传统精英绅士们的生活方式也逐渐失去了光彩。资本主义的不断发展使人们越来越意识到获得财富的重要性。因此，受托人经常为了谋取商业利益而接受信托，从商业目的出发，与精明的、竞争性的商业文化相契合。故美国信托制度的发展呈现出与英国不同的景象。④

---

① 参见高凌云：《被误读的信托：信托法原论》，复旦大学出版社 2010 年版，第 45 页。
② 参见陈颐：《英美信托法的现代化：19 世纪英美信托法的初步考察》，上海人民出版社 2013 年版，第 55—58 页。
③ John H. Langbein, "The Secret Life of the Trust: The Trust as an Instrument of Commerce", *Yale Law Journal*, vol. 107, no. 1, 1997, p.166.
④ 参见祁琳：《我国商事信托制度演化的法律研究》，华东政法大学经济法学博士学位论文，2017 年，第 37 页。

（二）英美截然相反的法律环境

信托在英国的功能转型还遭受了法律上的巨大阻力。早期的衡平法在某种程度上持极端的家长主义立场，倾向于将受益人想象成为受托人适宜剥削的对象。① 在法院预设了如此立场的情况下，受托人想要获得一些积极管理信托以使其增值的权利都十分困难，更遑论将信托运用于风险与机遇并存的商界。或许是受到了"南海泡沫"事件的恶劣影响，在 1740 年的 Ayliffe v. Murray 案中，大法官哈德威克勋爵主张将信托视为被信任者的荣誉和良知的负担，而非出于经济利益考量接受的义务，表达了信托最传统也最原始的概念。简而言之，出于对受益人财产利益保护的考量，法院不允许受托人拥有更多处分信托财产的权利，也从侧面遏制了信托朝向商业的转型。

虽然在 1825 年，随着非法人合股公司的迅猛发展，英国议会废止了《泡沫法案》，但没过多久就在 1844 年制定了全新的《合股公司法》。如前文所述，新的公司法规定严格区分公司与合伙两种形式，使得非法人合股公司失去了生存的空间；也改变了投资信托的进一步发展轨迹，保留类似于信托的构造，但要求其注册为公司。就这样，自愿联合组织在英国历史上昙花一现——非法人合股公司与投资信托受迫于不合潮流的外部法律环境，成为了悲剧的急先锋，逐渐退出历史舞台。这也是商业信托为什么没有发展与繁荣于英国的原因。② 同时，公司化的好处又是非常令人满意的，以至于直到 20 世纪的很长时间，英国都没有建立其他的商业信托。③

再将目光转向同时期的美国马萨诸塞州。1851 年的马州虽然通

---

① 参见陈颐：《英美信托法的现代化：19 世纪英美信托法的初步考察》，上海人民出版社 2013 年版，第 52—53 页。
② 参见李清池：《商事组织的法律结构》，法律出版社 2008 年版，第 221—223 页。
③ Robert D. M.&Flannigan, "Business Trusts - Past and Present", *Estates and Trusts Quarterly*, vol. 6, no. 4, 1984, p. 380.

过了《统一注册法》，放宽设立公司的条件，但公司的经营仍受到了州法的严格管控，如禁止公司从事房地产交易，规定了公司最低和最高的限制，并要求公司每年提交详细的资产和负债报表等，但商业信托却不受此类严格限制。① 半个世纪后，来到 19 世纪末 20 世纪初的马萨诸塞州。在这一时期，一方面，自愿联合组织得到了法律的承认；另一方面，公司的经营却受到法律的限制。1912 年一份关于自愿联合组织的报告指出，马州法院已经承认此类自愿联合组织的法律地位。一年之后，马州立法机通过法案规定，一个公司在一个营业中的公用事业公司中所持股份不得超过百分之十，而此项规定并不适用于前文提到的自愿联合组织。② 所以在当时的马州，商业信托被广泛应用于街道铁路、电力和天然气事业。③ 由此，在这样特定的法律环境下，马州商业信托应运而生并大放异彩。

此后，特拉华州出台的商业信托法，更是补齐了普通法商业信托的众多短板，赋予商业信托独立的法律实体地位。与公司制相比，其还具有税收上的优惠——法案允许信托协议的起草者根据《国内税收法典》选择是否具备"公司特征"进行纳税。事实上，该法案明确表示欢迎生产型和商业型企业采用商事信托作为组织形式。④

可以看到，同样出于外部法律环境的原因，英美对于自愿联合组织采取了截然相反的态度。同时，美国对于公司的严加管控为商业信托的发展提供了内在动力，致使信托的功能转型最终在美国得以完

---

① Sheldon A.Jones&Laura M. Moret&James M. Storey, "The Massachusetts Business Trust and Registered Investment Companies", *Delaware Journal of Corporate Law*, vol. 13, 1988, p. 423.

② Sheldon A.Jones&Laura M. Moret&James M. Storey, "The Massachusetts Business Trust and Registered Investment Companies", *Delaware Journal of Corporate Law*, vol. 13, 1988, pp. 427–428.

③ See E. Merrick Dodd, Jr. "Statutory Developments in Business Corporation Law, 1886–1936", *Harvard Law Review,* vol. 50, no. 1，1936, pp. 31–32.

④ 参见李清池：《商事组织的法律结构》，法律出版社 2008 年版，第 238 页。

成，并在商事领域占据重要的地位。

五、结语

信托制度在现代商业领域焕发着旺盛的生命力。它从一种无偿转移、保存的手段演变成财产所有人确保他们的财富稳定增值、世代相传的组织工具并广泛运用于商事交易。① 在传统话语的叙述下，人们认为信托法律关系商业化的主要原因是为了适应财产性质的变化以及经济的发展。然而对商业信托发展的历史进程进行考察，我们能够发现信托的功能转型并非某一天才精心设计的结果，相反，信托在实践中被视为一个模型，通过不断地塑造、检验、改革、完善以回应当时社会的需要。这当然也离不开那个时代所独有的历史基础、文化背景与法律环境的影响。

卡多佐在《司法过程的性质》中指出，"某些法律的概念之所以有它们现在的形式，这几乎完全归功于历史。在这些原则的发展过程中，历史的支配力有可能超过逻辑的或纯粹理性的"。② 因此，对于作为舶来品的信托制度，重新审视商事信托的流变，探究其制度演化的内在逻辑，有助于为我国的商业信托制度提供历史维度的参照。

---

① 参见陈雪萍:《信托在商事领域发展的制度空间:角色转换和制度创新》，中国法制出版社 2006 年版，第 39 页。

② ［美］本杰明·卡多佐:《司法过程的性质》，苏力译，商务印书馆 1998 年版，第 31 页。

腓力四世时期法国司法秩序的构建

胡智超[*]

摘要：腓力四世时期（1285—1314）是法国王权快速扩张的一个时期，这一时期法国在构建公共权力上推进了很多，其中最重要的一个方面就是生成了一个相对成熟的司法秩序。总体表现是王室法庭通过干预领主、教会法庭，如对"厄里特亚案件（*Eritage*）"的管辖权规制扩大了自身的管辖权和影响力。另一方面，尽管圣路易和腓力三世时期高等法院已经初步建立，但仍然受限于权限和规模，因此高等法院通过把握上诉权控制各大领主的上诉案件的方式作出了确立司法主权的尝试，其中包括对佛兰德（Flanders）输出司法秩序的尝试。同时，腓力本人也在司法秩序的生成过程中付出了很多，虔诚的信仰让他有为上帝在人间输出秩序的强烈使命感，而法学家阶层的效忠使他在对付大领主和输出司法秩序上获得很大益助。

关键词：腓力四世；司法秩序；高等法院

国内专门论及腓力四世时期法国司法的研究并不多，最为相关的当属陈颐教授对腓力四世到路易十四时期法国司法主权向立法主权过渡的研究，但陈颐教授对腓力四世时期的司法讨论将重点放在了巴黎

---

[*] 胡智超，华东政法大学法律学院硕士研究生。

巴列门（Parlement）① 的历史演化上，并未就法国这一时期的司法全
貌作出探究。此外，浙江大学的董子云老师对腓力四世介入布鲁日习
惯法的事件进行了研究；② 中国人民大学的高瑞博士对朗格多克地区
执达吏进行了研究。③ 这些研究都从不同的、细微的方面涉及了腓力
四世时期司法状况的一部分。而国外关于这一时期的研究相对来说就
比较多了，其中既包含对巴黎巴列门的研究，也有关于腓力四世本人
的传记以及对同时代法律职业阶层的专著。④ 本文主要以外文文献为
主，意在通过对腓力四世时期王室法庭的扩张路径和腓力的改革的梳
理，勾画出这一时期形成相对成熟的司法秩序的过程及形态。

一、王室法庭管辖权的扩张

（一）管辖权扩张的动因：司法碎片化带来的混乱

基于 13 世纪末法国司法管辖的碎片化所带来的混乱，王室法庭

---

① 亦称巴黎高等法院，来源于拉丁语 *Parlamentum*。巴黎巴列门最早可以追溯到路
易九世时期的御前会议（*Curia regis*），由训练有素、精通法律的官员处理司法
事务，13 世纪末从御前会议中独立出来。1302 年，腓力四世在巴黎确定了巴列
门的常驻地点，1291 年成立了诉状审理庭（*Requêtes*）和调查庭（*Enquêtes*），此后，
巴列门的司法事务运作程序逐渐固定下来。参见陈颐：《立法主权与近代国家的
建构：以近代早期法国法律为中心》，法律出版社 2008 年版；J.H. Shennan,*The
Parlement of Paris*, 2nd ed., Sutton Publishing Lt, 1998, pp. 3–4。
② 参见董子云：《布鲁日习惯法的两次更迭与国王、伯爵、城市的权力之争（1281—
1297）》，《世界历史》2021 年第 3 期。
③ 参见高瑞：《腓力四世时期朗格多克地区的王室执达吏研究》，《鲁东大学学报（哲
学社会科学版）》2020 年第 5 期。
④ 关于巴黎巴列门的介绍与论述，参见 J.H. Shennan,*The Parlement of Paris*, 2nd ed,
Stroud Gloucestershire: Sutton Publishing Lt, 1998, pp. 3–4. 关于腓力四世时期司法
状况的论述，参见 Joseph R.Strayer,*The Reign of Philip The Fair*,New Jersey: Princ-
eton University Press, 1980, pp. 191–236. 关于腓力四世时期法学职业阶层的介
绍，参见 Jean Favier,*Les légistes et le gouvernement de Philippe le Bel:*In: Journal des
savants, 1969, pp. 92–108。

为了终结这种混乱而不得不进行管辖权的扩张，尽管这会带来与领主、教会法庭的冲突和财政的负担，但对于公共权力的构建却是极为关键的。在很长的一段时间内，王室法庭管辖的范围都只在王室主权或国王的尊严被触及的案件以及大的封建领主的封建纠纷，尽管法国在圣路易后极力像亨利二世那样扩大王室法庭的影响力①，但腓力四世早期的司法状况仍然是封建主义下的那种多元混乱的状况。

对于封建领主来说，他们的司法权可以追溯到古老的伯爵司法权，伯爵通常对自主地产拥有司法权，他裁决涉及没有完全融入封建等级制的教会作为当事人的诉讼，并且在理论上还拥有着对一些公共事务的司法权，只要伯爵（或者国王）的威望足够强大，那么他的司法影响力会越来越大。② 圣路易对于司法权的扩张就主要来源于他的威望与公正，因为中世纪的领主或国王必须承担保护臣民和公平正义的秩序输出义务，但伯爵或者更低级别的领主对司法权的分割却造成了仲裁上的混乱。

比如在 13 世纪末的阿基坦，司法权力的撕裂就十分严重，一块区域代表一块司法权，封地体现出了很强的独立司法性质。这些地方的纠纷在不统一的司法裁决下被放大了，如果只是几个先令或者一笔罚款，那么问题也不大。但如果是涉及数目很大的经济纠纷或者能导致武装私斗的封建纠纷，那地方封建领主就必须确保裁决的可靠和公正，这往往要求助于国王。因为领主们的裁决在其他领主的区域无法产生效力，如果领主的司法执行进入到了其他辖区，那么这些主教

---

① Perrot E,*Les cas royaux: origine & développement de la théorie aux XIIIe et XIVe siècles,* A. Rousseau, 1910, pp. 5–7.

② 伯爵的司法权来源于国王在赐予封臣封地后，把维护秩序和保障服从的责任，委于这些封臣，同样地，伯爵下面还有各个百户区（arrondissements）的司法单位。伯爵定期巡视其管辖下的百户区，召集所有自由人到伯爵法庭审理"大案"，"小案"则交给"百户长"（centenier, voyer）审理。参见 [法] 马克·布洛赫：《封建社会（下）》，张绪山等译，商务印书馆 2017 年版，第 588—602 页。

(bishop)、修士（abbot）、男爵（baron）① 就会将此视为对他们司法权的冒犯而向国王投诉②，所以罪犯往往可以逃脱，因此王室法庭就必须在产生危险后果前采取行动对此进行干预。

另一方面，王室法庭的最重要职责是伸张正义③，这迫使王室法庭有义务去监管更低级别的臣民在裁判中的各种情况。许多低级别的私人法庭往好说是粗心大意，往坏说就是腐败和残忍。许多罪犯逃避惩罚，往往是因为跑到了别的司法辖区，而封建领主和地方官员却没有采取行动逮捕和惩罚罪犯。1306 年，腓力四世在忍无可忍的情况下惩罚了亚眠辖区的领主潘克斯（Poix）伯爵，潘克斯伯爵对几个市民的迫害使得他失去了所有对城镇的掌控权，并且被迫交出价值 500 里弗尔（librate）④ 的土地给伤者作为赔偿金，随后还给国王交了 5000 苏的罚金。1310 年，纳维尔（Nevers）伯爵被命令交出两名涉嫌强奸罪的官员，并对他们处以 1200 里弗尔的罚金。1312 年，兰斯大主教法庭释放了一些被控犯有杀人罪的嫌疑犯。王室法庭的高等法院收到了投诉，说这是与法官勾结的结果，于是高等法

---

① Joseph R.Strayer, *The Reign of Philip The Fair*,New Jersey: Princeton University Press, 1980, p. 191.

② 这种投诉往往会获得国王支持。参见 Joseph R.Strayer,*The Reign of Philip The Fair*, New Jersey: Princeton University Press, 1980, p. 193。

③ 这种输出正义的职责和使命一方面来源于基督教中王权神圣的观念，自圣路易以来，"国王与祭司"（*Rex et sacerdos*）的教权与王权的融合理论开始成为卡佩王朝国王的自我认知；另一方面则来源于日耳曼封建主义下国王对臣民的仲裁权和保护义务，这种仲裁权结合罗马法的复兴，使得卡佩家族的国王逐渐树立了至上的王权形象。

④ 里弗尔作为货币名称最早出现于查理曼时代，法国加洛林王朝国王矮子丕平（查理曼之父）在公元 754 年发动货币改革，宣布 1 磅（法国斤）的白银，铸造为 240 第纳尔（dinarius）的硬币。由于当时在欧洲流通的拜占廷帝国金币"苏尔勒德斯"的价值大约是第纳尔银币的 12 倍，因此又出现了后来被称为"苏尔"（sol，又称"索尔""苏"，或译"盾"）的硬币。即 1 磅 =20 苏尔 =240 第纳尔（即 1 镑 =20 先令 =240 便士），后来西欧国家的货币标准大多是在这个基础上发展起来的。参见 https://zh.wikipedia.org/wiki/ 里弗尔，2023 年 4 月 2 日。

院进行了调查（*enquête*），但在调查期间，犯罪嫌疑人承认了罪行，调查也随之终止。[①]

（二）扩张的手段：重大案件管辖权的规制

1. 民事重大案件的规制

王室法庭对于地方司法管辖权的渗透在腓力四世统治期间一直在推进，其最重要的手段就是通过对重大民事案件的规制和实现司法权重从地方法庭向王室法庭转移。

王室法庭的一项重大举措是通过对"厄里特亚案件（Eritage）"的规范，对高级和低级法院的审理权限做出了区分。"厄里特亚案件"指的是拥有土地和产生永久收益的权力，如仲裁收益、过路费、市场管理权、磨坊所有权、任命教区牧师或守卫修道院的权力。这类案件牵涉到的财产是巨大的，往往会关乎一个家族的命运，因此"厄里特亚案件"的裁决一定要谨慎地作出。能够听取"厄里特亚案件"的世俗领主数量一定比刑事案件中拥有高级审判权的领主数量少，因为任何人都不能在自己的案件中担任法官。如果一个领主关乎"厄里特亚案件"的司法权被挑战，它可以将诉讼申请到高等法院。比如，当纪晓姆·勒·布特勒（*Guillaume le Bouteiller*）想要确保他在洛里斯（Lorris）的最高司法权时，他不得不向他的领主——奥尔良主教的法庭上起诉，虽然奥尔良主教驳回了他的要求，但在向高等法院上诉后，他的司法权要求得到了认可。

"厄里特亚案件"和与之相类似的民事案件对法官素质的要求使得王室法庭更受青睐，因为王室法庭的法官大多数经受过良好的法律训练，比较不容易出错。腓力四世也做了区分，王室最低级别的普

[①] Joseph R.Strayer,*The Reign of Philip The Fair*,New Jersey: Princeton University Press, 1980, p. 196.

雷沃（*prévôts*）法庭 ①、子爵一级的法官不能审理"厄里特亚案件"。除了一些难以控制的公国外，国王对审理权限的规范使得重要的民事案件逐渐集中在了更高一级的王室法庭：邑都（*Billies*）和总管（*sénéchal*）巡回法庭 ②、香槟大法庭（the Grand Jours of Champagne）、诺曼底财政署（the Exchequer of Normandy）以及巴黎高等法院（the Parlement of Paris）。

腓力四世对重要民事案件审理的规制有其深层次的动因，一方面，重大的民事案件往往涉及土地，土地是封建社会最重要的财富，也是最重要的政治资本，因为一个成功的领主可以建立一个独立的权力中心，就像亨利二世的金雀花帝国那样。封建纠纷的发生往往以战争和诉讼了结，但战争的代价太大，会增加统治成本，所以通过关涉土地的民事案件的司法权，腓力四世达到了实现王权权威的宣示。另一方面，按照封建法的原则，国王的重要义务就是对臣民提供保护义务和输出正义秩序，以免他们遭受战争和不安定。通过对臣民的直接接触，腓力的王室法庭宣示了自己输出正义的义务和原则。但碍于成千上万件案件的负担，王室法庭只对重要的民事案件进行干涉。

此外，经济上的因素也是王室法庭作出干预尝试的一个重要动因，因为市民阶级的膨胀已经是不可忽视的了。市民阶级的存在对于法王来说就是建立公共权力、取得征税权的最大益助。詹姆斯·W. 汤普逊这样描述法国的 13 世纪："在 13 世纪末，法国是欧洲最繁荣

① 普雷沃（*prévôts*）是中世纪常见的一种底层司法官员，参见 Oxford Dictionaries:Late Middle English（in an earlier sense）. From Anglo-Norman and Middle French prevost, French prévôt denoting various kinds of magistrate, civil officer, or judge, head of a cathedral or collegiate church, judge of a court dealing with legal cases which concern non-privileged inhabitants from classical Latin praepositus person placed in charge. https://web.archive.org/web/20161120212629/https://en.oxforddictionaries. com/definition/prevot,2023 年 4 月 2 日。

② 邑都（*Billies*）和总管（*sénéchal*）是比普雷沃（*prévôts*）更高一级的王室法庭。参见 Joseph R.Strayer, *The Reign of Philip The Fair,* New Jersey: Princeton University Press, 1980, p. 199。

和治理得最好的国家。路易九世（1226—1270）统治的最后几十年，连年升平，一派昌盛。"①在卡佩王朝的领地巴黎，"在十三世纪中叶，已有100种以上的行业；十四世纪初，巴黎手工业行业约有350种；当时巴黎居民，约有100,000。"②商业的繁荣使得社会财富迅速积累从而为新秩序的建立提供经济基础，正是"13世纪的商业革命把以农业为主的经济改造成了基于市场、货币和信用的经济，从而方便了对财富来源的利用"③。腓力四世通过两种方式拉拢着市民阶级，一是将他们拉进了三级议会，二是通过对低级法院司法上的干预使得市民阶级更青睐王室法庭。

2. 刑事司法执行的调查

相比于对民事案件的重点关注，腓力四世时期王室法庭对刑事案件的管辖权不那么重视，高等法院基本上就是民事案件法院。除了缴纳罚金，罪犯会被关在夏特勒（Châtelet）监狱或者其他地方，但这类案件很少，并且监禁期间通常很短，从一个月到两年不等。从另一个方面说，监禁通常是一个程序问题，只是偶尔意味着惩罚，对暴力行为所能实施的最加严厉的惩罚就是流放。但在地方法庭，刑事案件的管辖和裁判是很普遍且混乱的，比如上文提及的潘克斯（Poix）伯爵、纳维尔（Nevers）伯爵对刑事司法的破坏性行为。

因此，高等法院对此建立了调查刑事司法执行中的滥用和疏忽行为的常规程序。1313年，一个单独的刑事案件登记册被开放（尽管有些看起来明显是刑事案件的案件没有被包含在最初的条目中）。与此同时，高等法院开始下令调查没有被下级领主或王室低级法院起诉

---

① ［美］詹姆斯·W.汤普逊：《中世纪晚期欧洲经济社会史》，徐家玲等译，商务印书馆2017年版，第30页。
② 朱庭光主编：《外国历史名人传（古代部分下册）》，中国社会科学出版社、重庆出版社1983年版，第175页。
③ ［美］理查德·邦尼：《经济系统与国家财政：现代欧洲财政国家的起源：13—18世纪》，沈国华译，上海财经大学出版社2018年版，第128页。

的罪行，高等法院很少对刑事案件作出审理，但其对调查过程中的程序问题作出了裁决。到腓力去世时，高等法院已经变成了王国的"大王宫"(Grand Parquet)①，这话可能有些夸大了，但的确，到1314年，高等法院在监督刑事司法方面所承担的责任比以往任何时候都多。

3. 针对教会法庭的 *paréages* 条约

在对教会法庭司法权的渗透上，则是对教会领主进行施压，结果是一些主教接受了 *paréages* 条约②，在条约下创建了共同法庭，法官由国王和主教修道院院长共同任命。教会的特殊管辖权和神职人员的特权一直让王室官吏很头疼。很多神职人员从事商业活动，看起来与市民无异，而俗人虚报神职人员的例子也屡见不鲜。在一个案例中，两名被关押在夏特勒（Châtelet）监狱的俗人在关押期间设法给自己剃了胡子。③

更麻烦的是，教会的修道院院长和主教对世俗案件的领土管辖权的要求。教会拥有很多优秀的律师，并且在诉讼的战术上也更有经验，他们在高等法院提起的诉讼比其他任何群体都多，这些诉讼大多涉及他们辖区的司法管辖权。另外，教会法庭对于婚姻和遗嘱的案件具有专属管辖权，宣布婚姻无效可能会剥夺一个合法继承人的继承权，维护一个作出过多虔诚承诺的遗嘱会毁了一笔遗产。正如威格摩尔所言："必须记住，在那些日子里，宗教裁判所

---

① Joseph R. Strayer,*The Reign of Philip The Fair*,New Jersey:Princeton University Press, 1980, p. 196.

② *paréages* 或 pariage（加泰罗尼亚语 *pariatge*）是一种封建条约，承认两个统治者在平等地位上对一块领土拥有共同主权。这种联系首先是经济的或商业的，是在两个平等的人（*paris*）、亲戚（*parent*）或陌生人（*étrangers*）之间建立的，目的是管理和利用财产。从政治的角度来看，*paréage* 可以结合两个领主，通常是一个外行和一个教士，以管理一个领主或一个省。参见 https://en.wiktionary.org/wiki/paréage，2023 年 4 月 2 日。

③ Joseph R. Strayer,*The Reign of Philip The Fair*,New Jersey:Princeton University Press, 1980, p. 194.

在欧洲人的日常生活中不只是与世俗法院一样重要，而且他们对世俗法院审判案件造成了无法估量的影响。主要由数百名独立的贵族和诸侯掌握的世俗审判，是局部的和软弱的、自私的和唯利是图的。"①

教会法庭最大的优势是对婚姻、遗嘱等案件的垄断司法权，但国王却执意要来插手这些重大民事案件的审理，其不可忽视的一个重要民意基础在于，王室法庭的法官的确更为专业化。不仅王室法庭的工作人员比领主法庭的工作人员更有能力、经验，而且总是能确保判决的执行，尽管判决和执行之间的间隔会很久，但至少王室法庭不会忘记自己的判决。值得注意的是，接受 paréages 条约的主教主要存在于南方且数量并不多，王室法庭并不因此扩大了多少直接管辖的地区。但主教们却往往会忌惮于世俗领主的困扰而向高等法院起诉。在腓力四世统治期间，教会在高等法院提起的诉讼比其他任何群体都要多。②

二、王室法庭司法主权构建的尝试：对上诉权的利用

（一）南北方不同的上诉机制的建立

总体来说，在王室法庭作出规范重大民事案件的管辖权后，王室法庭案件的上诉程序也逐渐成型，但却存在地域差异，在北方，这种差异是不大的，一般案件从王室最低级别的普雷沃法庭（prévôts）到邑都法庭（Baillies）再到省级的高等法院分支（如果没有高等法院分支就直接提交高等法院）。当然了，在领主法庭审理的案子也可以

---

① ［美］约翰·H.威格摩尔:《世界法系概览》，何勤华、李秀清、郭光东等译，上海人民出版社 2004 年版，第 815 页。

② Joseph R. Strayer, *The Reign of Philip The Fair*, New Jersey:Princeton University Press, 1980, p. 194.

直接向王室法庭上诉。比如在诺曼底，邑都法庭将困难的案件提交到由高等法院的专家们组成的诺曼底财政署（the Exchequer of Normandy），并作出最终的裁决。① 尽管一些案件被送到巴黎，但在财政署的最终裁决一般不会送到高等法院，所以高等法院对诺曼底的司法干预并不多。但香槟大法庭（the Grand Jours of Champagne）就没有像诺曼底财政署那样的地位了，越来越多的案件被送到巴黎，案件不断在香槟大法庭和高等法院之间流转，到了腓力四世统治末期，定期向高等法院上诉已经成为定制。不管怎么说，北方的高等法院的分支成功地建立了起来，尽管它们的地位不同，但上诉权已经被高等法院控制。

但南方的成文法地区则大不相同，王室法庭不止一次曾想在南方建立起像诺曼底财政署或是香槟大法庭那样的高等法院分支，如1280 年、1282 年、1287 年、1289—1291 年在图卢兹（Toulouse）的尝试，最后高等法院还是放弃了。② 放弃的原因表面上看是与英国的战争即将到来，但实际上是因为图卢兹这样的地方没有什么高等法院的历史基础。诺曼底财政署是一个令人尊敬的古老机构，早在 1180年就开始运作③，而香槟大法庭可以追溯到香槟伯爵西奥博尔德四世（Thibaud IV）的时代。此外，成文法地区的法律传统也是不可忽视的因素，由于许多南方的法官都十分专业，受到过系统的法律训练，所以他们的裁判很容易得到人们的认可。因此尽管越来越多的初审案件流向巴黎，但南方地区的案件很少，在腓力四世统治的 29 年间，只有 45 件案件来自朗格多克地区（Languedoc）。

---

① Perrot E. Les cas royaux:*origine & développement de la théorie aux XIIIe et XIVe siècles*. A. Rousseau, 1910, pp. 103–106.

② Joseph R. Strayer,*The Reign of Philip The Fair*, New Jersey : Princeton University Press, 1980, p. 199.

③ Powicke Maurice & M.A,*The Loss of Normandy: 1189 - 1204:Studies in the History of the Angevin Empire*, Manchester At The University Press, 1913, p.272.

正是由于南方司法裁决容易让人满意，所以南方人对巴黎高等法院设置分庭并无期待。从1296年开始，高等法院成立了一个专门的部门来听取成文法地区的初步请求，但是根据1296年和1307年的成员名单来看，并不包含南方的律师。尽管像是朗格多克地区的人在初审上不太愿意向高等法院陈述请求，但他们不会放弃上诉的机会。因为上诉是成文法的重要程序，这给了高等法院可乘之机。尽管大多数上诉案件都是出于纯粹的战术考虑，但高等法院确实决定了案件的走向，并且偏向于对上诉人权利的保护。可以看出，高等法院并没有急于将大部分案件的一审管辖权揽入自己的权限，而是通过牢牢把握上诉权来控制全国的司法，在习惯法地区构建高等法院分支，在成文法地区支持上诉人的权利。

（二）利用上诉权对封臣进行控制

腓力四世深谙封建法下司法权力对控制封臣的作用，在一些大的封地尤其是王室法庭建立困难的边境地区，腓力不断派出他的办事员进行司法上的渗透，从而达到控制封臣的目的。比如在1311年至1313年间，英国总是抱怨法国对阿基坦的侵占。伊芙·德·鲁迪亚克（Yves de Loudéac）曾经是加斯科尼（Gascony）的调查官（enquêteur），也是派驻在佩里戈里（Périgueux）的法国专员，他利用自己在佩里戈里的调查权限，将许多案件送到了高等法院，其中包括领主及其附庸参与的私战，这给了他征收高额罚款的借口。腓力的这种渗透的目的就是确保领土对他的忠诚，必要的时候他也会牺牲一些司法权力换取更切实的经济利益和效忠的宣示。

这种渗透取得了一定成效，比如，佛兰德与阿基坦一直都是英法争夺的焦点，1313年，法国在佛兰德的状况陷入不利，腓力想要与英格兰保持联盟，于是他赦免了罚款，撤销了传票和流放，并撤销了他的调查官（enquêteur）和总管（sénéchal）针对爱德华臣民的27起案件的上诉。① 这让爱德华意识到，他必须要服从腓力的审判，不然法国的法庭会给他带来很多麻烦，尤其是在公国的边境地区。

但很明显腓力四世还没有取得对抗所有封建领主的实力，因此和英王爱德华及佛兰德、阿基坦公爵有着不断的封建纠纷。尽管腓力四世和他的王室法庭对下级司法辖区进行了系统性干预的尝试，但出于对大领主以及王室官吏的供养成本的考量，腓力并不想太过干预他们的司法活动。尤其是在阿基坦和佛兰德这类地方，国民基本很难向国王申诉，因为像是福瓦伯爵（Foix）这样的领主很不愿意和王室官员合作，并一直强调自己作为领主的司法保护权。像这样的领主还有门德主教、热沃当伯爵（Gévaudan），他们深知公正的仲裁作为财产的价值，而争夺作为法官的权力。审判权不仅给领主们带来了对依附者的控制，也带来了不菲的司法罚金和诉讼费的收入，并且比任何其他权利更有利于把各种习惯转变成法律义务，"领主发觉这些法律义务十分有利可图"。②

在腓力四世整个的统治期间，只有大约 10 起来自布列塔尼或勃艮第的案件到达高等法院，其中大多与主教和宗教团体有关，但腓力取得了在他们领地征税的权力，尽管税款要与领主分享。这样做的结果是，在腓力整个统治时期，布列塔尼和勃艮第一直都是亲法的，并没有像阿基坦和佛兰德那样不断爆发冲突。

三、佛兰德：司法秩序输出的尝试

腓力四世利用高等法院的上诉权钳制大封建领主，这些被钳制对象不仅包括了法国的核心区的封臣，也包括了一些名义上效忠法王的

---

① Joseph R. Strayer,*The Reign of Philip The Fair*,New Jersey:Princeton University Press, 1980, p. 201.

② 参见 ［法］ 马克·布洛赫：《封建社会（下）》，张绪山等译，商务印书馆 2017 年版，第 584 页。

大领主。尽管王室法庭自身还在不断变化，但腓力已经作出利用司法手段吞并领土的尝试了，其中最典型的就是贯穿了腓力一生的佛兰德（Flanders）。14世纪初佛兰德的商业非常繁荣，羊毛和呢绒制造业是佛兰德的主要产业。富裕的羊毛商和呢绒商拥有对行会和市政府双重的控制权，并操纵城市立法以损害劳动者利益。比如："一个织工不得同时又从事印染业；他拥有的学徒数也不得超过一人，而一个剪毛工却可以带7个学徒；一个旅店的老板不允许有3名以上学徒身份的'伙计'或助手在他手下工作；小商人在他们所能销售的货物数量和种类方面都受到限制；食品供应也同样是有所区别和受限制的。"[1]由此，下层劳动者的权益基本上得不到保障，他们被排除在所有地方政府代表席位之外，没有选举权，也没有在地方政府中任职的权利。

城市贵族深知他们的特权，于是在城市规章中规定了对工人集会的限制，以防止工人的骚动。城市的习惯法汇集证实了贵族专横，在一些城市中，贵族可以殴打工人而免于惩罚，而侮辱贵族的行为则要处以苛重的罚金。贵族的巨大政治权力让佛兰德伯爵居伊·德当皮埃尔（*Gui de Dampierre*）忧心忡忡，于是他乘着1281年的钟楼大火烧毁了布鲁日的历年特许状的时候，颁布了新的伯爵法令特许状。新特许状极大地限制了布鲁日的城市立法权，并课以了巨大的罚金，极大地限制了市政官的财政独立性和司法权。[2]尽管遭到了市民和贵族的反对，但伯爵还是强行实施特许状，并武装镇压了反对活动。腓力静静地注视着佛兰德的形势变化，并利用伯爵与贵族的矛盾拉拢亲法势力。他在布鲁日、根特、杜埃和其他佛兰德城市设置监护人，以保证市政官免遭伯爵的迫害。

伯爵在腓力的监视下，压力大到了极点，于是他选择向英王靠

---

① [美] 詹姆斯·W. 汤普逊：《中世纪晚期欧洲经济社会史》，徐家玲等译，商务印书馆2017年版，第89页。

② Louis Gilliodts Van Severen, *Coutumes des Pays et Comté de Flandre. Quartier de Bruges. Coutume de la ville de Bruges*, F. Gobbaerts, 1883, p. 267.

拢，这又使得他与腓力的矛盾达到不可调和的地步。冲突的第一阶段
发生在英、法之间，1293 年，英国南部沿海五港同盟的舰队在爱尔
兰、荷兰和加斯科尼的船只支援下，于今瑟堡的圣·马休海角附近与
诺曼人、布列塔尼人和佛兰德人的舰队遭遇了，所有沿海居民都卷入
了混战。① 在当时，渔民和海盗的界限是模糊的，因为海盗的猖獗，
遭到袭击的渔民们往往会将海盗所属国的渔民的财产没收。尽管英国
取得了战争的胜利，但也给了腓力四世干涉的借口。腓力要求得到赔
偿，并暗示要对加斯科尼采取行动。爱德华在答复中表示，一旦他结
束了与威尔士的战争便与法王私人会晤以调解这一问题，或者将这一
问题提交大主教团裁决。腓力四世的回应是传讯爱德华一世去巴黎。
爱德华一世派他的兄弟兰开斯特的爱德蒙替他前去，但腓力知晓爱德
华一世的窘迫，于是接连发出第二次和第三次传票，爱德华都没有前
往。于是 1294 年，腓力宣布英国在法国的公爵领地被法国王室没收，
战争随之爆发。

　　冲突的第二阶段始于 1296 年 6 月 21 日，腓力写信给留驻佛兰德
的王室官员戈捷·多特莱什（*Gauthier Dautrèche*），让他在布鲁日选
出几个市民，让这些市民回想出一些在新特许状颁布之前的习惯法，
这些人要能熟练地讲述出城市的新旧法律与习惯，还应携带委任状、
配备人数充足的律师，在律师的协助下阐述城市的旧法。② 腓力借此
让市民向高等法院对佛兰德伯爵提起诉讼，但伯爵并没有应诉，于是
腓力宣布伯爵败诉，并借此颁布了新的特许状恢复以前的城市习惯
法。1297 年 1 月，伯爵彻底与腓力决裂，并宣布不再与法王维持封
建关系，这给了腓力出兵的理由。1297 年夏天，法军侵入了佛兰德，
里尔城的守军进行了顽强的战斗，但法国人在布尔斯贡的胜利平息了

---

① 关于这场战争的描述，参见 [美] 詹姆斯·W. 汤普逊：《中世纪晚期欧洲经济社
　会史》，徐家玲等译，商务印书馆 2017 年版，第 103 页。
② 参见董子云：《布鲁日习惯法的两次更迭与国王、伯爵、城市的权力之争 (1281—
　1297)》，《世界历史》2021 年第 3 期。

所有佛兰德人对法军的抵抗。而此时英王爱德华却深陷亚茅斯的内斗中无法脱身，失去了援助的佛兰德伯爵没有办法只能投降。

腓力在冲突的两个阶段所采取的措施看起来都是合法的，本质上就是对利用高等法院作为司法主权构建的尝试。腓力合理地利用了封建法，并且在对佛兰德的习惯法的重新整理后，利用市民对伯爵的不满控制了佛兰德司法权，同时也拉拢了市民作为政治上的同盟。腓力四世的司法宣传使得英王在法理上失去了支持，这也导致了封建法下仲裁权分散的观念受到了挑战，高等法院作为最高裁决机关的地位开始得到支持。

四、王室法庭扩张所带来的问题

（一）王室法庭的司法不公问题

王室法庭在获得更多司法权力的过程中暴露出来最大的问题是：司法官僚的庞大带来的腐败问题。王室法庭并不是在所有审级都能保持公正，在最低的一级普雷沃（prévôts）和巴勒斯（bayles）法庭 ①，存在着相当数量的腐败、压迫以及对法律的无知的现象。这一级别的法庭不能审理重大的民事案件，也不能处以 30 苏以上的罚金。然而，国王的大多数臣民都不是贵族，也并不富裕，农民可能会被法庭判处绞刑，一个每天挣 6 第纳尔的人被罚款 30 苏就意味着他失去了两个月的工资。因此，王室法庭不得不作出改变，派出调查庭（enquê-teurs）去听取人们对于普雷沃法庭以及法庭官吏（sergeants）的申诉。但现实是，调查庭并不会频繁地来，并且尽管理论上人们可以将案件上诉到邑都法院（Billies）甚至高等法院，但根据记录来看这样的案例并不多，对普雷沃法庭的核查始终是一个问题。普雷沃法庭最恶劣

---

① bayles 出处不明，应该是法国南方和 prévôts 同一级别的最低级别王室法庭。

的行为往往发生在法庭之外，在被告被捕入狱时虐待他们，或者接受贿赂让他们逃跑。

相比于普雷沃法庭，更高一级的邑都法庭和其他总管法庭情况就好多了，至少在腐败问题和歪曲司法上很难看到例子。但邑都法庭和其他总管法庭也有司法不公正的问题，腓力四世频繁的政策改变使得邑都法庭和总管法庭很难作出一致和公正的裁判，这往往会导致高等法院的介入。在北方，上诉的顺序通常为从普雷沃法庭到邑都法庭再到高等法院。在南方，则可以由国王的检察官对总管法庭的案件提起上诉。在大多数情况下，高等法院会支持邑都法庭或者总管法庭的意见，但并不绝对。大量案件关涉以前从来没有被裁决过的问题，特别是由腓力禁止私战、使用外国货币或出口贵金属的法令所引发的案件。此外还有一些先例中比较模糊的案件，比如国王和世俗领主、教会的司法管辖权在地理上的划分问题。[①] 不仅是案件的困难让人无所适从，这些案件的数量也在激增，因此邑都法庭和总管法庭往往会匆忙地作出裁决。

（二）高等法院面临的专业化挑战

当案件上诉到高等法院的时候也有问题，就是数量激增的上诉案件让高等法院面临专业化挑战。这不仅要求高等法院需要根据案件的现实情况做出对应的模块化处理，也要保证案件的审判效率。腓力一开始并未将高等法院视为一个长久的机构，他所做出的任命都是临时性的，1291 年，他任命了 3 个人听取"陈诉"、4 个人来审理有关南方成文法案件，由此调查庭和诉状审理庭成立，但这两组任命都是临时的。[②] 从高等法院官员对薪水的支取可以看出，高等法院的人员

---

① Joseph R. Strayer,*The Reign of Philip The Fair*,New Jersey:Princeton University Press, 1980, p. 201.

② J.H. Shennan,*The Parlement of Paris*, 2nd ed, Stroud Gloucestershire:Sutton Publishing Ltd, 1998, pp. 18–19.

流动是很频繁的。在 1299 年，记录里非常活跃的皮埃尔·德·布兰诺（*Pierre de Blanot*）只得到了几天的报酬；让·勒杜（*Jean Leduc*）和让·德·拉福里特（*Jean de la Foret*）都获得了 128 天的报酬；克莱门特·德·萨维（*Clément de Savy*）获得了 110 天的报酬；罗乌尔·德·布鲁伊（*Raoul de Breuilly*）只有 99 天的报酬。① 这些官员为国王服务多年，他们被授予许多职责，不局限于司法职责。高等法院的松散亟须得到专业化的改组以适应越来越多的上诉案件，因此，腓力在 1307 年确立了三个分庭，即进行初步审查的诉状审理庭、负责调查的调查庭以及由教士、国王、骑士组成的主审法庭。

高等法院的三个分庭设置却带来了另一个问题，即司法效率问题。尤其是从诉状审理庭到调查庭再到主审法庭，其中的诉讼进程太过拖拉，即使调查官加快进程，很多程序和手续的问题都不能省略。比如在调查官调查时，当事人要在大法庭（*the Grand'Chamber*）② 前找到一名听众，并要准备口头辩论和书面呈辞（证明原告的主要观点），接下来双方当事人要找到各自的证人互相就证据表达意见，这些发言都会被记录下来并送到大法庭。法官们要判断这个案件是否适合审判，如果被接受了，就会将案件记录送到调查庭交给报告员（*rapporteur*），报告员在提取关键信息后做成摘要，向法庭提交一份摘要并作报告。如果报告员称职地完成了报告，他的调查结论通常会被接受。随后，大法庭会作出判决，然后令报告员将之形成判决（*arrêt*），判决会被递交到调查庭审查，然后送交大法庭，由大法庭批准发出。这样的程序非常冗长，很容易变成领主们准备战争的借口，为赢得军事上的胜利拖延准备时间。

尽管高等法院的诉讼成本很高，但这些冗长程序也保证了公正

---

① Joseph R. Strayer, *The Reign of Philip The Fair*, New Jersey: Princeton University Press, 1980, p. 209.

② 高等法院的核心法庭，一开始和申诉法庭并称，后来腓力四世将申诉法庭独立了出来。

性。腓力四世对高等法院的审判基本是不管的，即使国王有参与高等法院的权力甚至可以推翻高等法院的裁决，这就使得高等法院获得了半自治属性。高等法院的独立性获得了教会和市民阶级的好感，因为高等法院维护神职人员的特权和爵位，所以神职人员表现出了对高等法院的信任。而市民阶级则更多地看重高等法院的公正，涉及他们的案件往往牵涉到索赔的问题，而高等法院也往往能做到公平公正。1300 年后，城镇更愿意向高等法院申诉，且频率越来越高。[①] 高等法院能作出公正裁判的另一个因素是判例的使用，这使得高等法院无法公开地偏袒任何人。许多牵涉到占有（seisin）[②] 问题的案件，都依赖于足够的证据。在法国，审理非法占有（disseisin）的案件并不像在英格兰那样由王家垄断，将此类案件提交到高等法院还是很容易的。尽管这类问题的证明是很困难的，但毕竟事实在大多数情况下是能调查明白的。这类证据一般会通过调查庭的调查程序获得，比如从邻居那里获得信息。一旦调查庭对占有案件所收集的证据被大法庭所认可，那么就没有什么机会作出错误判决了。

五、结论

尽管巴黎高等法院是圣路易时期就确定的机构，但腓力四世毫无疑问更好地发挥了其价值。在腓力四世 29 年的统治时间内，王室法庭一直在改革，最终生成了一个相较于圣路易和腓力三世时期更为成熟和庞大的司法秩序。这个司法秩序的形成主要表现在王室法庭的扩

---

① Joseph R. Strayer,*The Reign of Philip The Fair*, New Jersey:Princeton University Press, 1980, p. 226.

② Seisin 表示对封建土地、财产的合法拥有的权利。在中世纪的语境下指的是"某人的儿子或者继承人获得了他的继承权"（the son and heir of X has obtained seisin of his inheritance），在英国往往出现在由国王主持的对领主或者佃户死亡的调查报告中。参见 https://en.wikipedia.org/wiki/Seisin，2023 年 4 月 2 日。

张和利用高等法院建设法国司法主权上。

腓力四世时期王室法庭的扩张，经历了一个是否对领主司法权进行干预的抉择到有限度的扩张的过程，通过重大民事案件的管辖权规范，腓力保护了他的臣民不被领主法庭随意处置，也使高等法院成为更为臣民青睐的上诉机构。在面临不同法律传统的地域，腓力采取了适合地方习惯的策略：在北方的习惯法地区，采用了设置高等法院分支的方式掌握上诉权；在南方的成文法地区，则不断鼓励臣民向巴黎高等法院上诉，并以保护他们的上诉权换取市民阶级的信任。在面对实力较强的封臣时，腓力希冀通过巴黎高等法院的上诉权构建司法主权以控制他们，在佛兰德的两次冲突便是腓力的两次尝试，尽管这一尝试并不能算是成功。

尽管腓力四世将司法权作为扩充王权的手段，但有一点不得不注意，那就是其实腓力对王室法庭尤其是高等法院的干涉是很少的。腓力本人基本不参与高等法院的审理，并且高等法院也主要是以民事案件为主，没有体罚的传统，而监禁通常也只是被视作程序问题。这使得高等法院以其独立性既向外界宣示了公正性，又不会让人产生对残酷刑罚的恐惧。另一个值得注意的点是，高等法院也参与制定新法律，这意味着高等法院的职能不仅仅包括对法律的解释，如规定资产阶级的权利如何获得和维持的法令是 1287 年由高等法院制定的。此外，在腓力统治末期，国王和议会报给高等法院的法案越来越多，这似乎释放了一个信号，皇家诏书的登记应当是规则而不是例外。① 如此看来，以高等法院构建司法主权的脉络确实变得有迹可循起来。

毫无疑问，腓力本人对其在位期间司法秩序的生成有很大的益助，他在处理封建纠纷时沉着冷静，每一步都在封建法的框架内。史学家们往往会因为他无情地镇压圣殿骑士团和操纵货币而对他评价不

---

① Joseph R. Strayer,*The Reign of Philip The Fair*, New Jersey:Princeton University Press, 1980, p. 236.

高，他的政敌帕米埃主教贝尔纳·赛瑟（*Bernard Saisset*）说他"既非人也非兽，而是一座冷冰冰的雕塑"①，这倒是很符合他在高等法院里所表现的样子。在很多政策上，腓力的做派看上去更像是法学家而非政治家，这一点很容易被人忽略。事实上，在腓力的大臣中，法学家确实占了很大的比重，比如先后担任掌玺大臣的皮埃尔·德·贝尔佩什（*Pierre de Belleperche*）和皮埃尔·福劳特（*Pierre Flote*）以及腓力的心腹继尧姆·德·诺加莱（*Guillaume de Nogaret*），他们都在奥尔良和蒙彼利埃的法学院讲授过罗马法，是专业的法律人士。② 大部分法学家都出生显贵，他们占据着社会的最上层，并且与王权结合。他们不遗余力地支持国王，一方面出于对帮助国王引导国民得救的宗教政治理想，另一方面出于对卡佩家族虔诚且公正的德行。尽管当时的社会舆论和史学家对腓力敛财的责骂不断，但腓力极为重视对上帝的虔诚，因此当他的三个儿媳都因为私生活问题而酿成了轰动一时的丑闻时，腓力对他们进行了严厉的惩罚。或许从这个角度看，腓力的虔诚与法学家的联合使其深感自己作为上帝的选民的使命感，从而不断地向构建司法主权上倾斜。

---

① Elizabeth M, Hallam and Charles West:*Capetian France 987–1328*, 3rd ed, Routledge, 2020, p. 359.

② Jean Favier,*Les légistes et le gouvernement de Philippe le Bel*. In: Journal des savants, 1969, pp. 92–108.

史料

清代江西宜春县嫁卖孀妇案

李雪涛[*]

整理者按语

　　十六年前，江西宜春市古玩收藏家鲍言先生曾赠送龚汝富先生一本清代诉讼案卷，仔细阅读点校，方才发现是一个特别独特而完整的孀妇改嫁诉讼案。该案卷系用本地竹纸一手抄成，规格 16×12 cm，32 个筒子页，总共九千余字。案情非常简单：道光七年，宜春县荟里乡生员李春萼侄媳彭氏在守寡十多年后，由其父亲监生彭维瑶接回娘家居住，考虑到女儿不愿在夫家坚守，彭维瑶邀请李春萼堂兄弟李春爱等作伐，李春萼从场见证，将彭氏嫁与萍乡县生员刘高爵为妻。后来李春萼反悔，否认从场见证，并怂恿寡嫂即彭氏之公婆李易氏，以"强谋服孀，灭法害命"重罪告发彭维瑶和刘高爵等，案经一年多的候集审讯等程序折腾，最后以李氏家族大获全胜而结案：刘高爵被缴聘财五十千文、彭维瑶赔还首饰及衣服钱三十千文给李易氏，刘高爵另处罚修府学考棚钱一百千文。

　　纵观全案，在这场看似平常的诉讼纠纷中，士绅之间的高手过招其实另有堂奥，而这正是需要解读的个案价值之所在。今将案卷全文整理如下，以飨读者，在保存、丰富法史资料的同时，以期对推进相

---

　　* 李雪涛，华东政法大学法律学院博士研究生。

关研究和探讨有所裨益。

道光七年丁亥七月十八日

告状人：李浩荣，住宜春县荐里乡，离城一百里，年五十六岁。

为禀明事。民族生员李春萼之孀嫂李易氏，止生一子荣贵，娶富监彭维瑶之女为媳，夫没守制十余载，近年叠造祖父母丧，妇系承重之妻，固属有服之人，突维瑶接女归家，嫁与萍邑生员刘高爵，竟不知主婚何人。或婚出萼家，现在服内；或婚出彭家，何为□□□□□□□，律有明文，即在愚民，尚不可□□□□□□□，公然敢为，呜呼可。切禀。

七月二十三日批：居丧嫁娶，虽干律禁，但未将李彭氏承重丧服月日及改嫁日期明晰声叙，凭何察核？且查李彭氏改嫁之处，果与定例有违，该氏近房亲属何俱默无一言，仅尔疏远族人出而控告，具见不安本分，保非图诈不遂，混控滋累。不准。

八月二十八日

告状孀妇李易氏，住宜春县荐里乡，离城一百里，年六十岁；抱告李林方，五十岁。

为强谋服孀，灭法害命事。氏夫兄弟二，夫居长，不幸早故，止生一子昀祥，嘉庆二十年，娶彭维瑶之女为媳。越年氏子亡，媳矢志不二。道光五年二月二十五日，氏姑没，彭固承重服也。六年春，瑶迎媳归，氏屡接，套留来岁。本年二年初二日，氏再接，未睹彭媳。氏疑密查，始知彭媳已与往年曾在瑶家训蒙先生刘高爵成了亲。氏骇绝愤极，昏愦成疾，数月奄奄一息。今氏夫弟李春萼外归投诉，何人主婚？何人亲笔婚书？刘含糊不吐。适伊戚李琬俊挺认从场不讳，公然讽氏夫弟，忍气也罢。情迫抱病叩文廉，恳念孤孀残躯，迅赐关拘，分别严究。戴德上禀。

计开：

被告：彭维瑶，荐里乡；刘高爵，萍乡遵化乡；李琇俊，荐里乡。

干证亲房：李书玉、李浩衡、李浩尚。

族长：李熺满。

保正：阳易明。

九月初三日批：准唤案察讯。

九月二十三日，监生彭维瑶诉词

为诉明事。生女配李易氏之子昀祥为妻，不幸未育夫故。孤鸷堪怜，柏舟难誓。两家代为择婿。本年五月内，易氏之夫从弟李载清等，以萍邑生员刘高爵可婿为言，载清以媒自任。生素不识刘，同载等诣刘见面，于是即凭载清等说合，李易氏主婚，伊夫堂兄李春爱代立庚帖，夫胞弟春萼从场，于闰月初三日再醮与刘，乡邻目击。讵伊族人李浩荣混控改嫁违例，批斥。复撝易氏以"强谋服孀"谎禀，奉批："准唤案察讯。"切生女固为承重之妇，但祖姑没于五年二月，女嫁于今闰月，主婚系姑，立帖为媒，均李近房亲属。李易氏乃明大义贤妇，何听浩荣唆撝，总不出仁廉金批"图诈不遂，混控滋累"一语尽之。兹奉差唤，理合诉明。上诉。

被告：李浩荣；

干证：李春爱；

媒证：李载清；

保正：李榆七、彭荣魁；

地邻：彭洪二、彭叡三。

九月二十八日批：候集案察讯。

十月十八日，告状人李梁籣（即载清）

为坑害难当，诉恳察夺事。民一字载清，寄居地名为白兔坑，离族远。本年正月十四日，近邻彭维瑶着甥黄俦九至民家，说伊女凭媒李琇俊说合与先生刘高爵，嘱民往邀李灿廷（即春英）、李梁亭（即春爱），民不允。十六日，瑶带伊佞彭笱四暨春英、春爱，并有面生不识二人，同至民家，借屋设席立据，民不允。伊等惧民声张，套民代送酒席至瑶家，缠留不放。因见瑶等出张万顺钱票二纸交英、爱，英、爱书庚帖一纸交瑶。民本乡愚，误堕术中。今瑶被民嫂易氏具控，瑶反诉民作媒。民素不识刘，从何说合？切瑶前称媒系李琇俊，俊固瑶爵两家血亲，诓瑶将民代俊，坑害非浅。为此，泣叩文廉恳察夺，公侯万代。

被告：彭维瑶、刘高爵、李琇俊、黄伻九、李春英、李春爱。

十月二十三日批：候察讯。

十月二十三日，李易氏续

为强谋显露，续叩彻底（跟）[根] 究事。氏八月二十八日，以强谋服孀等情，具控彭维瑶、刘高爵、李琇俊等，奉批："准唤案察讯。"九月十五、六日，刘高爵盘踞瑶家，播弄鬼蜮伎俩。十七、八日，叠使李榆七等登门缠和，氏斥经官由官。二十三日，主瑶诬氏主婚，诬氏夫弟李春葶从场，暗中别买庚帖，称为立帖。切氏夫弟李春葶系生员，岂不识字？总缘谋婚彭宅，任从狡串贿弊，用着血亲李琇俊随意指进挥出，本无亲笔婚书，大胆捏故婚期。似此强谋重情，业已倾露。今氏抱病投审，哀叩文廉吊取庚帖，迅赐关拘刘高爵，务将彭媳到案。并各词内有名人等，逐一研讯（跟）[根] 究，则强谋难讳，镜察洞然。戴德上续。

十月二十八日批：候勒集人证讯夺。

十一月二十八日，彭维瑶词

为借端串诈，屡呈察究事。生女配生员李春葶之侄昀祥为妻，夫故，葶不曲体寡弱，不立应继爱继以安慰，挨至十载，始立一疏远。以两股平管家产，作八股分一，又不使承欢膝前，致女不愿终守，再醮萍邑生员刘高爵。主婚系姑易氏，为媒系葶从弟载清，立帖系葶嫡堂兄春爱，婚娶甚明。莕于议婚立帖时，假装学道，谓再醮非吉祥，不便执笔，以爱亲且长，故使爱代。讵莕包藏祸心，藉未执笔，先商李浩荣，向刘索钱未遂，混控批斥；复掇易氏出控，词列伊族生员李书玉并李浩尚为干证。书玉到生寓，说莕要钱五百挂方休，经生理斥，鼠窜而去，又耸易氏越控学宪。缘书玉即莕之从弟，浩尚即载清之父，以此众恶同心，诸毒并发，始知莕之假不立帖，已伏讹诈计。恳乞俯赐察究。上续。

彭维瑶状式内并注十一月十二日越控学宪福批：案经控县，应候该县察讯，毋渎。粘抄附。

十一月二十八日，李春爱词，年七十四岁

为禀恳原情事。民嫡堂弟春藻妻易氏，生子昀祥，娶彭维瑶女为妻。春藻父子继亡去，彭氏不愿守，维瑶因以情相告，民与族房浩尚、浩衡等言劝易氏，易氏止要接受财礼。尚叔等令民覆瑶，挨来年服满，再为调处。民住居在外，年老步艰，本年五月内，尚叔之子载清至民家，称昀祥之妻已说合萍邑刘姓，易氏意诺。兄春莕云伊在庠，三子殇二，又痛侄亡，不忍执笔立庚帖，因说出彭氏年庚，要民代写。至聘礼钱票，载清与瑶侄筍四自有交代，民未与闻。今伊二家讦讼，不以直禀，反捏民在瑶家写帖受票等项，若不预禀，诚恐质讯之下，徒争口舌。民年老，依口代笔是实。恳乞原情察释。沾恩上禀。

全日（同日，十一月二十八日），彭荣魁、彭洪二、彭叡三、李榆七词

为禀恳鸿裁事。缘彭维瑶之女，先嫁与李易氏为媳，夫故改嫁，两家讦讼。因易氏控词内有"密查始知，已与往年曾在瑶家训蒙先生刘高爵成了亲"之语，瑶以语含隐刺，经投民等。民等与瑶共乡共里，彼此门内之事，虽不能尽悉，然大略断无不晓。咸知瑶家从未请刘教书，教

书非隐秘之事，岂有请一先生在家，而邻里有不知者？至两造是非，仁廉自有公断，民等不敢插讼。以语关风化，只得禀恩鸿裁。上禀。

十二月初一日，彭维瑶词

为恳恩拘讯，以杜远飏事。生女再醮萍邑生员刘高爵，系春萼之从弟载清为媒，春萼畏水落石出，狡商载清捏递一禀，置身事外。今又闻使载往黔贸易，若果一离乡井，则回来无期。即主婚有人，立帖有人。当日传易语往刘家，向谁或质？索聘财交钱票，凭谁面对？故载清远遁，则情实终蒙；载清质讯，则研鞫必露。今幸观望在家，行止未决，恳恩迅赐差拘提案，庶免延累。激切上续。

十二月初五、六日批：候催集察讯。前词及春爱、彭荣魁等词，并发。

十二月初三日，李易氏词

为强谋难甘，迫叩讯究事。民早寡，一子昀祥，不幸又故。媳彭氏矢志十余年，现承祧有人。道光五年二月二十五日，氏姑没，媳有承重之服。遭恶生员刘高爵乘媳父维瑶迎接回家，串伊血戚李琇俊为媒，贿氏近房惯讼李春爱等，在服内瞒蔽谋去。切再醮不由氏家主婚，不由氏命，立帖不由氏夫弟春萼亲笔，并不用氏原婚书缴还，乡愚稍畏者不敢为。刘恃衿谋割，身在法中，事在法外。反放言服媥虽重，庚帖不难改退月日。彭氏虽到案，不难依我说话，独不念氏孤媥残躯无靠，承祧婴儿失恃。今氏抱病投审，在城守候日久，无如刘高爵、彭维瑶等临审逃回，陷民守候无期，显系贿差放纵。为此，迫叩廉阶速赏比差拘案究结。戴德上续。

十二月初九日批：候勒差即集讯。

十二月初十日，李春萼词

为恃衿抗案，恳关提究结事。生媥嫂李易氏以强谋服媥控萍邑生员刘高爵等，叠批拘讯在案。讵彭维瑶贿差抗延，刘高爵又未沐关提，何能到案。李琉俊以彭、刘两家腹戚，作媒说合。生族李载清已禀明并未作媒，只见彭维瑶手出钱票，李春爱手书庚帖，架书李春英扶同兑交。且闺女议婚以庚帖为定，妇人再醮以婚约为凭，未有立约不由翁姑而由父母者。若系李易氏主婚，应并缴还庚帖。虽不能写约画押，必有手印可凭。生实未从场，李春爱立帖，混称依口代笔。生既忍出诸口，又何难笔诸书？倘彭氏亟于改嫁，何以夫亡十余载，不闻有犯奸情事，乃不俟承重服阕而背姑私奔，与刘高爵苟合？若不迅赏提，听其产育，案难归结。迫恳文廉赏准关提讯究，以端风化。上禀。

被告：刘高爵（学名元俟）、彭维瑶、李琉俊、李春爱、李春英（即逢春）。

十二月二十日批：候分别移提催集察讯。

十二月十三日，李易氏词

为谋割抗案，迅赏关提事。氏媳李彭氏守节十余载，伊父彭维瑶捎留嫁卖与萍邑生员刘高爵成亲，伊戚李琉俊作媒，并非李载清。查李载清禀词有代送酒席至瑶家，及李春爱手书庚帖，与架书李春英收受钱票之语。若系氏主婚，缴还庚帖可矣。若氏叔春葶从场，无李春爱写帖之理。且李春爱禀内又称，载清与彭维瑶之侄笋四交代钱票等语。毕竟钱落谁手，总与氏嫂叔无涉。但主婚不由姑命，与背夫潜逃律同。李春爱等分得彭氏身价，应追入官。刘高爵藉衿谋割，抗不到案，非亟为关提，即勒差集讯，无凭断结。纵押彭维瑶限交，而辗转拖累，则嫠妇罹剥肤之惨，公庭多呼吁之声，文廉矜孤恤寡，非所忍闻。迅恩关提刘高爵到案讯结。戴德上续。

被告：刘高爵（学名元俟），萍邑县学；彭维瑶、李琉俊、李春爱、李春英。

十二月二十日批：候开期催集讯夺。

道光八年二月初三日，李易氏词

为迅恳移提讯究事。去十二月，氏续控萍邑生员刘高爵谋割抗案等情，奉批："候勒差即集讯"，并备文移提在案。但刘高爵积惯刀笔，贿差抗延，新旧两载，案悬莫结。且彭维瑶身列成均，擅将伊女嫁卖，氏不与闻。夫弟李春蓂并为在场，用腹戚李琇俊作媒摆布，而彭氏身价亦不应落李春爱、李春英之手，串党嫁卖，殊干法纪。为此，迅恳文廉备移催提刘高爵到案究结，实为德便。上禀。

二月初八日批：候催提集讯。

二月初八日，耆职李浩尚，八十岁；民李浩衡，七十一岁；李书玉，三十五岁；抱告李仁生，四十岁

为公同禀明事。职等轮值房长，近房孀妇李易氏之媳李彭氏，守志十余年，居承重丧，被伊父彭维瑶接归，转为萍邑生员刘高爵所夺，职族无与闻者。激易氏以强谋服孀控彭维瑶。诉称职房侄外居李春爱私立庚帖，诬职子李载清为媒。载清寄居白兔坑，虽近彭维瑶家，去十月十八日已诉明并未作媒。只因恶等去正月十六日套至维瑶家，眼见彭维瑶手出钱票，房孽李春英及李春爱手书庚帖，凭媒李琇俊指画交兑。诓房孽李春爱计图脱卸，反以禀恳原情谎廉词捏职等前岁有言劝易氏等语。切彭氏姑媳相得，彭维瑶甘夺女节，而职等岂忍劝嫁服孀？总之，李春爱丧心昧良，始则兜金合谋，继则洒诬移祸。为此，禀明文廉，恳恩察究。上禀。

被告：刘高爵、彭维瑶、李琇俊、李春爱、李春英。

二月初十日批：候集案察讯。

二月十八日，李易氏续词

为移提不到，恳赏差关提事。氏青年守志，独子蚤世。寡媳彭氏，抚继承祧，守节已十余载矣。祸因彭维瑶掯留伊女过年，擅行嫁卖刘高爵，公然成亲。氏先后控准移提集讯在案。但刘高爵倚藉

绅员，视移文为故纸，且衙门情熟，萍邑书差，不难挥金摆布。若非专差守提，终不到案。氏老命寒，桃儿靠媳抚养，夫弟李春萼身列文庠，亦冤念彭氏改节，唯彭维瑶视为奇货，勒令背姑改醮，惨遭谋割，情殊不甘。迅恳文廉赏准差提刘高爵到案讯究，以端风化。上禀。

计被告：刘高爵、彭维瑶、李琥俊、李春爱、李春英。

亲房长：李浩尚、李浩衡、李书玉、族长李熺满。

保正：阳易明。

经承刑科原差：潘贵、胡林、谢瑞。

二月二十二日，宜春县赵移萍乡县文

为移提事。案据敝县民妇李易氏具控：伊子昀祥娶彭维瑶之女为妻，后昀祥身故，被维瑶接媳归家，蔽嫁刘高爵为妻等情一案。迭经拘讯未到，兹据李易氏以刘高爵藉隶萍乡，呈请关提前来，除批示外，合就关提。为此，备移专差潘贵、胡林、谢瑞赍诣贵县，请烦查照来移事理，希即饬差协同来役前往遵化乡地方，即传刘高爵到案，赐文移送过县，以便察讯，幸勿缓延。望切！望切！须至关者。

（日期缺）刘元俟禀萍乡县词

为禀明事。生续娶宜邑监生彭维瑶之女，先嫁李易氏为媳，夫故不愿守。去正李易氏之夫从弟李载清为媒，与生说合。五月廿八日订庚，易氏主婚，夫堂兄李春爱代立庚帖，夫胞弟生员李春萼从场，生当凭媒交聘钱四十五挂，并爱代笔，载媒钱在内。闰五月初三日，生迎归成婚。讵李春萼包藏祸心，藉未执笔，越数月始商族人浩荣，向生索钱未遂，混控批斥。嗣后，掇易氏捏控蒙准，情亏畏审，复耸原媒李载清往黔贸易，俱萼摆布，希图拖累讹诈。生本应早投讯结，以杜讼蔓，但婚姻凭媒，原媒逃遁，情实凭谁质对。兹易氏控准关提，生自赴宜投案。为此，遣抱禀明，恳乞赐文移覆，实为恩便。上禀。

被告：李春爱、李春莩、李易氏、媒人李载清。

三月□□日批：该生既已自赴宜邑投讯，候即据情移覆可也。

（三月初八日）移覆文

特授萍乡县正堂加级纪录次杨。

为移覆事。案准贵县关据李易氏具控，伊子李昀祥，娶彭维瑶之女为妻，后昀祥身故，被彭维瑶接归，瞒嫁萍邑刘高爵为妻，关提质讯等因到县。准此，当经饬差拘解去后，兹据生员刘元俟禀称：伊于去年五月内，凭媒李载清，承娶宜邑李易氏之孀媳彭氏为妻，当凭氏姑易氏夫堂兄李春爱代立庚帖，夫胞弟李春莩从场，交聘迎归成婚无异。讵李春莩藉未执笔，嫁后串商族人李浩荣，向伊索钱未遂，在宜混控，批饬。复掇易氏砌捏，蒙准关提，现在自愿赴宜投讯，禀请移覆等情。据此，敝县复查无异，合行移覆。为此，移贵县，请烦查照传案质讯。须至移者。

右移宜春县正堂赵。

道光八年三月初八日移。

三月十二日，禀（刘高爵）

告状生员刘元俟，住萍乡县遵化乡，离城一百五十里，年三十八岁。

为自行投案事。生续娶治下监生彭维瑶之女，先嫁李易氏为媳，夫故不愿守。去有李易氏之夫从弟李载清为媒说合，五月廿八日订庚，易氏主婚，夫堂兄李春爱代立庚帖，夫胞弟李春莩从场，生当媒交聘钱四十五挂，并爱代笔、载媒钱在内。闰五月初三日，生迎归成婚。兹两造讦讼，沐恩关提，理合自行投案候讯。沾恩上禀。

三月十四日批：候催集察讯。

计开：刘高爵，三月十二日（堂谕）

据刘高爵供萍乡人，石管前地方居住，与彭维瑶素不相识，生员娶彭维瑶之女，现有婚帖，求查阅讯断。堂谕将刘高爵发学看管，候传齐人证讯断。此谕。三月十二日。

（无日期）具禀孀妇李易氏，住宜春县荐里乡，离城一百里，年六十一岁

为禀恳饬交事。氏媳彭氏，去被萍邑劣生刘元侯串谋苟合，去八月经氏叠禀县廉，沐恩拘究，崙[专]差守提，延今三月十二日始行提到，恰遇氏不在城，蒙县当即讯供，将刘元侯发押台下看管。氏即奔驰来城，祇谓冤伸有日，谁知又遭门斗舞弊，受贿放逃，陷氏守候无期。情不得已，泣叩府师施恩作主，交出被犯刘元侯，免氏受累，德莫大焉。上禀。

四月十四日午堂带问李易氏词（白禀）

为迫叩拘讯，以苏残生事。氏去八月以强谋服孀等情叠控刘高爵等。屡沐批示在卷，守候数月，于岁暮蒙牌示归，迄今又数月矣。前三月内，蒙恩关提刘高爵，而彭维瑶、李琇俊及李春爱等俱此案掯留串卖紧犯，日久不投案赴审，显系刘高爵主使包（蔽）[庇]，陷氏见天无期，冤忿吐血。泣叩廉阶严饬差拘齐案，早赐讯结，氏死无憾。沾恩上续。

四月二十二日，李易氏词（白禀）

为限交不交，恳比交究事。氏媳李彭氏，去被刘高爵谋割势占，三月十二日，沐恩关提押学，四月十四日蒙堂讯供，限五日内交出彭维瑶、李琇俊、李春爱等限伏据。讵刘高爵藉衿藐限抗交，挺身包（蔽）[庇]彭维瑶等各紧犯，逾限不到，陷氏孤孀残躯与族房人证，年逾八十、七十之李浩尚、李浩衡等，俱齐集投审无审，冤蔽莫伸。

只得泣叩文廉施恩严比，速交究结。戴德上禀。

五月初三日批：候勒集即讯。

四月二十九日，李易氏词（白禀）

为叠限无交，哀叩究结事。四月十四日，蒙恩堂讯刘高爵谋割
势占等情，限五日内交出彭维瑶、李琉俊、李春爱等。二十四日覆
讯，止彭维瑶到案，沐恩再限交李琉俊、李春爱，并交李彭氏。迄今
日久，伊仍恃袗包（蔽）[庇] 不到。氏与房老候审无期，而刘高爵、
彭维瑶虽蒙发押，公然逍遥在外，计图拖累延案了事。若非比交李琉
俊、李春爱、李彭氏到案，冤蔽何日得伸？为此，迫叩廉阶俯怜作
主，迅赐究结，世代衔恩。上禀。

四月二十九日，彭维瑶词

为禀恳讯结事。生女不愿在李春葶家终守，再醮刘高爵为妻。葶
藉婚帖系伊堂兄李春爱代笔，并赖未从场。当议婚时，岂能将从场之
人各画一图形？此段婚姻，要生选婿者，系葶从弟李载清、李春英，
媒定后刘出钱票为聘财，亦系载清同春爱、春英收受而散，即或中饱
亦过在爱等。乃葶一面缠讼，一面缠和，意在索钱耳，非真爱媳也。
再醮也常情，何忍捏词隐刺？其叔嫂居心行事，已可概见。使女稍可
安身，何为守节十余年而改嫁？若生甘夺女志，何待至今三十余岁而
始嫁？欣幸仁廉速清案牍，恐滋讼累，奈爱躲匿不到，葶愈藉以纠
缠，其中或有串商，或有别情，均未可定。倘过在生，何不一出而质
证耶？宪天菩萨心肠，成就民间子女，生舐犊情深，乞怜而垂察焉。

（无日期）批：已讯结。

五月初三日，刘元俣词

为恳禀原情事。生无远虑，凭李载清为媒，李春爱书帖，娶李易
氏不愿守志之媳彭氏为妻。清与爱均易氏夫弟春葶之同堂兄弟，当日

止谓李、彭皆缙绅之族，必无后虞。讵料清、爱等是一班鬼蜮，兹萼禀限生交爱，而爱实被萼阴制不许到案，生实无法可施。生命舛，弦续复断，遗一幼子，母怜失恃，命续弦娶彭后，方谓中馈有人，稍可慰母心。乃罹讼半载，发学月余，彭氏又妊将分娩，母早夜倚望，转以增忧，生何以安？况乡试将近，虽薄植未足邀荣，而见猎亦思逐队。生亦急盼爱至，庶几得早完案。但爱非生所能强逼，合无仰恳差拘，仁廉曲体人情，恳恩始而恩终之，合家顶祝。

五月初八日午堂讯结

具甘结生员刘高爵，今当大父师台下实结得：李易氏具控强谋服孀一案，今蒙讯明，委系误听李琇俊说合，李春爱书立庚帖，将彭氏迎娶回家，当已圆房。外氏彭维瑶时未通知李易氏，以致控告。蒙恩讯有不合，断生缴出礼钱五十千文，给李易氏具领，外罚缴钱一百千文，以备修补考棚之用，并将生发学戒饬。彭氏念生已成夫妇，恩免断离，情愿遵断。所具甘结是实。

具甘结监生彭维瑶，今当大老爷台下实结得：生女彭氏，误听李琇俊、李春爱说合立帖，改醮刘高爵为妻，未经通知李易氏，以致具控台下。今蒙讯明，生有不合，恩宽免究，断生缴钱三十千文赔还李姓衣饰，给李易氏具领。生女彭氏蒙恩断令仍归刘高爵承娶，情愿遵断。所具甘结是实。

具禀监生彭维瑶、生员刘高爵，为遵断遵缴事。

具遵依李易氏仝夫弟李春萼，今当大老爷台下，缘以强谋服孀具控刘高爵等一案，今蒙讯明。不应李琇俊、李春爱将媳彭氏说合立帖，改醮刘高爵为妻，经氏控告案下，姑念彭氏与刘高爵已经婚配，恩免断离。断令刘高爵缴礼钱五十千文，彭维瑶赔还首饰、衣物钱三十千文，共八十千文，给氏领回。外又断罚刘高爵一百千文为修补考棚之用，并将伊当发府学戒饬。彭氏仍归刘高爵承娶，情愿遵断完案。所具遵依是实。

五月初十日，李易氏词（状式）

为叩恩给领，迅赐移戒，以终恩断事。氏媳彭氏，去被彭维瑶掯留嫁卖，与萍邑劣生刘高爵苟合，贿串李春爱立帖，李琇俊为媒，激氏以强谋服孀等情叠控在案，蒙恩关提刘高爵，并拘彭维瑶押学，叠限交出李春爱、李琇俊、李彭氏质审。讵李春爱等畏罪逃避，今蒙讯明，刘高爵谋割势占委系是实。姑念婚配已成，恩免断离，断令缴出礼钱五十千文，外罚钱一百千文为修补考棚用，彭维瑶赔还首饰、衣物钱三十千文，并将刘高爵移解府学戒饬。谕氏凛遵，但刘高爵倚藉绅势，诚恐巧计营脱，氏实难以灰心。为此，恳恩将所断八十千文当场给领，并恳备文移戒朱示堂断，早赐完结。戴德上禀。

具领状人李易氏，今当大老爷台下实领得刘高爵遵断所缴礼钱五十千文，彭维瑶遵断赔还首饰、衣物钱三十千文。所领是实。

道光八年五月□□日，具领人李易氏　押

（无日期）禀府学李易氏词

为乞照移戒饬事。去八月氏以强谋服孀等情，控萍劣刘元侯一案，蒙县关提押学，昨奉县讯，刘元侯供认谋割不讳，县主姑恤未办，仅断伊缴礼钱五十千文，外家彭维瑶赔还首饰、衣物钱三十千文，给氏具领，并罚刘出钱一百千文修补考棚。一面移学戒饬，以示惩创，谕氏曲遵。但刘元侯诡计极多，万一再被免脱，氏实不能甘心。为此，泣叩师台，恳照县移，立赐戒饬，以振学校，以端士习。沾恩切禀。

县宪赵堂断

审得李易氏以谋割服孀等情控刘高爵等一案。缘彭维瑶之女彭氏，幼配李易氏之子李昀祥为妻，后李昀祥物故，遗妻彭氏寡守。去年刘高爵误听李琇俊、李春爱说合，承娶为妻。外氏彭维瑶并未通知李易氏，以致李易氏具控前来。兹集庭讯，备悉前情。查彭维瑶并不向李易氏通知，刘高爵辄行混娶，均属不合。将刘高爵发学戒饬，断令缴礼钱五十千文，彭维瑶赔还衣服、首饰钱三十千文，给李易氏具领。外罚刘高爵钱壹百千文，以为修补考棚之用。但彭氏与刘高爵已为夫妇业经一载，已成覆水难收，毋庸断离。彭氏饬刘高爵完聚，取遵完案。此判。

道光八年十一月初三日，刘元侯词

为禀恳查示事。生遭李春萼借端串诈，掇嫂李易氏捏控，蒙赵廉审断一案。比时庭讯，萼使原控族弟李浩荣不到案，使为媒从弟载清逃，使代笔收聘堂兄春爱抗，使在场从弟现充台下架书逢春避引，词列干证生员书玉帮扶，以一面词蔽赵廉聪，传生及彭维瑶到，不由分诉，断钱押遵。生只得遵断遵缴完案，即回家办钱。因乡试赴省，兹回梓时，考棚不见修整，萼与书散放流言，说生罚钱外，又交学戒饬，恣意污蔑，并指称堂谳有戒饬语，耸动乡人。生思赵廉既断生再缴聘财五十千文，又罚生修考棚一百文，罹此重罚不堪。彭维瑶畏萼缠讼，苦劝再三，始曲意俯遵，岂有既罚又责之理，必是萼等故造谣言，不惟污生名节，更伏陷害机关。向刑书抄阅谳语，奈书坚称谳在署内。果谳在署内耶，抑或摆布耶？仁廉秦镜高悬，为此禀恳查案示抄，免遭伏害。上禀。

十一月初八日批：前县如何审断，候查卷另示。

道光九年正月二十八日，刘元侯词

为再恳查示事。生遭李春萼掇嫂易氏捏控，蒙赵廉审断一案。生因乡试回梓，考棚不见修整，萼反在乡散放流言，称生既罚钱文又戒饬。生骇异，因抄谳不得，前禀盛廉，沐批："前县如何审断，候查卷饬示。"本应静候，不敢多渎，但此案春萼借端串诈，缠讼半载，亲房人证主抗不投，拉滥帮扶，蔽赵廉聪，传生到案，不由分诉，断钱押遵，声色俱厉。生只得以遵断遵缴一禀完案，忍气吞声，不能自白。至萼诬生如何不究？原出聘财如何不问？如何该再缴聘财？如何该修考棚？生不得悉。且公庭无戒饬之事，称言有戒饬之谣。录供不与知，发谳不与阅，情更可疑。名节所在，终身攸关，未便听其伏陷。欣闻青天在上，为此再恳查案示知，免生覆盆，甘棠永颂。上禀。

二月初三日批：查赵前县断案，因该生承娶李易氏之媳彭氏为妻，仅凭李春爱写立庚帖，未向李易氏通知，殊有不合。断令该生缴钱一百八十千文，以为礼钱及赔还首饰并充公之用，并有发学戒饬之谕。兹据该生具禀，本县察核案情，该生系凭外氏彭维瑶主婚承娶，又已遵缴礼钱，情尚可原。前县既未移学，姑免戒饬可也。至此案久经前县讯结，该生毋庸缠讼，并饬。

三月二十三日，李易氏续词

为欺压无休，禀请详报饬修，以成信谳事。氏有服孀媳彭惨遭萍邑劣生刘元侯谋割势占一案，叠控前廉赵并控学宪福，奉批："案经控县，应该候县察讯。"经赵廉关提到案堂讯，并无婚书，刘元侯供认谋割不讳，外氏彭维瑶再三哀求，垂怜成就。赵廉姑恤恩免离异，仅断刘元侯缴钱以为礼钱，并罚备修考棚，并谕发学戒饬。刘元侯遵断遵缴，甘结据。氏无奈，只得以迅赐移戒禀，旋以照移戒饬禀叩府学，录禀粘电。讵刘元侯诡计营脱，延今习焰复炽。去冬朦渎盛廉，前正月二十八日，胆敢以再恩查示狡禀廉阶，哓哓缠讼，炫伊豪滑手段。为此，哀恳宪天俯赐鉴察，录案详报学宪大人查核，并将饬修示知，以塞刘元侯考棚不见修整之口，庶信谳有征，而风化幸甚。顶祝上禀。

四月初九日批：此案学宪并未准理，何得混请录详？至此项罚钱，早经赵前县提用修理考棚，该氏毋庸多渎。

宁属地区的"卖入夷巢"案件选编

陈迁美 *

编者按 ①

民国时期，宁属位于川西南，南隔金沙江与云南相望，境内有安宁河、雅砻江两大河流由北而南汇入金沙江，除河谷平原外，其余地区多高山，是"藏彝走廊"中的"彝"文化区。该地区的河谷平原主要是汉人居住区，而彝人多居住于崇山峻岭之上。彝人又分生彝和熟彝，生彝"不服王化"，其首领是家支头人；熟彝是汉化的住在汉彝交界地区的彝人，他们归土司管辖。彝族内部存在等级制度，奴隶阶层是明码标价、可以买卖的。清末以降，土司制度瓦解，川滇军阀混战，地方秩序混乱，汉彝矛盾激化，夷匪汉奸伺机而动，将汉人掳掠、拐卖到被视为"法外之地"的彝区当奴隶。本文梳理了三个较为典型的"卖入夷巢"案件，期望其整理刊布能为相关的学术研究提供参考。

为便于读者阅读，兹将案件所涉材料在此作简要罗列：

1. 吴月祥诱卖人口案：

（1）交通部公路总局川滇西路管理局代电建警 00208 号

---

* 陈迁美，华东政法大学法律学院博士研究生。

① 档案中看不清楚的地方用□表示；另外，笔录和口供中多有错别字（如"哪"都是写的"那"）、同音字（如"萧"和"肖"）之类，为保持档案原貌，编者均未改动。

（2）军事委员会委员长西昌行辕侦讯笔录

（3）国民政府军事委员会委员长西昌行辕快电附西昌行辕裁决书

（4）西康西昌地方法院检察处侦讯笔录

（5）西康西昌地方法院检察官起诉书

（6）西康西昌地方法院审理笔录

（7）西康西昌地方法院刑事判决

2. 罗光明掳卖人口案：

（1）礼州区署审讯单

（2）萧崇礼和万萧氏的告状

（3）礼北乡绅粮及公民代表证明罗光明是好人的公禀

（4）罗光明的诉呈

（5）礼北乡第四保的签呈

（6）万萧氏的告状

（7）礼州区署提讯单

（8）万萧氏、万华清、万子清的告状

（9）萧长寿的告状

（10）西昌地方法院检察处侦讯笔录

（11）西昌地方法院检察处令礼州区区长解送人卷

（12）西康西昌地方法院检察处侦讯笔录

（13）礼北乡乡长张煊的呈

（14）西康西昌地方法院检察处侦讯笔录

（15）西康西昌地方法院检察处侦讯笔录

（16）萧崇礼的诉呈

（17）礼北乡乡民代表等具联名公证状

（18）西康西昌地方法院检察官起诉书

（19）罗光明的诉呈

（20）西康西昌地方法院庭审笔录

（21）西康西昌地方法院庭审笔录

（22）西康西昌地方法院刑事判决

（23）礼北乡乡民代表之公禀

（24）礼北乡第四保保长的呈

（25）罗光明的恳状

3.徐田氏、田和尚贩卖人口案：

（1）周陈氏、周占云的刑事状

（2）提讯单

（3）供草

（4）周陈氏、周占云的刑事状

（5）周陈氏、周占云的刑事状

（6）提讯单

（7）谌占荣具保状

（8）徐田氏具缴状

（9）周陈氏、周占云具领状

一、吴月祥诱卖人口案 ①

本案先后经交通部公路总局川滇西路管理局、军事委员会委员长西昌行辕、西康西昌地方法院审讯，最终以"妨害自由"罪判处吴月祥有期徒刑三年。

（一）交通部公路总局川滇西路管理局代电　建警00208号

交通部公路总局川滇西路管理局代电建警00208号中华民国三十四年四月二日

事由：为解送诱卖本局道工犯吴月祥一名，请依法惩处由

---

① 《叶纲廷诉吴月祥诱卖人口案》，民国西昌地方法院档案，档案号4—1188，西昌市档案馆藏。

拟办：即予收押，候讯并复

军事委员会委员长西昌行辕主任张钧鉴，据本局工务第五总段三十四年三月十三日大总字第 0468 号呈称，十九分段道工叶纲廷于二月二十六日赴瓦罗河下游砍柴，即告失踪。其时以为该工潜逃，置未查究，旋该工忽又回段。据称该日上山砍柴，行至瓦罗河下游山脚，遇该处居民吴月祥（又名吴儸儸），告以山上某处干柴甚多，同往砍取，该工不疑有他，随同前往。行至半山，突来夷人二名，邀吴去他处，谈话不久，吴即领来夷人三名，将该工捆绑，同时已另有一人被捆在山。至晚，吴又同夷人捆一汉人送来，当即下山。该工及其他二汉人即被夷人连同掳往深山，辗转行至越嶲县境篮青坝地方，距夷村不远。该工见此已有居户，意图脱逃，即暗示同行二汉人与夷人扭打，并大呼救命，附近夷人闻声前来援救，押解之夷人见势不佳，即行遁去，该工即由夷村保长带家住宿。次日，转送至廖司令处，承廖司令给与盘川、护照，脱险回甲。在押解途中，该工据夷人等告，并非夷人意欲抢掳，实系吴月祥说明价卖，计价为鸦片烟一百两，银子廿两，钢洋五百元。当经派警前往平坝，将该吴月祥拘押来段询问，承认不讳，兹检同该犯口供二份，报请法办等情到局。查该犯吴月祥胆敢诱卖人口，实属目无法纪，本局道工先后失踪者已有数起，因此沿途工人以性命太无保障，不敢到地工作，影响路务，良非浅鲜。拟请从严惩办，以儆效尤。兹谨抄录原供二份，并连同该犯接送钧辕，仰祈鉴核法办示遵，为祷川滇西路管理局局长钱宗陶□□建工警，附抄呈原供二份，人犯吴月祥一名。

附抄（一）

供单廿四年三月八日，地点：□□□□□□□

吴月祥，三十九岁，冕宁人，住平坝第一保（即□安乡赵保长保内）

正月十四日那天，他们去那里砍柴，我们有三人，亦在安河下边山上砍柴。我叫他们在上头去，有干柴。确实一路同行，在赵友志山上与夷人会过面，并说过话。那个夷人叫啊哈子，是老巫家的。

附抄（二）

供单廿四年三月九日，地点：交警连

吴月祥

正月十四日头天，我舅母娘卖赵正武（是段上道班）同我商量，卖廿两银子。十四那天，我到赵友志山上去砍柴，碰见道工叶纲廷，我叫他到赵友志山上去，有干柴。行至半山，会见夷人老巫啊哈足甫及母鹊。我舅娘在山林中藏着，见叶纲廷上山，又将叶纲廷卖廿两银子，共我该得七两银，结果我只得钢洋二元，后头买一个伤兵，不知那个卖的，我不知道。

会审人：唐作章、徐学文、□郁章

（二）军事委员会委员长西昌行辕 侦讯笔录

侦讯笔录

提吴月祥到庭

问：年籍住职

答：年卅八岁，冕宁县人，住平坝安宁桥，开店子。

问：你有个名字叫吴儸儸吗？

答：是幼小时母亲给我取的。

问：二月十六，在那里遇着叶纲廷？

答：在安宁桥上遇着，一同上山去找柴。

问：你们走到半山遇着两个夷人，你还和夷人说话吗？

答：路上遇着两个卖柴的夷人，我问他有刀没有，借我砍柴，问过这句话就走了。

问：你同这两个夷人说了话以后，又领三个夷人来把叶纲廷捆起走是怎样呢？

答：没有此事。

问：你在警□稽查组供说：正月十四日，你舅母卖赵正武，同你商量卖廿两银子。十四的天，你到赵有志①山上去砍柴碰见叶纲廷，你叫他到赵友志山上去，那里有干柴。走至半山，看见夷人老巫啊哈足足及母鸡②，你舅娘在山林中藏着，见叶纲廷上山，又将叶纲廷卖廿四两银子，你共该得七两银子，结果只得两块钢洋，何以现在又说没有此事呢？

答：是我舅母赵张氏欠夷人廿两银子，夷人要拉他的女子抵偿，他向来人说你不要拉我的女，我指个人给你们，你们把他拉去，我舅母就把叶纲廷指给夷人拉去的。我没有得一个钱。

吴月祥

中华民国三十四年四月十四日

（三）国民政府军事委员会委员长西昌行辕快电　附西昌行辕裁决书

国民政府军事委员会委员长西昌行辕快电第 32716 号

批示：送来人犯吴月祥一名，暂收所，候究日提讯核办。九月十一日。

西昌地方法院检察处贺首席检察官，案查前据川滇西路管理局□真建土警代电，解送民人吴月祥诱卖该局五总段十九分段道工叶刚廷③，请法办一案，业经侦查终结，被告非现役军人，不属军法管辖，除谕知不受理外，特捡同原卷将该被告吴月祥一名随令解交该处查收讯办，具报委员长西昌行辕，并附裁决书一份，原卷一宗，吴月祥一名。

---

① 结合上下文，应为"赵友志"。
② 档案中对此人姓名写法不一，此应为上文所提及之"老巫啊哈足甫及母鹊"，后文也称"老巫啊哈"。
③ 结合上下文，应为"叶纲廷"，下文同。

军事委员会委员长西昌行辕裁决书三十四年度昌裁字第零四二号

被告吴月祥，年三十八岁，西康冕宁县人，住冕宁平坝，商。

右被告因诱卖人口案，本行辕裁决如左：

主文

本件不付军法会审

理由

按军法管辖以被告具有现役军人身份者为限，陆海空军审判法第一条及第十六条已有规定，本案被告吴月祥为普通人民，无现役军人身份，不属军法管辖范围，惟被告诱卖人口，前在川滇西路管理局侦查时供认有案，虽经本辕提讯，顿反前供，究竟真相若何，尚有查究之必要，属于特种刑事，应移送西昌地方法院检查处①侦查法办。

据上论结，合依陆海军审判法第二十九条后段裁决如主文。

中华民国三十四年九月六日

军事委员会委员长西昌行辕

审判官：徐炯

书记官：费光祖

（四）西康西昌地方法院检察处侦讯笔录

西昌地方法院检察处点名单卅四年九月十二日

被告吴月祥

侦查终结，应予起诉。该被告前在公路局直认不讳，现仅供认，得钢洋二元。

侦讯笔录

命吴月祥入庭

---

① 据下文，"检查处"似应为"检察处"。

问：姓，年，住

答：吴月祥，卅八，冕宁平坝。

问：你在行辕押了好久？

答：坐了九个月了。

问：瓦罗河在什么地方？

答：在我店子门前。

问：叶刚廷有好大岁数了，你认得吗？

答：有四五十岁了，我早就认得他。

问：你哄他山上有干柴，他误听你的话，走上山去，你就把他卖与夷人吗？

答：没有卖他。

问：你还得了大锭，合□一百两银子吗？

答：没有得大锭，我是受了冤枉。

问：你还卖得有鸦片烟？

答：我只得了两块钱，就是两块钢洋。

右笔录经朗读后，供述人认为无异，始签押

吴月祥

中华民国卅四年九月十二日

书记官：李宗霖

检察官

（五）西康西昌地方法院检察官起诉书

西康西昌地方法院检察官起诉书

被告：吴月祥，男，三十八岁，冕宁平坝，业商。

右被告因民国三十四年度侦字第三八四号略诱案件，经侦察终结，认为应行起诉。兹将犯罪事实及证据并所犯法条开列于后：

缘被告吴月祥，住居冕宁平坝瓦罗河下游，毗连夷区。本年二月二十六日，川滇西路管理局工务第五总段第十九分段道工叶纲廷赴瓦罗河下游砍柴，该被告诈称此山上某处干柴甚多，约往砍伐。该被害人叶纲廷不疑有他故，遂随同前往，行至半山，即被出卖之夷人捆去。旋乘机逃回十九分段，转报第五总段。经派警将被告吴月祥拿获讯问，供认不讳。比即解送川滇西路管理局，转送西昌行辕。旋由行辕移送究办到案，经本处开庭侦讯，该吴月祥突反前供，坚不承认有略诱叶纲廷上山砍柴，转卖夷人情事。显系意图诿卸罪责，空言狡展，自不足采。核其所为，该吴月祥实有刑法第二百九十八条第二项前段之罪嫌，爰依刑事诉讼法第二百三十条第一项提起公诉。

中华民国三十四年九月廿一日

检察官：贺方仁

（六）西康西昌地方法院审理笔录

审理笔录

被告：吴月祥

右当事人因诱卖人口案件，于中华民国三十四年十月一日下午一时，在本院刑庭审理，出席职员如下：

推事：刘渤

检察官：贺方仁

书记官：陈孟科

推事点呼当事人入庭

答：三十八岁，冕宁平坝，饭店。

问：你从前犯过罪没有？

答：没有。

推事请检察官陈述起诉意旨

检察官起立，陈述起诉意旨同起诉书

问：吴月祥，你又叫吴儸儸吗？

答：是的。

问：你是什么时候遇着？

答：他们是四个人同我上山去找柴，他们是公路上的伙头。他们平空说，就说我要卖他们，要叫我给他们钱，不然就要把我送官，因我没钱给他们，就把我送到院来的。

问：在那里遇着？

答：是安宁桥头，他们是四个人，我是一个。

问：是何时遇着的？

答：日子久了，记不得。

问：……

答：是他们也要去的。

问：你把他们哄上去拾干柴就卖与夷人么？

答：他们是四个人，我才一个人，我怎么能诱卖他们的。

问：是你叫叶？

答：我没有叫他呢。

问：他们四个叫什么名字？

答：我同他们素不认识的。

问：你的舅母卖过赵正武么？

答：是的。

问：你同叶纲廷他们四个人到山上，夷人就把他拿去么？

答：是以□我开店子，不知是几时得罪过他们，才商量起害我的。

问：卖二十两银子，你舅母害给你两块钱么？

答：我没有说过，是他们以前写起的。

问：你舅母欠夷人廿两银子，把叶纲廷卖给夷人的么？

答：我不晓得。

问：赵廷高说他是叫他说山上有柴，去背柴，就被你舅母在山上卖给夷人，一个多月还没有回来，是不是呢？

答：我没有叫他们。

问：你舅母是不是欠夷人廿两银子呢？

答：没有。

问：你以前说过的有。

答：是他们写的，我不晓得。

问：你舅母是否有给你两块钱呢？

答：是他们送我来，他们说我舅母送给我两块钱呢。

问：你舅母欠夷人廿两银子，夷人要你舅母家有一个女子，夷人要你舅母家那个女儿，你舅母不以女儿，说他指给他（夷人）一个人，是不是呢？

答：没有这个事实，是他们四个人害我的。

问：那四个害你的？

答：我认不得，他们是安宁桥头才遇见的。

问：瓦罗河是在那里？

答：在场外面对门。

问：你舅母是不有一个女儿呢？

答：是。

推事谕

右笔录系当庭制作，经朗读后被告认为无讹，始签名如左

吴月祥

民国三十四年十月一日

西康西昌地方法院刑事庭

书记官：陈孟科

推事：刘渤

（七）西康西昌地方法院刑事判决

西康西昌地方法院刑事判决三十四年度诉字第五二号

公诉人：本院检察官

被告：吴月祥，男，三十八岁，冕宁县人，住平坝，小生意。

右被告因妨害自由案件，经检察官提起公诉，本院判决如左：

主文

吴月祥使人为奴隶，处有期徒刑三年。

事实

缘川滇西路管理局工务第五总段第十九分段派道工叶纲廷于二月二十日赴瓦罗河下游砍柴，于山脚下遇被告吴月祥，告以山上之干柴甚多，约同上山去砍。叶纲廷未疑有他，乃被告先已与其舅母预谋擒卖于夷人故，行至半山遂被夷人老巫啊哈等执□挟至越嶲县境篮青坝地方，叶纲廷乘隙得脱。由夷村保长送至廖司令处，给资遣回，遂将情形报告于其第十九分段，派警将被告拘捕，报由该管管理局，电呈西昌行辕法办，行辕以该案不属军法范围，转送本院检察处侦查，提起公诉。

理由

本案以被害人叶纲廷于其所属之第十九分段派赴山中砍柴，忽告失踪，越多日，归而报告遇被告，诓其上山，被夷人捉去以及逃回经过，谓廖司令给其盘川。此种情事，由该管机关呈明，显不能谓出于虚构。查被告在十九分段所供：我到赵友志山上砍柴，遇见叶纲廷，我言山上有干柴，叫他去砍。会见夷人老巫啊哈等，我舅母在山林藏着，见叶纲廷上山，将叶纲廷卖二十两银子，我应该得七两，我只得钢洋二元。又查其在西昌行辕所供，我舅母赵张氏欠夷人二十两银子，夷人要拉他的女子，我舅母因此就把叶纲廷指给夷人拉去的，我没有得一角钱，各等语。及至本院开庭讯问，则顿翻前供，全不承认。据称有四个人，不知姓名，是公路上的伙夫，他们同我上山，凭空说我要卖他们，向我要钱，我没钱给他，就把我送到行辕云云。所谓四个人说素不相识，何能凭空向被告说起"要卖他们"？此种供语既难置信，被告之祖捕本以被害人叶纲廷入山，不见多日，始行逃归，述明遇被告骗至山上，被执经派警将被告拘案。所谓四个人向其要钱不遂，将其送到行辕，更属言出无稽。核其前供，约同叶纲廷到赵友志山上砍柴，会见夷人老巫啊哈，并其舅母在山林藏伺，其舅母欠夷人二十两银子，因将叶纲廷指给夷人，我应得七两银子，只得到钢洋两元，各种情节，其中人名、钱数二明，显属出于被告之口，而非拟传。且细察其在行辕所供语意，重在推责于其舅母之身故。曰我没得一个钱，然被告兼供有教叶纲廷上山之言，不能谓无故事引诱之意。案经更迭讯问，及在检察处尚有我只得两元之供语，何能翻供隐没前情？查本地汉夷连接，夷匪掳掠汉民，供其奴役，实为宿患，而汉人图利，恒多为夷匪助其患。窃被告诱使叶纲廷被夷掠去之行为，自属使人为奴隶，应予依法论科。据上论，理合依刑事诉讼法第二百九十一条、第二百九十二条，刑法第二百九十六条，判决如主文。

　　本件经检察官贺方仁莅庭执行职务

　　中华民国三十四年十月八日

西昌地方法院刑事庭

推事：刘渤

二、罗光明掳卖人口案 ①

　　本案先后经礼州区署、西昌地方法院审讯，终以"妨害自由"罪判决罗光明和萧崇礼各有期徒刑二年。

---

① 《万萧氏、万华清、万子清诉罗光明、萧崇礼掳卖人口案》，民国西昌地方法院档案，档案号4—1742，西昌市档案馆藏。此处的材料是按照时间顺序罗列的，与档案馆内的存放顺序不一致，特此说明。

（一）礼州区署审讯单

原告：萧崇礼①，23 岁，本街，小贸。

万萧氏

被告：罗光明，46 岁，北乡四保，农。

讯据罗光明供称：□同肖崇礼相议，同卖小六六、刘通盛。然后我就将肖崇礼一起卖与夷人企卡伯母②，共得银十八个。但现交一个银，其余十七个，约在十二日交清。等语，不讳。实属目无法纪，着暂押收，候送县究办。此谕。

三十五年六月九日

贩卖人口罗光明卅五年六月九日

罗光明画押

问：你卖肖崇礼是如何的？

答：初先是肖崇礼来找我介绍，卖刘通盛、小六六与东山蛮子企克伯母，议定每个人六个银子。后来我就连肖崇礼一起卖了，共计十八个银子，当交了一个银子，其余的企克伯母约在五月十二的天才一起给，此是实言，并没说谎。

（二）萧崇礼和万萧氏的告状

告状

悉。候提讯核夺，此批。六月十一。

具告状：受害民：萧崇礼，同告：姐万萧氏，年不一，住本区北街。

为套伙经商，贩卖夷巢，告恳严办，以惩汉奸，而正地方事，

---

① 萧崇礼的名字有不同的写法，"萧"亦有写成"肖"的，"崇"亦有写成"从"的，为保持原貌，并未将其统一。此外，档案中的"萧长寿""肖学礼"，也都是他。

② 企卡伯母，也有写成"企克伯母""企格伯母"的。

情：民向以小贸维持生计，人众尽知，不意北乡陈远屯住居民人罗光明常在街上买卖，以是深相认识。于本五月初旬，光明邀民到热水买牛羊皮，约定初七日同路入山，民集资法币九万六千元。该光明命民多约数人，以便搬运。民不知其诈，乃命外侄万小六六及刘通盛同行。渠知罗光明早已将民三人卖与夷人，实得价银六十锭，先使夷人在热水沟口大坝子等候，行至该处，光明诈称解手，退后一声咳嗽，即有持枪夷人十余，蜂涌而出，将民周身打伤，绳捆两手，银钱一并搂去。是日即被驱至热水对门山上，民乃舍身跳岩诈死，夷人等将民尸身丢弃秧田，淹在泥底，以足踩紧而去。民晕绝复甦，始得赤身逃至热水，投报北山区署。民外侄及刘通盛已为夷人远卖去矣。昨午暗回礼州，该光明亲交夷人将民等捆去，只说永世不能再回礼州。不料民虎口余生，相逢只隔几日。似此青天白日，政治光明区域内地，公然发生汉奸贩卖人口事件，实属胆大包天，不法已极，是以将贩卖人口汉奸罗光明扭送钧署作主，恳予依法严办，重惩汉奸，以正地方，并祈追缴万小六六、刘通盛二人回家，赔还民贸易资金。叩颂无量之至，为此谨呈

礼州区区长董

被告：套伙经商、贩卖夷巢罗光明（在禁）

具告状人：受害民：萧崇礼，同姐万萧氏叩

中华民国三十五年五月日具

（三）礼北乡绅粮及公民代表证明罗光明是好人的公禀

事由：为证明罗光明素是好人，萧从礼之告罗光明贩卖人口，其中不免诬害，特恳察核由。

窃查萧从礼以贩卖人口情词告准罗光明一案，正在鞠审当中，曷敢妄加议渎，惟此案情，关系颇大，不得不有公禀，以求衡裁，而明真伪。查该光明系属本保一甲住户，素以农业为本，一无吸食鸦片嗜好，二无赌博之性，三在地方未尝与人勾结，及轨非为。萧姓供称光

明贩卖二人之中，有刘通顺一名者，而通顺曾于前半月，经礼镇一保保长刘郁周代和事件，在刘浩然处得款两万元，而同一刘队长到盐源去矣，可以调查不虚，在此情形之下，足见从礼之称光明卖人，不免属于诬害，其所以咬定光明卖人者，于中或必有嫌，兹特联名，恳请

钧署俯察核施行，无任戴德，有如身受之至！

谨呈

区长董

礼北乡第四保乡民代表：李华清、朱明先、谢吉先、吴芳材、杨树清、赵毓明。

绅粮：宋勉之、杨学芹、周联辉、张国英、王顺安、李盛楷、张沛九、阮启光、阮国升、徐德清、宋衍华、张绍清。

中华民国三十五年六月十二日

（四）罗光明的诉呈

诉呈

悉。候讯夺。此批。六月十四。

为挟嫌陷害，诉请昭雪事，情：民世居本乡，务农为业，素性本朴，毫未染非。衅因萧崇礼于日前亏傅问洲①买猪洋二万五千元，逃匿不面。嗣经傅姓将伊寻着吊打逼偿。崇礼莫何，央民作保，民因其素行无赖，且无家室，未允其请。殊伊衔恨在心，忽于今日将民扭报

钧署，诬民贩卖人口，连伊共计三人，伊幸脱逃等语，查崇礼素性狡黠，深谙夷情，岂能轻易受人给卖？至其余二人，竟系何姓何名，何时被卖，卖价若干，卖与何人，该崇礼毫未指，并无丝毫证据，显系求保不遂，藉此陷害。故特诉请

---

① 即傅润舟。

钧座鉴核，准予讯明释放，不胜感德之至

　　谨呈

区长董

具诉人罗光明

民国三十五年六月日

（五）礼北乡第四保的签呈

　　签呈三十五年六月十五日于北乡第四保办公处

　　悉，候复讯再夺。此令。六月十八。卅五年六月十六收。

　　窃据本保一甲住民罗光明六月十三日呈称：窃民素以务农为本，并未三五成群，危（为）非作歹，抑或阴为诡怪。殊有浪荡而无一定住所之萧从礼，以贩卖人口情词告民在案，经讯一堂，从礼竟供称民贩卖刘通顺及伊之外侄，致民遭受非刑，有冤莫白，一再思维，只得敬恳钧处查民是否有此卖人情事，主张公道，核转裁判，不胜戴德，殁世不忘之至！谨呈。等情；据此。查该光明素在地面，本是好人，而无轨外非为，并查得刘通顺于昔日经礼镇一保保长刘郁周①代说事件，在刘浩然处得款两万元，而同异乡人刘队长到盐源去矣，据情前由，理合签请

　　鉴核裁判，祇遵！

　　谨呈

区长董

　　北乡第四保保长罗光魁

（六）万萧氏的告状

　　告状

　　具告状：孀妇万萧氏，同告万华清、万子清，年不一，住本城

---

① "郁"也写作"毓"，"周"也写作"舟"。

北街。

为惯作汉奸，通夷卖人，告恳作主严究事，情：本阴五月初七日早，被汉奸罗光明将萧长寿及氏子小六六套卖与夷人，当萧长寿逃回，而氏子小六六被汉奸罗光明卖入夷巢。嗣由萧长寿将光明扭入钧署，由光明供称不讳。今氏知悉，理合据情仰恳仁座作主讯究，饬光明将氏子六六取回外，以惩奸风而正国法，如沐允准，氏家恩沾再造矣，告乞

区长董

> 被告：惯作汉奸、通夷卖人罗光明，词外证人：萧长寿（现管押在禁）被卖与夷人之万小六六向罗光明跟要，着落该管保甲

民国三十五年六月日

（七）礼州区署提讯单

提讯单

贩卖合犯：罗光明，四六，礼北，农。

原告：萧崇礼，二三，礼州，商。

万萧氏，卅三，礼州，商。

讯据萧崇礼供称，本人确因挟嫌诬控罗光明，罗光明无罪，着将罗光明取保释放。据该萧崇礼供称，系卖与企克伯母，足见卖人是实，着暂收禁，候解县法办，此谕。

卅五年六月廿六日

原告：萧崇礼，23，礼州，小贸。

问：你认识夷人否？

答：我平素不认识夷人，前年曾进过山里一次（三月间），是余家引进的，家里现仅有个奶奶和妹妹。我进山仅小本经营，资本是王肖氏卖房产给我三万来做本钱，那次在夷巢勾当了十多天，这次才是

罗光明同我们（外侄小六六、刘通盛）一路进山（中间如前供）。被蛮子抢去，死复生，后来乘间逃脱在热水区署去报。初七一早去的，是罗光明约我的，我错告罗光明，我认得的就是罗光明所说的企克伯母，人本来是企克伯母与我与罗光明买的，约我们在大坝子等，六个银子卖的，是在背于于。初七早讲的生意，在大坝子交后得银子，连我们一齐捆去。

萧崇礼

万萧氏，礼州，卖肉。

问：你待小六六如何？

答：小六六是我夫前妻的儿子，平时在街上走街小卖。已出三个晚上，在他二婶家或别的地方歇。小六六到夷巢，我不知道。他是五月初七不见的，那天罗光明与夷人在肖国华割肉，此语是刘万生说的。

被告：罗光明，北乡，农带小贸。

答：五月初七我插秧。我割肉是肖家赊。初八九都在家里。肖崇礼我认得，常时在沟口上与夷人交往。初六的天，肖崇礼来约我去做生意，我答应他后头来，过去与他不熟，我听到声音是他。

（八）万萧氏、万华清、万子清的告状

贴了一张三角的刑事状印花税票，但写着"暂作一元"。	**阅**①	状心编号昌字第142 ? 号	
		下列各栏除由缮状处代缮者外，均由具状人自填。第一栏末二字填起诉、上诉或声请等字，余类推。第二栏左方填原告、上诉人或声请人等，右方填被告人、被上诉人等，余类推。	**注 意**
告状		民事	
被告（左方）		原告	右方
罗光明		万萧氏 同告：万华清、万子清	姓名
		不一	年龄
西昌		西昌	籍贯
礼州城阳屯		礼州北街	住址
			备考

呈为贩卖人口，罪证昭著，串逗套保，冤沉未伸，叩恳提案讯办，依法追交，以维治安事：情于本阴五月初七日早，否识被何人将氏子万小六六诱去未归，寻访无踪。及至初九日，有萧长寿者，将城阳屯罗光明扭至礼州区署鸣冤，声称罗光明将氏子六六及萧长寿，一并诱卖与夷人韩聋子，系在大坝子交人，行至中途，肖长寿奔逃而回，等语。氏闻讯之余，乃将罗光明投告于礼州区署。殊罗光明畏罪狡骗，反诬系肖长寿所卖，当将罗光明及肖长寿，一并拘押。犹待调查复讯之际，讵料该犯罗光明如何串逗，竟至套保出外，而肖长寿尚在狱中，其弊逗之情已可想见。此种贩卖人口，律有明文，且氏子小

---

① 该字为手写。另外，该页上还有一个红色印章，印章左边是：西昌地方法院收发处，右边是：中华民国年月日午。该状上填写的日期是：卅五年七月十三日。

六六，年甫十五岁，尚在夷巢。若不叩恳

钧院作主，迅提质讯，依法追交，诚恐不测，则含冤难伸！迫切谨呈。

中华民国三十五年七月日具

具状人：万萧氏、万华清、万子清

令礼州区署将全卷，暨罗光明、肖长寿二名，一并送处，以凭核办。

（九）萧长寿的告状

		状心编号昌字第 1525 号	
贴了一张三角的刑事状印花税票，但写着"暂作一元"。	阅①	下列各栏除由缮状处代缮者外，均由具状人自填。第一栏末二字填起诉、上诉或声请等字，余类推。第二栏左方填原告、上诉人或声请人等，右方填被告人、被上诉人等，余类推。	注 意
告状		民事	
被告（左方）		原告	右方
罗光明		冤民萧长寿	姓名
		礼州区署有案	年龄
西昌		西昌	籍贯
礼州城远屯		礼州，现押区署	住址
			职业

为贩卖人口，囚凤放鹆，叩恳拘提并究，以伸冤抑事：情民家本寒微，但小贸营生，忠厚不妄。衅于本年旧历五月间，有罗光明者，套

---

① 该字为手写。另外，该页上还有一个红色印章，印章左边是：西昌地方法院收发处，右边是：中华民国年月日午。该状上填写的日期是：卅五年十二月廿五日。

哄民与万小六六、刘通顺入山小贸，颇有办法，货物资本有伊负责，酣言蜜语，任意欺诈。民等以本地同乡，谅无别害，殊该罗光明蓄谋害心，已将民等卖给夷人。行至大坝子地方，竟将民等交与夷人领走，时民惊畏不肯同行。该等愤恨，即将民掀下崖子，击以顽石，时该凶夷等以为民毙命乃去。犹幸得甦返家。忽在礼州北街遇逢罗光明，民当即将伊扭至区署鸣冤，双方扣押，尚待调查，乃该罗光明手挽（腕）浩大，又复套保出外，反将民一人扣押，由是含冤莫白，情惨已极。兹该罗光明既被万姓控告，则可冀拨云见天，在禁涕泣，是以叩恳

钧院作主，准予拘提民等两造到案并究，以伸冤抑，顶祝不忘！
谨呈。
西昌地方法院检察官
中华民国三十五年七月日

具状人萧长寿

（十）西昌地方法院检察处侦讯笔录

西昌地方法院检察处点名单卅五年七月廿五日

告诉人：万萧氏，卅二岁，礼州北街，商。

万华清，五十六岁，礼州五里牌，农。

万子清，七十岁，锅盖梁，农。

被告：罗光明，未到。

肖长寿，未到。

令礼州区署将人卷送处核夺。七月廿五日。

侦讯笔录

问：姓名，住，职。

答：万萧氏，三二，礼州北街，商。

问：万华清是你的什么人？

答：万华清是我的二哥。

问：你为什么事告罗光明？

答：因为我的孩子五月初七被罗光明与我拖去卖了，他（罗光明）在礼州区署供认的，所以我要告他。

问：姓名，住，职。

答：万华清，五六，礼州五里牌，农。

问：姓名，住，职。

答：万子清，七零，锅盖梁，农。

问：（万子清）万肖氏同你是何关系？

答：万肖氏是我的侄儿媳妇。

问：（万子清）你怎么知道万肖氏的儿子被罗光明卖的？

答：罗光明拖万肖氏的儿子去卖了，是万肖氏来告知我们的。

问：（万肖氏）你怎么能够确定是罗光明拖去的？

答：因为罗光明又卖肖长寿、肖长寿逃回礼州，扭交罗光明到区署，经礼州区署审讯，罗光明供认，我才知道的。

问：（万华清）你怎么知道罗光明卖万肖氏的儿子呢？

答：是万肖氏告知我们的。

右笔录经当庭讲读，供述人认为无异，始签押。

万肖氏

万华清

万子清

检察官谕见庭单

中华民国卅五年七月廿五日

检察官：陈璧先

（十一）西昌地方法院检察处令礼州区区长解送人卷

万肖氏等诉罗光明掳卖人口一案，仰即将人卷解送来处，以凭核办由

全衔训令牍字第 258 号卅五年八月五日

令礼州区区长董柱贤

案查本处手里万肖氏、万华清、万子清等诉罗光明掳卖人口一案，经传集侦讯，告诉人万华清供称"我的孩子在五月初七日被罗光明拖去卖了，他在礼州区署已供认的"等语，据此，关于本案事实有查改之必要，合行令该区长即将人卷解送来处，以凭核办为要！

此令。

首席贺

（十二）西康西昌地方法院检察处侦讯笔录

西康西昌地方法院检察处点名单，卅五年八月十五日

告诉人：肖崇礼（即萧长寿），廿三，礼州魏王堡子住，农。

萧崇礼仅可候再令礼州区署饬保将罗光明交案讯明再夺。八月十五日。

侦讯笔录

命肖崇礼入庭

问：姓名，年，住，职。

答：肖崇礼，廿三岁，礼州魏王堡子，农工。

问：你告罗光明为什么事？

答：今年四月卅日，在大坝子我侄子小六六给我要钱，我没有拿给他。罗光明来说好话领到他家去帮他，殊去后月多没有消息。我急着才问罗光明，小六六在那里，他说在放牲了。我叫他领我去大坝口看，当时就有些夷人，罗光明就把我扎起交夷人，又被夷人用枪打到了回龙湾，夷人又将我捆起放下岩后，又将我抬起来走，我才知道罗光明已将我卖给人。

右笔录经当庭朗诵，供述人认为无异，始签押。

肖崇礼

检察官谕见庭单

中华民国三十五年八月十五日

书记官：赵祖绅

检察官：陈璧先

（十三）礼北乡乡长张煊的呈

事由：为据罗光明所报情形，秉公证明，请衡核由。

窃据本乡第四保民人罗光明报称：为一再遭冤，恳请核转，以资证明，而分泾渭事，窃民务农为业，而未非为。本年上春，被萧从礼在礼州区署控告，指民卖伊外侄万小六六及刘通顺，民无此事。由本保乡民代表李华清、吴芳材，士绅朱勉之、张国英等主张公道，递文区署，指出刘通顺在民未遭告前，曾由礼州南街刘保长介绍，同一异乡人刘队长进盐边，证明萧姓之状，不免虚诬。董区长见文确切，请本乡乡民会主席潘季贤、高参议员国柄、本保乡民代表李华清，保长罗光魁等到署，监视审讯，萧从礼亦认所告虚诬，民始脱手。惟于此后，万六六之母万萧氏及万华清等，又在法院控告有案，现将审讯，特恳核转证明，至沾德便，谨。等情，据此。查萧从礼、罗光明，经董区长审讯之时，煊因公进署，亦曾见闻萧从礼供称罗光明未卖万六六及刘通顺之话，据情，前由，理合呈请

钧院俯赐衡裁，祗遵！谨呈。

西昌法院

礼北乡乡长张煊

中华民国三十五年八月廿六日

附卷。八月廿九日。

（十四）西康西昌地方法院检察处侦讯笔录

点名单卅五年八月廿九日

告诉人：肖长寿

被告：罗光明

起诉。八月廿九日

侦讯笔录

命肖长寿（即肖学礼）入庭，又命罗光明入庭

问：你的案罗光明来了吗？

答：我的案要加罗光明对质才弄得清，他是来了的。

问：姓名，年，住，职。

答：罗光明，四六，礼州北街第四保一甲，农。

问：你和肖学礼距离多少远住？

答：我隔肖学礼约二里多路。

问：（肖学礼）你告罗光明为什么事？

答：今年八月十五日，我同万小六六在街上吃茶。罗光明向我说要小六六帮他，说后就来喊去，喊去一个多月就无下落。我在五月初七日到罗光明家去，他家有些夷人，罗光明领我出门，山边去看小六六。罗就一下把我的颈子按着，夷人随来就将我捆走，路上夷几苟伯母向我说罗光明已将我卖给他们。当时罗光明在后面说，把他带起走，快点，不然跑回来不得了。当夜我在大黄山宿，被夷人打了丢下崖三次，夷人以为我死了才走去。天黎明时，我才醒过来，漫漫的逃回来，在北山区署里告，由北山区署□送礼州区署，罗主任说罗光明和他都一个字，可以设法……殊竟把我因起来。

问：（罗光明）你又说。

答：肖长寿和（我）有仇，所以他诬我。

问：你礼州区署有供的，是承认卖肖学礼呢。

答：罗主任用杠子施刑弄我，我无法乱说的。

右笔录经当庭朗读，供述人认为无异，始签押。

肖长寿
罗光明

检察官谕见庭单

中华民国三十五年八月二十九日

书记官：赵祖绅

检察官

（十五）西康西昌地方法院检察处侦讯笔录

西昌地方法院检察处点名单卅五年八月廿九日

告诉人：万肖氏到

万华清到

万子清到

肖崇礼在押到

被告：罗光明 32 岁，礼州北乡四保一甲，农。

萧崇礼原收

罗光明收所候起诉

八月廿九日

侦讯笔录

命万肖氏、万华清、万子清、罗光明入庭

问：姓名，年，住。

答：万肖氏，卅二，礼州北街。

问：（万子清）你是怎么会知道罗光明卖小六六呢？

答：肖长寿在礼州说得罗光明卖小六六，我才知道。

问：（万华清）你呢？

答：我也是这样。

问：（万子清）罗光明平时的行为如何？

答：罗光明平时穿山做买卖的人，平时与夷人结环，所以夷话很熟。

问：卖过人么？

答：他的亲生姑娘十一二岁都拿卖给夷人。

问：小六六平时与夷人接近么？

答：小六六平时端油糕、麻花卖，被罗光明在五月初七日诱到大坝子去卖给夷人吃，果然卖得。所以后来才被他卖了入夷区。

问：小六六是卖给那支夷人，现在那里？

答：这话是小六六说的。至于卖是卖在大更上的韩聋子，人在红毛。此事可请孙司令官转令罗团长就可把人弄出来。

问：这话是谁说的？

答：这话是夷人沙正才说的。

问：卖小六六是罗光明一人所为的吗？

答：卖小六六是罗光明、肖长寿共同卖的，不过肖未得到钱，所以肖才告罗光明卖的。

右笔录经当庭朗读，供述人认为无异，始签押。

万子清

罗光明

万华清

万肖氏

检察官命肖长寿、罗光明收押

中华民国三十五年八月廿九日

书记官：赵祖绅

检察官

（十六）萧崇礼的诉呈

		状心编号昌字第 1816 号	
贴了一张三角的刑事状印花税票，但写着"暂作一元"。		下列各栏除由缮状处代缮者外，均由具状人自填。第一栏末二字填起诉、上诉或声请等字，余类推。第二栏左方填原告、上诉人或声请人等，右方填被告人、被上诉人等，余类推。 注 意	
诉呈		民事	
相对人		具呈人	右方
罗光明		萧崇礼	姓名
不详		二十三岁	年龄
西昌		西昌	籍贯
在押		在押	住址
			职业

为设谋绝生，冤害良弱，诉恳主究，以伸冤抑，而彰法纪事。

　　窃民住居礼州镇，素行忠厚诚朴，父母早故，家素赤贫，依靠胞姐万萧氏度日，未有非妄之举，邻里咸知。衅于今岁五月，被本乡恶徒罗光明者，贪财谋命，设局套哄，将民外甥（即小六六）套卖入夷巢，有绝人之宗祧。经民万萧氏调查，未得确据，嘱民前往秘密调查，果有此事否。殊民年轻识浅，作事不秘，被渠知觉，竟暗设阴谋，将民套哄入夷巢。诈言贸易，将民亦同贩卖，而民身带买货之款九万六千，被该罗光明搜去，意图贪财绝命。殊民命不该绝，多方计划，不顾生死，始脱虎穴。民乃逃至北山区署，曾经区长垂怜民遍体鳞伤，多感救护，次日派队护送至礼州乡公所。民当即备案存查。嗣后民偶遇罗光明，即将伊扭至区署，曾经罗主任之明察，亦有供词在案，不难调查。立将罗光明拘押，殊被渠贿逗。区长于二次审讯，突

然反供噬诬害民贩卖等词，言之荒谬，而区长竟将罪魁释放，反将民拘押在案，民实受冤害，祇得奔投

告恩提案主究以伸冤抑。则民冤抑有伸之日，世代焚祷不忘矣

谨呈

西昌地方法院检察官

萧崇礼提讯。九月十一日。

中华民国三十五年九月

具状人萧崇礼

（十七）礼北乡乡民代表等具联名公证状

具联名公证人：礼北乡乡民代表、保甲、士绅、民众等

为惨蒙冤陷，联名公证，请予鉴核，以凭裁判事，窃查本乡民人罗光明于本年五月被萧崇礼构陷，控于礼州区署，牵连累禁押一月有余。绅等负责地方，自应作政府耳目之补助，一再明密访查详细情形。该罗光明世务农，忠厚传家，本人常因农作之暇，兼作负贩小贸。自被肖姓控案后，经区署审讯，曾由绅等公证明确，肖崇礼供称光明卖人三口，有刘通顺及万小六六在内。当由刘通顺之叔、保长刘郁舟证明，通顺在半月之前，同刘队长进盐边谋事去矣。复经前区长董调查符合，当堂证明该罗光明无罪释放回家。殊万肖氏及其弟肖崇礼复行呈控

钧院准案，将光明传案禁押，自应静候讯判曷渎。惟罗光明素昔行为实系纯良份子，城火池鱼的是枉害，是以联名具呈证恳

钧院察镜高悬，明密查访，用凭判结，以别泾渭而雪冤陷，不但该光明世代感颂，绅等亦叩祝之至，谨呈

西康西昌地方法院

被证明人：惨蒙冤陷罗光明（在禁）

具联名公证人：

礼北乡乡民代表：李华清、吴方才、罗光魁、张国

瑜、朱明光。

士绅：宋勉之、张国瑛、杨松如、杨树清、张沛九、
李盛楷、徐德青、张立品、王顺安、罗光显、
张绍清、谢吉先、毛鸣阿

中华民国三十五年九月日具

（十八）西康西昌地方法院检察官起诉书

西康西昌地方法院检察官起诉书

被告：罗光明，男，四六岁，礼州北乡第四保居民，农业。

肖崇礼（即长寿），男，廿三岁，住礼州魏家堡，农业。

右被告等因民国卅五年度侦字第四二四及四六一号为掳卖人口案件，经侦查终结，认为应行起诉，兹将起诉理由、犯罪事实，并所犯法条开列于后：

本年七月先后据万肖氏、万华清、万子清、肖长寿等以掳卖人口等情告诉被告罗光明来处，经传案侦讯，告诉人万肖氏、万华清、万子清等供称被告罗光明平素穿山贸易，与夷人结环密切，夷话很熟。万肖氏之子万小六六平时以卖油糕为业，本年五月初七日被罗光明诱到大坝子与夷人交易。售货时日历久，竟被卖给夷人企卡伯母家等词云云。复经个别侦讯，据万子清供称，罗光明初与肖长寿共谋卖万小六六，因为长寿并未得卖价，所以才告罗光明。又称万小六六是卖在大更山上的夷人韩聋子支。夷人将所买之汉人常有转卖之情，万小六六现在红毛的企卡伯家。此事能请宁属靖边部孙司令转令罗团长就可把人办出来，这话是夷人保长沙正才说的。等词。云云。言之确切，历历如绘。再经本处一再令该管礼州区署查复，据报罗光明再区署已供称先是同肖崇礼相谋，卖万小六六与刘通盛，后我就将肖崇礼一并卖与夷人企卡伯母支，共得银十八个，等情。讯之肖崇礼，答称今年四月，我同万小六六在礼州街上吃茶，罗光明向我说要小六六帮他，说后就来喊去，隔一个多月就无下落。我在五月初七日到罗光明

家去清问小六六的消息，他家有些夷人。罗光明领我出门外山边去看小六六，他就一把抓着我的颈子，按在地上，随夷人捆扎。当时罗光明在后面说把我带起走，快点，不然跑回来不得了。当夜我在大黄山宿，被夷人打了丢下崖去三次，夷人以为我死了，才走去。天黎明时，我才醒过来。漫漫（慢慢）的逃了回来，等词，云云。（见侦讯笔录）

综上情节观察，被告罗光明既经多方证明其掳卖人口罪嫌，自属实在。肖崇礼曾经事前同谋，系属从犯，应分别予以论罪，以儆不法，而维治安。

续上论结，被告罗光明实有惩治盗匪条例第二条第九项之罪嫌，肖崇礼有刑法第三十条第一项之罪嫌，爰依特种刑事诉讼条例第一条第一项及刑事诉讼法第二百卅条第一项之规定，予以起诉如右。

检察官：陈璧先

中华民国三十五年九月十三日

书记官：赵祖绅

阅。九月廿五日。

（十九）罗光明的诉呈

诉呈卅五年十月一日

原诉呈人：罗光明，现押看守所

被诉呈人：萧从礼，现押看守所；万萧氏、万子清、万华清均住礼州。

呈为串逗为奸，挟嫌陷害，诉恳令饬区署将案移院，以别良莠而分泾渭事。窃民素来良善，以农为业，弗敢越轨。衅由有萧从礼者，本系流氓，屡次在礼州街借故搕骗，再再可考。缘该从礼曾套骗傅润身之法洋二万五千元，案破为润身所获，将行吊打，民适经过，该因，请民担保，民以其行为不法，置之不理。该氓怀恨于心，事后又向民借麦三箩，民不允。该益怒，旋该氓与伊外侄万小六六到山中贸易失踪，该泯借故生端，谓民曾催该外侄为佣，实则转卖给夷人。于是串逗伊姐万萧氏及其亲戚万子清、万华清等四人具控民于区署，经过董区长、高县参议员、乡长张煊、乡邻代表李华清登堂共问，多方侦查，始悉该恶四人之串逗作弊，并经地方保甲正绅三十余人证明，民无罪受冤，准予请保放释。令该恶四人当堂具诬告结，万萧六六令伊舅萧从礼交出，转交伊目万萧氏，与民无涉。案已了息，后该萧从礼未将人交出，万姓家族向万萧氏要人，该氏迫不得已，始具控伊弟萧从礼及民，均押禁中，于九月二十八号，奉到钧院起诉书，云民贩卖人口，有盗匪嫌疑，萧从礼为从犯。民始一览该从礼情虚，即将起诉书藏匿，诡称失去，其实民案早经了息，罪责全归萧从礼一人，民有冤莫诉，呼吁无门，恳乞

钧院令礼州区署将此案堂判及民之证明书与有关文件，一并汇送呈案，则良莠可辨，泾渭立分矣，为此谨呈

看守所所长王转呈（十月一日）

西昌地方法院刑庭公鉴

具诉人：罗光明

（二十）西康西昌地方法院庭审笔录

西昌地方法院刑庭点名单卅五年十月廿六日

被告：罗光明

肖崇礼

再传

庭审笔录

被告：罗光明、萧崇礼

右列当事人，因掳卖人口一案，于中华民国卅五年十月廿六日下午一时，在本院刑庭调查，出席职员如左：

推事：刘渤

检察官

书记官：胡渭滨

推事点呼当事人入庭

书记官朗读案由

问：姓名，年龄，籍贯，住址，职业。

答：罗光明，四十六岁，西昌，礼北乡四保，农。

问：你以前犯过罪吗？

答：没有。

问：你不是常到山里去做买卖吗？

答：我没有做过买卖。

问：你在山里头去做买卖还认识夷人企克伯母吗？

答：远近一两年没有去过。

问：有个小六六是你把他卖给夷人的吗？

答：没有这个事，法堂上有鬼神的，我不敢说谎。

问：你自己在礼州区署都承认了吗？

答：我没有说，在区署里我都讨保出来了。

问：你卖了小六六、刘通顺二人，又要连萧崇礼也卖给夷人？

答：因为萧崇礼欠傅运洲二万五千元钱，跑了，人家又把我找到了。肖崇礼就请我保他，我不愿保。他借过我二千五百元钱没有还给我，又要向我借麦子，我也没有借给他，因此他就挟嫌诬告我。

问：你在礼州区署都承认说是卖了刘通盛、小六六。

答：没有这个事，我没有说过。

问：你还说同肖崇礼卖与东山夷企克伯母，每个人六个银子，后来你就连肖崇礼一起卖了。

答：那是他们用非刑给我受，把我弄昏死过去，教我照他们说的，他们就写的。

问："五月初六天，萧崇礼来约我去做生意，我答应他后头来"是吗？

答：我没有说过，请调查。

问：你后来递了一个诉呈，请求把礼州区署的堂判卷调来吗？

答：是我递了诉呈调礼州公函来。

问：这卷里面所问你的话，你都盖过指拇吗？

答：不是的，我没有盖过。

问：姓名，年龄，籍贯，住址，职业。

答：萧崇礼，廿三岁，西昌，魏家堡子，农。

问：你以前犯过罪吗？

答：没有。

问：你在礼州区署里告罗光明是那个问的你们？

答：头一次是罗主任问过我们两个人，后来就是董区长问的。罗主任问他的时候，□他们还是同一姓，帮他的忙，问过以后，就叫他打手指模的。

问：你是常进山里头同夷人做生意吗？

答：我只是前年子进过一次山。

问：你在区署说这次做买卖的本钱是王肖氏卖房子给你九万六千元钱，是的吗？

答：一共是十万元钱，我还了四千元，余九万六千元，我就放在包包头，就遇到罗光明。

问：是什么时候同路，是几个人？

答：是五月初七，就是罗光明、刘通顺同我三个人，我要罗光明找我外甥小六六。

问：小六六不是同你们一路去的吗？

答：不是，罗光明叫小六六帮他放牛马，我问他小六六在那里，他说在山沟子放，所以就同他去，他到了大坝子就有几个夷，罗光明就把（我）打倒捆住交给夷人，路上夷人说罗光明把（我）卖给他了，小六六是罗光明早就卖了的。

问：（罗光明）你同萧崇礼把小六六、刘通顺卖了以后，又把萧崇礼卖给夷人，是吗？

答：我没有，这个事是萧崇礼和我有仇，我是种庄稼的，请调查。

推事谕

右笔录系当庭制作，经宣读后，供述人认为无异，始签押于后。

罗光明

萧崇礼

（二十一）西康西昌地方法院庭审笔录

西昌地方法院刑庭点名单卅五年十二月三日

告诉人：万萧氏

　　　　万华清

　　　　万子清

被告：罗光明

　　　肖崇礼

原告：万萧氏、万华清、万子清

被告：罗光明、萧崇礼

右列当事人因掳卖人口一案，于中华民国卅五年十二月三日下午一时，在本院刑庭侦查，出庭职员如左：

推事：刘渤

检察官

书记官：胡渭滨

推事点呼当事人入庭

书记官朗读案由

问：（萧崇礼）你说罗光明把你卖了，为什么万子清他们又告你同罗光明把小六六卖给夷人了呢？你要把实在情形说明白。

答：就因为我外甥小六六打失了，我就问罗光明。因为我知道小

六六在帮罗光明放羊，他才同我一路去，说去找小六六，说不到他就
到了夷区，也把我骗卖了。

问：你这话都说得不对，到底你同罗光明到山里去是为什么事？

答：我是说的实在话。我在北山区署也报得有案，可请去公事调
来。因为我上街了，去碰到我外甥，说他妈妈打他，问我要钱，他不
愿回屋头去，就哭啼啼的，对我这样说。就遇见罗光明来问我是那家
娃儿，我说是我外甥，他妈是我姐，娃儿是前娘生的，我姐对这娃儿
也是太毒实一点。罗光明就说叫他去帮放羊的。因此娃娃打失好久，
我才去找他的。

问：这是什么时候的事？

答：就是今年四月十一日的事。

问：你外甥放羊的大坝子离罗光明家有多远？

答：有三里路的样子。我找罗光明的时候，他家里就有三四个蛮
子在他家里，我就对罗光明说，你要将我外甥找来，我晓得你常将人
卖给蛮子的。他才说我外甥在大坝子放羊，就同到一路，到山洼子的
时候，罗光明就把我推倒，用绳子捆住，就有蛮子出来。罗光明就叫
他们把我带走，我身上还有九万钱，也被罗光明搜去了。走到大山顶
上，蛮子看我走不动就打，把我打下山沟去了，掉很深，蛮子又开了
三炮，没把我打到，我也跌晕死了。我头上都被打破，还有疤疤。在
山沟里蛮子以为我死了，就都走了。到晚我才醒过来，就逃了一天一
晚，才到回龙湾新吴家寨子。天又黑，狗又嗅人，别家说有偷，我才
叫救的。

问：企格伯母你认识吗？

答：我不认识。

问：你不是在区署里说，同刘通顺、小六六一路去吗？你还等交
六个银子。

答：这个话不知怎样说起，我没有说罗光明是我扭到区署去的，
他有钱，人多，董区长得了钱，就黑暗反乱诬我来了。

问：（罗光明）你同刘通顺、肖崇礼他们进山做生意是萧崇礼邀你，还是你邀他？

答：是萧崇礼初七早上在我门口喊走的，我说你们先走，我随后就来。因我在插秧子。初八在收苞谷。罗主任是黑暗，屈打承（成）招，我没得这事，我招□。

问：你们两个人在区署里说的话，同堂判对不对呢？

答：这就是罗主任的黑判，萧崇礼因欠我多钱，他挟嫌害我的。

问：你说卖刘通顺他们三个人给企格伯母，共十八个银子，你又不承认了，是吗？

答：他们用刑法我受，就是罗主任说的。

问：你说萧崇礼交叫你走，你说先走到，随后来。你是答应到哪里去呢？

答：我（支吾）随便答应一声（默思），也莫有到那个，我是去插秧。

问：你不说卖了十八个银子，交了一个，其余的约在五月十二一起给，这堂区署礼又怎么样会知道呢？

答：这就是在区署里用非刑黑办，我没有法，随他们教我乱说的。

问：区署里为什么要同你这样不讲道理呢？罗主任与你有仇吗？

答：不晓得。我们也没有仇，就是肖崇礼诬告我的。

推事谕。

右笔录当庭制作，经宣读后，供述人无异，始签押于后。

罗光明

萧崇礼

中华民国三十五年十二月三日

西康西昌地方法院民事庭

书记官：胡渭滨

推事

（二十二）西康西昌地方法院刑事判决

西康西昌地方法院刑事判决三十五年度诉字第七八号

公诉人：本院检察处

被告：罗光明，男，四十六岁，西昌人，住礼州北乡，农。

萧崇礼，男，二十三岁，西昌人，住礼州魏家堡子，农。

右被告妨害自由案件，经检察官提起公诉，本院判决如左：

主文

罗光明、萧崇礼共同使人为奴隶，各处有期徒刑二年。

事实

被告罗光明与被告萧崇礼素日同做生意，与夷人来往，同谋将告诉人万萧氏之子小六六诱卖于夷人。于本年阴历五月初七日一同诱掳小六六至大坝子地方，将其卖与夷人企卡伯母，言定价款六个银子，当时尚未能交价。旋因萧崇礼以未得钱，疑为罗光明欺骗。衔愤构词告说万萧氏，谓其子小六六与伊一同被罗光明骗卖于夷人，伊如何为夷人打死，甦后得脱，并拟其词投诉于礼州区署。该区署讯明被告等所为之情形，□□拘押。嗣万萧氏、萧崇礼告后，具诉于本院。检察官经侦查后，以罗光明掳卖人口、萧崇礼有从犯嫌疑提起公诉。

理由

本案被告等于本院审讯下，均不承认有将被害人小六六卖与夷人之情事，然查被告罗光明于礼州区署供明，被告萧崇礼求其介绍，将萧六六并刘通顺卖与东山蛮子企卡伯母，以后出卖，约定在五月十二日那天交钱。而萧崇礼亦同供，我们在大坝子等六个银子是初七早晨讲的生意，在大坝子交钱。未得银子。各等语。被告等无称此项供词系因区署威逼供出，然其情词历历，显难认为无其事实。被告萧崇礼供称，小六六为其外侄，其姐万萧氏为小六六之继母，小六六向其泣诉，为继母虐打，于四月十四日，将其介绍为罗光明雇用放羊。卷查万萧氏在区署所供，小六六素在外，向住宿无定，及至五月问以萧崇礼，向其告说，始知其被卖。概此被告等见小六六为流栖无依之人，不无共同图卖之嫌。又查有万子清等在检察处供，谓明查问于夷人沙正才所说，萧崇礼（即萧长寿）与罗光明同卖小六六，因未得钱，始告罗光明。现小六六在红毛的企卡伯母家中，请靖边部可以把人解出等语，证以被告等在礼州区署所自供，足见其共同诱卖被害人小六六，至为明显。而本地历来被卖于夷人，层见不鲜，无不被作奴隶。被告共同之所为，实系构成使人为奴隶之犯罪，应依法论科。核典惩治盗匪条例掳人勒赎之罪未合，未便依掳人勒赎处断，并予说明。拟上论结，合依刑事诉讼法第二百九十一条前段，第二百九十二条，刑法第二十八条、第二百九十六条第一项，判决如主文。

本件经检察官陈璧先当庭执行职务。

中国民国三十五年十二月十日

西昌地方法院刑事庭

推事：刘渤

（二十三）礼北乡乡民代表之公禀

事由：为惨蒙冤陷，经众证明，联名公证，恳予鉴核，以凭裁判，而雪冤由

544 号西昌地方法院收发处书记官中华民国卅五年十二月廿三日收到

窃查礼北乡第四保居民罗光明，于本年五月被痦子萧从礼飞冤构陷，以贩卖人口情词，控告于礼州区署，已经区员审讯一堂。该从礼攻称，罗光明贩卖人三名，有刘通顺及外侄万小六六在内。该光明利用非刑，身受重伤，禁押月余惨遭牵累。后由通顺之叔刘毓舟保长证明通顺于半月以前同刘队长进盐边去矣，董前区长亦调查相符，复经绅等证明，该光明世代务农，负兼小贸，素常正大，并未危非作歹，而且个人平昔纯良，决无卖人情词，绅等不知光明何故得罪于从礼，含恨在心。沐前区长董，复经审讯，当堂证明无罪，立即释放回家。

查万小六六是万洪兴之子，其生身母先亡，洪兴继娶肖氏，即肖氏从礼之姐，洪兴病亡数载，此子有受虐待之事。从礼素极无聊，小六六之是否卖入夷巢，其后母肖氏及从礼均在极重嫌疑之间矣。但该光明实系纯良份子，此次城火池鱼，都是冤害是矣，绅等联名具呈证恳

钧院，秦镜高悬，明密查访，用凭裁判，以别泾渭，而雪冤陷。民等不胜戴德之至矣。

谨呈

院长范台前钧鉴

乡民代表：李华清、吴方才

士绅：宋勉之、彭文明、宋衍华、张立品、王顺安、张绍清、朱明先、罗衡卿、杨学勤、罗宗舜、杨松如、罗明清、杨树清、李盛楷、毛光先、阮云武、毛甫经、谢吉先

中华民国三十五年十二月日

（二十四）礼北乡第四保保长的呈

事由：为飞冤构陷，惨遭牵累，据实证明，有冤莫白，恳予鉴核，以凭裁判，而雪冤由

543号西昌地方法院收发处书记官中华民国卅五年十二月廿三日收到

窃查礼北乡本保居民罗光明，于本年五月被滑棍肖从礼飞冤构陷，以贩卖人口情词控告于礼州区署，前区长董未在区署，经员审讯一堂。该从礼攻称光明贩卖人口三名，有刘通顺及外侄万小六六在内，该光明利用非刑，身受重伤，禁押月余，惨遭牵累，后由通顺之叔礼州镇第一保保长刘毓舟证明，通顺半月以前同刘队长进盐边去矣。复经本保证明光明无罪，董前区长调查相符。复经审讯，召集地方高参议员国炳、乡长张煊、潘主席季贤、乡民代表李华清、宋勉之、职保罗光魁等会同监视审讯，该从礼所说之语，区署记录在卷，

当堂口称诬告，光明无罪。沐区长核夺裁判，乃光明无罪，立即当堂释放，回家月余。殊万萧氏复于控告沐钧院传禁在狱，查该光明素性本朴，务农为业，素常无有卖人情词，并未危非作歹，职保咸知，都是冤害是矣。恳请钧院俯赐鉴核，准予查访，以凭裁判，从宽释放，而雪冤由，如蒙允准，沾恩感德矣

谨呈

西昌县院长范钧鉴

保长：罗光魁

中华民国三十五年十二月日①

（二十五）罗光明的恳状

贴了一张三角的刑事状印花税票，但写着"暂作一元"。	阅①	状心编号昌字第 2780 号		
		下列各栏除由缮状处代缮者外，均由具状人自填。第一栏末二字填起诉、上诉或声请等字，余类推。第二栏左方填原告、上诉人或声请人等，右方填被告人、被上诉人等，余类推。	注意	
恳恩		民事		
相对人（左方）		肯恩人		右方
萧崇礼 万萧氏		禁民 罗光明		姓名
		有案		年龄
西昌		西昌		籍贯
万家老坎		礼州城远屯，现在押		住址
				职业

---

① 该字为手写。后有批示：未决人犯核实情办理，已决人犯□不准保。另外，该页上还有一个红色印章，印章左边是：西昌地方法院收发处，右边是：中华民国年月日午。该状上填写的日期是：卅五年十二月廿八日。

为患病狱中，生命垂危，邀恩原宥，姑予提验保释，以恤民命事，情

万萧氏萧崇礼以串卖人口情词，将民具控于

钧院，曾沐提讯，仍将民拘押在禁，亟应安静守法，曷敢妄渎。惟民
近为时疫传染，患病狱中，饮食不进，举动维艰，呻吟席地，生命垂
危，兼之离家遥远，贫不聊生，妻儿悬念，啼饥号寒，情惨之处，罄
竹难书，所呈各情，可赏提验，窃以

　　钧院痌瘝在抱，德及小民，五夜泣思，祇有邀恩

　　俯念下情，姑予网开三面，提验保释，一俟疾病稍愈，即行入禁
守法，用示体恤，德戴二天！

　　谨呈

西昌看守所所长王转呈（十二月二十八日）

中华民国卅五年十二月

具状人：罗光明

三、徐田氏、田和尚贩卖人口案 [①]

　　本案是典型的县长兼理司法制度下的案件，联保主任也参与案件
事实的调查，但由于没有贩卖人口的确切证据，终以具保状、缴状和
领状的方式结案。

（一）周陈氏、周占云的刑事状

被投	刑事	
左方		右方
串卖断宗徐田氏 贩卖人口田和尚位秋（现收禁）	民妇周陈氏 同告夫周占云	姓名
	不一	年龄
	西昌	籍贯

① 《周陈氏、周占云诉徐田氏、田和尚贩卖人口案》，民国西昌地方法院档案，档案号4—586，西昌市档案馆藏。

着落该地首人	通海巷	住址
	小贸	职业

为串卖人口，斩宗绝嗣，叩恩缉究事。

情氏同兄国华及弟根根三人，国华早逝，惟弟根根年幼无知。于民国十七年，氏商知丈夫占云，将根根收养在家优待。及至民二十三年，有本街徐田氏刁弄根根出外另寻生理，氏夫念属亲谊，资助钢洋两元。根根出外，徐田氏将根根窝留在家，向氏夫室云称，该氏已将根根送在大六所伊兄田和尚位秋庙内长工，有该氏担负责任。氏等认为实情，延今数年之久，杳如黄鹤。氏等向徐田氏跟究，口称业已贩卖，把该氏奈何，跟即氏等备帖投团。该氏请田良甫挡说可质，拖延日久，无从着落。氏夫同良甫转询田和尚，云称二十三年分别。似此串卖人口，大干例禁，斩断宗支，情更惨凄。只得叩恩作主，一面提田和尚追究，一面严缉徐田氏到案究办。俾氏姊弟团聚，沾恩再造，为此伏乞
县政府王台前公鉴

　证人：说证田良甫

　中华民国二十七年三月日西昌县政府 1483 号

　　　　　　　　　　　　　　　　　具状人周陈氏

据控徐田氏等串卖人口等情，候提田和尚察讯，应否传徐田氏，再为核夺。三月八日。

（二）提讯单

刑事呈开提讯单

原告：周陈氏、周占云

被告：田和尚，即位秋，现收禁，原收。（孙元青案收禁）

田和尚既称周陈氏之弟陈根根，于民国廿四年阴正月□□□（不知名）引进，与□□山脚下住居，袁长贵大姐上门，长贵之母前曾向田和尚访问陈根根之家事，袁家与田和尚所住庙宇，相隔仅一里许。陈根根未上门前，即在田和尚，与田和尚之妹徐田氏两处进出等语。

所供是否属实，候令德昌大六所联保主任查复，并就近传知陈根根到庭讯夺，此志。

三月十四日差二队汪国清带

（三）供草

讯据周陈氏供，住通海巷，从前住鱼市街。与徐田氏两对门，因我娘的兄弟陈根根无人照应，挨我生活有十三四岁。这徐田氏系开饭店，无人跑堂，请兄弟根根取帮他。到民国二十三年，徐田氏并不向我说明，由他把兄弟指引与田和尚学徒织布事，已多久不见根根消息。我问情由，徐田氏又说，有个姓车的人引去与袁家上门去了。至今几年，人信杳无。投团觅他，徐田氏东支西吾。嗣由田良甫转询，田和尚说我兄弟与他于二十三年就分别了，下细清查，夺被他姊妹把根根卖与别人无疑。这陈根根是陈家香烛关系，我无法了，才来具控，请求作主追交是实。

讯据周占云供，陈根根是我的内弟，无人照看，在我家穿吃。在二十三年，被徐田氏串同田和尚把根根弄得不见的情形，与我妇人周陈氏所供相同。

讯据田和尚，即位秋供，因民国二十三年僧人在大六所解结寺住庙，不记月日。僧人上城来，在妹子徐田氏家用要，要转回庙上。妹妹徐田氏喊他的帮工陈根根与僧人背背篼。曾对僧人说他无父无母，只有一个哥哥从华。去了把背篼背陇庙上，他就走了。不过随时往来。廿四年正月间，由一各姓车的指引根根去大六所老幼山脚下住的袁家上门。这袁长贵目前事前还来问僧人，访陈根根家事。袁家所住地点相隔僧人坐的庙子也不远，但是陈根根在袁家上门时候，僧人早已下会理去了。事隔三四年，陈根根的姐周陈氏以僧人未孙家案被禁，竟听人唆使以串卖人口之事将僧人具控。兹沐提讯请办公函给六所联保主任查复，事就明白，大家免得拖害是实。

三月日供草

（四）周陈氏、周占云的刑事状

被投	刑事	
左方		右方
串卖绝嗣田和尚位秋 伙同串卖徐田氏	民妇周陈氏 同投夫周占云	姓名
	系有案	年龄
		籍贯
		住址
		职业

为久候无着，再恳提讯，勒交给领事。

情氏等前以串卖人口、斩宗绝嗣，词控徐田氏及田和尚位秋在案。本年三月十四日，沐蓝司法官提讯，位秋自知串卖，罪无可逭，当堂狡供朦混，希图幸逃法网。幸司法实事求是，候令德昌大六所联保主任查覆，并就近传知陈根根到庭讯夺。堂讯之下，氏等静候至今二十余日，谅该联保已查覆到案，有无陈根根其人不难证明。惨氏仅此孤弟，根根承继陈姓禋祀，被位秋得钱串卖，斩断香烟，贻害甚大。氏等为香烟计，不得不再恳

钧府作主，速予提讯勒追，俾氏姊弟见面，没世不忘，伏乞

    中华民国二十七年四月日西昌县政府 1645 号

具状人周陈氏

该氏控案，讯后，令饬联保查覆，日久未据复到，兹称候案已久，准再令催速复，以凭讯结。四月七日。

（五）周陈氏、周占云的刑事状

被投	刑事	
左方		右方
百计欺朦徐田氏 一局串朦田和尚位秋	民妇周陈氏 同夫周占云	姓名
	系有案	年龄
		籍贯

		住址
		职业

为自认贩卖，逍遥法外，叩恳作主，传案讯究，以维禋祀事。

情氏等前以贩卖人口情词具控徐田氏及田和尚位秋在案，已沐司法官堂讯，位秋供词狡朦，蒙恩注重人道，饬令该管保长查明呈覆，以凭讯决。殊位秋之弟脱法后，买通保长，呈覆陈根根先年与袁长贵胞姊赘门，未成事实；二十三年同位秋到挂榜解劫寺；二十四年红军路过，与同红军入伍，不知去向何方，等语。窃氏弟先系徐田氏收留在家佣工，未几，该氏起心不良，套哄氏弟同该氏到大六所位秋庙上长工，彼此用意将氏弟卖与夷人。近数年来，氏夫室追询该氏，始而云称与袁氏赘门，继又云称已育有子。氏夫不放心，于去岁腊月赴德昌买纸，清查氏弟落点，于二十三年同位秋到挂榜后并无踪迹。回建之后，复询该氏，大声疾呼，业已贩卖，把该氏奈何。氏拟控请究，该氏情虚，央田良甫转环，劝氏勿讼，甘愿寄信赶氏弟来建。旋说旋推，氏夫室为陈氏后嗣计，始行兴讼，被伊等如此欺朦，未免天良丧尽。今春氏夫到德昌访查根根，自二十三年同位秋到挂榜后并无此人，其串卖可知。只得叩恳勒传徐田氏到案，当堂对质，以解纠纷而重人道，伏乞

县政府王　台前公鉴

中华民国二十七年五月　西昌县政府 1871 号

具状人　周陈氏

该氏夫妇一再控请传究徐田氏，姑予传讯察夺。五月七日。

（六）提讯单

刑事呈开提讯单

原告：周陈氏、周占云

被告：徐田氏（住鱼市街）、田和尚（另案收禁），均押取人银保

现据第三区大六所联保主任石宪文查复前来，既称陈根根于廿四

年四月已入伍红军，以后不知踪迹，该原诉人又不能提出认田和尚卖与夷巢有力证据。而孙元清具控田和尚之案，已经破获，与田和尚亦无关系，自不能久羁图圄。不过陈根根昔日曾为田和尚、徐田氏帮佣，着由该田和尚、徐田氏二人，限半月内缴钢洋十五元，由周陈氏结领，以作工资而免纠葛，此谕。

五月廿四日　差二队汪国清带

（七）谌占荣具保状

保状　廿七年五月廿四日

具保状，民谌占荣，年四八岁，住鱼市街，今于

兼县长台前，为人银两保事，情周陈氏控田和尚，添控徐田氏案，兹蒙

覆讯，着田和尚、徐田氏共出钢洋拾伍元，限半月缴案，给与周陈氏、周占云结领，以作周姓自寻陈根根之用，以免再滋讼累，并取人银两保，依期缴数完案。该田和尚、徐田氏遵断。央民到案承保伊二人归家措办，倘逾限不缴，惟民担负完全责任，中间不虚，保状是实。

中华民国二十七年五月　日谌占荣

查保原差汪国清

准保。依限措缴，如逾期不缴，惟该保人是问。五月廿四。

（八）徐田氏具缴状

廿七年八月廿九日到

具缴状人徐田氏，今于

兼县长台前，为呈缴完案事，情周陈氏控氏胞兄田和尚一案，已沐判给钢洋拾五元与周陈氏承领，作为自寻陈根根之费。饬氏代垫呈缴，兹已如数交由周陈氏、周占云亲手领讫，特补缴状，存查是实

实缴到钢洋拾伍元正

中华民国二十七年八月　日徐田氏

准缴给领。八月卅日。

（九）周陈氏、周占云具领状

领状　廿七年八月廿九日到

具领状人周陈氏、周占云，今于

兼县长台前，为领钱完案事，情田和尚伙同徐田氏将氏胞弟陈根根串卖无踪酿讼，已沐庭讯，断令田和尚出钢洋拾五元，饬由徐田氏借垫缴案完结，已经逾期多久，原差迭催，伊始将判给之数缴到，氏等已如数领作自寻根根之用，兹氏等将钱领清，自应出具领状，完案以后不敢翻生是实

实领得钢洋拾伍元正

中华民国二十七年八月　日周陈氏、周占云

准领完案。八月卅日。

编 后 记

本书的出版，得到了华东政法大学法律史团队"上海市高峰高原学科建设创新团队"专项经费的资助，能够在各项经费都紧缩的当下，为法史的青年学子与教师保留一方小小的发表园地，我们觉得无比感动且振奋。

2022年11月于江苏镇江召开的中国儒学与法律文化研究会2022年年会暨"中华优秀传统法律文化的传承与创新"学术研讨会是本书出版的契机。在选取优秀参会论文并征得相关作者同意后，本书编辑团队即以其参会论文为基础进行汇编，最终在各方支持之下，本书得以呈现出现在的面貌。本书分为三个栏目，共收录十余篇文章与史料，除了对儒学与法律文化有所聚焦之外，也着眼于主题的多样性，因此特在专论部分收集了中外法史的诸多方向的研究；史料栏目的开设则进一步丰富了本书的内容。

本书的组稿与编辑工作，得到了何勤华教授、于明教授的持续关心，得到了中国儒学与法律文化研究会尤其是龚汝富会长、姚远秘书长的大力支持，老师们的细心筹谋与着意拉拔才促成了本书的顺利出版，在此特别致以最高的敬意与谢意。人民出版社的江小夏编辑严谨、高效的工作，为本书的顺利出版保驾护航，专此致谢。华东政法大学的博士生徐琨捷以极大的热情承担了艰巨的联络与校对工作，并且带领我的两位研究生杨爱青、李诗蓉，完成了繁重的文字整理与文献查对工作，在此一并表示感谢。

邱　唐

2023年5月于上海

责任编辑：江小夏

图书在版编目（CIP）数据

法律史研究 . 第 8 辑 . ／何勤华 主编 . —— 北京：人民出版社，2024.1

ISBN 978 - 7 - 01 - 026469 - 1

I . ①法… II . ①何… III . ①法制史 - 世界 - 文集 IV . ① D909.9-53

中国国家版本馆 CIP 数据核字（2024）第 068002 号

法律史研究（第 8 辑）

FALÜSHI YANJIU (DI 8 JI)

何勤华 主编

本辑执行主编 邱 唐

执 行 副 主 编 徐琨捷

人民出版社 出版发行

（100706 北京市东城区隆福寺街 99 号）

北京中科印刷有限公司印刷 新华书店经销

2024 年 1 月第 1 版 2024 年 1 月北京第 1 次印刷

开本：710 毫米 × 1000 毫米 1/16 印张：26.75

字数：290 千字

ISBN 978 - 7 - 01 - 026469 - 1 定价：60.00 元

邮购地址 100706 北京市东城区隆福寺街 99 号

人民东方图书销售中心 电话（010）65250042 65289539

版权所有·侵权必究

凡购买本社图书，如有印制质量问题，我社负责调换。

服务电话：（010）65250042